화엄경청량소
華嚴經清凉䟽

화엄경청량소

제7권

제2 보광명전법회 ③

[정종분 제11 정행품, 제12 현수품 ① ②]

청량징관 저

석반산 역주

담앤북스

일러두기

1. 본 화엄경소초의 번역에 사용된 원본은 봉은사에 소장된 목판 80권 『화엄경소초회본』이다.
2. 교정본은 민국(民國) 31년(1942) 대만의 화엄소초편인회(華嚴疏鈔編印會)에서 합본으로 교간(校刊)한 『화엄경소초 10권』을 사용하였다. 그리고 원본현토는 화엄학연구소의 원조각성 강백의 현토본을 참고하였다.
3. 대장경 속에 경전과 합본으로 수록된 것은 없고, 다만 『大正大藏經』권35에 『화엄경소 60권』이 있으며 권36에 『화엄경수소연의초(華嚴經隨疏演義鈔) 90권』이 있지만 경의 본문과의 손쉬운 대조를 위해 회본(會本)을 기본으로 하였으며, 일일이 찾아서 대장경과 대조하지는 못하였다.
4. 교재본이라 한 것은 민족사에서 1997년에 발간한 『현토과목 화엄경』(전 4권)을 지칭하며 원문 인용은 이 본을 기본으로 하였다.
5. 본 『청량소』 전권에서는 소(疏)의 전문을 해석하였고, 초문(鈔文)은 너무 번다하고 중복되는 부분을 필자가 임의로 생략하였다.
6. 본문에서 이해를 돕기 위하여 도표로 작성한 것은 봉선사 능엄학림의 월운강백께 허락을 얻어 『화엄경과도(華嚴經科圖)』를 준용(準用)한 것이다.
7. 목차는 『화엄경소초』의 과목을 사용하였고 『화엄경과도』를 준용하였다. 과목에 이어지는 ( ) 안에는 간편한 대조를 위하여 목판본의 페이지를 표시하였다.
   예) 一 一) (一) 1. 1) (1) 가. 가) (가) ㄱ. ㄱ) (ㄱ) a. a) (a) ㉠ ①
   ㉮ ㉠ ⓐ A. ㉲ ㊀ ㋱ ㄱ ⓐ Ⓐ ㋀
8. 목차는 되도록 현대적 번역어로 제목을 삼으려 하였고, 풀어서 제목에

이어 표기된 아라비아 숫자는 문단의 개수이다.

9. 경과 소문(疏文)은 조금 띄워서 구별을 두었고, 소문(疏文) 앞에는 ■ 표시를, 초문(疏文) 앞에는 ● 로 표시하여 번역문을 수록하였다. ❖ 표시는 역자의 견해를 밝힌 부분이다.

10. 경구(經句)의 번역문은 한글대장경과 민족사 간(刊)『화엄경 전 10권』을 참고하였고, 소(疏) 문장 번역은 직역을 원칙으로 하였다. 인용문은 주로 한글대장경의 번역을 따르고자 노력하였다.

『화엄경청량소』 제7권 차례

大方廣佛華嚴經疏鈔 제14권의 ① 冬字卷
제11. 청정한 행법을 말하는 품[淨行品]
제1장. 믿지 못하는 이를 믿게 하다[明未信令信](제2회 後三品) ②

二. 정행품은 인연에 따라 원을 행하다[隨緣願行] 5. ················ 14
一) 오게 된 뜻 ··· 15
二) 명칭 해석 ··· 16
三) 근본 가르침 ·· 17
四) 비방을 해명하다 ·· 18
五) 경문 해석 2. ··· 23
 1. 지수보살이 질문하다 2. ··································· 23
 1) 질문하고 대답하는 사람에 대해 해석하다 ············ 24
 2) 의심하여 질문함에 대해 해석하다 6. ·················· 26
  (1) 총합하여 과목 나누다 ·································· 26
  (2) 구분하다 ·· 27
  (3) 비방을 해명하다 ·· 27
  (4) 어떻게 얻는가를 해석하다 ···························· 28
  (5) 비방과 힐난에 바로 대답하다 ························ 28
  (6) 바로 경문을 해석하다 5. ······························ 30
   ㄱ. 한 문단은 이숙의 결과 ······························· 37
   ㄴ. 네 문단은 사용의 결과 ······························· 45
   ㄷ. 두 문단은 속박을 여읜 결과 ······················· 58

ㄹ. 한 문단은 더없는 결과 ·· 60
ㅁ. 두 문단은 똑같이 유행하는 결과 ································· 61
2. 문수보살이 대답하다 2. ··· 63
(1) 원인으로 이룰 이익을 내세워 그 공덕에 대해 대답하다 ········ 64
(2) 현상에서 드러난 원인을 지적하여 묻는 원인을 대답하다3. ····· 69
가. 총합하여 질문하다 ·· 69
나. 개별로 밝히다 10. ·· 69
ㄱ. 집에 있을 때의 11가지 발원 ·· 78
ㄴ. 출가하고 수계할 때의 15가지 발원 4. ···························· 83
ㄱ) 한 게송은 바로 속가집을 떠나다 ···································· 83
ㄴ) 세 게송은 출가하는 방편이다 ·· 83
ㄷ) 네 게송은 머리를 깎고 출가하다 ···································· 84
ㄹ) 나머지 일곱 게송은 계를 받고 배울 때의 발원 ············ 87
ㄷ. 좌선하러 나아갈 때의 일곱 가지 발원 ···························· 91
ㄹ. 행각하러 가며 패를 걸 때의 여섯 가지 발원 ················ 93
ㅁ. 양치하고 세수할 때의 일곱 가지 발원 ···························· 95
ㅂ. 걸식하고 도행할 때의 55가지 발원 3. ···························· 97
ㄱ) 도로를 다닐 때의 12가지 발원 ·· 97
ㄴ) 현상경계를 보면서 하는 19가지 발원 ···························· 101
ㄷ) 만나는 인물을 보고 하는 24가지 발원 ·························· 107
ㅅ. 성에 도달하여 걸식할 때의 22가지 발원 ························ 125
ㅇ. 돌아와서 씻고 목욕할 때의 다섯 가지 발원 ·················· 133
ㅈ. 독경하고 좌선하거나 예불할 때의 열 가지 발원 ·········· 134
ㅊ. 자고 일어나거나 휴식할 때의 세 가지 발원 ·················· 137
다. 이룬 이익을 총합하여 결론하다 ······································ 138

大方廣佛華嚴經疏鈔 제14권의 ② 藏字卷

제12. 현수보살이 게송으로 설하는 품[賢首品] ①

第一章 믿지 못하는 이를 믿게 하다[明未信令信] ③

三. 덕행과 작용을 갖추어 거두다 4. ································· 142
一) 오게 된 뜻 ··· 143
二) 명칭 해석 ··· 143
三) 근본 가르침 ··· 144
四) 경문 해석 3. ·· 147
1. 문수 보살이 법을 묻다 ······································ 147
2. 현수보살이 게송으로 널리 설법하다 3. ················· 149
가. 네 게송은 찬탄과 겸양하며 설법을 허락하는 부분 ········ 151
나. 346개 반의 게송은 뛰어난 공덕을 바로 설하는 부분 5. ······· 169
(가) 다섯 게송은 발심의 행상 ······························· 170
(나) 일곱 게송은 믿음의 뛰어난 공능을 보이다 3. ············ 204
ㄱ) 한 게송은 총합하여 표방하다 ······················· 205
ㄴ) 다섯 게송은 개별로 해석하다 ······················· 207
ㄷ) 한 게송은 총합하여 결론하다 ······················· 211
(다) 50개 반의 게송은 삼보를 믿는 행법과 지위를 밝히다 3. ····· 213
ㄱ) 여덟 개 반의 게송은 갖추게 되는 행법 2. ············· 213
(ㄱ) 다섯 게송은 삼보를 믿어서 이룰 행법 ················ 213
(ㄴ) 세 개 반의 게송은 믿음으로 전전히 여러 행법을 성취하다 ··· 217
ㄴ) 39개 게송은 갖출 대상의 지위를 밝히다 4. ············· 218
a. 세 게송은 십주의 지위 ································· 219
b. 두 개 반의 게송은 십행의 지위 ····················· 221
c. 세 게송은 십회향의 지위 ····························· 223

d. 30개 반의 게송은 십지의 지위 9. ·················· 224
a) 반 개의 게송은 환희지 ·························· 224
b) 반 개의 게송은 이구지 ·························· 224
c) 한 게송은 3지와 4지 ···························· 225
d) 한 게송은 난승지 ······························· 226
e) 한 게송은 현전지 ······························· 226
f) 두 개 반의 게송은 원행지 ······················· 227
g) 세 게송은 부동지 ······························· 228
h) 두 게송은 선혜지 ······························· 230
i) 19개의 게송은 법운지 5. ······················· 231
(a) 여덟 게송은 삼업이 뛰어난 공덕 ··············· 231
(b) 네 게송은 삼업이 광대한 공덕 ················· 235
(c) 두 게송은 법을 얻고 지위를 결론하다 ·········· 236
(d) 세 게송은 삼매를 얻는 부분 ··················· 237
(e) 두 게송은 큰 작용은 헤아리지 못함이다 ········ 239
ㄷ) 세 게송은 결론적으로 공덕을 찬탄하다 ·········· 240
(라) 203개의 게송은 제한 없는 큰 작용을 노래하다 10. ········· 243
ㄱ) 여섯 게송은 두렷이 밝은 해인삼매문 ············· 247
❖ 해인삼매에 대한 근거자료 ························ 254
ㄴ) 두 개 반의 게송은 화엄의 묘행삼매문 ··········· 265
ㄷ) 네 게송은 인드라망삼매문 ······················ 270
ㄹ) 18게송은 손으로 널리 공양구를 내는 삼매문 ····· 273
ㅁ) 여덟 개 반의 게송은 여러 법문을 나타내는 삼매문 ········· 280
ㅂ) 17게송은 사섭법으로 중생을 섭수하는 삼매문 ····· 285
ㅅ) 17게송은 세간과 동화하는 삼매문 ··············· 304

大方廣佛華嚴經疏鈔 제15권 閏字卷
제12. 현수보살이 게송으로 설하는 품[賢首品] ②

ㅇ) 89개 반의 게송은 모공 광명으로 비추어 이익 주는 삼매문 5. 316
    a) 한 게송은 삼매문을 표방하고 총합하여 밝히다 ················317
    b) 하나의 털구멍 광명의 업과 작용을 별도로 밝히다 ············318
    c) 온갖 털구멍 광명의 업과 작용을 유례하여 밝히다 ·············353
    d) 일곱 게송은 그 영역을 해석하다 ·······································353
    e) 한 게송은 듣고 믿는 광명의 이익 ·······································358
ㅈ) 여섯 게송은 주인과 반려가 아름답게 장엄한 삼매문 ··········359
ㅊ) 34개 반의 게송은 고요한 작용이 끝없는 삼매문 3. ············363
  (ㄱ) 한 게송은 이름을 표방하고 총합 설명하다 ······················363
  (ㄴ) 32개 반의 게송은 업과 작용을 바로 밝히다 3. ···············364
    a. 두 게송은 기세간에 자재함을 노래하다 ························364
    b. 다섯 게송은 지정각세간에 자재함 ·································364
    c. 25개 반의 게송은 삼세간에 자재한 공덕을 밝히다 3. ········368
    (a) 12게송은 육근, 육경을 상대하여 자재함 ·······················368
    (b) 여섯 개 반의 게송은 다른 몸에서 자재를 얻음을 노래하다 ···401
    (c) 두 개 반의 게송은 미세하게 자재함을 노래하다 ················403
    (d) 네 개 반의 게송은 기세간의 현상 중에 두루 출입함을 노래하다··405
  (ㄷ) 한 게송은 삼매가 불가사의함으로 총결하다 ······················407
  (ㅁ) 79개의 게송은 비유로 현묘한 종지를 비교하다 3. ············408
   ㄱ) 두 게송은 비유한 의미를 표방하다 ······························408
   ㄴ) 76개의 게송은 비유한 모양을 개별로 밝히다 20. ·············416
    ㊀ 세 개 반의 게송은 성문이 신통을 나투는 비유 ················416
    ㊁ 두 게송은 해와 달에 그림자가 나타나는 비유 ·················418

㊂ 두 게송은 물속에 네 가지 병사를 나투는 비유·················418
㊃ 두 게송은 좋은 음성으로 말 잘하는 비유··················419
㊄ 두 게송은 부인이 변재를 받는 비유 ······················420
㊅ 두 게송은 마술사가 요술 부리는 비유····················421
㊆ 두 게송은 아수라가 숨어 버리는 비유 ···················422
㊇ 다섯 게송은 코끼리가 따라 변하는 비유··················423
㊈ 두 게송은 아수라가 큰 몸으로 변하는 비유···············425
㊉ 네 게송은 제석천왕이 원수를 물리치는 비유··············426
⑪ 여섯 게송은 하늘북이 설법하는 비유·····················427
⑫ 세 게송은 하늘북이 위로하는 비유 ·······················429
⑬ 세 게송은 제석천왕이 널리 응하는 비유··················430
⑭ 범천왕이 범부를 속박하는 비유··························431
⑮ 두 게송은 범천왕이 몸을 나투는 비유····················432
⑯ 두 게송은 마혜수라 천왕이 빗방울을 세는 비유··········433
⑰ 세 게송은 큰 바람으로 일을 성취하는 비유···············434
⑱ 두 게송은 갖가지 소리로 기쁘게 하는 비유···············435
⑲ 두 게송은 큰 바다에 다 포함되는 비유 ···················436
⑳ 24개 반의 게송은 용왕이 유희하는 비유 2. ·············437
a. 22개 반의 게송은 용왕의 큰 작용이 각기 다른 비유 4. ········437
(a) 네 개 반의 게송은 구름 색깔이 다른 비유················438
(b) 네 게송은 번갯불이 차별한 비유························439
(c) 세 개 반의 게송은 번개 소리가 같지 않은 비유··········441
(d) 열 게송은 내리는 비가 하나가 아닌 비유················442
b. 두 게송은 열등함을 들어 뛰어남을 드러내다 ················446
ㄷ) 한 게송은 결론적으로 생각하기 어려운 공덕을 밝히다········447
다. 아홉 게송은 공덕을 비교하여 수지하기를 권하는 부분 2. ····449

(가) 한 게송은 앞의 말을 결론하다·····································449
　(나) 여덟 게송은 믿고 수지하고 얻기도 어렵다 3. ················450
　ㄱ) 두 개 반의 게송은 믿기 어려움을 밝히다······················452
　ㄴ) 반의 게송은 나머지 행법보다 비교하여 뛰어나다 ···········454
　ㄷ) 네 게송은 현상을 들어 공덕의 분량을 비교하다 ············455
　3) 시방세계에서 증명을 나타내다·······································457

大方廣佛華嚴經 제14권
大方廣佛華嚴經疏鈔 제14권의 ① 冬字卷

제11 淨行品

정행품은 인연에 따라 원을 행하는[隨緣願行] 법문이니, 지수(智首)보살이 질문하고 문수보살이 대답하는 형식으로 일상생활 속에서 그 마음을 잘 쓸 것[善用其心]을 늘 강조한다. 때문에 일거수 일투족의 일상에서 곧 모든 것을 좋은 것[善]으로 본다는 말이리라. 따라서 140여 가지 발원을 항상 행한다. 구체적으로는 (1) 집에 있을 때의 11가지 발원 (2) 출가하고 수계할 때의 15가지 발원 (3) 좌선과 행각, (4) 걸식과 도행, (5) 양치하고 세수하고 (6) 좌선과 독경할 때, (7) 자고 일어나거나 (8) 휴식할 때까지 끊임없이 발원하게 하는 수행법을 운문형식으로 말하였다. 경문에 이르되,

만약 밥을 먹을 때에는 마땅히 이처럼 원하라.　　若飯食時인댄 當願衆生이
중생이 선열로써 밥을 삼아서 법희가 충만하기를 원할지어다.　禪悅爲食하야 法喜充滿하며
밥을 다 먹고 나서는 마땅히 중생이 하는 일을 다 마치고　　飯食已訖에 當願衆生이
모든 불법을 구족하기를 원할지어다.　　所作皆辦하야 具諸佛法하며

大方廣佛華嚴經 제14권
大方廣佛華嚴經疏鈔 제14권의 ① 冬字卷

제1장. 믿지 못하는 이를 믿게 하다[明未信令信](제2회 後三品) ②

제11. 청정한 행법을 말하는 품[淨行品]

二. 정행품은 인연에 따라 원을 행하다[隨緣願行] 5.

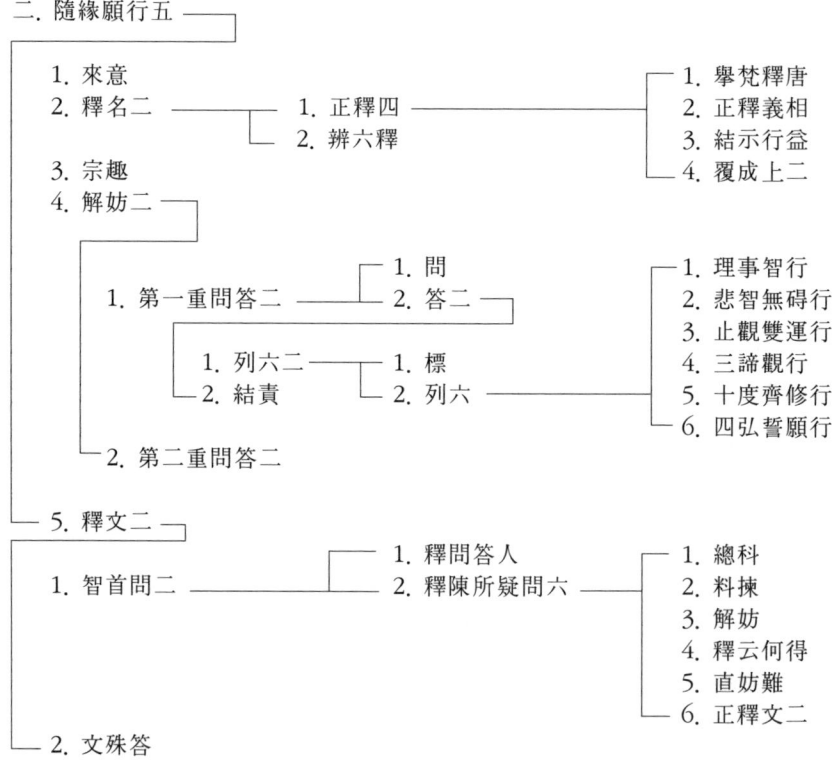

一) 오게 된 뜻[來意] (釋此 1上5)

[疏] 釋此一品에 五門分別이니 初, 來意者는 夫欲階妙位인대 必資勝行이니 有解無行이면 虛費多聞일새 故前品에 明解하고 此品에 辨行하니라 又前에 明入理觀行하고 今辨隨事所行이라 又前은 行이오 此는 願이라 並義次第일새 故次來也니라

- 이 한 품을 해석함에 다섯 문으로 분별하리니 一) 오게 된 뜻은 대저 미묘한 지위를 밟아 가려 한다면 반드시 뛰어난 수행이 필요하나니, (1) 아는 것은 있는데 수행이 없으면 많이 들은 것을 허비할 뿐이므로 앞의 보살문명품에서는 이해를 밝혔고, 이 정행품에서는 행법을 밝혔다. (2) 또 앞에서 이치에 들어가 행법을 관찰하였고, 지금은 현상에서 행할 대상을 따름에 대해 밝혔다. (3) 또한 앞은 행함이요, 여기는 원함이며, 아울러 뜻의 순서인 연고로 다음에 온 것이다.

[鈔] 來意有三하니 初一, 通對前後辨來니 謂欲成妙位인대 是後十住故라 前品明解는 卽是對前이라 二, 又前明入理下는 此及第三이 俱是對前이로대 二는 卽以行으로 對行이니 但理事不同이라 三, 卽以願으로 對行이니 則二品이 全別이라 故로 前品에 具解行二義하고 此品에 具行願二義故니라

- 一) 오게 된 뜻에 셋이 있으니 가. 앞뒤와 전체적으로 상대하여 온 뜻을 밝혔으니, 이른바 미묘한 지위를 이루려 한다면 다음이 십주 지위인 까닭이다. 앞의 보살문명품에서 이해를 밝힘은 곧 앞과 상대함이다. 나. 又前明入理 아래는 이 정행품과 셋째인 현수품이 모두 앞을 상대한 것이로되 둘째, 보살문명품에서는 행법으로 행법을 상대함이

니 다만 이치와 현상이 다를 뿐이다. 다. 원력으로 행법을 상대함이니 두 품[보살문명품과 정행품]이 완전히 다르다. 그러므로 앞의 문명품에는 이해와 행법의 두 가지 뜻을 갖추었고, 지금의 정행품에는 행법과 원력의 두 가지 뜻을 갖춘 까닭이다.

二) 명칭 해석[釋名] 2.

(一) 바로 해석하다[正釋] 4.
1. 범어를 거론하여 중국어로 해석하다[舉梵釋唐] (次釋 1下3)
2. 뜻과 모양을 바로 해석하다[正釋義相] (謂三)

[疏] 次, 釋名者는 梵云具折囉니 此云所行이라 波利는 此云皆也며 徧也라 戌輪聿 提¹⁾는 云淸淨也니 謂三業으로 隨事緣歷을 名爲所行이오 巧願防非하야 離過成德을 名爲淸淨이라 又悲智雙運을 名爲所行이오 行越凡小일새 故稱淸淨이니 以二乘無漏는 不能兼利일새 非眞淨故니라

■ 二) 명칭 해석은 범어로는 '구절라(具折囉)'인데 번역하면 '행할 대상'이다. '파리(波利)'는 번역하면 '모두'이고 '두루 하다'는 뜻도 있다. '술제(戌提)'는 '청정함'의 뜻이니 이른바 삼업(三業)으로 현상 인연을 따라 거침을 이름하여 '행할 대상[所行]'이라 하고, 좋은 원력으로 잘못을 방지해서 과실을 여의고 덕을 이룸을 '청정'이라 이름한다. 또한 자비와 지혜를 함께 운행함을 '행할 대상'이라 하고, 행법이 범부나 소승을 뛰어나므로 청정이라 칭하였으니, 이승의 번뇌 없음으로는 능

---

1) 案刊定記 戌提 注云 戌音作輪律反; 注의 輪는 他本作輪誤.

히 이타행을 겸할 수 없으므로 '참다운 청정[眞淨]'이 아닌 것이다.

3. 수행의 이익을 결론해 보이다[結示行益] (得斯)
4. 위의 둘을 반대로 성취하다[覆成上二] (文殊)

[疏] 得斯意者는 擧足下足에 盡文殊心이오 見聞覺知가 皆普賢行이라 文殊心故로 心無濁亂이니 是曰淸淨이오 普賢行故로 是佛往修니 諸佛菩薩의 同所行也라 所行은 卽淨이니 持業釋也니라

■ 이런 뜻을 얻은 것은 발을 들고 놓음에 모두가 문수의 마음이요, 보고 듣고 느끼는 것이 모두 보현의 행법이다. 문수의 마음인 까닭에 마음에 혼탁함과 산란함이 없는 것을 '청정'이라 말했고, 보현의 행법인 연고로 '부처님의 예전에 하신 수행'이니, 모든 부처님과 보살이 똑같이 수행할 대상인 것이다. 행할 대상이 곧 청정하다 함은 지업석(持業釋)이다.

[鈔] 次釋名中에 二니 先, 正釋이오 後, 得斯意下는 辨行功能이라 文殊心下는 覆成上二라 然卽賢首品의 初生起之意니 尋文可知니라

● 二) 명칭 해석 중에 둘이니 (一) 바로 해석함이요, (二) 得斯意 아래는 행법의 공덕과 능력을 밝힘이다. 文殊心 아래는 위의 둘을 뒤집어서 성립함이다. 그렇다면 현수품의 처음 시작하는 의미가 되나니, 소문을 찾아보면 알 수 있으리라.

三) 근본 가르침[宗趣] (三宗 2上2)

[疏] 三, 宗趣者는 以隨事巧願하야 防心不散하야 增長菩薩悲智大行為 宗이오 成就普賢實德為趣니라

- 三) 근본 가르침은 현상을 따라 원력을 잘 세워 마음을 방비하여 산란치 않아서 보살의 자비와 지혜로 큰 행법을 증장함으로 근본을 삼고, 보현보살의 참다운 덕행을 성취하는 것으로 가르침을 삼는다.

四) 비방을 해명하다[解妨] 2.

(一) 제1중 질문과 대답[第一重問答] 2.
1. 질문하다[問] (四解 2上4)
2. 대답하다[答] 2.
1) 여섯 가지 행법을 나열하다[列六] 2.
(1) 답을 표방하다[標] (答文 2上4)

[疏] 四, 解妨者는 問이라 文中에 但辨一百餘願이어니 何有行耶아 答이라 文中에 辨行이 略有數重하니 謂就所歷事中하야

- 四) 비방을 해명함이다. 1. 질문이라 경문 중에 단지 1백여 가지 발원을 분별하기만 하였으니 어떻게 수행해야 하는가? 2. 대답함이다. 경문 중에 수행을 밝힘이 대략 여러 번 중복함이 있다. 말하자면 거쳐야 할 현상에 나아가서,

(2) 나열하다[列] 6.
가. 이치와 현상이 지혜로운 행법[理事智行] (始自 2上5)
나. 자비와 지혜가 걸림 없는 행법[悲智無碍行] (以願)

[疏] 始自出家로 終於臥覺히 皆事行也오 知家性空은 理行也오 觸境不
迷하야 善達事理는 智行也오 以願導智하야 不滯自利는 大悲行也오
上二不二는 悲智無礙行也라
- 출가함으로부터 시작해서 눕고 깨달음에 (도달해) 마치기까지 모두가
'현상의 행법'이요, 집의 체성이 공함을 아는 것은 '이치적인 행법'이요,
경계를 만나도 미혹하지 않고 현상과 이치를 잘 통달함은 '지혜로운
행법'인 것이다. 원력으로 지혜를 이끌어서 자리행에 지체하지 않음은
'대비의 행법[大悲行]'이요, 위의 둘이 둘이 아님은 '자비와 지혜가 걸림
없는 행법[悲智無礙行]'이다.

다. 사마타와 위빠사나를 함께 움직이는 행법[止觀雙運行] (遇違 2上8)
라. 세 가지 진리를 관찰하는 행법[三諦觀行] (又對)

[疏] 遇違順境하야 心不馳散은 止行也오 智不沈沒은 觀行也오 卽止觀
雙運行也라 又對於事境하야 善了邪正하야 當願衆生은 皆假觀也오
知身空寂하야 心無染着은 空觀也오 見如實理는 中觀也라 或先空
後中하며 或先假後空하며 或一或二하며 或一念頓具가 斯爲妙達三
諦觀之行也니라
- 또한 현상경계를 상대하여 마음이 치구(馳驅)하거나 산란하지 않음
은 '사마타의 행법[止行]'이요, 지혜에 빠져서 몰두하지 않음은 위빠사
나 행법[觀行]이요, 곧 사마타와 위빠사나를 함께 움직이는 행법[止觀
雙運行]이다. 또한 현상경계를 상대하여 삿됨과 올바름을 잘 알아서
마땅히 중생이 (잘 되기를) 원함은 모두 가관(假觀)이요, 몸이 공적함을
알아서 마음이 물들거나 집착이 없음은 공관(空觀)이요, 여실한 이치

를 보는 것은 중관(中觀)이다. 혹은 공관을 먼저 하고 중관을 나중에 하기도 하며, 혹은 가관을 먼저 하고 공관을 나중에 하기도 하며, 혹은 하나이기도 하고 혹은 둘이기도 하며, 혹은 찰나 사이에 단박에 구족함이니 이것을 세 가지 진리를 묘하게 통달한 관법이라 말한다.

마. 십바라밀을 함께 닦는 행법[十度齊修行] (又所)
바. 네 가지 큰 서원의 행법[四弘誓願行] (又皆)

[疏] 又所造成行이 皆施衆生하고 不起二乘之心하며 安忍强頓兩境하야 唯2)增善品하고 心不異緣하며 妙達性空하야 善巧廻轉하야 皆願利物하고 同趣菩提하며 二乘天魔의 所不能動이며 善知藥病하야 決斷無差이니 即十度齊修之行也라 又皆願利生하고 皆成佛德하며 見惡에 必令其斷하고 見善에 必令其具는 即四弘誓願之行也라

■ 또한 나아가 이룰 대상의 행법이 모두 중생에게 보시하고 이승(二乘)의 마음을 내지 않으며, 강하고 부드러운 두 가지 경계를 편안히 하고 인욕하여 오직 선한 품류만 늘어나고 마음이 인연과 다르지 않으며 체성이 공함을 묘하게 통달하여 훌륭하게 돌리고 바꾸어서 모두 중생에게 이롭게 하기를 원하고 함께 보리로 나아가며, 이승과 천상과 마군이 능히 동요할 수 없는 바이며, 약과 병을 잘 알아서 결단함에 잘못이 없음이니 곧 십바라밀을 함께 닦는 행법인 것이다. 또한 모두 원하기를 중생을 이롭게 하고 모두 부처님의 덕을 이루며, 악함을 발견했을 적에 반드시 하여금 끊게 하고 선함을 보면 반드시 하여금 구족하게 함은 곧 네 가지 큰 서원의 행법이다.

---

2) 唯는 南續金本作或.

2) 결론하고 질책하다[結責] (故智 2下7)

[疏] 故로 智首로 總標諸德하니 以求其因하며 文殊는 令善用心하야 頓獲 衆果하나니 但言惟願이라하면 豈不惑哉아

- 그러므로 지수보살은 모든 공덕을 총합적으로 표방하였으니, 그 원인을 구하며, 문수보살은 하여금 마음을 잘 사용하여 몰록 여러 결과를 얻나니 단지 '오직 원한다'고만 말한다면 어찌 미혹함이 아니겠는가?

[鈔] 四, 解妨中에 有二하니 一, 唯願無行妨이오 二, 辨所行非眞妨이라 前中에 二니 先은 問이오 後는 答이라 於中에 又二니 先은 列이오 後는 結이라 前中에 略有六重하니 一, 事理無礙行이오 二, 以願導智下는 悲智無礙行이오 三, 遇違順境下는 止觀雙流行이오 四, 又對於事境下는 三觀一心行이오 五, 又所造成行下는 十度齊修行이오 六, 皆願利生下는 四弘誓願行[3]이라 六中에 前三은 各有三義하니 初中[4]에 三者는 一, 歷緣造修事行也오 二, 觸境不迷理行이오 三, 雙達事理니 卽事理無礙行[5]이라 第二行[6]中에 含於三行者는 一, 大悲行이오 二,[7] 初對悲行하야 總爲智行이오 三, 悲智雙運行이라 四中有五하니 別明空假中이 爲三이라 四, 三觀不次第가 爲一行이오 五, 三觀一心이 爲一行이라 三五六者는 並文處를 可知라 三觀은 如前後說하니라

- 四) 비방을 해명함 중에 둘이 있으니 1) 발원만 있고 수행이 없다는

---

3) 上百三字는 南金本作答文中下初列.
4) 初中은 甲續本作如初中 南金本作如初事理.
5) 此下에 南續金本有以願導智下, 以는 續本作二以.
6) 行은 甲南續金本作對.
7) 此下에 南金本有觸境不迷 善達事理 是一行 三雙達事理 爲事理無礙行 遇違願下.

비방이요, 2) 행할 대상이 진실하지 않다는 비방을 밝혔다. 1) 중에 둘이니 (1) 질문이요, (2) 대답이다. 그중에 또한 둘이니 가. 나열함이요, 나. 결론함이다. 가. 중에 대략 여섯 번 거듭함이 있으니 (가) 이치와 현상이 걸림 없는 행법이요, (나) 以願導智 아래는 자비와 지혜가 걸림 없는 행법이요, (다) 遇違順境 아래는 사마타와 위빠사나가 함께하는 행법이요, (라) 又對於事境 아래는 세 가지 관법이 한 마음인 행법이요, (마) 又所造成行 아래는 십바라밀을 함께 닦는 행법이요, (바) 皆願利生 아래는 네 가지 큰 서원의 행법이다. 여섯 행법 중에 앞의 셋[(가) (나) (다)]은 각기 세 가지 뜻이 있으니 (가)의 셋은 ㄱ. 인연을 거치면서 나아가 현상을 닦는 행법이요, ㄴ. 경계를 만나 이치에 미혹하지 않은 행법이요, ㄷ. 이치와 현상을 함께 통달함이니 곧 이치와 현상이 걸림 없는 행법이다. (나)의 행법 중에 세 가지 수행을 포함한 것은 ㄱ. 대비의 행법이요, ㄴ. 처음 대비행을 상대하여 총합하여 지혜로운 행법이 됨이요, ㄷ. 자비와 지혜를 함께 움직이는 행법이다. (라) 삼관(三觀)이 한 마음인 행법에는 다섯이 있으니 ㄱ. 공관(空觀)과 ㄴ. 가관(假觀), ㄷ. 중관(中觀)을 개별로 설명함이 셋이 되고, ㄹ. 세 관법이 순서대로 되지 않음이 한 가지 행법이 되고, ㅁ. 세 관법이 한 마음인 것이 한 가지 행법이 된다. (다) 사마타와 위빠사나가 함께하는 행법과 (마) 십바라밀을 함께 닦는 행법과 (바) 네 가지 큰 서원의 행법은 경문과 함께하면 알 수 있으리라. 삼관법에 대한 것은 앞과 뒤에 설명한 내용과 같다.

(二) 제2중 질문과 대답[第二重問答] 2.
1. 질문하다[問] (復有 3上7)

[疏] 復有問言호대 夫妙行者는 統唯無念이어늘 今見善見惡에 願離願成하야 疲役身心이어니 豈當爲道아

■ 다시 어떤 이가 묻기를, "대저 미묘한 행법이란 오직 망념 없음만을 거느리거늘, 지금은 선함과 악함을 볼 적에 여의기를 원하고, 이룰 것을 원하여 몸과 마음을 병들게 하였으니 어찌 마땅히 도라 하겠는가?"

2. 대답하다[答] 2.
1) 놓아 주면서 대답하다[縱答] (答若 3上8)
2) 뺏으면서 대답하다[奪答] (又無)

[疏] 答이라 若斯見者는 離念코 求於無念이니 尚未得於眞無念也라 況念無念之無礙耶아 又無念은 但是行之一也라 豈成一念頓圓이리오 如上所明也니 行學之者는 願善留心이니라

■ 대답한다. "만일 이런 견해라면 생각을 여의고 망념 없기를 구함이니, 오히려 참된 무념을 구하지 못할 뿐이다. 어찌 하물며 망념 없음에 걸림 없다고 생각하겠는가? 또 망념 없음은 단지 행법의 하나일 뿐이니 어찌 한 생각 사이에 단박에 원만함을 이루겠는가?" 위에서 설명한 내용과 같나니, 수행하고 배우는 이가 원컨대 잘 유념해야 한다.

五) 경문 해석[釋文] 2.
(一) 총합하여 과목 나누다[總科] (第五 3下3)
(二) 개별로 해석하다[別釋] 2.
1. 지수보살이 질문하다[智首問] 2.

1) 질문하고 대답하는 사람에 대해 해석하다[釋問答人] (今初)

爾時에 智首菩薩이 問文殊師利菩薩言하시되,
저 때에 지수보살이 문수사리보살에게 물으셨다.

[疏] 第五, 釋文中에 二니 先, 智首問이니 擧德徵因이오 後, 文殊答이니 標德顯因이라 今初니 亦先은 標問答之人이오 後는 陳所疑之問이라 今初니 此二菩薩이 爲問答者[8]는 歷事巧願에 必智爲導故오 事近旨遠에 唯妙德[9]故라 文殊則般若觀空이오 智首則漚和涉事니 涉事不迷於理일새 故雖願而無取오 觀空不遺於事일새 故雖空寂[10]而不證이니 是爲權實雙游로 假茲問答이니라

■ 五) 경문 해석 중에 둘이니 1. 지수보살이 질문함이니, 덕을 거론하여 원인을 물음이요, 2. 문수보살이 대답함이니, 덕을 내세워 원인을 밝힘이다. 지금은 1.이니 (여기에) 또한 1) 질문하고 대답하는 사람을 표방함이요, 2) 의심하는 바를 질문함이다. 지금은 1)이니, 이 두 분 보살이 질문하고 대답한 것은 일을 거치면서 원력을 잘 세울 적에 반드시 지혜로 인도하는 까닭이요, 현상은 가깝고 종지는 멀 적에는 오로지 미묘한 덕뿐인 까닭이다. 문수(文殊)보살이면 반야로 공을 관할 것이요, 지수(智首)보살이면 물거품을 섞어서 현상을 건너갈 것이다. (따라서) 현상을 건널 적에 이치를 미혹하지 않으므로 비록 원하면서도 취착함이 없으며, 공을 관할 적에 현상에 머뭇거리지 않으므로 비록 공적하지만 증득하지 않는다. (그러므로) 이것은 방편과 실법을 함

---

8) 問答者는 金本作顯圓修.
9) 妙德은 南金本作圓行.
10) 寂은 金本作空.

께 유희함으로 인해 이런 질문을 빌려 대답한 것이다.

[鈔] 漚和涉事者는 漚和俱11)舍羅는 此云方便善巧니 卽肇公宗本論文이라 論에 云, 漚和般若者는 大慧之稱也라 諸法實相도 謂之般若니 能不形證은 漚和功也오 適化衆生을 謂之漚和니 不染塵累가 般若力也라 然則般若之門으로 觀空하며 漚和之門으로 涉有라 涉有나 未始迷虛일새 故常處有而不染하고 不厭有而觀空일새 故觀空而不證하나니 是爲一念之力에 權慧具矣라 一念之力에 權慧具矣니 好思에 歷然可解라하니라

● '물거품을 섞어서 현상을 건넌다'는 것은 물거품을 섞음에서 그 사라(舍羅)는 '방편이 뛰어남'이라 번역하나니, 곧 승조(僧肇)법사의 『종본론』의 문장이다. 『종본론(宗本論)』에 이르되, "물거품과 반야를 섞음은 큰 지혜를 칭한다. 모든 법의 실다운 모습도 반야라 말하나니, 가능하지만 증득함을 나타내지 않음은 물거품에 섞이는 공이요, 때맞추어 중생을 교화함을 '물거품과 섞음'이라 말하나니, 티끌과 번뇌에 물들지 않는 것이 반야의 공이다. 그렇다면 반야의 문으로 공을 관하고, 물거품과 섞이는 문으로 존재를 건넌다. 존재를 건너지만 아직 한 번도 헛된 것에 미혹한 적이 없으므로 항상 존재에 처하면서도 물들지 않고, 존재를 싫어하지 않으면서 공을 관하는 연고로 공을 관하면서도 증득하지 않나니, 이것을 한 생각의 능력에 방편과 지혜를 구족함이라 한다. 한 생각의 능력에 방편과 지혜를 구비하였으니 잘 생각하면 뚜렷하게 알 수 있으리라.

---

11) 漚和俱는 金本作梵語其. 漚 담글 구, 거품 구.

2) 의심하여 질문함에 대해 해석하다[釋陳所疑問] 6.
(1) 총합하여 과목 나누다[總科] (二陣 4上6)

佛子여 菩薩이 云何得無過失身語意業이며 云何得不害身語意業이며 云何得不可毁身語意業이며 云何得不可壞身語意業이며 云何得不退轉身語意業이며 云何得不可動身語意業이며 云何得殊勝身語意業이며 云何得淸淨身語意業이며 云何得無染身語意業이며 云何得智爲先導身語意業이니잇고

"불자여, 보살이 (1) 어떻게 허물이 없는 몸과 말과 뜻의 업을 얻으며, (2) 어떻게 해롭히지 않는 몸과 말과 뜻의 업을 얻으며, (3) 어떻게 훼손할 수 없는 몸과 말과 뜻의 업을 얻으며, (4) 어떻게 깨뜨릴 수 없는 몸과 말과 뜻의 업을 얻으며, (5) 어떻게 물러나지 않는 몸과 말과 뜻의 업을 얻으며, (6) 어떻게 움직이지 않는 몸과 말과 뜻의 업을 얻으며, (7) 어떻게 수승한 몸과 말과 뜻의 업을 얻으며, (8) 어떻게 청정한 몸과 말과 뜻의 업을 얻으며, (9) 어떻게 물들지 않는 몸과 말과 뜻의 업을 얻으며, (10) 어떻게 지혜가 선도하는 몸과 말과 뜻의 업을 얻나이까?

[疏] 二, 陳所問中에 有二十云何오 總十一段이니 段各十句로 成一百一十種德이라 第一段은 明三業離過成德이오 二, 得堪傳法器오 三, 成就衆慧오 四, 具道因緣이오 五, 於法善巧오 六, 修涅槃因이오 七, 滿菩薩行이오 八, 得十力智오 九, 十王敬護오 十, 能爲饒益이오 十

一, 超勝尊貴[12]라
- 2) 의심하여 질문함 중에 스무 가지 까닭이 있으며 총합하면 11문단이다. 문단이 각기 열 구절로 110가지 공덕을 이루게 된다. 제1문단은 삼업으로 과실을 떠나 덕을 이룸이요, 제2문단은 법의 그릇에 전함을 감당함이요, 제3문단은 여러 지혜를 성취함이요, 제4문단은 도의 인연을 구족함이요, 제5문단은 법에 뛰어남이요, 제6문단은 열반의 원인을 닦음이요, 제7문단은 보살의 수행을 만족함이요, 제8문단은 부처님 십력의 지혜를 얻음이요, 제9문단은 시왕들이 공경히 보호함을 받음이요, 제10 문단은 능히 요익하기 위함이요, 제11문단은 가장 뛰어나고 존귀함이다.

(2) 구분하다[料揀] (此十 4上10)
(3) 비방을 해명하다[解妨] (以善)

[疏] 此十一中에 若就相顯인댄 二四與六인 此三은 唯因이오 八及十一인 此二는 唯果오 餘通因果라 或攝爲四對因果니 初二十句는 問福因福果니 先因後果오 次二十句는 問慧因慧果니 先果後因이오 三, 二十句는 問巧解因과 觀行果요 四, 有五段은 問修行因과 成德果라 初一爲因이오 餘四爲果라 或分爲二니 初十云何는 問淨行體니 是問因義오 後十云何는 問行所成이니 是問果義라 以善修七覺等이 亦是淨行之能故로
- 이런 11가지 문단 중에 만일 모양에 나아가 밝힌다면 제2와 제4, 제6 이 셋은 원인뿐이요, 제8과 제11 문단은 결과뿐이다. 나머지 여섯

---

12) 貴下에 金本有意業二字.

문단은 원인과 결과에 통한다. 혹은 섭수하여 네 가지를 원인과 결과로 상대하였으니 (1) 처음의 스무 구절은 복의 원인과 복의 결과에 대해 질문함이니 앞은 원인이고 뒤는 결과이다. (2) 스무 구절은 지혜의 원인과 지혜의 결과에 대해 질문함이니 앞은 결과이고 뒤가 원인이요, (3) 스무 구절은 원인을 잘 이해함과 관하여 수행한 결과에 대해 질문함이요, (4) 다섯 문단은 수행의 원인과 결과를 이룬 결과에 대해 질문함이다. (그중에) 처음 하나는 원인이요, 나머지 네 문단은 결과가 된다. 혹은 둘로 나누었으니 가. 처음부터 열 가지 운하(云何)는 청정한 행법의 체성에 대해 질문함이니 원인의 뜻을 물은 것이요, 나. 뒤의 열 가지 운하(云何)는 행법으로 이룰 대상에 대해 질문함이니 결과의 뜻을 물은 것이다. 일곱 가지 깨달음을 잘 수행한 따위가 또한 청정한 행법의 공능인 연고로,

(4) 어떻게 얻는가를 해석하다[釋云何得] (皆言 4下7)
(5) 비방과 힐난에 바로 대답하다[直妨難] (初十)

[疏] 皆言云何得者니 爲修何行而得之耶아 初十을 望後일새 故說爲因이오 望歷緣巧願하야 成淨行體인대 卽是於果나 未是圓果오 而是分果라 故上에 總云, 擧果徵因이니라

■ 모두에 '어떻게 얻는가?'라고 말한 것은 '어떤 수행을 닦아서 얻는가?' 함이 된다. 처음 열 문단은 뒤와 대조한 연고로 원인을 말한 것이요, 인연을 거치면서 뛰어난 원으로 청정한 행법의 체성 이룸을 바라본다면 곧 결과이지만 아직은 원만한 결과가 아니요, 부분적인 결과이다. 그러므로 위에서 총합하여 말하되, '결과를 거론하면서 원인을 묻는

다'고 하였다.

[鈔] 二陳所問中에 文二니 先, 總科오 二, 此十一中下는 料揀이라 自有 三意하니 可知로다 三中에 以善修七覺下는 解妨이니 謂有問云호대 其初意中에 二四與六인 此三은 明因이어늘 如何今十이 皆得名果오 할새 故爲此通이니 以約相顯하야 望菩提涅槃에 此三爲因이라 是初 十成일새 故得稱果라 皆言下는 釋云何得言이라

從初十望後下는 重通伏難이니 問이라 初十이 旣因인대 何以前科에 云, 智首擧德徵因이라하니 答意는 可知라 則智首는 總問因果之德이 오 文殊는 總擧歷緣巧願이 則皆成矣[13]로다

- 2) 의심하여 질문함 중에 소문이 둘이니 (1) 총합하여 과목 나눔이 요, (2) 此十一中 아래는 구분함이다. (여기에) 자연히 세 가지 의미가 있으니 알 수 있으리라. 세 가지 중에 (3) 以善修七覺 아래는 비방을 해명함이다. 말하자면 어떤 이가 묻기를, "그 첫째 의미 중에 제2, 제 4, 제6인 이 셋은 원인을 설명하였거늘 어찌하여 지금 열 가지에 결과 를 얻은 이름인가?" 하므로 여기서 해명한 것이다. 모양을 잡아 밝혀 서 보리와 열반을 바라볼 적에 이 셋은 원인이 된다는 뜻이다. 이 처 음 열 가지를 성취한 연고로 결과라 칭한 것이다. (4) 皆言 아래는 어떻게 얻었는가를 해석함이다. (5) 初十望後 아래는 거듭하여 숨은 힐난을 해명함이니 묻는다. 처음 열 문단이 이미 원인이라면 어찌하 여 앞의 과목에 이르되, "지수보살은 덕을 거론하여 원인을 물었다" 고 하였는가? 대답한 의미는 알 수 있으리라. 곧 지수보살은 원인과 결과의 덕을 총합하여 질문한 것이요, 문수보살은 인연을 거치면서

---

13) 此下에 南續金本有總問其果.

뛰어난 원을 거론함은 모두 성취한다는 뜻이다.

(6) 바로 경문을 해석하다[正釋文] 2.
가. 총합하여 과목 나누다[總科] (今分 5下3)

[疏] 今分爲二니 初之一段은 總問其果오 後十은 別明이라
■ 지금은 둘로 나누리니 처음 한 문단은 가. 총합하여 그 결과에 대해 질문함이요, 나. 뒤의 열 문단은 개별로 해석함이다.

나. 개별로 해석하다[別釋] 2.
가) 한 문단은 그 결과에 대해 총합하여 질문하다[初一總問其果] 3.
(가) 총상에 의지해 개별 결과를 얻음으로 해석하다[依總別果釋]
(今初 5下3)

[疏] 今初十句가 得此十種三業하야 成下十果니 由無過三業하야 故超勝尊貴오 由無恚害故로 常爲饒益이오 由無餘惑不可譏毁하야 故十王이 敬護오 由惡緣不可壞하야 得佛十力이오 由修行不退轉하야 滿菩薩行이오 由遠離諸相하야 如如不動하야 成涅槃因이오 由德行殊勝하야 故於法에 善巧오 由體清淨如虛空하야 故成具道緣이오 由涉境無染하야 故得堪傳法器오 由智先導하야 故成就衆慧니라
■ 지금은 처음 열 구절이 이런 세 가지 업을 얻어서 아래의 열 가지 결과를 성취한 것이니, (1) 과실 없는 삼업으로 인해 더욱 뛰어나고 존귀함이요, (2) 성냄과 해침이 없음으로 인해 항상 요익함이요, (3) 남은 번뇌와 나무라고 비방할 수 없음으로 인해 십대왕들이 공경히 보

호함이요, (4) 나쁜 인연을 무너뜨릴 수 없음으로 인해 부처님의 십력을 얻음이요, (5) 물러나지 않는 수행으로 인해 보살행을 만족함이요, (6) 모든 모양을 멀리 여읨으로 인해 변함없이 동요하지 않아서 열반의 원인을 이룸이요, (7) 덕행이 뛰어남으로 인해 법에 선교방편을 얻음이요, (8) 체성이 청정하여 허공과 같음으로 인해 도업을 구족하는 인연을 이룸이요, (9) 경계를 건너면서 물듦이 없음으로 인해 법을 전할 그릇을 감당함이요, (10) 지혜로 선도함으로 인해 많은 지혜를 성취하게 된 것이다.

[鈔] 今十句下[14]는 疏文分三이니 初, 依總別果釋이오 二, 先果後因釋이오 三, 當句對惑釋이라 今初니 則十一段이 皆是所成之果며 兼含料揀中의 第三意라 初十爲能成이오 下十은 爲所成이니 從後倒牒十果라 按次釋文인대 謂第一은 無過失三業이니 得第十一超勝尊貴果오 第二는 不害三業이니 得第十能爲饒益果오 三은 成第九오 四는 成第八이오 五는 成第七이오 六은 成第六이오 七은 成第五오 八은 成第四오 九는 成第二오 十은 成第三이니 唯後二가 前却耳오 亦可如次니라 猶涉境無染故로 成衆慧하야 智爲先導하야 成就法器라 其中加字는 已當釋文이니 如云無恚害는 以恚釋害오 以涉境으로 釋於無染이오 約體하야 釋於淸淨等이니 細尋歷然이니라

● (1) 今十句 아래는 소문을 셋으로 나누리니, (가) 총상에 의지해 개별 결과를 얻음을 해석함이요, (나) 앞은 결과, 뒤는 원인으로 해석함이요, (다) 해당 구절을 번뇌와 상대하여 해석함이다. 지금은 (가)이니 11문단이 모두 성취할 대상의 결과이며 (2) 구분함 중의 셋째 의

---

14) 上四字는 南金本作總問其果.

미(나머지 여섯은 원인과 결과에 통함)를 겸하였다. 처음 열 문단은 성취하는 주체가 되고, 아래 열 문단은 성취할 대상이 되나니, 뒤에서부터 거꾸로 열 가지 결과를 따온 것이다. 순서를 살피면서 경문을 해석한다면 이른바 제1은 과실 없는 삼업이니 제11의 뛰어나고 존귀한 결과를 얻음이요, 제2는 해롭히지 않는 삼업이니 제10의 능히 중생을 이익하는 결과를 얻음이요, 제3(훼손하지 않는 삼업)은 제9 법을 전할 그릇을 이룸이요, 제4(깨뜨릴 수 없는 삼업)는 제8의 도를 구족하는 인연을 이룸이요, 제5(물러나지 않는 삼업)는 제7 법에 선교방편을 이룸이요, 제6(움직일 수 없는 삼업)은 제6 열반의 원인을 이룸이요, 제7(뛰어난 삼업)은 보살행을 만족함을 이룸이요, 제8(청정한 삼업)은 제4 부처님의 십력을 이룸이요, 제9(물들지 않는 삼업)는 제2 항상 중생을 요익함을 이룸이요, 제10(지혜가 선도하는 삼업)은 제3 십대왕이 공경히 보호함을 이룸이다. 오직 뒤의 둘만이 앞뒤가 바뀌었을 뿐이요, (나머지는) 또한 순서와 같음을 알 수 있다. 제9는 오히려 경계를 건너면서 물듦이 없는 까닭으로 많은 지혜를 성취하여 지혜로 선도하여 법의 그릇을 성취한다는 뜻이다. 그중에서 글자를 더한 것은 이미 당연히 경문을 해석하였으니, 마치 성냄과 해침 없음은 성냄을 해침으로 해석하였고, 경계를 건넘으로 제9 물듦 없음으로 해석하였고, 체성을 잡아서 청정함을 해석한 따위이니 자세히 살펴보면 뚜렷함을 알 수 있다.

(나) 앞은 결과요, 뒤는 원인으로 해석하다[先果後因以釋] (又由 6上10)

[疏] 又由後十하야 能成就此十이니 以十三業이 永無失等은 唯佛不共이오 分分無失이니 亦通於因이라

■ 또한 뒤의 열 구절로 말미암아 여기의 열 가지를 능히 성취하였으니, 열 가지 삼업이 영원히 과실이 없는 따위는 오직 부처님만이 함께하지 않음이요, 부분 부분마다 과실이 없음이니 또한 원인과 통하는 개념이다.

(다) 해당 구절을 번뇌와 상대하여 해석하다[當句對惑釋] 2.
ㄱ. 모든 번뇌를 전체적으로 여읜 해석[通離諸惑釋] (又此 6下1)

[疏] 又此十句에 初一은 總顯無過오 次八은 別顯無過오 後一은 總出其因이라 若以智慧爲先導인대 身語意業이 常無失故라 又於中八에 前二는 離過오 後六은 成德이니라

■ 또한 여기의 열 구절에서 처음 한 구절은 총합하여 과실 없음을 밝혔고, 다음의 여덟 구절은 과실 없음을 개별로 밝혔고, 뒤의 한 구절은 그 원인을 총합하여 내보임이다. 만일 지혜로써 선도한다면 몸과 말과 생각하는 업이 항상 과실이 없기 때문이다. 또한 중간의 여덟 구절에서 앞의 둘[不害, 不可毁三業]은 과실을 여읨이요, 뒤의 여섯[不可壞, 不退轉, 不可動, 殊勝, 淸淨, 無染三業]은 과덕을 이룬다는 뜻이다.

[鈔] 又由後十下는 二, 先果後因釋이니 以初十句로 爲果오 後之十段百句로 爲因이니 故云永無失等은 唯佛不共이라 永無失等者는 等下九句의 不害業等이라 言不共者는 卽十八不共法이니 謂一, 身業無誤失이오 二, 無卒暴音이오 三, 無種種想이오 四, 無不定心이오 五, 無忘失念이오 六, 無不擇捨오 七, 欲無退오 八, 念無退오 九, 精進無退오 十, 定無減이오 十一, 智慧無減이오 十二, 解脫無減이오 十三,

身業智爲先導하야 隨智而轉이오 十四, 語業智爲先導하야 隨智而轉이오 十五, 意業智爲先導하야 隨智而轉이오 十六, 知過去無着無礙오 十七, 知未來無着無礙오 十八, 知現在無着無礙니 廣如別章하니라 今以十句로 通攝十八하니 謂初二는 卽初三이니 一, 由三業無過害故오 次二는 卽次三이니 由有念定慧故로 不可毁壞故로 三皆云無라 五六은 卽七八九오 七은 卽定慧解脫이니 三種無減일새 故稱殊勝이라 八九는 卽後三이니 三世無着無礙일새 故云淸淨無染이라 十은 卽十三, 十四, 十五니 智爲先導하야 隨智而轉일새 故疏云, 永無失等唯佛不共이라 今約分分일새 故爲後因이니라

- (나) 又由後十 아래는 앞은 결과요, 뒤는 원인으로 해석함이니, 처음 열 구절로 결과를 삼고, 뒤의 열 문단의 100구절로 원인을 삼았으니, 그러므로 '영원히 과실이 없는 따위'는 오직 부처님만이 함께하지 않음이다. '영원히 과실이 없는' 따위는 아래 아홉 구절의 해롭지 않음도 똑같이 (영향을 미친다.) '함께하지 않는다'고 말한 것은 곧 18가지 함께하지 않는 법[十八不共法]15)이니, 이른바 (1) 신업에 과실 없음이요, (2) 갑자기 성내는 음성 없음이요, (3) 갖가지 생각이 없음이요, (4) 정하지 못한 마음 없음이요, (5) 망실이 없는 마음이요, (6) 선택과 버림이 없음이요, (7) 욕구에 물러남 없음이요, (8) 생각에 물러남 없음이요, (9) 정진하다가 물러남 없음이요, (10) 정하여 감소함 없음이요, (11) 지혜가 감소함 없음이요, (12) 해탈이 감소함이 없음이요, (13) 신업에 지혜로 선도하여 지혜를 따라 바뀜이요, (14) 말하

---

15) 十八不共法은 십력(十力)과 사무소외(四無所畏)와 삼념주(三念住)에 부처님의 대비(大悲)를 합하여 18가지로 정한 것이다. 1. 十力: (1) 바른 도리와 그렇지 않은 도리를 판별하는 지혜의 힘. (2) 선악업과 그 과보를 여실히 아는 지혜의 힘. (3) 4선, 8해탈, 3삼매 등을 여실히 하는 지혜의 힘. (4) 중생의 근기의 높고 낮음을 여실히 아는 지혜의 힘. (5) 중생의 여러 가지 의욕과 경향을 여실히 아는 지혜의 힘. (6) 중생계와 그 성류(性類)를 여실히 아는 지혜의 힘. (7) 어떤 수행에 의해 어떤 도에 나가는가를 여실히 아는 지혜의 힘. (8) 중생의 숙명을

는 업에 지혜로 선도하여 지혜를 따라 바뀜이요, (15) 의업에 지혜로 선도하여 지혜를 따라 바뀜이요, (16) 과거를 아는 데 집착이나 장애가 없음이요, (17) 미래를 아는 데 집착이나 장애가 없음이요, (18) 현재를 아는 데 집착이나 장애가 없음이니 자세한 것은 별도의 가름과 같다. 지금은 열 구절로 18가지를 통틀어 포섭하였다. 말하자면 처음 두 구절[(1) 無過失三業 (2) 不害三業]은 곧 처음의 셋[(1) 身業無過失 (2) 無卒暴音 (3) 無種種想]이니 가. 삼업에 과실이나 해침이 없기 때문이요, 나. 다음의 두 구절[(3) 不可毁三業 (4) 不可壞三業]은 곧 다음의 셋[(4) 無不定心 (5) 無忘失念 (6) 無不擇捨]이니 생각이나 선정과 지혜가 있음으로 인해 훼손하거나 무너뜨릴 수 없는 연고로 셋에 모두 '없다'고 말하였다. 다. 다섯째와 여섯째 구절[(5) 不退轉三業 (6) 不可動三業]은 곧 (7) 욕구에 물러남 없음 (8) 생각에 물러남 없음 (9) 정진하여 물러남 없음이요, 라. 일곱째 구절[(7) 殊勝三業]은 선정과 지혜로 해탈함이니 세 가지[(10) 定無減 (11) 智慧無減 (12) 解脫無減]가 감소함이 없으므로 수승하다고 칭한 것이다. 마. 여덟째와 아홉째 구절[(8)淸淨三業 (9)無染三業]은 곧 뒤의 셋[(16) 知過去無着無礙 (17) 知未來無着無礙 (18) 知現在無着無礙]이니 삼세에 집착이나 장애가 없으므로 '청정하고 물듦이 없다'고 말한 것이다. 바. 열째 구절[(10) 智爲先導三業]은 곧 (13) 신업(身業)과 (14) 어업(語業)과 (15) 의업(意業)이니 지혜로 선도하여 지혜를 따라 바뀌는 연고로 소가가 말하되, "영원히 과실이 없는 등 부처님

여실히 아는 지혜의 힘. (9) 중생의 미래를 여실히 아는 지혜의 힘. (10) 일체의 번뇌가 다한 것을 여실히 아는 지혜의 힘. 2. 四無所畏: (11) 일체 지혜 있는 자로서의 자신(自信). (12) 일체의 번뇌를 극복하였다는 자신. (13) 수행에 장애되는 길을 설할 수 있는 자신. (14) 괴로움을 멸하는 길을 설할 수 있는 자신. 3. 三念住: 부처님이 바른 마음에 머물러 흔들림이 없으니, 이것을 염주라 한다. (15) 중생이 부처님을 신봉하여도 기쁜 마음을 일으키지 않고 정념(正念)에 머묾. (16) 중생이 부처님을 불신하여도 우울한 마음을 일으키지 않고 정념에 머묾. (17) 중생이 부처님을 신봉하거나 비방해도 기뻐하는 마음이나 우울한 마음을 일으키지 않고 정념에 머묾. (18) 부처님의 대비(大悲).

만이 함께하지 않는 것이다." 지금에 부분 부분을 잡았으므로 뒤가 원인이 된 것이다.

ㄴ. 여섯 가지 번뇌를 별도로 타파한 해석[別破六惑釋] (又後 7下1)

[疏] 又後九中에 不隨於瞋일새 故不害오 不隨於慢일새 故不可毀오 不隨惡見일새 故不壞敗오 不隨於疑일새 故不退動이오 恒修勝行이오 不隨於貪일새 故淸淨無染이오 不隨於癡일새 故智爲先導하야 所作稱眞이라 如是等業을 云何而得고

■ 또한 뒤의 아홉째 중에 성냄을 따르지 않으므로 해치지 않음이요, 거만함을 따르지 않으므로 훼손하지 않음이요, 나쁜 소견을 따르지 않으므로 무너뜨리고 패하지 않음이요, 의심을 따르지 않으므로 물러나거나 동요하지 않음이요, 항상 뛰어난 행법을 닦음이요, 탐심을 따르지 않으므로 청정하고 물들지 않음이요, 어리석음을 따르지 않으므로 지혜로 선도하여 만드는 것이 진여와 칭합함이다. 이러한 따위의 업을 어떻게 얻겠는가?

[鈔] 又後九句下는 三, 當句對惑釋이니 以破六根本惑하야 成斯十句니 疑攝三句하고 貪攝於二하고 餘四各一일새 故六攝九니라

● (다) 又後九句 아래는 해당 구절을 번뇌와 상대하여 해석함이니, 육근의 근본 미혹을 타파하여 이런 열 구절을 성취함이니 의심하여 세 구절을 섭수하고 탐심으로 둘을 섭수하고 나머지 넷은 각기 하나이므로 여섯은 아홉을 섭수한다.

나) 개별로 결과를 밝히다[後十別釋其果] 2.
(가) 과목 나누다[分科] (後十 7下9)
(나) 과목에 따라 해석하다[隨釋] 5.

ㄱ. 한 문단은 이숙의 결과[初一異熟果] 2.
ㄱ) 의미를 밝히다[顯意] (今初 7下9)

云何得生處具足과 種族具足과 家具足과 色具足과 相具足과 念具足과 慧具足과 行具足과 無畏具足과 覺悟具足이니잇고

어떻게 (1) 태어나는 곳의 구족함과 (2) 종족의 구족과 (3) 가문의 구족과 (4) 색의 구족과 (5) 모양의 구족과 (6) 생각의 구족과 (7) 지혜의 구족과 (8) 행의 구족과 (9) 두려움 없음의 구족과 (10) 깨달음의 구족을 얻으며,

[疏] 後, 十段은 別明中에 初一은 異熟果오 次四는 士用果오 次二는 離繫果오 次一은 增上果오 後二는 等流果라 今初는 卽修道之器니 以菩薩이 起修行時에 要具此十하야사 方成二利之行이라

■ 나) 열 문단은 개별적으로 밝힘 중에 ㄱ. 처음 한 문단은 이숙과(異熟果)요, ㄴ. 다음 네 문단은 사용과(士用果)요, ㄷ. 다음 두 문단은 이계과(離繫果)요, ㄹ. 다음 한 문단은 증상과(增上果)요, ㅁ. 뒤의 두 문단은 등류과(等流果)이다. 지금 ㄱ. 이숙(異熟)의 결과는 곧 도를 닦는 법기이니, 보살이 수행을 시작할 때에 이 열 가지를 갖추고서야 비로소 이리(二利)의 행법을 이루기 때문이다.

[鈔] 初一, 異熟果者는 俱舍에 顯相頌에 云, 異熟은 無記法이나一 有情은 有記生이오二 等流는 似自因이오三 離繫는 由慧盡이라四 若因彼力生 인대 是果名士用이오五 除前有爲法코 有爲는 增上果라하니라 釋曰, 初二句는 異熟果相이니 但是無覆無記는 不通非情이오 從善惡感은 名有記生이라 次句는 等流果相이니 似於同類徧行自因이라 次句는 離繫果相이니 由慧盡者는 慧卽擇也오 盡卽滅也니 謂此擇滅이 離繫 所顯일새 故將擇滅하야 釋離繫果로다 次二句는 士用果相이니 若法 因彼勢力所生이 如因下地加行心力과 上地有漏無漏定生과 及因 淸淨靜慮心力生하야 得變化無記心等離繫를 名爲不生士用이오 爲 因道力證得을 亦得士用果名이라 後二句는 增上果相이니 有爲法生 에 餘法不障이 是增上果니 故唯有爲라 除前已生有爲之法이니 謂果 望因에 或俱或後하야 必無前果後因일새 故云除也니 除此前外에 餘 諸有爲는 爲16)增上果라 論에 云, 增上之果를 問이라 士用과 增上인 二果가 何殊오 答이라 士用果는 名唯對作者오 增上果稱은 通對所 餘니 如匠所成이 對能成匠하야 俱得士用과 增上果名이오 對餘非匠 에 唯增上果니 非匠이면 不造일새 故非士用이니라

● 처음 ㄱ. 이숙의 결과는 『구사론』(제6권 分別根品)에서 모양을 밝힌 게 송에 이르되, "이숙은 무기의 법이요(1), 중생은 유기(有記)로 생긴 것 이며(2), 등류는 자기의 인[自因= 동류인 변행인]과 같고(3), 이계(離繫)17) 는 슬기로 없앰 그것이니(4) / 만약 그 힘으로 말미암아 생기면 이의 과를 사용과(士用果)라고 이름하며(5), 전에 이미 생긴 유위법을 제외 하고는 그 외의 유위법은 모두 증상과(增上果)이네"라고 하였다. 해석 하자면 처음 두 구절은 이숙의 결과의 양상이니 단지 무부무기(無覆無

---

16) 爲는 甲本作謂 南續金本作謂之.

記)는 유정이 아닌 무와는 통하지 않음이요, 선함과 악함으로부터 감득함은 '유기(有記)로 생김'이라 이름한다. 다음 구절[等流似自因]은 등류의 결과의 양상이니 같은 부류의 원인에 있어서 변행의 자기 원인과 같다. 다음 구절은 이계(離繫)의 결과의 양상이니 '슬기로 인해 없앰'이란 슬기가 곧 간택함이요, 다함은 없어졌다는 뜻이다. 말하자면 이 간택하여 없앰이 이계과로 드러난 바이므로 택멸을 가지고 이계의 결과를 해석한 것이다. ㄴ. 다음 두 구절[若因彼力生 是果名士用]은 사용(士用)의 결과의 양상이니 만일 법이 저 세력으로 인해 생긴 것이 마치 아래 지위인 가행위의 마음의 세력과 위 지위인 유루와 무루의 선정에서 생긴 것으로 인한다든가 청정한 정려(靜慮)의 마음의 세력으로 인해 생긴 것과 같아서 무기(無記)의 마음 따위의 이계과로 변화하여 얻은 것을 이름하여 '사용의 결과를 내지 않음'이라 말하고, 도를 닦는 힘으로 인해 증득한 것을 또한 '사용의 결과'라고 이름한다. 뒤의 두 구절[除前有爲法 有爲增上果]은 증상과(增上果)의 양상이니 유위법으로 생긴 것에 나머지 다른 법을 장애하지 않음이 증상의 결과이니 그러므로 유위법일 뿐이다. 앞에서 이미 생긴 유위법은 제외하나니 이른바 결과에서 원인을 바라볼 적에 혹은 함께하기도 하고 혹은 뒤이기도 하여서 반드시 앞은 결과이고 뒤가 원인인 것은 아니므로 '제외한다'고 말한 것이다. 이보다 앞을 제외한 그 밖에는 나머지 모든 유위법은 증상의 결과가 되는 것이다. 논에 이르되, "증상의 결과를 묻는다. 사용과와 증상과 이 두 과는 무엇이 다른가? 대답한다. 사용과의 명칭은 오직 짓는 것에만 대해서 말함이요, 증상과의 명칭은 이 밖의 것

---

17) 이계과(離繫果): 5과(果)의 하나. 지혜를 얻어 번뇌의 繫縛을 끊고 擇滅無爲를 성취함, 곧 열반의 진리 6因과 4緣의 道에 의해서 생긴 果는 아니지만 聖道의 智力으로 번뇌의 덮임을 여의고 얻은 果. 5과는 等流果, 異熟果, 士用果, 增上果, 離繫果 등.

을 통틀어 상대한 말이니, 마치 목수가 지은 집을 짓는 주체인 목수에 대해서는 사용과와 증상과의 명칭을 다 얻게 되고, (그 집을) 목수가 아닌 딴 것에 대해서는 오직 증상과만 얻게 됨과 같다. 목수가 아니면 지을 수 없으므로 사용과가 아닌 것이다"라고 하였다.

瑜伽三十八에 云, 習不善故로 樂住不善等이 爲等流果니 或似先業하야 後果隨轉이라하니라 釋曰, 此有二義하야 釋於等流하니 後義는 果似於因은 卽俱舍意니 如殺生因等으로 得短壽果오 前義는 卽於後果之上에 行因似因이니 如前世殺生으로 今亦好殺等이니라 瑜伽에 又云, 以道滅惑을 名離繫果오 四人工等事로 由此하야 成辦稼穡財利等果는 爲士用果라 若眼識等은 是眼根等增上果오 身分不壞는 是命根增上果오 二十二根이 各起自增上果하나니 當知一切名增上果라 餘例可知라하니라 然上所引俱舍는 卽是根品이니 彼論에 以六種因으로 成斯五果라하니 非今所要니라

● 『유가사지론』 제38권(力種姓品)에 이르되, "착하지 않은 것을 익히기 때문에 즐거이 착하지 않는 때에 머무르면서 착하지 않은 법이 불어나는 등이 등류과가 된다. (착함을 닦고 익히기 때문에 즐거이 착한 법에 머무르면서 착한 법이 더욱 자라며,) 혹은 전생의 업과 같게 뒤의 과보가 따라 굴리나니 (이것을 등류과라고 한다.)"라고 하였다. 해석하자면 여기서 두 가지 뜻으로 등류과를 해석하였으니, 뒤의 뜻은 '결과가 원인과 같음'은 곧 『구사론』의 주장이다. 마치 살생하는 원인 따위로 짧은 수명의 결과를 얻게 됨과 같고, 앞의 뜻은 곧 '뒤의 결과 위에서 수행하는 원인이 원인과 같음'의 뜻이다. 마치 전생에 살생함으로 인해 금생에도 또한 살생을 좋아함과 같은 따위이다. 『유가사지론』에 또 이르

되, "(여덟 가지 거룩한) 도로써 모든 번뇌를 없애는 것을 이계과(離繫果)라고 하며, 네 가지 사람과 공예 따위의 일이니 (이른바 농사일과 장수와 벼슬아치와 글 쓰고 그림을 그림과 산수와 점장이 등의 일이다.) 이로 말미암아 여러 농사짓기 따위와 재산의 이익 따위의 결과를 이룩하나니, 이것을 사용과(士用果)라고 한다. 눈의 인식[眼識] 등은 바로 눈 감관의 증상과요, (내지 뜻 인식[意識] 등은 바로 뜻 감관의 증상과이며,) 중생의 몸이 흩어지지 않고 무너지지 않으면 바로 목숨 뿌리[命根]의 증상과이며, 스물두 가지 뿌리[二十二根]는 저마다 자기의 증상과를 일으키나니, 온갖 것을 증상과라고 하는 줄 알아야 한다. (스물두 가지 뿌리의 더욱 뛰어난 작용[增上作用]은 섭사분(攝事分)에서와) 나머지는 유례하여 (그 모양을) 알 수 있으리라"라고 하였다. 그런데 위에서 인용한 『구사론』은 바로 근품(根品)이니 저 논에서 "여섯 가지 원인으로 이런 다섯 가지 결과를 이룬다"고 하였으니 지금 필요한 내용은 아니다.

ㄴ) 경문 해석[釋文] 2.
(ㄱ) 현상을 잡아 해석하다[約事釋] 2.
a. 총합하여 열 종류를 밝히다[總明十種] (瑜伽 9上9)

[疏] 瑜伽에 具釋하니 一, 常生中國은 有佛法處오 二, 種族尊貴는 非下賤等이오 三, 生信向三寶修善之家는 非外道等家오 四, 形色端嚴은 非醜陋等이오 五, 具丈夫相은 諸根不缺이오 六, 正念不忘은 亦宿念現前이오 七, 慧悟高明하야 善解世法이오 八, 柔和調善하야 離過修行이오 九, 志力堅强일새 故無怯弱이오 十, 性自開覺하야 不染世法
이라하나라

■ 『유가사지론』에 갖추어 해석하였으니, "(1) 항상 중국에 태어남은 불법이 있는 장소요, (2) 종족이 존귀함은 하천함이 아닌 따위요, (3) 삼보를 향해 믿고 선행을 닦는 가문에 태어남은 외도 등의 가문이 아님이요, (4) 형상과 용모가 단정함은 추하고 더러움이 아닌 등이요, (5) 장부의 상호를 갖춤은 모든 감관이 모자람이 아님이요, (6) 바른 생각을 잊지 않음은 또한 숙세에 명심함이 나타남이요, (7) 슬기와 깨달음이 높고 분명해서 세간법을 잘 아는 것이요, (8) 부드럽고 화합하고 조절을 잘해서 허물을 여의고 수행함이요, (9) 의지력이 굳고 강하여 겁약함이 없음이요, (10) 성품을 스스로 열고 깨달아서 세간법에 물들지 않음이다"라고 하였다.

[鈔] 瑜伽具釋者인대 第六廻向初에 當廣釋之호리니 卽有八種異熟이라 今開成十句하니 今生處具足은 總明이나 義當財位果오 二, 卽種族果오 三, 亦財位오 四, 卽大色果오 五, 人種性果니 非不男等이라 六, 信言果니 意由念具故라 七, 名譽果오 八, 義當壽命이니 離過修行하야 無夭逝故라 九, 大力果오 十, 亦大力이니 智力으로 覺悟故라

● '유가사지론에 갖추어 해석함'이란 십회향품의 제6 수순견고일체회향 첫 부분에 가서 자세하게 해석할 것이다. 곧 여덟 종류의 이숙함이 있다. 지금은 전개하여 열 구절을 이루었으니, 지금의 (1) 태어나는 곳을 구족함은 총상으로 설명하였지만 뜻은 재물이 있는 지위의 과보에 해당된다. (2)는 곧 종족의 과보요, (3) 또한 재물의 지위요, (4)는 곧 큰 형색의 과보요, (5)는 사람의 종족과 성씨의 과보이니 남자 아님이 없는 등이다. (6)은 믿고 말하는 과보이니 의미가 명심함으로 말미암아 구족되기 때문이다. (7)은 명예의 과보요, (8)은 뜻은

수명에 해당됨이니 허물을 여의고 수행하여 일찍 죽는 일이 없기 때문이다. (9)는 큰 세력의 과보요, (10)도 역시 큰 능력이니, 지혜의 힘으로 깨닫는 까닭이다.

b. 힐난함을 따라 거듭 해석하다[隨難重釋] (又無 9下10)

[疏] 又無畏者는 依智度論인대 菩薩이 有四種無畏하니 一, 總持無畏니 於法記持하야 不懼忘失이오 二, 知根無畏니 知根授法하야 不懼差失이오 三, 決疑無畏니 隨問能答하야 不懼不堪이오 四, 答難無畏니 有難皆通하야 不懼疑滯라하니 今並皆得일새 故云具足이니라

■ (9) '또한 두려움 없음'은 『대지도론』에 의지하면, "보살에게 네 가지 두려움 없음이 있으니, (1) 총지가 두려움 없음이니, 법을 기억하고 지녀서 두려워하거나 잊어버림이 없음이요, (2) 근기를 알아서 두려움 없음이니 근기를 알고 법을 주어서 두려워하거나 어긋남이 없음이요, (3) 의심을 결정하여 두려움 없음이니 질문을 따라 능히 대답하여 두려워하거나 감당하지 못함이 없음이요, (4) 힐난에 대답함이 두려움 없음이니 힐난함이 있으면 모두 해명하여 두려워하거나 의심하여 지체하지 않는다"라고 하였으니 지금은 아울러 모두 얻었으므로 '구족한다'고 말한 것이다.

[鈔] 無畏下는 隨難重釋이라
● b. 又無畏 아래는 힐난함을 따라 거듭 해석함이다.

(ㄴ) 법을 잡아 해석하다[約法釋] 2.

a. 열 구절을 통틀어 해석하다[通釋十句] (又此 10上5)
b. 구족이란 말을 다시 해석하다[重釋具足之言] (又具)

[疏] 又此十事를 若約法者인대 生在佛家는 是生處具足等이니 思之어다 又具足者는 唯佛一人云云이니라

■ 또한 이런 열 가지 현상을 만일 법을 잡아서 해석한다면 부처님 가문에 태어남은 태어나는 곳의 구족함 등이니 생각해 보라. 또한 구족함이란 오직 부처님 한 분뿐이라 운운(云云) 하였다.

[鈔] 又此十事下는 約法이라 言生在佛家者는 菩提心家故라 等者는 等於餘句니 謂二種族이니 卽具佛種性이니 謂自性住性과 習所成等이라 三, 明家니 卽眞如로 爲家며 亦四家故라 四家는 如七地하니라 四는 明見佛性이 如見色故라 涅槃에 云, 佛性有二하니 一, 色이오 二, 非色이라하니 如來所見이 爲色故라 五는 相이니 謂有悲智等이 爲菩薩相故라 餘之五句는 經自約法하니 可知로다 又具足下는 重釋具足之言이라 上約橫具爲具足이오 今約竪說之니라

● (ㄴ) 又此十事 아래는 법을 잡아 해석함이다. '부처님 가문에 태어난다'고 말한 것은 '보리심의 가문이다' 등이란 나머지 구절과 평등함이니 두 가지 종족을 말함이니 곧 부처 종성을 구족함이니 이른바 (1) 자성주종성(自性住種性)과 (2) 습소성종성(習所成種性) 등이다. (3) 밝은 가문이니 곧 진여로 집을 삼은 것이며, 또한 네 가문이기 때문이다. 네 가문이란 제7지의 내용과 같나니, (4) 불성을 분명하게 보는 것이 마치 색깔을 보는 것과 같기 때문이다. 『열반경』에 이르되, "부처 성품에 둘이 있으니 첫째, 형색이요, 둘째, 형색 아님이다"라고 하

였으니, 여래가 보는 대상이 형색이기 때문이다. (5) 모양이니 이른바 자비와 지혜가 있는 등이 보살의 모양이 되기 때문이다. 나머지 다섯 구절은 경문에 자연히 법을 잡은 해석이니 알 수 있으리라. b. 又具足 아래는 구족이란 말을 다시 해석함이다. 위는 가로로 갖춤을 구족이라 잡은 것이요, 지금은 세로로 구족을 잡아서 설명한 내용이다.

ㄴ. 네 문단은 사용의 결과[次四士用果] 2.
ㄱ) 의미를 밝히고 과목을 나누다[顯意分科] (第二 10下6)

云何得勝慧와 第一慧와 最上慧와 最勝慧와 無量慧와 無數慧와 不思議慧와 無與等慧와 不可量慧와 不可說慧이니잇고
어떻게 (1) 수승한 지혜와 (2) 제일가는 지혜와 (3) 가장 높은 지혜와 (4) 가장 수승한 지혜와 (5) 한량없는 지혜와 (6) 수없는 지혜와 (7) 생각할 수 없는 지혜와 (8) 같을 이 없는 지혜와 (9) 헤아릴 수 없는 지혜와 (10) 말할 수 없는 지혜를 얻으며,

[疏] 第二, 十慧下四段은 明士用果中에 一, 慧爲揀擇이오 二, 力謂修習이오 三, 善巧니 謂智오 四, 道品助修니 悉以三業으로 而得成就라
■ ㄴ. 十慧 아래 네 문단은 사용의 결과를 밝힘 중에 (ㄱ) 지혜로 간택함이요, (ㄴ) 힘은 수행으로 익힘을 말함이요, (ㄷ) 선교함은 지혜를 말함이요, (ㄹ) 도품은 수행을 도움이니 모두 세 가지 업으로 성취함을 얻는다.

ㄴ) 과목에 따라 본문을 해석하다[隨釋本文] 4.
(ㄱ) 열 가지 지혜로 간택하다[十慧] (今初 10下8)

[疏] 今初에 言慧者는 卽道之體라 十中에 一, 勝世間故오 二, 過二乘故오 三, 揀權敎故오 四, 佛果超因故니 上四는 揀劣이오 餘六은 當體니 一, 無分量이오 二, 無若干이오 三, 超言念이오 四, 無等匹이오 五, 難比校오 六, 唯證相應이라 欲言其有나 無相無形이오 欲言其無나 聖以之靈이오 欲言俱者나 慧無二體오 欲言雙非나 非無詮顯이니 故로 不可說이니라

■ 지금 (ㄱ)에서 '지혜'라 말한 것은 곧 도의 체성이다. 열 가지 지혜 중에 (1) 세간보다 뛰어난 까닭이요, (2) 이승보다 뛰어난 까닭이요, (3) 권교와 구분하는 까닭이요, (4) 부처님의 과덕은 원인을 초월한 까닭이니, 위의 넷은 열등함과 구분함이요, 나머지 여섯은 그 자체가 뛰어남이니 (1) 분량을 구분할 수 없으며, (2) 약간이 아님이요, (3) 말과 생각을 뛰어남이요, (4) 짝하거나 동등함이 없음이요, (5) 비교하기 어려움이요, (6) 오직 증득해야만 서로 응함이다. 있다고 말하고 싶지만 모양도 형상도 없으며, 없다고 말하고 싶지만 성인처럼 신령스럽고, 있다 없다를 함께 말하고 싶지만 지혜로워서 체성이 둘이 아니며, 둘 다 잘못이라 말하고 싶지만 언어 표현으로 밝힐 수가 없나니, 그러므로 말할 수 없는 것이다.

(ㄴ) 열 가지 능력[十力] 2.
a. 의미를 말하다[敍意] (第三 11上6)

云何得因力과 欲力과 方便力과 緣力과 所緣力과 根力과 觀察力과 奢摩他力과 毘鉢舍那力과 思惟力이니잇고
어떻게 (1) 인의 힘과 (2) 욕망의 힘과 (3) 방편의 힘과 (4) 연의 힘과 (5) 반연하는 바의 힘과 (6) 근의 힘과 (7) 관찰의 힘과 (8) 사마타의 힘과 (9) 위빠사나의 힘과 (10) 생각의 힘을 얻으며,

[疏] 第三, 力者는 卽具道因緣이라 皆言力者는 此十이 各有資道之能故라
- (ㄴ) 능력[力]이란 곧 도를 구족하는 인연이다. 모두에 능력이라 말한 것은 이 열 가지가 각기 도를 도와주는 능력이 있기 때문이다.

b. 개별로 해석하다[別釋] 10.
a) 원인의 힘[因力] (一因 11上7)

[疏] 一, 因力者는 卽是種性이니 謂已有習種無倒聞熏이라 與性種合일새 故名爲因이라 梁攝論에 云, 多聞熏習이 與阿賴耶識中의 解性으로 和合이니 一切聖人이 以此爲因이라하며 無性攝論에 云, 此聞熏習이 雖是有漏나 而是出世心種子性이라하니라
- a) 원인의 힘이란 곧 종자의 체성이다. 말하자면 이미 종자를 훈습하여 전도함이 없는 문혜(聞慧)의 훈습이 있다는 뜻이다. 성품과 종자가 합하므로 원인이라 이름한 것이다.『양섭론』에 이르되, "다문으로 훈습하여 아뢰야식 중의 성품을 이해함과 화합하나니 온갖 성인이 이것으로 원인을 삼는다"라고 하였으며,『무성섭론』에 이르되, "이 문혜로 훈습함이 비록 유루(有漏)이긴 하지만 출세간하는 마음의 종자

의 체성이다"라고 하였다.

[鈔] 卽是種性者는 謂種性位니 由於習種이 合於性種하야사 方名種性也라 性種은 卽自性住性으로 爲正因性이니 卽是涅槃第一義空性也라 習은 卽新熏修成之性으로 決爲佛因이니 稱爲種性이라 引證可知로다 言無性攝論者는 卽第八論이니 釋因緣云호대 諸菩薩因緣에 卽有言聞熏習하니 是無分別智와 及如理作意라하며 釋論中에 云호대 因은 卽能作因緣義오 有言者는 大乘言音이오 聞謂聽聞이니 由此引功能差別하야 說名熏習이니 以此爲因하야 所生意言이 順理淸淨일새 名如理作意라하니라

● '바로 종성'이란 종성의 지위를 말하나니, 종자를 훈습함으로 말미암아 성품과 종자를 합해야만 비로소 '종자의 체성'이라 이름한다. 성품과 종자는 곧 자성이 머무는 성품으로 바른 원인의 성품이 되나니 곧 『열반경』의 제일가는 이치의 공한 성품이다. 훈습은 곧 신훈(新熏)으로 수행하여 이룬 성품으로 결정하여 부처의 원인이 된 것이므로 종성(種姓)이라 칭한다. 인용하여 증명함은 알 수 있으리라. 『무성섭론』이라 말한 것은 곧 제8권의 논문이니, 인연을 해석하여 이르되, "모든 보살의 인연에 곧 말과 듣는 훈습이 있으니 분별없는 지혜와 이치대로 생각을 지음이다"라고 하였다. 논을 해석하여 이르되, "원인은 곧 짓는 주체와 원인과 인연의 뜻이요, 말씀이 있음은 대승교법의 말씀이요, 들음은 법을 들음을 말하나니 이로 말미암아 공능(功能)의 차별을 이끌어서 훈습이라 말하였으니 이것으로 원인이 되어 생겨난 생각과 말씀이 이치를 따라 깨끗한 것을 '이치대로 생각 지음[如理作意]'이라 이름한다"라고 하였다.

b) 욕구하는 힘[欲力] (二欲 11下9)
c) 방편의 힘[方便力] (三方)

[疏] 二, 欲力者는 有勝欲樂하야 希大菩提와 及起行故라 三, 方便者는 謂造修力이니 依六方便하야 成悲智故라 一, 慈悲顧戀이오 二, 了知諸行이오 三, 欣佛妙智오 四, 不捨生死오 五, 輪廻不染이오 六, 熾然精進이라 攝論에 廣說하니라

- b) 욕구하는 힘이란 뛰어난 욕구와 즐거움이 있어서 큰 깨달음과 수행을 시작함을 희구하기 때문이다. c) 방편이란 '나아가 수행하려는 힘'이니, 여섯 가지 방편에 의지해서 자비와 지혜를 성취하기 때문이다. (1) 자비로 돌아보고 연민함이요, (2) 여러 행법을 분명하게 앎이요, (3) 부처님의 미묘한 지혜를 기뻐함이요, (4) 나고 죽는 현실을 버리지 않음이요, (5) 생사윤회에 물들지 않음이요, (6) 치연하게 정진함이다. 『섭대승론』에 자세히 설명한 내용이 있다.

[鈔] 攝論廣說者는 卽第七論이니라 瑜伽四十五에 明內外에 各有六方便하니 此卽內六이니라

- 『섭대승론』에 자세히 설명한다'는 것은 제7권의 논문이다. 『유가사지론』 제45권에 안과 밖에 각기 여섯 가지 방편이 있으니, 이것이 곧 내부의 여섯 가지 방편에 해당한다.

d) 인연의 힘[緣力] (四緣 12上4)
e) 반연할 대상의 힘[所緣力] (五所)
f) 오근(五根)의 힘[根力] (六根)

g) 관찰하는 힘[觀察力] (七觀)

[疏] 四, 緣力이니 謂善友勸發이오 五, 所緣力이니 即所觀察悲智之境이오 六, 根이니 謂信等이오 七, 觀察者는 謂於自他事理藥病을 善揀擇故라

■ d) 인연의 힘이란 이른바 선지식이 발심하기를 권고함을 말한다. e) 반연할 대상의 힘이란 곧 관찰할 대상인 자비와 지혜의 대상경계를 뜻한다. f) 오근(五根)의 힘이니, 믿음 등 다섯 가지[信 進 念 定 慧] 따위이다. g) 관찰함은 이른바 나와 남의 현상과 이치, 약과 병통을 잘 간택하기 때문이다.

h) 사마타의 힘[奢摩陀力] (八奢)
i) 위빠사나의 힘[毘鉢舍那] (九毘)
j) 사유하는 힘[思惟力] (十思)

[疏] 八, 奢摩他니 此云止也라 九, 毘鉢舍那니 此云觀也라 瑜伽와 起信等論과 深密, 涅槃等經에 廣辨其相하고 具如別章이어니와 今略顯其相하야 以爲十門이니 一, 心行稱理하야 攝散을 名止오 二, 止不滯寂하야 不礙觀事오 三, 由理事交徹하야 而必俱遂하야 使止觀無礙而雙運이오 四, 理事形奪而俱盡일새 故止觀을 兩亡而絶寄오 五, 絶理事無礙之境이 與泯止觀無礙之心으로 二而不二일새 故不礙心境而一味오 不二而二일새 故不壞一味而心境[18])이라 六, 由即理之事하야 收一切法일새 故即止之觀이 亦見一切라 七, 由此事即是彼事일새

---

18) 境下에 甲南續金本有兩殊二字.

故令止觀으로 見此心이 卽是彼心이라 八, 由前中에 六則一多相入
而非一이오 七則一多가 相是而非異니 此二不二하야 同一法界止觀
無二之智일새 頓見卽入二門이 同一法界而無散動이라 九, 由事則
重重無盡이오 止觀도 亦普眼齊照라 十, 卽此普門之智爲主일새 故
頓照普門法界時에 必攝一切爲伴하야 無盡無盡이니 是此華嚴所求
止觀이니라 十, 思惟者는 籌量應作不應作故니라

■ h) 사마타이니 그침이라 번역한다. i) 위빠사나는 관찰함이라 번역한다. 『유가사지론』, 『기신론』 등과 『해심밀경』, 『열반경』 등에 그 양상을 자세히 분별하였고, 구체적인 것은 개별 가름과 같거니와, 지금은 그 양상을 간략히 밝혀서 열 가지 문으로 나누었다. (1) 마음과 행법이 이치와 칭합해서 산란함을 섭수함을 '그침'이라 이름하고, (2) 그치고는 고요함에 지체하지 않아서 현상을 관찰함에 장애되지 않는다. (3) 이치와 현상이 서로 사무침으로 인하여 반드시 함께 따라해서 사마타와 위빠사나로 하여금 걸림 없이 함께 운행함이요, (4) 이치와 현상에서 형상을 빼앗아 함께 다했으므로 사마타와 위빠사나를 함께 없애고 의탁함까지 끊어짐이요, (5) 이치와 현상에 걸림 없는 경계가 사마타와 위빠사나에 무애한 마음을 주고 없애서 둘이면서 둘이 아님인 연고로 마음과 경계에 걸림 없이 한 맛이요, 둘이 아니면서 둘인 연고로 한 맛을 무너뜨리지 않고 마음과 경계 둘이 다른 것이다. (6) 이치와 합치한 현상으로 인해 일체 법을 거두는 연고로 사마타와 합치한 위빠사나로 역시 모든 것을 본다. (7) 이쪽 현상이 곧 저쪽 현상임으로 말미암아 사마타와 위빠사나로 하여금 이쪽 마음이 곧 저쪽 마음임을 보게 된다. (8) 앞의 항목 중에 (6)은 하나와 여럿이 서로 들어가지만 하나가 아님이요, (7)은 하나와 여럿이 서로

옳으면서 다르지 않나니, 이런 둘이 둘이 아니어서 동일한 법계에서 사마타와 위빠사나가 둘이 없는 지혜이므로 합치하고 들어가는 두 문이 동일한 법계이면서 산란과 동요가 없음을 단박에 보게 된다. (9) 현상을 말미암으면 거듭거듭 다함이 없음이요, 사마타와 위빠사나도 또한 넓은 안목으로 함께 비추는 것이다. (10) 이런 보문(普門)의 지혜로 주인이 된 연고로 넓은 문의 법계[普門法界]를 단박에 비출 때에 반드시 모두를 섭수해서 반려를 삼아 다함없고 다함이 없나니, 이것이 바로 화엄교법에서 구하는 바, 사마타와 위빠사나인 것이다. j) 사유함이란 응하여 할지 안 할지를 헤아리기 때문이다.

[鈔] 瑜伽等者는 前第一經疏中에 已引起信하니 今略引瑜伽호리라 卽七十七菩薩地品中에 彼論에 亦引深密호대 慈氏問世尊하시되 如來가 說四種所緣境事하나니 一, 有分別影像所緣境事오 二, 無分別影像所緣境事오 三, 事邊際所緣境事오 四, 所作成辦所緣境事라하나니 幾奢摩他所緣境事며 幾毘鉢舍那所緣境事닛고 世尊答云하시되 初一은 毘鉢舍那所緣境事오 次一은 奢摩他所緣境事오 後二는 是俱所緣境事라하니라 釋曰, 初一은 卽事오 二는 卽是理니 故無分別智緣이라 三四는 通事理니 故用二하야 爲能緣이니 則是以事로 對觀義也라 故前第一經疏中에 已爲出意나 但不順無分別智證如中義耳라 廣如彼說이어니와 今取一義일새 故不言是非라 以明十重에 從麤至細하며 自淺曁深故라 初二는 止觀別行이니 一은 卽瑜伽奢摩他品이오 二는 卽毘鉢舍那品이라 下八은 皆雙運品이오 而三이 正是雙運이니 對第四雙遮하야 此爲雙照라 若取別義인대 雙照는 皆觀이오 雙遮는 皆止니 上四는 以理事爲能成하고 止觀爲所成이니라

● '유가사지론 따위'란 앞의 본경 제1권 소문에서 이미 기신론을 인용하였으니, 지금은 간략히 『유가사지론』을 인용하겠다. 『유가사지론』 제77권 보살지품(菩薩地品)에서 저 논문에서도 또한 해심밀경을 인용하였는데, "자씨보살이 부처님께 아뢰었다. ("세존이시여, 보살은 무엇을 의지하고 무엇에 머무르면서, 대승 안에서 사마타와 위빠사나를 닦사옵니까?" 부처님은 자씨보살에게 말씀하셨다. "선남자여, 보살은 법가안립(法假安立)과 위없는 바르고 평등한 깨달음[無上正等覺]을 버리지 않겠다는 서원을 의지 삼고 머무름으로 삼아서, 대승 안에서 사마타와 위빠사나를 닦느니라.") "세존이시여, 네 가지 반연할 바 경계의 일[所緣境事]인 (1) 분별이 있는 영상[有分別影像]의 반연할 바 경계의 일과 (2) 분별이 없는 영상[無分別影像]의 반연할 바 경계의 일과 (3) 일의 맨 끝[事邊際] 반연할 바 경계의 일과 (4) 할 일을 이룩한[所作成辦] 반연할 바 경계의 일을 말씀하셨는데, 이 네 가지 중에서 몇 가지가 사마타의 반연할 바 경계의 일이며, 몇 가지가 위빠사나의 반연할 바 경계의 일이옵니까?" (세존께서 대답하여 말하되,) "선남자여, 한 가지가 사마타의 반연할 바 경계의 일로서 분별이 없는 영상이며, 한 가지가 위빠사나의 반연할 바 경계의 일로서 분별이 있는 영상이며, 두 가지가 다 함께 반연할 바 경계의 일로서 일의 맨 끝과 할 일을 이룩함의 것이니라"라고 하였다. 해석하자면 처음 (1)은 현상과 합치함이요, (2)는 이치와 합치함이니, 그러므로 분별없는 지혜로 반연할 대상이다. (3)과 (4)는 현상과 이치가 통함이니 그러므로 두 가지를 사용하여 반연하는 주체가 됨이니, 현상으로 위빠사나를 상대한 뜻이다. 그러므로 앞의 본경 제1권 소문 중에 이미 의미를 내보였지만 단지 분별없는 지혜로 진여를 증득한 뜻을 따르지 않을 뿐 아니라 자세한 내용은 거기서 설명함과 같거니와, 지금은 한 가지 뜻

을 취한 연고로 옳고 그름을 말하지 않았다. 열 번 거듭하여 뜻을 밝힐 적에 거침에서 미세함에까지 이르며 얕음에서 깊음에까지 이르는 까닭이다. 처음 둘은 사마타와 위빠사나의 개별 수행이니 (1)은 유가론의 사마타품이요, (2)는 위빠사나품이다. 아래 여덟 가지는 모두 함께 운행하는 품이요, 그러나 (3)은 바로 함께 운행함이니 (4) 동시에 차단함[雙遮]과 상대하여 이것을 동시에 비춤[雙照]이 된다. 만일 개별적인 뜻을 취한다면 동시에 비춤은 모두 위빠사나요, 동시에 차단함은 모두 사마타이니, 위의 넷은 이치와 현상으로 이룩하는 주체를 삼았고, 사마타와 위빠사나로써 이룩할 대상으로 삼았다.

五, 融於心境이니 卽合前三과 四二門하야 以初와 二의 事理는 卽三과 四의 所融일새 故絶事理니 卽第四門中境이라 無礙는 卽第三門中境이오 泯止觀은 卽第四門止觀이오 無礙止觀은 卽第三門止觀이니 合上二重止觀과 與二重之境하야 明非一異라 不壞二相故로 不一이오 二體無異故로 不二니 故雖融心境이나 方是事理無礙之門이라 但言相融하고 不說何者가 是止是觀者는 此通三意니 一, 但融上二重止觀이니 卽是此門止觀이오 二者, 照斯二而不二니 不二而二가 卽是於觀이오 不取諸相을 卽名爲止오 三者, 不礙心境而一味가 成卽觀之止오 不壞一味而心境으로 成卽止之觀이라 後五, 卽事事無礙門中止觀이오 六, 是一多相容不同門이오 七, 是諸法相卽自在門이오 八, 卽合前卽入이니 義當同時具足門[19]이오 九, 卽因陀羅網境界門이오 十, 卽主伴圓融具德門이니 欲顯後後가 深於前前일새 故合卽入耳니라 餘可思準이어다 此亦一處에 明示止觀이나 兼廣演玄言[20]이

---

[19] 容은 續金本作融.

니라

- (5) (이치와 현상에 걸림 없는 경계)는 마음과 경계를 융섭함이니 곧 앞의 (3)과 (4) 두 문을 합하여 (1)과 (2)의 현상과 이치는 곧 (3)과 (4)의 융섭할 대상이므로 현상과 이치를 단절함이니 곧 (4)(이치와 현상에서 형상을 빼앗아 함께 다하는) 문 중의 경계이다. 걸림 없음은 곧 (3)(이치와 현상이 서로 사무치는)문의 사마타와 위빠사나이니, 위의 두 번 거듭한 사마타와 위빠사나와 두 번 거듭한 경계를 합하여 하나와 다름이 아닌 것을 설명함이다. 두 가지 양상을 무너뜨리지 않으므로 하나가 아니요, 둘의 체성이 다름이 없으므로 둘이 아니다. 그러므로 비록 마음과 경계를 융섭하여야만 비로소 현상과 이치가 걸림 없는 문이 된다. 단지 서로 융섭한다고만 말하고 '어떤 것이 사마타이고 위빠사나인가 말하지 않은 것'은 여기서 세 가지 의미와 통하나니 ① 단지 위의 두 번 거듭된 사마타와 위빠사나와 융섭함일 뿐이니 곧 이 문의 사마타와 위빠사나요, ② 이런 둘이면서 둘이 아님을 비추나니 둘이 아니면서 둘인 것은 곧 위빠사나라 이름함이요, 아래는 모든 양상을 취한 것을 곧 사마타라 이름하며, ③ 마음과 경계를 장애하지 않으면서 한 맛인 것이 위빠사나와 합치한 사마타를 이룸이요, 한 맛을 무너뜨리지 않으면서 마음과 경계로 사마타와 합치한 위빠사나를 이룸이다. 뒤의 (5)는 곧 현상과 현상이 걸림 없는 문 중의 사마타와 위빠사나요, (6)은 하나와 여럿이 서로 용납하면서 같지 않은 문이요, (7)은 모든 법이 서로 합치하면서 자재한 문이요, (8)은 앞의 합치하고 들어감과 합하나니, 뜻은 동시에 구족하면서 서로 응하는 문에 해당함이요, (9)는 곧 인드라망의 경계 같은 문이요, (10)은

---

20) 言下에 南續金本有耳字.

곧 주인과 반려가 원융하여 덕을 구족하는 문이니, 뒤로 가면 갈수록 앞과 앞보다 깊은 것을 밝히기 위한 연고로 합치하고 들어감을 합했을 뿐이다. 나머지는 (여기에) 준하여 생각해 보라. 이것도 또한 한 장소에서 사마타와 위빠사나를 분명하게 보여 주었지만 겸하여 현묘한 말씀을 널리 연설한 것이다.

(ㄷ) 열 가지 법에 뛰어난 방편[十善巧] (第四 14下10)

云何得蘊善巧와 界善巧와 處善巧와 緣起善巧와 欲界善巧와 色界善巧와 無色界善巧와 過去善巧와 未來善巧와 現在善巧이니잇고
어떻게 (1) 온의 선교와 (2) 계의 선교와 (3) 처의 선교와 (4) 연기의 선교와 (5) 욕계의 선교와 (6) 색계의 선교와 (7) 무색계의 선교와 (8) 과거의 선교와 (9) 미래의 선교와 (10) 현재의 선교를 얻나이까?

[疏] 第四, 於法善巧라 皆約流轉以明이니 前四는 流轉之體오 三界는 流轉之處오 三世는 流轉之時라 三科之義는 略如前釋이오 廣如別章하니라 緣起는 六地에 廣明이오 三界와 三世는 如前後釋이라 皆言善巧者는 一, 善知彼法空無所有오 二, 善知不壞假名分別法相이라 三, 加能攝無盡인 彌善巧也니라

■ (ㄷ) 법에 뛰어난 방편이니 모두 유전문(流轉門)을 잡아서 밝힌 내용이다. 앞의 넷[蘊 界 處 緣起]은 유전하는 몸이요, 삼계(三界)는 유전하는 장소요, 삼세(三世)는 유전하는 시기이다. 세 가지 과목의 뜻은 간

략히 앞에서 해석한 내용과 같고, 자세한 내용은 개별의 가름과 같다. (4) 연기에 대해서는 제6 현전지에 가서 자세히 밝힐 것이요, 삼계와 삼세는 앞과 뒤에 해석한 내용과 같다. 모두에 '선교'라 말한 것은 첫째는 저 법이 공하여 가진 것이 없는 줄 잘 아는 까닭이요, 둘째는 빌린 이름을 무너뜨리지 않고 법의 모양을 분별함을 잘 아는 까닭이다. 셋째는 섭수하는 주체가 끝없음을 더하여 더욱 선교한 것이다.

[鈔] 皆約流轉者는 由善巧義가 通還滅故라 總釋善巧에 乃有三義하니 一, 知理오 二, 知事오 三, 加能攝無盡은 正是事事無礙오 兼於事理無礙라 故로 大品에 云, 一切法이 趣色에도 色尙不可得이온 云何當得有趣非趣아 一切가 同歸於空일새 諸法之空이 不異色空故라하나니 卽事理無礙意라 今取一攝一切는 卽事事無礙善巧라 開此爲二에 便有四義라 瑜伽五十六과 七에 廣說三科善巧호대 多約相說하니 卽第二義니라

● '모두 유전문을 잡는다'는 것은 선교함의 뜻이 환멸문(還滅門)과 통함으로 말미암은 까닭이다. 선교함을 총합하여 해석함에 세 가지 뜻이 있으니 (1) 이치를 아는 것이요, (2) 현상을 아는 것이요, (3) 섭수하는 주체가 끝없음을 더함이니, 바로 현상과 현상이 걸림 없음이면서 현상과 이치가 걸림 없음을 겸한다. 그러므로 『대품반야경』에 이르되, "일체 법이 형색에 나아감에도 형색이 오히려 얻을 수 없는데 어찌하여 당래에 나아가고 나아가지 않음을 얻겠는가? 일체가 함께 공으로 돌아가는데 모든 법이 공함은 형색이 공함과는 같지 않은 까닭이다"라고 하였으니, 곧 현상과 이치가 걸림 없다는 의미이다. 지금에 한결같이 일체를 섭수함을 취한 것은 곧 현상과 현상이 걸림 없음

이 선교함이다. 이것을 전개하여 둘로 만들면 문득 네 가지 뜻이 된다. 『유가사지론』제56권과 제57권에 세 과목의 선교에 대해 설명하였는데, 대부분 모양에 의지해 설명하였으니 곧 두 번째 의미에 해당한다.

(ㄹ) 열 가지 도품[十道品] (第五 15上9)

云何善修習念覺分과 擇法覺分과 精進覺分과 喜覺分과 猗覺分과 定覺分과 捨覺分과 空無相無願이니잇고
어떻게 (1) 기억하는 깨달음의 분과 (2) 법을 가리는 깨달음의 분과 (3) 정진하는 깨달음의 분과 (4) 기뻐하는 깨달음의 분과 (5) 홀가분한 깨달음의 분과 (6) 선정하는 깨달음의 분과 (7) 버리는 깨달음의 분과 (8) 공하고 (9) 모양이 없고 (10) 원이 없음을 잘 닦아 익히며,

[疏] 第五, 修涅槃因이라 七覺과 三空은 十地品에 廣說하니라
■ (ㄹ) (열 가지 도품)은 열반의 원인을 닦음이다. 일곱 가지 깨달음의 분과 세 가지 공함은 십지품(十地品)에 가서 자세히 설명하리라.

ㄷ. 두 문단은 속박을 여읜 결과[次二離繫果] 2.
ㄱ) 육바라밀과 사무량심[六度四等] (第六 15下3)

云何得圓滿檀波羅蜜과 尸波羅蜜과 羼提波羅蜜과 毘梨耶波羅蜜과 禪那波羅蜜과 般若波羅蜜과 及以圓滿慈悲

喜捨이니잇고
어떻게 원만한 (1) 단바라밀과 (2) 시바라밀과 (3) 찬제바라밀과 (4) 비리야바라밀과 (5) 선나바라밀과 (6) 반야바라밀과 및 원만한 (7) 자 (8) 비 (9) 희 (10) 사를 얻으며,

[疏] 第六, 滿菩薩行이라 此下二種을 明離繫果니 初, 六度四等을 修卽士用이오 滿卽離繫니 治諸蔽故라
■ (ㄷ) (속박을 여읜 결과)는 보살수행을 만족함이다. 이 아래 두 과목은 이계과(離繫果)를 설명함이니, ㄱ) 육바라밀과 사무량심을 닦음은 곧 사용의 결과요, 만족하면 곧 속박을 여읜 결과이니 모든 잘못을 다스리기 때문이다.

ㄴ) 부처님의 열 가지 능력[如來十力] (第七 15下9)

云何得處非處智力과 過未現在業報智力과 根勝劣智力과 種種界智力과 種種解智力과 一切至處道智力과 禪解脫三昧染淨智力과 宿住念智力과 無障礙天眼智力과 斷諸習智力이니잇고
어떻게 (1) 곳과 곳 아님을 아는 지혜의 힘과 (2) 과거 미래 현재의 업과 과보를 아는 지혜의 힘과 (3) 근기의 수승하고 하열함을 아는 지혜의 힘과 (4) 가지가지 경계를 아는 지혜의 힘과 (5) 가지가지 알음알이를 아는 지혜의 힘과 (6) 일체의 곳에 이르는 길을 아는 지혜의 힘과 (7) 선정 해탈 삼매의 물들고 깨끗함을 아는 지혜의 힘과 (8) 지난 세상에 머

무릎을 기억하는 지혜의 힘과 (9) 걸림 없는 천안을 아는 지혜의 힘과 (10) 모든 습기를 끊는 지혜의 힘을 얻나이까?

[疏] 第七, 具足十力이니 並見上文하니라
- ㄴ) (여래의) 열 가지 능력을 구족함이니, 위의 경문과 함께하면 알 수 있으리라.

ㄹ. 한 문단은 더없는 결과[次一增上果] (第八 16上3)

云何常得天王과 龍王과 夜叉王과 乾闥婆王과 阿修羅王과 迦樓羅王과 緊那羅王과 摩睺羅伽王과 人王과 梵王之所守護恭敬供養이니잇고
어떻게 항상 (1) 천왕과 (2) 용왕과 (3) 야차왕과 (4) 건달바왕과 (5) 아수라왕과 (6) 가루라왕과 (7) 긴나라왕과 (8) 마후라가왕과 (9) 인왕과 (10) 범왕의 수호하고 공경하고 공양함을 얻으며,

[疏] 第八, 十王敬護니 是增上果라
- ㄹ. (더없는 결과)는 열 분 왕들이 공경히 보호함이니, 바로 더없는 결과인 것이다.

[鈔] 十王敬護等者는 即有力增上이니 由已具德하야 令彼護故라
- 十王敬護 등이란 곧 더 나은 능력이 있음이니 이미 덕을 갖춤으로 인해 저들로 하여금 보호하게 하기 때문이다.

ㅁ. 두 문단은 똑같이 유행하는 결과[後二等流果] 2.
ㄱ) 열 가지 요익행[十饒益] (第九 16上9)

云何得與一切衆生으로 爲依며 爲救며 爲歸며 爲趣며 爲炬며 爲明이며 爲照며 爲導며 爲勝導며 爲普導이니잇고
어떻게 일체 중생의 (1) 의지가 되며 (2) 구호가 되며 (3) 돌아갈 데가 되며 (4) 나아갈 데가 되며 (5) 햇불이 되며 (6) 밝음이 되며 (7) 비춤이 되며 (8) 인도자가 되며 (9) 훌륭한 인도자가 되며 (10) 두루 인도하는 자가 됨을 얻으며,

[疏] 第九, 云何得與一切衆生爲依下二段은 明等流果라 由本願力하야 爲依救等하고 由本行力하야 爲第一等이라 今初는 能爲饒益이오 依等十句는 如廻向初라

■ ㅁ. 云何得與一切衆生爲依 아래 두 문단은 똑같이 유행하는 결과를 밝힘이다. ㄱ) 본래 서원한 힘으로 말미암아 의지와 구호함 따위가 되며, ㄴ) 본래 수행한 힘으로 말미암아 '제일' 따위가 된다. 지금 ㄱ)은 능히 요익함이 됨이요, '의지' 등의 열 구절은 십회향품(十廻向品)의 첫 부분과 같다.

[鈔] 由本願下는 卽瑜伽前意니 行以昔修故라 由本行力爲第一等者는 卽第二意니 果似昔因이라 旣爲第一일새 故是行果니라

● 由本願 아래는 유가론의 앞의 의미이니 수행은 과거에 수행한 것이기 때문이다. '본래 수행한 힘으로 말미암아 제일 따위가 된다'는 것은 둘째 의미이니, 결과가 과거의 원인과 같다는 뜻이다. 이미 제일이 되

제11. 淨行品 61

었으므로 '수행의 결과'라는 뜻이다.

ㄴ) 열 가지 뛰어나고 존귀함[十超勝] (第十 16下4)

云何於一切衆生中에 **爲第一**이며 **爲大**이며 **爲勝**이며 **爲最勝**이며 **爲妙**며 **爲極妙**며 **爲上**이며 **爲無上**이며 **爲無等**이며 **爲無等等**이니잇고
어떻게 일체 중생 가운데 (1) 제일이 되며 (2) 큼이 되며 (3) 수승함이 되며 (4) 가장 수승함이 되며 (5) 묘함이 되며 (6) 극히 묘함이 되며 (7) 위가 되며 (8) 위없음이 되며 (9) 같을 이 없음이 되며 (10) 같을 이 없는 같음이 되나이까?"

[疏] 第十, 爲第一下는 超勝尊貴니 十地論에 釋하니라 今就佛果하야 略釋其相인대 謂如來功德海滿하야 更無所少일새 故稱第一이라 此亦總句니라 大者는 體包法界故오 勝者는 自利圓滿故오 最勝者는 利他究竟故오 妙者는 煩惱障盡故오 極妙者는 所知障盡故오 上者는 望下無及故오 無上者는 望上更無故오 無等者는 望下無儔故오 無等等者는 望儔에 皆是無等者故라 所以廣擧諸德者는 欲顯行之勝故라 上來問은 竟하다

■ ㄴ) 爲第一 아래는 뛰어나고 존귀함이니 『십지경론(十地經論)』에서 해석한 내용이다. 지금은 부처님 과덕에 입각하여 간략히 그 양상을 해석하였다. 말하자면 (1) 여래 공덕의 바다가 만족하여 다시 모자람이 없으므로 '제일'이라 칭하였는데, 이것도 총합한 구절이다. (2) '크

다'는 것은 체성이 법계를 포섭한 까닭이요, (3) '수승함'은 자리행이 원만한 까닭이요, (4) '가장 수승함'은 이타행의 완성인 까닭이요, (5) '묘함'은 번뇌의 장애가 다한 까닭이요, (6) '지극히 묘함'은 알음알이의 장애[所知障]가 다한 까닭이요, (7) '위'는 아래와 비교하여 미칠 것이 없는 까닭이요, (8) '위없음'은 위와 비교하여도 없는 까닭이요, (9) '같을 이 없음'은 아래로 살펴보아도 짝할 것이 없는 까닭이요, (10) '같을 이 없는 같음'은 짝을 찾을 적에 모두가 같을 것이 없는 까닭이다. 그러므로 모든 과덕을 자세히 거론하자면 수행이 뛰어남을 밝히기 위한 까닭이다. 여기까지 질문함은 마친다.

2. 문수보살이 대답하다[文殊答] 2.
1) 질문으로 이룰 이익을 찬탄하다[歎問成益] (第二 17上4)

爾時에 文殊師利菩薩이 告智首菩薩言하시되, 善哉라 佛子여 汝今爲欲多所饒益이며 多所安隱으로 哀愍世間하여 利樂天人일새 問如是義로다

저 때에 문수사리보살이 지수보살에게 말씀하셨다. "착하도다! 불자여, 그대가 이제 많이 요익케 하고 많이 안온케 할 바로 세간을 애민히 여겨서 천상의 사람들을 이롭게 하고 즐겁게 하고자 할새 이 같은 뜻을 묻나이다.

[疏] 第二, 文殊答中에 文分爲二니 第一, 歎問成益이라 饒益者는 利益也오 安隱者는 安樂也오 利樂者는 卽上二也라 佛地論第七에 有五重釋利樂之義하니 已見光明覺品하니라

■ 2. 문수보살이 대답함 중에 경문을 둘로 나누리니 1) 질문으로 이룰 이익을 찬탄함이다. '요익'이란 이익을, '안온'이란 안락함을 뜻하고, '이롭게 하고 즐겁게 함'이란 곧 위의 두 가지 모두이다. 『불지론(佛地論)』제7권에 다섯 번 거듭하여 이익과 안락함의 뜻을 해석함이 있는데 이미 광명각품(光明覺品)에서 본 적이 있다.

[鈔] 佛地論第七에 有五重者는 一, 修善因하야 得樂果故오 二, 離惡攝善故오 三, 此世他世에 益故오 四, 世出世益故오 五, 福德智慧益故라 上之五重은 各先은 義요 後는 利니라

● 『불지론』제7권에 다섯 번 거듭한 해석은 (1) 선한 원인을 닦아서 즐거운 과보를 얻기 때문이요, (2) 악함을 여의고 선함을 포섭하기 때문이요, (3) 이 세상과 다른 세상에 이익을 주기 때문이요, (4) 세간과 출세간에 이익을 주기 때문이요, (5) 복덕과 지혜로 이익을 주기 때문이다. 위의 다섯 번 거듭한 해석에서 각기 앞은 뜻이요, 뒤는 이익이다.

2) 질문에 바로 대답하다[正酬其問] 2.
(1) 원인으로 이룰 이익을 내세워 그 공덕에 대해 대답하다
 [標因成德酬其擧德] 2.

가. 그 원인을 표방하다[標其因] (第二 17下1)

佛子여 若諸菩薩이 善用其心하면
"불자여, 만약 모든 보살이 그 마음을 잘 쓰면

[疏] 第二, 佛子下는 正酬其問이라 於中에 二니 先, 標因成德하야 酬其擧德이오 後, 指事顯因하야 酬其徵因이라 今初는 先標其因이니 謂善用其心이라 心者는 神明之奧니 心正則萬德이 收歸라 言善用者는 卽後歷緣巧願으로 觸境入玄이니 如上所辨이라

■ 2) 佛子 아래는 질문에 바로 대답함이다. 그중에 둘이니 (1) 원인으로 이룰 이익을 내세워 공덕에 대해 대답함이요, (2) 현상에서 드러난 원인을 지적하여 묻는 원인을 대답함이다. 지금 (1)에서 가. 그 원인을 표방함이니 이른바 그 마음을 잘 쓰라는 뜻이다. 마음이란 신령하고 밝음이 심오함이니, 마음이 바르면 만 가지 공덕을 거두고 돌아오는 것이다. '잘 쓴다'고 말한 것은 뒤에서 인연을 거치면서 뛰어난 발원으로 경계를 만나 현묘함에 들어간다는 뜻이니, 위에서 밝힌 내용과 같다.

나. 이룰 공덕을 밝히다[顯所成功德] 2.
가) 총상으로 설명하다[總] (二則 17下6)

則獲一切勝妙功德하여
곧 (1) 온갖 수승하고 묘한 공덕을 얻어서

[疏] 二, 卽獲下는 顯所成德이니 初는 總이오 後는 別이라 總은 謂一切勝妙功德에 皆因用心이니 一百一十門德을 何足難就아 可謂一言으로 蔽諸라 勝은 謂獨尊이오 妙는 謂離相이라 又德無不備를 云勝이오 障無不盡을 名妙라 此之總句는 亦卽酬上十種三業之總句也오
■ 나. 卽獲 아래는 이룰 공덕을 밝힘이니 가) 총상으로 설명함이요,

나) 별상으로 설명함이다. 가) 총상은 이른바 온갖 수승하고 묘한 공덕에 모두 '마음을 쓰는 것[用心]'에 기인하나니 110문의 공덕을 성취하기 어려움을 어떻게 만족할 것인가? 가히 이르되, 한마디 말로 모두를 포섭한[蔽] 것이다. 수승함은 홀로 존귀함을 말함이요, 묘함은 모양을 여읜 것을 말한다. 또한 공덕은 갖추지 않음이 없음을 '수승하다'고 말하고, 장애를 극복하지 않음이 없음을 '묘하다'고 이름하였다. 이런 총상 구절은 역시 위의 '열 가지 삼업'의 총상 구절로 대답한 내용과 합치한다.

[鈔] 可謂一言蔽諸者는 卽論語에 云, 詩三百을 一言以蔽諸曰思無邪라 하니 包曰蔽니 猶當也라 謂歸於正諸之也니라

● '가히 이르되, 한마디 말로 모두를 포섭한다'는 것은 곧 『논어』에 이르되, "시경의 삼백 편의 시를 한마디 말로 능히 그 뜻을 모두 포섭하여 말하면 '생각에 조금도 사악함이 없다[思無邪]'고 한다"라고 하였으니 포섭함을 폐(蔽)라 하였으니 '해당한다'와 같은 뜻이다. 이른바 '모든 것이 바른 데로 돌아간다'는 뜻이다.

나) 별상으로 설명하다[別] (餘九 18上6)

於諸佛法에 心無所礙하며 住去來今諸佛之道하며 隨衆生住하여 恒不捨離하며 如諸法相을 悉能通達하며 斷一切惡하고 具足衆善하며 當如普賢의 色像第一하며 一切行願이 皆得具足하며 於一切法에 無不自在하며 而爲衆生의 第二導師하리라

(1) 모든 부처님 법에 마음이 걸림이 없으며, (2) 과거 미래 현재의 모든 부처님의 도에 머물며, (3) 중생을 따라 머물러 항상 버리고 여의지 아니하며, (4) 저 모든 법 모양을 다 능히 통달하며 (5) 온갖 나쁜 것을 끊고 (6) 모든 선한 것을 구족하며, (7) 마땅히 보현의 색상 제일과 같으며 (8) 일체 행과 원이 모두 구족하며, (9) 온갖 법에 자재하지 않음이 없으며 (10) 중생의 제2 도사가 되리라.

[疏] 餘九는 別顯이라 句雖有九나 義亦有十이니 如次酬上十段之德이라 一, 於諸佛法에 心無所礙者는 即初, 第一堪傳法器德이니 念慧覺悟가 皆具足故오 二, 住去來今諸佛之道는 即上成就衆慧니 三世諸佛이 唯以佛慧로 爲所勝故오 三, 隨衆生住恒不捨離는 即上具道因緣이니 成就種性과 欲樂方便하야 常以衆生으로 爲所緣故오 四, 如諸法相悉能通達은 即十善巧로 義無惑也오 五, 斷一切惡은 即七覺三空이니 揀擇棄惡이 無越此故오 六, 具足衆善은 即六度四等이오 七, 當如普賢色像第一은 由此故로 得十王敬護오 八, 一切行願이 皆得具足은 即是前文의 成就十力이니 得佛果位하야 方具足故라 故로 晉經에 無此一句하고 而有成就如來一切種智하니 斯爲十種智力이 定無惑也로다 唯此一段은 望前不次니 以內具種智하고 外具色相이라 此二가 同在果圓이어늘 前後無在하니 或譯者不廻로다 九, 於一切法에 無不自在일새 故로 能與物로 爲依爲救며 爲炬爲明이오 十, 而爲衆生第二導師는 即是上文의 於衆超勝이니 上求第一은 唯佛一人이오 今纔發心에 則道亞至尊일새 故云第二라 然舊經中에 亦云而爲衆生第一尊導라할새 故知第二는 譯者意也니라

■ 나) 나머지 아홉 문단은 별상으로 설명함이다. 구절은 비록 아홉이지만 뜻은 역시 열 가지이니 순서대로 위의 열 문단의 공덕에 대해 대답한 것이다. (1) '모든 부처님 법에 마음이 걸림이 없음'은 곧 첫째 '법을 전할 그릇을 감당하는 공덕'이니 주시하는 지혜로 깨닫는 것이 모두 구족한 까닭이요, (2) '과거 미래 현재의 모든 부처님의 도에 머무는 것'은 곧 위의 (지혜로 선도함으로 인해) 많은 지혜를 성취하게 됨이니 삼세의 모든 부처님이 오직 부처님 지혜로 수승한 바가 되기 때문이요, (3) '중생을 따라 머물러 항상 버리고 여의지 아니함'은 도를 구족하는 인연이니 종성과 욕구와 즐거움의 방편을 성취하여 항상 중생으로 반연할 대상이 되게 하는 까닭이요, (4) '저 모든 법 모양을 다 능히 통달함'은 곧 열 가지 법에 뛰어난 방편으로 뜻에 미혹함이 없기 때문이요, (5) '온갖 나쁜 것을 끊음'은 (열 가지 도품인) 일곱 가지 깨달음의 분과 세 가지 공함이니, 간택하여 악함을 버림이 이를 뛰어넘지 못하는 까닭이요, (6) '모든 선한 것을 구족함'은 곧 육바라밀과 사무량심이요, (7) '마땅히 보현의 색상 제일과 같음'은 이로 말미암은 연고로 열 분 왕들이 공경히 보호를 받는 까닭이요, (8) '일체 행과 원이 모두 구족함'은 곧 앞의 경문의 부처님의 십력(十力)을 성취함이니, 부처님 과덕의 지위를 얻어야 비로소 구족하는 까닭이요, 그러므로 진경(晉經)에 여기의 이 한 구절은 없고 '여래의 일체종지를 성취함'이 있으니, 이것이 열 가지 지혜의 힘으로 결정함에 미혹이 없다. 오직 이 한 문단만은 앞과 비교하여 차례가 아니니, 안으로 일체종지를 구족하고 밖으로 형색의 모양을 구족한 것이다. 이런 둘이 함께 불과(佛果)가 원만함에 있어야 하는데 앞과 뒤에 있지 않으니, 혹은 번역한 사람이 경문을 돌려보지[廻文] 못한 탓이기도 하다. (9) '온갖

법에 자재하지 않음이 없음'이므로 능히 중생에게 의지가 되고 구호가 되며 햇불이 되며 밝음이 됨이요, (10) '중생의 제2 도사가 됨'은 곧 위의 경문에서 '대중에게 뛰어나고 존귀함이 됨'은 위로 구하는 첫째는 오직 부처님 한 분뿐이요, 지금은 겨우 발심하였을 적에 도에서 '다음 지존(至尊)'이 된 것을 '제2 도사'라 한 것이다. 그런데 구역 경전에는 또한 '중생을 위한 첫째로 높은 도사가 된다'고 하였으므로 '제2'라 한 것은 번역자의 주장인 것이다.

(2) 현상에서 드러난 원인을 지적하여 묻는 원인을 대답하다
　[指事顯因酬其徵因] 3.
가. 총합하여 질문하다[總徵] (第二 19上5)

佛子여 云何用心하여사 能獲一切勝妙功德고
불자여, 어떻게 마음을 써야만 능히 온갖 수승하고 묘한 공덕을 얻겠는가?"

[疏] 第二, 佛子云何下는 指事顯因이라 於中에 三이니 初, 總徵이오 次, 別顯이오 後, 總結成益이라
- (2) 佛子云何 아래는 현상에서 드러난 원인을 지적하여 (묻는 원인을 대답함이다.) 그중에 셋이니 가. 총합하여 질문함이요, 나. 개별로 밝힘이요, 다. 이룬 이익을 총합하여 결론함이다.

나. 개별로 밝히다[別顯] 5.
가) 총합하여 큰 의미를 설명하다[總明大意] (二別 19上7)

[疏] 二, 別顯中에 五門分別이니 一, 總明大意니 文中에 總有一百四十一願이라 菩薩大願은 深廣如海하야 應如廻向하니 非止爾也로대 此蓋示於體式이라 餘皆倣此니라 又非無表니 一百者는 十信圓融에 一一具十也오 四十一者는 四十一位也니 明此諸位의 所有惑障이 由此能淨하며 所有勝行이 由此能行故니라

- 나. 개별로 밝힘 중에 다섯 문으로 분별하나니 가) 총합하여 큰 의미를 설명함이니, 경문 중에 총합하면 141가지 발원이 있다. 보살의 큰 발원은 깊고 광대함이 바다와 같아서 응함은 회향함과 같은 뜻이니, 방지해서 그러한 것은 아니지만 여기서는 대개 체성과 양식을 보여 준 것이다. 나머지는 모두 이것과 비슷하다. 또한 표함이 없는 것이 아니니 '1백'이란 '십신(十信)의 원융문(圓融門)에는 낱낱이 모두 열 가지를 구족한다'는 뜻이다. '41가지'란 41가지 지위의 뜻이니, 이런 모든 지위가 가진 번뇌장이 이로 말미암아 능히 깨끗하여져서 가진 바 수승한 행법을 이로 인해 행할 수 있기 때문이다.

[鈔] 卽四十一位者는 此約行修有障等이라 第四十二는 卽妙覺位니 是所求故며 無障非行故니라

- '곧 41가지 지위'란 여기서는 행법을 수행할 적에 장애가 있음을 잡은 해석이다. 제42번째는 곧 묘각(妙覺)의 지위이니 구할 대상인 까닭이며, 장애가 없으면 수행하지 않기 때문이다.

나) 경문의 종지를 통틀어 밝히다[通顯文旨] (二通 19下4)

[疏] 二, 通顯文旨라 然此諸願이 句雖有四나 事但有三이오 義開爲六이

라 言三事者는 謂初句는 願所依事오 次句는 願所爲境이오 後二句는 是願境成益이라 開爲六者는 初事에 有二하니 一者, 內니 謂菩薩自身根識等이라 經云菩薩等故오 二者, 外니 謂他身或依正資具等이니 經에 云在家等故라 次事亦二種이니 一, 能發願者요 二, 所願衆生이니 經에 云當願衆生故라 後事亦二니 一者, 自益이니 由此諸願하야 成前諸德故오 二者, 益他니 由此發願하야 願衆生故라 此後二句는 或前句는 是因이오 後句는 是果니 如云所行無逆하야 成一切智等이라 或二俱是因이니 如云巧事師長하야 習行善法等이라 或二俱佛果니 如云永離煩惱하야 究竟寂滅等이라 或俱通因果니 如云以法自娛하야 了伎非實等이라 或三四二句가 共成一句니 如云, 演說種種하야 無乖諍法等이라 亦可後二句中에 初句는 所入法이니 如云知家性空等이라 後句는 所成益이니 免逼迫等이라 以不必具일새 故合爲一이니라

■ 나) 경문의 종지를 통틀어 밝힘이다. 그런데 이런 모든 발원의 구절이 비록 넷이 있지만 현상으로는 단지 셋만 있고, 뜻으로 전개하면 여섯 가지가 된다. '세 가지 현상'이라 말한 것은 말하자면 첫 구절[佛子예]은 의지할 대상인 현상을 원함이요, 다음 구절[菩薩在家]은 해야 할 경계를 원함이요, 뒤의 두 구절[一切智覺 周顧十方]은 원하는 경계로 이룰 이익이다. '전개하면 여섯 가지가 된다'는 것은 처음의 현상에 둘이 있으니 ① 안이니 이른바 보살 자신의 육근과 인식 따위이다. 경에는 '보살 따위'라 하였고, ② 바깥이니 이른바 다른 이의 몸은 혹은 의보나 정보, 생활 도구 따위를 말함이니, 경에서는 '보살이 집에 있을 때' 등이라 하였다. 다음의 형상도 두 가지이니 ① 발원하는 이요, ② 원할 대상인 중생이니 경에서는 '마땅히 중생이 ~하기를 원한다'

라고 말한 까닭이다. 뒤의 현상도 또한 둘이니, ① 자신의 이익이니 이런 모든 발원으로 말미암아 앞의 모든 덕을 이루기 때문이요, ② 다른 이를 이익함이니 이런 발원으로 인해 중생에게 원하는 까닭이다. 여기의 뒤의 두 구절은 혹은 앞 구절은 원인이요, 뒤 구절은 결과라 보기도 하나니 예컨대 '행동이 거슬림이 없어서 온갖 지혜 이루기를(제135원)' 따위라 말함이요, 혹은 둘 다 원인이니 예컨대 '스승을 잘 섬겨서 선법을 익혀 행하기를(제14원)' 따위라 말함이요, 혹은 둘 다 부처님 과덕이니 예컨대 '길이 번뇌를 여의고 구경에 적멸하기를(제17원)' 따위라 말함이요, 혹은 모두 원인과 결과에 통하나니 예컨대 '법으로써 스스로 즐기고 놀이가 진실이 아님을 알기를(제5원)' 따위라 말하였다. 혹은 셋째와 넷째의 두 구절은 한 구절로 함께 이루나니 예컨대 '가지가지의 어기거나 다툼이 없는 법을 연설하기를(제13원)' 따위로 말하였다. 또한 뒤의 두 구절 중에 첫 구절은 들어갈 대상의 법이니 '집의 성품이 공한 줄 알아서(제1원)'라 말하는 따위이다. 뒤 구절은 이룰 대상이니 '그 핍박을 면하기를' 하는 따위이다. 반드시 구족할 것은 아니므로 합하여 하나로 삼은 것이다.

다) 뜻의 유형을 구별하여 전개하다[別開義類] (三別 20上9)

[疏] 三, 別開義類라 然上三事中에 願所依事가 雖有多類나 不出善惡依正內外하니 隨義準之니라 二, 願所爲境이니 其一一願에 盡該法界一切有情이오 不同權小에 談有藏無故라 又願은 卽是行이오 成廻向故로 一一皆成所行淸淨善業行故니 如云知家性空은 則菩薩之心이 必詣空矣라 三, 願所爲境成利益中에 由願於他하야 成種種德하야

自獲如前所說功德이라 然有二義하니 一은 通이오 二는 別이라 通則 隨一一願하야 成上諸德이 斯爲正意니라 二, 別顯者는 如願於他하야 得堅固身하여 心無所屈에 則自必成十種三業離過成德之德也라 二, 願於他하야 具足盛滿一切善法이니 則自成就堪傳法器라 三, 願 於他하야 深入經藏하야 智慧如海는 則自成衆慧라 四, 願於他하야 具諸方便하야 得最勝法은 則自成就具道因緣이라 五, 願於他하야 語業滿足하야 巧能演說은 則自成就十善巧德이라 六, 願於他하야 得善意欲하야 洗除惑垢는 則自成七覺三空이라 七, 願於他하야 所 作皆辦하야 具諸佛法은 則自盛滿菩薩行德이라 八, 願於他하야 捨 衆聚法하야 成一切智는 則自成就如來十種智力이라 九, 願於他하야 皆如普賢하야 依正嚴好는 則自成就十王敬護라 十, 願於他하야 統 理大衆하야 一切無礙는 則自成饒益하야 爲依救德이라 十一, 願於 他하야 得第一位하야 入不動法은 則自成就超勝第一德이라 以斯十 一로 配上答中總別十一段하면 文並可知라 通別交絡이 應成四句니 謂一切願으로 成一德이오 一切願으로 成一切德等이라 以因願의 一 多相卽일새 故成德에 亦一多鎔融이니라

■ 다) 뜻의 유형을 구별하여 전개함이다. 그런데 위의 세 가지 현상 중에서 (1) 의지할 대상인 현상을 발원함이 비록 여러 종류가 있지만 선함과 악함, 의보와 정보, 내부와 외부를 벗어나지 않나니, 뜻에 따라 준해야 한다. (2) 해야 할 경계를 발원함이니 그 하나하나 발원할 적에 법계의 온갖 유정 중생을 모두 포괄함이요, 권교와 소승에서 유(有)라 말하면서 무(無)를 숨기는 것과는 같지 않기 때문이다. 또한 발원은 곧 행함이요, 회향을 이룬 연고로 낱낱이 모두 행하는 바가 청정하고 선업으로 수행함을 성취한 까닭이니 예컨대 '집의 성품이 공

함을 안다'고 말함은 보살의 마음이 반드시 공에 참예한 것이다. (3) 해야 할 경계를 발원하여 이룬 이익 중에 다른 이를 원함으로 인하여 갖가지 덕을 성취하여 자연히 앞에서 말한 바와 같은 공덕을 얻게 된다. 그런데 두 가지 뜻이 있으니 ① 전체적인 공덕과 ② 개별적인 공덕이다. ① 전체적인 공덕은 하나하나 발원을 따라 위의 여러 공덕을 성취함이 여기에서 바른 의미가 되었다. ② 개별적인 공덕을 밝힘은 예컨대 저들에게 '견고한 몸을 얻어서 마음에 굽히는 것이 없기를(제102원)' 원함과 같나니, 마음에 굴복하는 바가 없을 적에 자신이 반드시 열 가지 삼업으로 허물을 여의고 공덕을 성취하는 덕을 이루게 된다. (2) 저들에게 '온갖 선법을 구족하여 가득하기를(제111원)' 원함이니 자연히 전법을 감당할 그릇을 성취한 것이다. (3) 저들에게 '경장(經藏)에 깊이 들어가 지혜가 바다와 같아지기를(제21원)' 원함은 스스로 여러 지혜를 성취함이다. (4) 저들에게 '모든 방편을 갖추어서 가장 수승한 법 얻기를(제26원)' 원함은 스스로 도를 구족하는 인연을 성취한 것이다. (5) 저들에게 '어업(語業)이 만족하여 교묘히 연설하기를(제70원)' 원함은 스스로 십선법의 뛰어난 덕을 성취한 것이다. (6) 저들에게 '좋은 의욕(意欲)을 얻어서 의혹의 때를 씻어 제하기를(제74원)' 원함은 스스로 일곱 가지 깨달음의 분과 세 가지 공함을 성취한 것이다. (7) 저들에게 '하는 일을 다 마치고 모든 불법을 구족하기를(제122원)' 원함은 스스로 보살행의 공덕을 성만한 것이다. (8) 저들에게 '여러 가지 모인 법을 버리고 온갖 지혜를 이루기를(제10원)' 원함은 스스로 여래의 열 가지 지혜의 능력을 성취한 것이다. (9) 저들에게 '모두 보현보살과 같이 단정하고 엄숙하기를(제131원)' 원함은 스스로 열 분 왕의 공경히 보호함을 성취한 것이다. (10) 저들에게 '대중을 통솔

하고 다스리되 온갖 것에 걸림이 없기를(제22원)' 원함은 스스로 충분히 이익 되어 의지하고 구제함이 되는 덕을 성취한 것이다. (11) 저들에게 '제1위에 들어가서 움직이는 않는 법 얻기를(제39원)' 원함은 스스로 뛰어나고 제일가는 덕을 성취한 것이다. 이런 11가지로 위의 대답함 중의 총상과 별상인 11문단에 배대하면 경문과 함께하면 알 수 있으리라. 전체와 개별이 서로 연결됨이 응하여 네 구절을 이루었다. 말하자면 일체의 공덕으로 한 가지 덕을 이룸이요, 온갖 공덕으로 온갖 덕을 이루는 따위이다. 원인의 발원이 하나와 여럿이 서로 합치한 연고로 덕을 성취할 적에도 또한 하나와 여럿이 원융하게 융섭한다.

[鈔] 不同權小等者는 小乘에는 謂唯佛一人이 有大覺性이라하며 權卽五性이라 談其有者와 藏其無者는 在有佛性中故라 又云, 通別類異라 하니 通卽皆有오 別則有有佛性하며 有無佛性이니라

● '권교와 소승 따위와 같지 않다'는 것은 소승에서는 말하되, "오직 부처님 한 분만이 크게 깨달을 성품이 있다"라고 말하며, 권교에서는 곧 다섯 가지 성품이다. '그 있다고 말하는 것과 그 없음을 숨기는 것'은 부처 성품이 있기 때문이다. 또한 이르되, "전체와 개별의 부류가 다르다"고 하였으니 전체로는 모두가 있으며, 개별로는 불성이 있음이 있고 불성이 없음도 있다.

라) 완성된 사례를 상대하여 밝히다[對辨成例] (四對 20上9)

[疏] 四, 對辨成例니 謂若以初後二事로 相對辨例인대 略有十例하니 一, 會事同理例니 如菩薩在家는 事也오 性空은 理也오 二, 處染翻染例

니 如若得五欲은 染也오 拔除欲箭은 翻染也오 三, 相似類同例니 如若有所施에 令一切能捨等이라 四, 世同出世例니 如上昇樓閣에 願升正法樓等이오 五, 以因同果例니 如正出家時에 願同佛出家等이오 六, 捨僞歸眞例니 如着瓔珞에 願到眞實處等이오 七, 以人同法例니 如見病人에 願離乖諍等이오 八, 以境成行例니 如見湧泉에 願善根無盡等이오 九, 以妄歸眞例니 如見波羅門에 遠離惡等이오 十, 以近同遠例니 如受和尙敎에 願到無依處等이라

■ 라) 완성된 사례를 상대하여 밝힘이다. 말하자면 만일 처음과 뒤의 두 가지 현상으로 상대하여 사례를 밝힌다면 간략히 열 가지 사례가 있다. (1) 현상을 모아 이치와 같은 사례이니 예컨대 '보살이 집에 있음'은 현상이요, '성품이 공함'은 이치요, (2) 더러운 곳에 있으면서 더러움을 뒤바꾸는 사례이니 예컨대 '만일 오욕을 얻음'은 더러움이요, '욕구의 화살을 뽑아 버림'은 더러움을 뒤바꿈이요, (3) 서로 비슷함을 유례하여 같아지는 사례이니 예컨대 만일 보시할 것이 있을 적에 온갖 것을 능히 버리기를(제8원) 원하는 등이요, (4) 세간과 출세간이 같은 사례이니 예컨대 누각에 오를 적에는 정법의 누각에 오르기를(제9원) 원하는 등이요, (5) 원인이 결과와 같은 사례이니 예컨대 바로 바르게 출가할 때에는 부처님같이 출가하기를(제19원) 원하는 등이요, (6) 거짓을 버리고 진실로 돌아가는 사례이니 예컨대 영락을 걸칠 때에는 진실한 곳에 이르기를(제7원) 원하는 등이요, (7) 사람이 법과 같아지는 사례이니 예컨대 병든 사람을 볼 때에는 어기고 다투는 법 떠나기를(제85원) 원하는 등이요, (8) 경계로 수행을 원성하는 사례이니 예컨대 솟는 샘을 볼 때에는 선근이 다함 없기를(제72원) 원하는 등이요, (9) 허망함에서 참됨으로 돌아가는 사례이니 예컨대 바라문을 볼

때에는 모든 악 떠나기를(제91원) 원하는 등이요, (10) 가까움과 먼 것이 같아지는 사례이니 예컨대 화상의 가르침을 받을 때에는 의지할 데 없는 곳에 이르기를(제25원) 원하는 등과 같다.

마) 바로 경문을 해석하다[正釋經文] 2.
(가) 과목 나누기[分科] (五正 22上5)

[疏] 五, 正釋經文이라 長分爲十이니 初, 有十一願은 明在家時願이오 二, 有十五願은 出家受戒時願이오 三, 有七願은 就坐禪觀時願이오 四, 有六願은 明將行披挂時願이오 五, 有七願은 澡漱盥洗時願이오 六, 有五十五願은 明乞食道行時願이오 七, 有二十二願은 明到城乞食時願이오 八, 有五願은 明還歸洗浴時願이오 九, 有十願은 明習誦旋禮時願이오 十, 有三願은 明寤寐安息時願이니라

마) 바로 경문을 해석함이다. 길게 열 과목으로 나누리니 ㄱ. 집에 있을 때의 11가지 발원이요, ㄴ. 출가하고 수계할 때의 15가지 발원이요, ㄷ. 좌선하거나 관법 수행할 때의 일곱 가지 발원을 설명함이요, ㄹ. 행각 나가면서 문패를 걸 때의 발원을 설명함이요, ㅁ. 양치하고 세면할 때의 일곱 가지 발원을 설명함이요, ㅂ. 걸식하고 도행할 때의 55가지 발원을 설명함이요, ㅅ. 성에 들어가 걸식할 때의 22가지 발원을 설명함이요, ㅇ. 행각에서 돌아와 목욕할 때의 다섯 가지 발원을 설명함이요, ㅈ. 암송하고 줄지어 예불할 때의 열 가지 발원을 설명함이요, ㅊ. 잠자고 깰 때와 휴식할 때의 세 가지 발원을 설명함이다.

(나) 과목에 따라 해석하다[隨釋] 10.

ㄱ. 집에 있을 때의 11가지 발원[在家時有十一願] 4.

ㄱ) 한 게송은 총합하여 집에 있음을 거론하다[總擧在家] (今初 23上4)

佛子여
불자여,

1　菩薩在家에 當願衆生이 知家性空하여 免其逼迫하며
　　보살이 집에 있을 때에는
　　마땅히 중생이 집의 성품이 공한 줄을 알아서
　　그 핍박을 면하기를 원할지어다.

ㄴ) 한 게송은 집에 있으면서 효도를 행하는 발원[在家行孝願] (經/孝事)

2　孝事父母에 當願衆生이 善事於佛하여 護養一切하며
　　부모를 효성으로 섬길 때에는
　　마땅히 중생이 부처님을 잘 섬기듯이
　　온갖 것을 보호하고 공양하기를 원할지어다.

[疏] 今初, 在家에 有十一願하니 初一은 總擧在家니 以家是貪愛繫縛所故라 若了性空하면 則雖處居家나 家不能迫이라 次一은 在家行孝願이니 以是至德行本故로 首而明之라 大集經에 云, 世若無佛하면 善事父母니 事父母者는 卽是事佛이라 父母於我에 爲先覺故라하니라 今翻令事佛者는 生長法身故라 護養一切者는 一切衆生이 皆我子

일새 故護之오 一切男女가 皆我父母일새 故養之라 生生에 無不從之 受身일새 故平等敬之니 法身佛故라

- 지금은 ㄱ. 집에 있을 때에 11가지 발원이 있으니 ㄱ) 한 게송은 총합하여 집에 있음을 거론하였으니 집은 탐애(貪愛)와 계박(繫縛)의 장소이기 때문이다. 만일 성품이 공함을 깨달으면 비록 집에 머물러 살지만 집이 능히 속박하지 못한다. ㄴ) 한 게송[2.孝事父母--]은 집에 있으면서 효도를 행하는 발원이니 이것이 지극한 덕행의 근본인 연고로 우두머리에 밝힌 것이다. 『대집경(大集經)』에 이르되, "세상에 부처님이 계시지 않으면 부모를 잘 섬겨야 하나니, 부모를 섬기는 것이 곧 부처님을 섬기는 것이다. 부모는 나를 위하여 먼저 깨달은 까닭이다"라고 하였다. 지금은 뒤바꾸어 부처님을 섬기게 한 것은 법의 몸을 태어나게 하고 길러 주신 까닭이다. '온갖 것을 보호하고 공양한다'는 것은 일체 중생이 모두 나의 자식이므로 보호하는 것이요, 일체의 남녀가 모두 나의 부모이므로 공양하는 것이다. 태어날 적마다 그로부터 몸을 받지 않은 적이 없으므로 평등하게 공양하나니 법신의 부처이기 때문이다.

[鈔] 以是至德等者는 卽外典意니 故로 孝經에 夫子語曾子曰, 先王이 有至德要道할새 民用和睦하고 上下無怨하니 汝知之乎아 注云, 至德者는 孝悌也오 要道者는 禮樂也라 故上至天子로 下之庶人히 皆當行孝하야 無始終也라하니라 言行本者는 俗典에 以孝로 爲百行之本이라 下引佛敎證하니 菩薩戒에 亦云, 孝養師僧父母하라 孝名爲戒오 亦名制止라하니라

- '이것이 지극한 덕행' 등이란 곧 외전(外典)의 주장이다. 그러므로『효

경(孝經)』에, "공자께서 증자(曾子)에게 말씀하되, '삼아, 선왕께서는 지덕(至德)과 요도(要道)가 있어서 (이로써 천하를 순리로 다스렸으니) 백성들은 화목하여 상하가 모두 원망이 없었다. 너는 이를 알고 있느냐?'고 하였다." 주(注)에 이르되, "지극한 덕은 효(孝)로써 공경함이요, 중요한 도는 예절과 음악이다. 그러므로 위로 천자에서 아래로 서민에 이르기까지 모두 마땅히 효를 행하여 처음과 끝이 없게 하라"고 하였다. '행동의 근본'이라 말한 것은 속전(俗典)에는 효행(孝行)으로 백 가지 행실의 근본을 삼았다. 아래에 불교의 증거를 인용하리라. 보살계(菩薩戒)에도 이르되, "스승 되는 화상과 부모를 효도로 공양하라. 효를 계라 이름하며, 또한 다스려서 그치게 함[制止]이라 이름한다"라고 하였다.

ㄷ) 네 게송은 집과 방 등을 받을 때의 발원[受家室等願] (經/妻子 22下5)

3 妻子集會에 當願眾生이 怨親平等하여 永離貪着하며
   처자가 모일 때에는
   마땅히 중생이 원수이거나 친하거나
   평등히 하여 길이 탐착을 여의기를 원할지어다.

4 若得五欲인댄 當願眾生이 拔除欲箭하여 究竟安隱하며
   만약 오욕을 얻었을 때에는
   마땅히 중생이 욕심의 화살을 빼어 버리고
   구경에 안온하기를 원할지어다.

5   妓樂聚會에 當願衆生이 以法自娛하여 了妓非實하며
     즐거운 놀이로 모일 때에는
     마땅히 중생이 법으로써 스스로 즐기고
     놀이가 진실이 아님을 알기를 원할지어다.

6   若在宮室인댄 當願衆生이 入於聖地하여 永除穢欲하며
     만약 궁실에 있을 때에는
     마땅히 중생이 성인의 지위에 들어가서
     길이 더러운 욕망을 제하기를 원할지어다.

ㄹ) 다섯 게송은 집에 있을 때 짓는 일과 업 등의 발원[在家所作事業等願]

(次四 23下7)

7   着瓔珞時에 當願衆生이 捨諸僞飾하여 到眞實處하며
     영락을 걸칠 때에는
     마땅히 중생이 모든 거짓 장식을 버리고
     진실한 곳에 이르기를 원할지어다.

8   上昇樓閣에 當願衆生이 昇正法樓하여 徹見一切하며
     누각에 오를 때에는
     마땅히 중생이 정법 누각에 올라서
     온갖 것을 철저히 보기를 원할지어다.

9   若有所施인댄 當願衆生이 一切能捨하여 心無愛着하며

만약 보시하는 일이 있을 때에는
　　　마땅히 중생이 온갖 것을 능히 버리고
　　　마음에 애착함이 없기를 원할지어다.

10　衆會聚集에 當願衆生이 捨衆聚法하여 成一切智하며
　　　여러 대중이 모일 때에는
　　　마땅히 중생이 여러 가지 모인 법을 버리고
　　　온갖 지혜를 이루기를 원할지어다.

11　若在厄難인댄 當願衆生이 隨意自在하여 所行無礙니라
　　　만약 액난을 만날 때에는
　　　마땅히 중생이 뜻을 따라 자재하여
　　　행하는 것이 걸림이 없기를 원할지어다.

[疏] 次四는 受家室等願이라 然五欲射心이 猶如箭中이라 王侯有宮하고 餘皆名室이라 次五는 在家所作事業等願이라 在頸曰瓔이오 在身曰珞이니 珞以持衣하고 瓔以繫冠이라 一切悉捨는 亦捨心也오 了聚無性은 成佛智也라

■ ㄷ) 다음의 네 게송[3.妻子-- 6.若在宮室--]은 집과 방 등을 받을 때의 발원이다. 그러나 오욕의 화살 같은 마음은 마치 화살에 맞음과 같다. 왕과 왕후는 궁(宮)에 있고, 나머지는 모두 집이라 이름한다. ㄹ) 다음의 다섯 게송[7.着瓔珞-- 11.若在厄難--]은 집에 있을 때 짓는 일과 업 등의 발원이다. 목에 걸치면 영(瓔)이라 하고, 몸에 입으면 낙(珞)이라 하나니, 낙으로 옷에 지니고 영으로 모자에 매단다. '모두를 다 버림'

은 또한 버리는 마음이요, 모인 것에 자성이 없음을 아는 것은 부처의 지혜를 이룬 것이다.

ㄴ. 출가하고 수계할 때의 15가지 발원[出家受戒時有十五願] 4.
ㄱ) 한 게송은 바로 속가집을 떠나다[正捨俗家] (第二 24下6)

12 捨居家時에 當願衆生이 出家無礙하여 心得解脫하며
살던 집을 버릴 때에는
마땅히 중생이 출가하여 걸림이 없고
마음에 해탈 얻기를 원할지어다.

ㄴ) 세 게송은 출가하는 방편이다[出家方便] (經/入僧)

13 入僧伽藍에 當願衆生이 演說種種의 無乖諍法하며
스님이 절에 들어갈 때에는
마땅히 중생이 가지가지의 어기거나
다툼이 없는 법을 연설하기를 원할지어다.

14 詣大小師에 當願衆生이 巧事師長하여 習行善法하며
크고 작은 스승께 나아갈 때에는
마땅히 중생이 스승을 잘 섬겨서
선법을 익혀 행하기를 원할지어다.

15 求請出家에 當願衆生이 得不退法하여 心無障礙하며

출가하기를 구하여 청할 때에는
마땅히 중생이 물러나지 않는 법을 얻어서
마음에 장애가 없기를 원할지어다.

ㄷ) 네 게송은 머리를 깎고 출가하다[正落髮出家] (經/脫去)

16 脫去俗服에 當願衆生이 勤修善根하여 捨諸罪軛하며
세속의 옷을 벗을 때에는
마땅히 중생이 선근을 부지런히 닦아서
모든 죄의 멍에 버리기를 원할지어다.

17 剃除鬚髮에 當願衆生이 永離煩惱하여 究竟寂滅하며
수염과 머리털을 깎을 때에는
마땅히 중생이 길이 번뇌를 여의고
구경에 적멸하기를 원할지어다.

18 着袈裟衣에 當願衆生이 心無所染하여 具大仙道하며
가사를 입을 때에는
마땅히 중생이 마음이 물들지 아니하고
큰 신선의 도를 갖추기를 원할지어다.

19 正出家時에 當願衆生이 同佛出家하여 救護一切하며
바르게 출가할 때에는
마땅히 중생이 부처님같이 출가하여

온갖 것을 구호하기를 원할지어다.

[疏] 第二, 捨居家下는 出家受戒時에 有十五願이라 初一은 正捨俗家오 次三은 出家方便이라 僧伽藍者는 此云衆園이며 衆有六和法하니 則 事理一味故로 無諍也라 大師謂佛이니 衆所宗故라 小謂和尙이니 親 所敎故라 若約末世인대 三師爲大오 七證爲小라 靡不有初나 鮮克 有終일새 故希不退라 次四는 正落髮出家라 袈裟者는 不正色衣也라 亦云染色이니 表心染於法하야 要無所染을 方曰染也라 然二乘之染 은 亦非眞染이니 必心染大乘일새 故云具大仙道라 爲於正法에 除其 結使하야사 方爲究竟寂滅이라 落髮披衣之後에 爲正出家라

■ ㄴ. 捨居家 아래는 출가하고 수계할 때의 15가지 발원이다. ㄱ) 한 게송은 바로 속가집을 떠남이요, ㄴ) 세 게송[13. 入僧伽- 15. 求請出家--] 은 출가하는 방편이다. '승가람(僧伽藍)'이란 대중의 동산[衆園]이라 번역하며, 대중에는 여섯 가지 화합하는 법이 있으니 현상과 이치가 한 맛인 까닭에 다툼이 없는 것[無諍]이다. '큰 스승'은 부처님을 말하나니 대중이 종으로 삼을 대상인 까닭이다. 작음은 (세 분) 화상을 말하나니 몸소 가르쳐 주는 까닭이다. 만일 말법 세상을 잡으면 세 분 스승은 큰 스승이 되고, 일곱 분 증명법사는 작은 스승이 된다. 시작이 있지 않음은 없지만 끝까지 마무리 짓는 경우는 드물기 때문에 물러남이 드문 것이다. ㄷ) 네 게송[16. 脫去俗- 19. 正出家--]은 머리를 깎고 출가함이다. '가사'는 오정색(五正色)이 아닌 옷이다. 또한 '물들인 색의 옷[染色]'이라 하나니 마음을 법에 물들여서 다른 물 들지 않기를 요구함을 표하여 비로소 물들인다고 말한 것이다. 그런데 이승으로 물들임은 또한 진정으로 물듦이 아니니, 반드시 마음에 대승법으로

물들여야 하는 연고로 '큰 신선의 도를 갖춘다(제18원)'고 말하였다. 바른 법이 될 적에 그 맺힌 십사(十使) 번뇌를 없애야만 바야흐로 구경에 적멸함(제17원)이 되는 것이다. 머리를 깎고 가사를 입은 뒤에야 바른 출가가 되는 것이다.

[鈔] 然二乘等者는 卽涅槃第二와 南經哀歎品이니 佛訶三修比丘云하시되 汝諸比丘는 勿以下心으로 而生知足이니 汝等이 今者에 雖得出家나 於此大乘에 不生貪慕하니 汝諸比丘가 身雖得服袈裟染衣나 其心은 猶未得染大乘淸淨之[21]法이라 汝諸比丘가 雖行乞食하야 經歷多處나 初未曾求大乘法食이로다 汝諸比丘가 雖除鬚髮이나 未爲正法에 除諸結使로다 汝諸比丘야 今當眞實敎勅汝等하노니 我今現在하고 大衆和合하니 如來法性이 眞實不倒라 是故汝等은 應當精進하야 攝心勇猛하야 摧諸結使라하니라 釋曰, 此以小乘으로 方大니 尙未能除所知無明하고 染法空法인 常住妙法일새 故云爾也니라

● '그런데 이승으로 물듦' 따위는 『열반경』제2권(수명품)과 『남본열반경』애탄품(哀歎品)의 내용이다. "부처님이 삼수(三修)비구를 나무라시며 말씀하시되, '너희 여러 비구들은 하열한 마음으로 만족감을 일으키지 말아라. 너희들은 지금 비록 출가는 하였지만 이 대승에 탐내거나 연모하는[貪慕] 마음을 일으키지 못하였다. 너희 여러 비구들은 몸에는 물든 가사를 입었으나 그 마음은 아직 대승의 깨끗한 법에 물들지 못하였다. 너희 여러 비구들은 비록 걸식하느라고 여러 곳으로 돌아다녔으나 대승의 법식(法食)은 아직 구하지 못하였다. 너희 여러 비구들은 비록 머리카락과 수염을 깎았으나 정법으로써 여러 맺힌

---

21) 上七字는 南金本作染大乘淨.

번뇌를 끊지는 못하였다. 너희 모든 비구들아, 이제 진실로 너희를 교칙(教勅)하는 바이다. 나는 지금 대중과 화합하고 있지만 여래의 법성(法性)은 진실하여 뒤바뀌지 않는다. 그러므로 너희들은 마땅히 정진하여 마음을 다스리고 용맹하게 여러 맺힌 번뇌를 꺾어 버려라." 해석하여 말하면 여기서 소승법이 바야흐로 대승법이 되었는데, 오히려 아직 능히 소지장의 무명번뇌를 제거하지 못하고 물든 법과 공한 법인 항상 묘한 법에 머무는 연고로 '그렇다'고 말한 것이다.

ㄹ) 나머지 일곱 게송은 계를 받고 배울 때의 발원[餘七受學戒時] 2.
(ㄱ) 스스로 귀의하는 발원[初三自歸] (餘七 25下5)

20　自歸於佛에 當願衆生이 紹隆佛種하여 發無上意하며
　　스스로 부처님께 귀의할 때에는
　　마땅히 중생이 불종을 이어 융성히 하고
　　위없는 뜻을 펴기를 원할지어다.

21　自歸於法에 當願衆生이 深入經藏하여 智慧如海하며
　　스스로 법에 귀의할 때에는
　　마땅히 중생이 경장에 깊이 들어가
　　지혜가 바다와 같아지기를 원할지어다.

22　自歸於僧에 當願衆生이 統理大衆하되 一切無礙하며
　　스스로 승보에 귀의할 때에는
　　마땅히 중생이 대중을 통솔하고 다스리되

온갖 것에 걸림이 없기를 원할지어다.

(ㄴ) 계를 받고 배울 때의 발원[受學戒願] (經/受學)

23 受學戒時에 當願衆生이 善學於戒하여 不作衆惡하며
    계율을 받아 배울 때에는
    마땅히 중생이 계율을 잘 배워서
    온갖 악을 짓지 말기를 원할지어다.

24 受闍黎敎에 當願衆生이 具足威儀하여 所行眞實하며
    아사리의 가르침을 받을 때에는
    마땅히 중생이 위의를 갖추어서
    행하는 것이 진실하기를 원할지어다.

25 受和尙敎에 當願衆生이 入無生智하여 到無依處하며
    화상의 가르침을 받을 때에는
    마땅히 중생이 남이 없는 지혜에 들어가
    의지할 데 없는 곳에 이르기를 원할지어다.

26 受具足戒에 當願衆生이 具諸方便하여 得最勝法이니라
    구족계를 받을 때에는
    마땅히 중생이 모든 방편을 갖추어서
    가장 수승한 법 얻기를 원할지어다.

[疏] 餘七은 受學戒時니 初三은 自歸니 佛在之日에 則五受之一이오 佛滅之後에 受五八戒에 必依三歸라 歸要三者는 翻彼外道邪師와 邪教와 及邪衆故라 猶如良醫와 良藥과 及看病人으로 煩惱病愈故니 爲與衆生으로 爲緣念故라 三寶之義는 至下當釋호리라 受學戒者는 卽十戒也니 亦通五戒라 優婆塞戒經에 云, 欲受菩薩戒인대 先應徧受五戒와 十戒와 二百五十戒니 若尼則受六事와 及五百戒라하니라 受謂受戒오 學卽隨戒니 願中은 卽止作二持라 闍黎者는 此云正行이니 軌範教授일새 故云具足威儀라 和尙은 此云親教며 亦云力生이니 道力이 自彼生故라 故翻云入無生智니 依之得戒일새 故翻無依라 具足戒言은 義含二種하니 一則大比丘戒오 二則菩薩戒니 亦制意地하야사 方爲具足이니라

■ ㄹ) 나머지 일곱 게송은 계를 받고 배울 때의 발원이니 (ㄱ) 세 게송은 스스로 귀의하는 발원이다. 부처님 계시는 날에 오계를 받은 중의 하나이니, 부처님 멸도 후에 오계(五戒)와 팔경계(八敬戒)를 받을 적에 반드시 삼귀의에 의지한다. 귀의함에 셋이 필요한 것은 저 외도의 삿된 스승과 삿된 가르침과 삿된 대중을 뒤바꾸기 위함이다. 마치 훌륭한 의사와 좋은 약, 간병인으로 번뇌의 병을 치유하는 것과 같나니, 중생에게 주기 위함과 인연으로 생각하기 위한 때문이다. '삼보'에 대해서는 아래에 가서 해석하리라. '계를 받고 배움'이란 곧 십계(十戒)이니 또한 오계(五戒)와도 통한다. 『우바새계경(優婆塞戒經)』에 이르되, "보살계를 받으려 한다면 먼저 응당 오계, 십계와 250계를 두루 받을 것이요, 만일 비구니라면 여섯 가지 일과 오백계를 받아야 한다"라고 하였다. '받음'은 계를 받는 것이요, '배움'은 계법을 따르는 것이니, 발원 중에는 그치고 짓는 두 가지 지님이 있다. '사리(闍黎)'란 '바른 행

동'이라 번역하나니 모범이 되는 것을 가르쳐 주는 연고로 '위의를 구족한다'고 말한다. 화상(和尙)은 '몸소 가르침'이라 하고 또 '힘이 생겨 남[力生]'이라 번역하기도 한다. 도의 힘이 저로부터 생기는 까닭이다. 그러므로 '남이 없는 지혜에 들어감'이라 번역하나니 그를 의지하여 계를 얻는 연고로 '의지함 없음'이라 바꾼다. '구족한 계'란 말은 뜻이 두 가지를 포함하였으니 하나는 대비구의 계요, 둘은 보살의 계이니, 또한 생각하는 자리를 제어해야만 바로 구족함이 되는 것이다.

[鈔] 五受之一者는 一, 善來오 二, 上法이오 三, 三歸오 四, 八敬이오 五, 羯磨라 多釋不同이나 多依此五니라 歸要三者는 前歸敬序中에 已廣說竟하니라 言至下當釋者는 卽明法品이니 前是鈔廣일새 故此指下니라 和尙等者는 此是昔時梵語니 卽龜玆已來梵言이라 正云鄔波陀耶니 此云親敎니라 具足戒等者는 依比丘戒인대 則五戒와 十戒와 八戒²²⁾가 皆爲方便이니 五衆之最일새 爲最勝法이어니와 若菩薩戒爲具足인대 則比丘戒도 亦爲方便이니 超二乘上하야 爲最勝法이라 願所成者는 明是佛果니라

● '오계를 받은 중의 하나'는 (1) 잘 오는 것이요, (2) 뛰어난 법이요, (3) 삼보에 귀의함이요, (4) 팔경계(八敬戒)요, (5) 갈마(羯磨)함이다. 여러 해석이 같지 않지만 대부분 여기의 다섯 가지에 의지한다. 귀의할 적에 세 가지를 요구함은 앞의 귀경서(歸敬序) 중에 이미 자세하게 설명하여 마쳤다. '아래에 가서 해석하리라'고 말한 것은 곧 명법품(明法品)이니 앞에서 초문이 자세한 연고로 여기서는 아래라고 가리킨 것이다. 화상(和尙) 등은 예전의 범어이니 곧 구자국(龜玆國) 때

---

22) 上五字는 南金本作八十.

부터의 범어 표현이다. 바로 말하면 '오파타야(鄔波陀耶)'이니 '몸소 가르침'이라 번역한다. '구족계' 등이란 비구계에 의지한다면 오계와 십계와 팔경계(八敬戒)가 모두 방편이 되었으니 다섯 무리의 최상이므로 최승법을 삼은 것이요, 만일 보살계로 구족함을 삼는다면 비구계도 또한 방편이 됨이니, 이승을 초과한 위가 최승법이 된 것이다. 발원으로 이룰 대상은 부처님 과덕인 것이 분명하다.

ㄷ. 좌선하러 나아갈 때의 일곱 가지 발원[就坐禪時有七願] 3.
ㄱ) 네 게송은 수행하기 위한 방편[初四爲修方便] (第三 27上1)

27 　若入堂宇인댄 當願衆生이 昇無上堂하여 安住不動하며
　　만약 당우에 들어갈 때에는
　　마땅히 중생이 위없는 당에 올라가서
　　편안히 머물러 움직이지 않기를 원할지어다.

28 　若敷床座인댄 當願衆生이 開敷善法하여 見眞實相하며
　　만약 걸상자리를 펼 때에는
　　마땅히 중생이 선법을 열어 펼쳐서
　　진실한 모양 보기를 원할지어다.

29 　正身端坐에 當願衆生이 坐菩提座하여 心無所着하며
　　몸을 바로 하고 단정히 앉을 때에는
　　마땅히 중생이 보리좌에 앉아서
　　마음에 집착하는 것이 없기를 원할지어다.

30 結跏趺坐에 當願衆生이 善根堅固하여 得不動地하며
가부를 맺고 앉을 때에는
마땅히 중생이 선근이 견고하여
흔들리지 않는 지위 얻기를 원할지어다.

ㄴ) 두 게송은 바로 지관을 수행할 때의 발원[次二正修止觀] (經/修行)

31 修行於定에 當願衆生이 以定伏心하여 究竟無餘하며
선정을 닦아 행할 때에는
마땅히 중생이 정으로써 마음을 조복하여
구경에 남음이 없기를 원할지어다.

32 若修於觀인댄 當願衆生이 見如實理하여 永無乖諍하며
만약 관법을 닦을 때에는
마땅히 중생이 실상과 같은 이치를 보아서
길이 어기거나 다툼이 없기를 원할지어다.

ㄷ) 한 게송은 수행을 마칠 때의 발원[後一修行事訖] (經/捨跏)

33 捨跏趺坐에 當願衆生이 觀諸行法이 悉歸散滅이니라
가부를 풀고 앉을 때에는
마땅히 중생이 모든 행법이 다 흩어져
멸함으로 돌아가는 것을 보기를 원할지어다.

[疏] 第三, 若入堂下는 七願은 明就坐禪觀時願이니 初四는 爲修方便이오 次二는 正修止觀이오 後一은 修行事訖이라

■ ㄷ. 若入堂 아래 일곱 가지 발원은 좌선하러 나아갈 때의 발원을 설명함이니 ㄱ) 네 게송은 수행하기 위한 방편이요, ㄴ) 두 게송은 바로 지관을 수행할 때의 발원이요, ㄷ) 한 게송은 수행을 마칠 때의 발원이다.

ㄹ. 행각하러 가며 패를 걸 때의 여섯 가지 발원[將行披挂時有六願]

(第四 27上9)

34 下足住時에 當願衆生이 心得解脫하여 安住不動하며
    발을 내려 머무를 때에는
    마땅히 중생이 마음에 해탈을 얻어서
    편안히 머물러 움직이지 않기를 원할지어다.

35 若擧於足인댄 當願衆生이 出生死海하여 具衆善法하며
    만약 발을 들 때에는
    마땅히 중생이 생사의 바다를 벗어나
    뭇 선법을 갖추기를 원할지어다.

36 着下裙時에 當願衆生이 服諸善根하여 具足慚愧하며
    아래옷을 입을 때에는
    마땅히 중생이 모든 선근을 입어서
    부끄러움 갖추기를 원할지어다.

37 整衣束帶에 當願衆生이 檢束善根하여 不令散失하며
옷을 정돈하고 띠를 맬 때에는
마땅히 중생이 선근을 살피고 단속하여
하여금 흩어지거나 잃지 않기를 원할지어다.

38 若着上衣인댄 當願衆生이 獲勝善根하여 至法彼岸하며
만약 윗옷을 입을 때에는
마땅히 중생이 수승한 선근을 얻어서
법의 저 언덕에 이르기를 원할지어다.

39 着僧伽黎에 當願衆生이 入第一位하여 得不動法이니라
승가리를 걸칠 때에는
마땅히 중생이 제1위에 들어가서
움직이지 않는 법 얻기를 원할지어다.

[疏] 第四, 下足住時下는 明將行披挂時六願이라 下衣蓋醜일새 故願得慚愧오 上衣는 卽衫襖之輩라 前已辨袈裟일새 故此直云僧伽梨라 僧伽梨者는 義云和合이니 新者는 二重이오 故者는 四重이라 要以重成일새 故云和合이니 卽是三衣中의 第一衣故니라

■ ㄹ. 下足住時 아래는 행각하러 가며 패를 걸 때 하는 여섯 가지 발원을 밝힘이다. 아래 옷은 대개 추한 연고로 부끄러움 얻기를 발원함이요, 윗옷은 장삼이나 두루마기 등속이니 앞에서 가사에 대해 이미 분별했으므로 여기서는 바로 승가리(僧伽梨)라고 한 것이다. '승가리'는 뜻이 화합을 말하나니, 새것은 두 겹이요, 오래된 것은 네 겹이다. 겹

으로 만듦이 중요하므로 화합이라 한 것이니, 이것은 세 벌 옷 중의 첫 번째 옷이기 때문이다.

ㅁ. 양치하고 세수할 때의 일곱 가지 발원[澡漱盥洗時有七願] (第五 28上1)

40　手執楊枝에 當願衆生이 皆得妙法하여 究竟淸淨하며
　　손으로 양칫대를 잡을 때에는
　　마땅히 중생이 모두 묘한 법을 얻어서
　　구경에 청정하기를 원할지어다.

41　嚼楊枝時에 當願衆生이 其心調淨하여 噬諸煩惱하며
　　양칫대를 씹을 때에는
　　마땅히 중생이 그 마음이 고르고 깨끗하여
　　모든 번뇌 씹기를 원할지어다.

42　大小便時에 當願衆生이 棄貪瞋癡하여 蠲除罪法하며
　　대소변을 볼 때에는
　　마땅히 중생이 탐·진·치를 버려서
　　죄법을 깨끗이 제하기를 원할지어다.

43　事訖就水에 當願衆生이 出世法中에 速疾而往하며
　　일을 마치고 물에 나아갈 때에는
　　마땅히 중생이 출세하는 법 가운데
　　빨리 가기를 원할지어다.

44 洗滌形穢에 當願衆生이 淸淨調柔하여 畢竟無垢하며
몸의 더러운 것을 씻을 때에는
마땅히 중생이 깨끗하고 부드러워
필경에 때가 없기를 원할지어다.

45 以水盥掌에 當願衆生이 得淸淨手하여 受持佛法하며
물로 손을 씻을 때에는
마땅히 중생이 깨끗한 손을 얻어서
불법을 받아 지니기를 원할지어다.

46 以水洗面에 當願衆生이 得淨法門하여 永無垢染이니라
물로 얼굴을 씻을 때에는
마땅히 중생이 청정한 법문을 얻어서
길이 더러운 물듦이 없기를 원할지어다.

[疏] 第五, 手執楊枝下는 澡漱盥洗時에 有七願이라 楊枝는 五利를 是曰 妙法이니 去穢爲淨이라 西域에 皆朝中에 嚼楊枝는 淨穢不相雜이니 此爲常規라 凡欲習誦에 別須用之라 盥者는 澡也라

■ ㅁ. 手執楊枝 아래는 양치하고 세수할 때의 일곱 가지 발원이다. '버드나무 가지[楊枝]'는 다섯 가지 이익을 '묘한 법'이라 하나니, 더러움을 제거하여 깨끗함이다. 서역에서는 모두들 아침나절에 양지를 씹음은 깨끗함과 더러움을 서로 섞이지 않게 함이니 이것은 일상 법칙이다. 대개 학습하고 암송할 적에 별도로 구하여 사용한다. 대야[盥]는 '씻는다'는 뜻이다.

[鈔] 楊枝五利者는 一, 明目이오 二, 除痰이오 三, 除口氣오 四, 辨味오 五, 消食이라 新經有十義라하니라 朝中嚼楊枝오 淨穢不相雜인 此兩句語는 全是無行禪師와 於西域寄歸之書인 南海寄歸傳에 亦廣說之하니라

● '버드나무 가지의 다섯 가지 이익'은 "(1) 밝은 눈이요, (2) 가래를 제거함이요, (3) 입 냄새를 없앰이요, (4) 맛을 분별함이요, (5) 밥을 소화함이다. 신역(新譯) 경전에는 열 가지 뜻이 있다"라고 하였다. '아침나절에 양지를 씹음이요, 더러움과 깨끗함을 서로 섞지 않음'의 이런 두 구절의 어록은 완전히 무행(無行)선사23)와 서역으로 의탁하여 돌아가는 서적인『남해기귀내법전(南海寄歸內法傳)』에도 또한 자세하게 설명하였다.

ㅂ. 걸식하고 도행할 때의 55가지 발원[乞食行道時有五十五願] 3.

ㄱ) 도로를 다닐 때의 12가지 발원[游涉道路十二] (第六 28下10)

47 手執錫杖에 當願衆生이 設大施會하여 示如實道하며
    손으로 석장을 잡을 때엔
    마땅히 중생이 크게 보시하는 모임을 베풀어서
    상과 같은 도를 보이기를 원할지어다.

48 執持應器에 當願衆生이 成就法器하여 受天人供하며

---

23) 無行선사: 唐代 비구, 荊州江陵 사람. 처음에 洛陽智弘율사, 泛海선사와 함께 天竺으로 求法을 가다. 那爛陀寺에 가서 머무르고 다시 羯羅茶寺에서 수행하다. 수행 중에 틈을 내어『阿笈摩經』3권을 譯出하고, 편지로 후학에게 歸唐하여 돌아온다고 말하고 중도에서 입적하다. 나이는 58세. (중국불학인명사전 p. 401, 대당서역구법고승전 下卷) 盥 대야 관. 嚼 씹을 작. 澡 씻을 조. 漱 양치할 수. 滌 씻을 척. 蠲 제거할 견. 嚙 씹을 서. 趾 발 지.

응기를 집어 가질 때에는
마땅히 중생이 법의 그릇을 성취하여
하늘과 사람의 공양 받기를 원할지어다.

49 發趾向道에 當願衆生이 趣佛所行하여 入無依處하며
발을 내디뎌 길을 향할 때에는
마땅히 중생이 부처님이 행하시던 데로 나아가
의지할 데 없는 곳에 들어가기를 원할지어다.

50 若在於道인댄 當願衆生이 能行佛道하여 向無餘法하며
만약 길에 있을 때에는
마땅히 중생이 능히 불도를 행하여
나머지 없는 법을 향하기를 원할지어다.

51 涉路而去에 當願衆生이 履淨法界하여 心無障礙하며
길을 걸어갈 때에는
마땅히 중생이 청정한 법계를 밟아서
마음에 장애가 없기를 원할지어다.

52 見昇高路에 當願衆生이 永出三界하여 心無怯弱하며
높은 길에 올라감을 볼 때에는
마땅히 중생이 길이 삼계를 벗어나서
마음에 겁약함이 없기를 원할지어다.

53 見趣下路에 當願衆生이 其心謙下하여 長佛善根하며
낮은 길에 나아감을 볼 때에는
마땅히 중생이 그 마음이 겸손하고 하심하여
부처님의 선근을 장양하기를 원할지어다.

54 見斜曲路에 當願衆生이 捨不正道하여 永除惡見하며
비탈지고 굽은 길을 볼 때에는
마땅히 중생이 바르지 않은 길을 버려서
길이 악견을 제하기를 원할지어다.

55 若見直路인댄 當願衆生이 其心正直하여 無諂無誑하며
만약 곧은길을 볼 때에는
마땅히 중생이 그 마음이 바르고 곧아서
아첨 없고 속임 없기를 원할지어다.

56 見路多塵에 當願衆生이 遠離塵坌하여 獲淸淨法하며
길에 티끌이 많음을 볼 때에는
마땅히 중생이 멀리 티끌을 여의어서
청정한 법 얻기를 원할지어다.

57 見路無塵에 當願衆生이 常行大悲하여 其心潤澤하며
길에 티끌이 없음을 볼 때에는
마땅히 중생이 항상 큰 자비를 행해서
그 마음이 윤택하기를 원할지어다.

58 　若見險道인댄 當願衆生이 住正法界하여 離諸罪難이니라
만약 험한 길을 볼 때에는
마땅히 중생이 바른 법계에 머물러서
모든 죄와 어려움을 여의기를 원할지어다.

[疏] 第六, 手執錫杖下는 乞食道行時에 總有五十五願이라 更分爲三이니 初, 十二願은 游涉道路오 次, 見衆會下十九願은 所覩事境이오 後, 見嚴飾下二十四願은 所遇人物이라 今初라 錫者는 輕也며 明也니 執此杖者는 輕煩惱故며 明佛法故라 更有多義하니 具如經辨하니라 今略明二用은 一, 執爲行道之儀오 二, 振以乞食일새 故發相似之願이라 無依之道는 是眞道也라 向無餘法은 眞涅槃也라 眞淨法界가 心所履也라 險道有二하니 一, 多賊鬼毒獸오 二, 陜徑阻絶이라 初의 惑業罪苦는 凡夫之險道也오 後는 自調滯寂은 二乘之險道也니 皆爲難處며 不斷生死라 而入涅槃이 正法界也니라

■ ㅂ. 手執錫杖 아래는 걸식하고 도행할 때에 총합하여 55가지 발원이 있다. 다시 셋으로 나누리니 ㄱ) 12가지 발원은 도로를 다닐 때의 발원이요, ㄴ) 見衆會 아래의 19가지 발원은 보는 대상의 일의 경계요, ㄷ) 見嚴飾 아래의 24가지 발원은 만나는 인물에 대한 발원이다. 지금은 ㄱ)이니 주석[錫]이란 가볍다는 뜻이요, 밝다는 뜻이니, 주석지팡이를 잡은 것은 번뇌가 가벼운 까닭이며, 불법을 밝힌 까닭이다. 다시 많은 뜻이 있으니 갖춘 것은 경에서 설명한 내용과 같다. 지금은 간략히 두 가지 작용을 밝힌다면 (1) (석장을) 잡고 길을 가기 위한 거동이요, (2) 진동하면서 걸식하는 연고로 비슷한 소원을 말한다. 의지함 없는 도가 진실한 도인 것이다. '나머지 없는 법을 향함(제50

원)'은 참된 열반이다. 진실하고 청정한 법계(제51원)가 마음으로 경험할 대상인 것이다. '험한 길'에 둘이 있으니 (1) 도적이나 귀신, 독한 짐승이 많은 길이요, (2) 좁고 경사가 급한 길이다. 처음의 번뇌와 업과 죄로 고통받음은 범부들의 험한 길이요, 뒤의 스스로 고요함에 지체함은 이승의 험한 길이니, 모두가 험난한 곳이며, 나고 죽음이 끊어지지 않는다. 열반에 들어가는 것이 '올바른 법계'이다.

ㄴ) 현상경계를 보면서 하는 19가지 발원[所觀事境十九] 4.
(ㄱ) 대중 모임을 보면서[觀衆會] (二觀 29下1)

59　若見衆會인댄 當願衆生이 說甚深法하여 一切和合하며
　　만약 대중이 모인 것을 볼 때에는
　　마땅히 중생이 깊고 깊은 법을 설하여
　　온갖 것이 화합하기를 원할지어다.

[疏] 二, 觀事境願이니 初는 觀衆會라 謂衆聚하야 多談無義일새 故願說深法이오 衆心은 易乖일새 故令和合이라

■ ㄴ) 현상경계를 보면서 하는 (19가지) 발원이니 (ㄱ) 대중 모임을 보면서 발원함이다. 이른바 대중이 모여서 뜻 없는 이야기만 많은 연고로 깊은 법 설하기를 원함이요, 대중의 마음은 어긋나기 쉬우므로 화합하도록 발원함이다.

(ㄴ) 큰 기둥을 보면서[見大柱] (經/若見)

60 　若見大柱인댄 當願衆生이 離我諍心하여 無有忿恨하며
　　만약 큰 기둥을 볼 때에는
　　마땅히 중생이 나의 다투는 마음을 여의어서
　　분한 원한이 없기를 원할지어다.

[疏] 二, 大柱者는 舊經에 云大樹라할새 梵云薩擔婆니去聲輕呼 此云樹也오 薩擔婆는入聲重呼 此云柱也니 由玆二物이 呼聲相濫일새 古今譯殊라 柱有荷重之能하니 一舍가 由之而立이라 翻此하야 願離我能之諍하니 忿恨이 何由而生이리오

■ (ㄴ) 큰 기둥을 보면서 발원함이니 구역 경전[진경]에는 '큰 나무'라 하였으므로 범어로 '살담파(薩擔婆)'라 하나니(去聲, 가볍게 부른다) '나무'라 번역한다. 살담파(入聲, 무겁게 부른다)는 기둥이라 번역한다. 이런 두 가지 물건이 부르는 소리가 서로 잘못됨으로 인하여 예전과 지금의 번역이 다른 것이다. 기둥은 무게를 지탱하는 기능이 있으니, 하나의 집이 그로 인해 세워진다. 이것을 바꾸어서 내가 능력 있다는 다툼에서 벗어나기를 발원함이니 분노와 원한이 무엇으로 인하여 생겨나겠는가?

(ㄷ) 총림이나 높은 산 등을 볼 때[見叢林高山等] (三德 29下9)

61 　若見叢林인댄 當願衆生이 諸天及人의 所應敬禮하며
　　만약 총림을 볼 때에는
　　마땅히 중생이 모든 하늘과 사람이
　　응당 공경하고 예배하는 바가 되기를 원할지어다.

62 若見高山인댄 當願衆生이 善根超出하여 無能至頂하며
만약 높은 산을 볼 때에는
마땅히 중생이 선근이 뛰어나서
능히 이마에 이를 수 없기를 원할지어다.

63 見棘刺樹에 當願衆生이 疾得翦除 三毒之刺하며
가시나무를 볼 때에는
마땅히 중생이 빨리 삼독의 가시를
제거할 수 있기를 원할지어다.

64 見樹葉茂에 當願衆生이 以定解脫로 而爲蔭暎하며
나무의 잎이 무성함을 볼 때에는
마땅히 중생이 선정과 해탈로써
그늘이 비치게 되기를 원할지어다.

65 若見華開인댄 當願衆生이 神通等法이 如華開敷하며
만약 꽃이 피는 것을 볼 때에는
마땅히 중생이 신통과 여러 법이
꽃과 같이 피기를 원할지어다.

66 若見樹華인댄 當願衆生이 衆相如華하여 具三十二하며
만약 꽃이 핀 나무를 볼 때에는
마땅히 중생이 여러 상호가 꽃과 같아서
32상이 구족하기를 원할지어다.

67 若見果實인댄 當願衆生이 獲最勝法하여 證菩提道하며
만약 열매를 볼 때에는
마땅히 중생이 가장 수승한 법을 얻어서
보리도를 증득하기를 원할지어다.

68 若見大河인댄 當願衆生이 得預法流하여 入佛智海하며
만약 큰 강을 볼 때에는
마땅히 중생이 법의 흐름에 참예하여
부처님의 지혜 바다에 들어가기를 원할지어다.

69 若見陂澤인댄 當願衆生이 疾悟諸佛의 一味之法하며
만약 늪을 볼 때에는
마땅히 중생이 모든 부처님의 일미의 법을
빨리 깨닫기를 원할지어다.

[疏] 三, 德猶叢林하야 森聳可敬이라 十一, 陂澤者는 畜水曰陂니 不集諸流일새 故願一味라

■ (ㄷ) (총림이나 높은 산 등을 볼 때 하는 발원이니) 덕이 총림과 같아서 빽빽하게 솟아서 공경할 만하다는 뜻이다. 11번째 게송에서 '늪[陂澤]'이란 물을 모아 둔 것을 보[陂]라고 하는데, 모든 물줄기를 모으지는 못하므로 '한 맛[一味]'이기를 발원한다.

(ㄹ) 연못이나 샘을 볼 때[見池沼湧泉等] (十二 30上10)

70　若見池沼인댄 當願衆生이 語業滿足하여 巧能演說하며
　　만약 연못을 볼 때에는
　　마땅히 중생이 어업이 만족하여
　　교묘히 연설하기를 원할지어다.

71　若見汲井인댄 當願衆生이 具足辯才하여 演一切法하며
　　만약 물 긷는 우물을 볼 때에는
　　마땅히 중생이 변재를 갖추어서
　　온갖 법을 연설하기를 원할지어다.

72　若見湧泉인댄 當願衆生이 方便增長하여 善根無盡하며
　　만약 솟아오르는 샘을 볼 때에는
　　마땅히 중생이 방편을 증장하여
　　선근이 다함 없기를 원할지어다.

73　若見橋道인댄 當願衆生이 廣度一切를 猶如橋梁하며
　　만약 다리 놓인 길을 볼 때에는
　　마땅히 중생이 널리 온갖 것을 제도함에
　　마치 다리와 같이 하기를 원할지어다.

74　若見流水인댄 當願衆生이 得善意欲하여 洗除惑垢하며
　　만약 흘러가는 물을 볼 때에는
　　마땅히 중생이 좋은 의욕을 얻어서
　　의혹의 때를 씻어 제하기를 원할지어다.

75 見修園圃에 當願衆生이 五欲圃中에 耘除愛草하며
원두밭 매는 것을 볼 때에는
마땅히 중생이 오욕의 원두밭 가운데
애욕의 풀을 뽑아 제하기를 원할지어다.

76 見無憂林에 當願衆生이 永離貪愛하여 不生憂怖하며
근심 없는 숲을 볼 때에는
마땅히 중생이 길이 탐욕과 애정을 여의고
근심과 두려움이 생기지 않기를 원할지어다.

77 若見園苑인댄 當願衆生이 勤修諸行하여 趣佛菩提니라
만약 동산을 볼 때에는
마땅히 중생이 모든 행을 부지런히 닦아서
부처님 보리에 나아가기를 원할지어다.

[疏] 十二, 說文에 曰, 穿地通水曰池오 沼卽池也라 取其盈滿이니 引法流故라 亦可巧思穿鑿하야 能有說故라 十三, 汲者는 取也니 辯才演法이 猶綆汲水라 無憂林者는 處之忘憂故라

■ 12번째 게송(제70원)에서 『설문(說文)』에 말하되, "땅을 뚫어 물을 개통함은 못이라 하고, 소(沼)는 곧 못을 뜻한다. 그 가득 차서 넘침을 취하였으니 법의 물 흐름을 이끌었기 때문이다. 또한 훌륭한 생각으로 천착하면 능히 설법할 수 있기 때문이다. '근심 없는 숲(제76원)'이란 그곳에 살면 근심을 잊어버리기 때문이다.

ㄷ) 만나는 인물을 보고 하는 24가지 발원[所遇人物二十四] 6.
(ㄱ) 잘 장엄하거나 장엄하지 않은 사람 등을 볼 때[見嚴飾人]

(三見 31上2)

78　見嚴飾人에 當願衆生이 三十二相으로 以爲嚴好하며
장엄으로 장식한 사람을 볼 때에는
마땅히 중생이 32상으로써
장엄함을 좋아하기를 원할지어다.

79　見無嚴飾에 當願衆生이 捨諸飾好하고 具頭陀行하며
장엄으로 장식하지 않음을 볼 때에는
마땅히 중생이 모든 장식하기 좋아함을 버리고
두타행 갖추기를 원할지어다.

80　見樂着人에 當願衆生이 以法自娛하여 歡愛不捨하며
즐거움에 집착하는 사람을 볼 때에는
마땅히 중생이 법으로써 스스로 즐겨 하여
기뻐하고 사랑해서 버리지 않기를 원할지어다.

81　見無樂着에 當願衆生이 有爲事中에 心無所樂하며
즐거움에 집착이 없는 사람을 볼 때에는
마땅히 중생이 함이 있는 일 가운데서
마음에 즐겨 함이 없기를 원할지어다.

82　見歡樂人에 當願衆生이 常得安樂하여 樂供養佛하며
기뻐하고 즐기는 사람을 볼 때에는
마땅히 중생이 항상 안락을 얻어서
즐겨 부처님께 공양하기를 원할지어다.

83　見苦惱人에 當願衆生이 獲根本智하여 滅除衆苦하며
고뇌하는 사람을 볼 때에는
마땅히 중생이 근본지를 얻어서
온갖 고통 소멸하기를 원할지어다.

[疏] 三, 見嚴飾下二十四願은 所遇人物이라 六, 云獲根本智滅衆苦者는 若得見道無分別根本智에 則斷惡道業無明故로 三塗苦[24]滅에 則三苦八苦가 亦皆隨滅이오 死及取蘊은 直至金剛後根本智하야 則能永斷이라

- ㄷ) 見嚴飾 아래 24가지 발원은 만나는 인물을 보고 하는 발원이다. 여섯째 게송에 이르되, '근본지를 얻어서 온갖 고통 소멸하기를(제83원)'은 만일 견도위(見道位)에서 분별없는 근본 지혜를 얻을 적에 악한 갈래의 업과 무명을 끊은 연고로 삼악도의 괴로움이 없어질 적에 세 가지 괴로움과 여덟 가지 괴로움이 또한 모두 따라서 소멸하게 됨이요, 죽음의 괴로움과 오취온(五取蘊)의 괴로움은 금강유정(金剛喩定)의 뒤에 근본지에 바로 가서야 능히 영원히 끊을 수 있다.

[鈔] 三苦八苦等者는 由三塗苦滅하야 故生老病苦가 亦滅이니 由斷此惑

---

24) 苦는 金本作若.

하야 不造十惡業일새 故無怨憎會苦오 由斷分別欲貪하야 故無求不
得苦와 及愛別離苦라 從此로 唯有死及取蘊이니 至金剛無間道根
本智하야 斷彼二苦라 雖有漏善法이라도 此時猶在니 行苦所隨라 由
被[25]勝智로 照同法性하야 於解脫道에 不待擇滅하고 任運棄捨하야
사 功歸無間이라 上은 約法相說이라 取正體無分別智하야 名爲根本
이니 以望加行得名이라 雖通諸位나 而見道와 金剛二處가 最顯일새
故略擧之니라 又有約法性에 以本覺으로 爲根本智하고 以與始覺으
로 爲根本故라 此唯約解脫道證理時에 與根本冥合하야사 乃名獲得
本覺根本이니 從此로 永無死及取蘊이라 雖斷惑證理에 立二道名이
나 然同一刹那오 獲智亦爾라 是故로 無間道가 斷見修二障種時가
卽是解脫道時斷也니라

● '세 가지 괴로움과 여덟 가지 괴로움' 등이란 삼악도의 괴로움이 없어
짐으로 인하여 태어나고 늙고 병드는 괴로움도 또한 없어지나니 이
런 번뇌를 끊음으로 인하여 열 가지 나쁜 업을 짓지 않는 연고로 원
수를 만나는 괴로움이 없는 것이요, 분별심의 욕심과 탐심을 끊음으
로 인하여 구하려 해도 얻지 못하는 괴로움과 사랑하는 이와 이별하
는 괴로움이 없어진다. 이로부터 오직 죽음과 오취온만 있나니, 금강
유정의 무간도(無間道)의 근본적인 지혜에 가서야 저 두 가지 괴로움
이 끊어지는 것이다. 비록 유루의 선법이라도 여기서는 아직 존재하
나니 행하는 괴로움이 따르는 것이다. 수승한 지혜로 인하여 동일한
법의 성품을 비추어서 해탈도에서 택멸을 기다리지 않고 마음대로 버
려야만 그 공이 무간도에 돌아가는 것이다. 여기까지 법의 양상을 잡
아 설명하였다. 바른 본체인 무분별의 지혜를 취하면 근본지라 이름

---

25) 由被는 甲南續金本作由彼, 刊定記作已被.

하나니, 가행도(加行道)를 바라면서 얻은 이름이다. 비록 모든 지위에 통하지만 견도위와 금강유정의 두 곳이 가장 뚜렷하므로 간략히 거론하였다. 또한 어떤 이가 법의 성품을 잡을 적에 본래 깨달음으로 근본지를 삼았고, 시각(始覺)과 함께함으로 근본을 삼았기 때문이다. 여기서 오직 해탈도(解脫道)의 이치를 증득할 때를 잡을 적에 근본지와 그윽히 합해야만 바야흐로 '본각(本覺)의 근본지를 얻었다'고 이름하나니 이로부터 영원히 죽음과 오취온이 없어진다. 비록 번뇌를 끊고 이치를 증득할 적에 두 가지 도의 명칭을 세웠지만 그러나 동일한 찰나요, 얻은 지혜도 마찬가지다. 이런 연고로 무간도(無間道)가 보는 번뇌[見惑]와 수행의 번뇌[修惑]의 두 가지 장애의 종자를 끊을 때가 곧 해탈도의 시기가 단절함이다.

(ㄴ) 병 없는 사람, 병든 사람을 볼 때[見無病人] (七願 32上5)

84 見無病人에 當願衆生이 入眞實慧하여 永無病惱하며
    병이 없는 사람을 볼 때에는
    마땅히 중생이 진실한 지혜에 들어가서
    길이 병이 없기를 원할지어다.

85 見疾病人에 當願衆生이 知身空寂하여 離乖諍法하며
    병든 사람을 볼 때에는
    마땅히 중생이 몸이 공적함을 알아서
    어기고 다투는 법 떠나기를 원할지어다.

[疏] 七, 願入眞實慧永無病惱者는 此有二種하니 一, 約入眞見道之慧인
대 斷身病之苦惱와 及煩惱病이니 謂一切惡趣인 諸煩惱品의 所有麤
重은 是分別起며 亦爲身病遠因이니 至歡喜地인 眞見道中에 一刹那
斷하야 頓證三界四諦眞如하야사 身病及惑이 永不復有라 二, 約金
剛心慧인대 頓斷一切諸煩惱病과 及習氣隨眠하야 證極圓滿眞實勝
義하야사 諸惑永亡이라 依上解者어든 眞實慧者는 卽根本智니 但約
所滅惑苦가 不同耳라 八, 四大乖違成病이니 知空則永無所乖라

■ (ㄴ) '일곱째 게송에서 병이 없는 사람을 볼 때에는 마땅히 중생이 진
실한 지혜에 들어가기를(제84원)' 발원함은 여기에 두 종류가 있으니
(1) 진견도(眞見道)의 지혜에 들어감을 잡으면 몸이 병든 괴로움과 번
뇌의 병을 끊은 것이다. 이른바 온갖 악한 갈래인 모든 번뇌품에 있
는 추중번뇌는 분별로 일어난 것이며, 또한 몸의 병드는 먼 원인이 되
는 것이니, 제1 환희지인 진견도(眞見道) 중에 이를 적에 한 찰나에 끊
어져서 삼계와 사성제의 진여를 단박에 증득해야만 몸의 병과 번뇌
가 영원히 다시 생겨나지 않는다. (2) 금강심의 지혜를 잡으면 온갖
모든 번뇌의 병과 습기의 따라 잠드는 번뇌를 단박에 끊어서 지극히
원만하고 진실하고 수승한 이치를 증득해야만 모든 번뇌가 영원히
없어지는 것이다. 위의 해석에 의지한다면 '진실한 지혜'는 곧 근본지
이니 다만 없앨 대상인 번뇌와 고통을 잡은 것이 같지 않을 뿐이다.
여덟째 게송[제85원, 見疾病人-]에서 4대종이 어기고 위배되어 병이 된 것
이니 공한 줄 알면 영원히 어길 것도 없는 것이다.

[鈔] 一約入眞見道者는 亦有二義하니 例同斷苦斷身病之苦니 牒前所
斷과 及煩惱病이니 是此所斷이라 謂一切下는 出所斷體라 麤重은 卽

是種子오 分別은 揀於俱生이라 亦爲身病遠因者는 非近因故니 如房色過度는 是身病近因이오 由貪故爾는 卽爲遠因이라 一刹那斷者는 至初地中廣釋하니라 頓證三界四諦眞如는 至十廻向中하야 釋하니라 二, 約金剛心等者는 卽俱生也라 此上은 所轉捨니라 依上解下는 結成前二也니라

- (1) '진견도의 지혜에 들어감을 잡는다'는 것은 또한 두 가지 뜻이 있으니 괴로움을 끊은 사례와 같이 몸의 병든 괴로움을 끊는 것이니, 앞에서 끊을 대상과 번뇌의 병을 따왔으니 여기서 끊을 대상이다. 謂一切 아래는 끊을 대상의 체성을 내보임이다. 추중(麤重)은 곧 종자번뇌요, 분별은 구생(俱生)번뇌로 구분한다. '또한 몸의 병의 먼 원인이 된다'는 것은 가까운 원인이 아닌 까닭이니 마치 방색(房色)이 과도함은 몸의 병의 가까운 원인이요, 탐심으로 인해 그렇게 함은 곧 먼 원인이 됨과 같다. '한순간에 끊어진다'는 것은 제1 환희지에 가서 자세하게 해석하리라. '삼계와 사성제의 진여를 단박에 증득함'은 십회향품(十廻向品)에 가서 해석하겠다. (2) '금강심의 지혜를 잡으면' 등은 곧 구생번뇌이다. 여기까지 뒤바꾸어 버릴 대상[所轉捨]이다. 依上解 아래는 앞의 두 가지를 결론함이다.

(ㄷ) 단정한 사람, 은혜 갚는 사람 등을 볼 때[見端正人報恩人等]

(於佛 33上6)

86 見端正人에 當願衆生이 於佛菩薩에 常生淨信하며
단정한 사람을 볼 때에는

마땅히 중생이 부처님과 보살에게
항상 깨끗한 믿음 내기를 원할지어다.

87 見醜陋人에 當願衆生이 於不善事에 不生樂着하며
누추한 사람을 볼 때에는
마땅히 중생이 좋지 못한 일에 즐겨
집착하지 않기를 원할지어다.

88 見報恩人에 當願衆生이 於佛菩薩에 能知恩德하며
은혜 갚는 사람을 볼 때에는
마땅히 중생이 부처님과 보살에게
능히 은덕 알기를 원할지어다.

89 見背恩人에 當願衆生이 於有惡人에 不加其報하며
은혜를 배반하는 사람을 볼 때에는
마땅히 중생이 악한 사람에게
그 앙갚음을 하지 않기를 원할지어다.

[疏] 於佛菩薩에 能知恩德者는 諸佛菩薩이 始自發心으로 普緣衆生하사 難行苦行하야 不顧自身하시고 垂形六道하며 隨逐衆生하시되 見其造惡하면 如割支體하시며 迄成正覺에 隱其勝德하사 以貧所樂法으로 誘攝拯救하시며 見其憍恣하야는 示迹涅槃하사 留餘福教하야 以濟危苦하시니 故自頂至足하며 從生至死히 皆佛之蔭이라 斯之恩德을 何可報耶아 得人小恩에 常懷大報하나니 不知恩者는 多遭橫死라 故로 經

에 云, 假使頂戴經塵劫하며 身爲牀座徧三千이라도 若不傳法利衆生하면 畢竟無能報恩者라하니라 故唯自利利人하야 如說修行이 爲報佛恩耳니라

■ '부처님과 보살에게 능히 은덕 알기를(제88원)'은 모든 부처님과 보살이 처음 발심함으로부터 널리 중생을 인연하여 어려운 행과 괴로운 행을 하여 자신을 돌아보지 않으시고 육도(六途)에 형상을 드리우시며, 중생을 따라다니되 그 악업 지음을 보면 마치 사지(四肢)의 몸을 나누는 것과 같이 하시며, 정각(正覺)을 이룸에 도달했을 적에 그 뛰어난 덕을 숨겨서 빈궁하게 법을 즐기는 것으로 유인하여 섭수하고 건져내 구제하시며, 그 교만함과 방자함을 보고는 자취가 열반함을 보이셔서 남은 복과 가르침을 남겨서 위급함과 괴로움에서 구제하시니, 그러므로 머리에서 발끝에 이르고 태어나서 죽을 때까지 모두 부처님의 음덕인 것이다. 이런 은혜와 공덕을 어찌 보답할 수 있겠는가? 사람을 얻는 작은 은혜에 항상 크게 보답을 생각할 것이니 은혜를 모르는 이는 대부분 횡사(橫死)함을 만나는 것이다. 그러므로『반야경』(대지도론)에 이르되, "가사 부처님을 머리에 이고 수없는 세월 지내며 몸이 의자가 되어 삼천세계를 두루 하여도 만약 불법을 전하여 중생을 제도하지 못하면 끝내 부처님의 은혜는 갚을 수 없네"라고 하였다. 그러므로 오직 자리행과 이타행을 하여 말한 바와 같이 수행함이 부처님 은덕에 보답함이 되리라.

[鈔] 諸佛菩薩下는 文中有三하니 初, 列十恩이오 二, 結成恩重이오 三者, 引證이라 初十恩者는 一, 發心普被恩이오 二, 難行苦行恩이니 猶如慈母가 嚥苦吐甘하야 捨頭目髓腦와 國城妻子하며 剜身千燈하고 投

形餓虎하며 香城에 粉骨하고 雪嶺에 亡軀인 如是等事가 皆爲衆生이니라 三, 不顧自身者는 一向爲他恩이니 曾無一念自爲於己가 猶如慈母가 但令子樂하야 自殺不辭라 經에 云, 菩薩所修功德行은 不爲自己와 及他人이오 但以最上智慧心으로 利益衆生故로 廻向이라하니라 四, 垂形六道恩이니 謂已證滅道하야 應受無爲寂滅之樂이라도 而垂形六道하고 徧入三塗하야 長劫救物호대 入於地獄하야 以身으로 救贖一切衆生이니라 五, 隨逐衆生恩이라 上辨橫徧六道오 今約長劫不捨니 如子見父에 視父而已오 無出離心하야 如來隨之를 如犢逐母하야 備將萬行하야 隨逐救攝이라 如須彌音과 遍淨天王이 得隨諸衆生하야 永流轉生死海解脫門이니라 六, 見其造惡에 如割支體니 卽大悲深重恩이라 故로 善財童子가 謂無憂德神云하시되 聖者야 譬如有人이 唯有一子하야 愛念情至러니 忽見被人割截支體하면 其心痛切하야 不能自安하야 菩薩摩訶薩도 亦復如是하야 見諸衆生이 造煩惱業하야 墮三惡趣하야 受種種苦하면 心大憂惱하며 若見衆生이 起身語意인 三種善業하야 生人天趣하야 受身心樂하면 菩薩爾時에 生大歡喜라하나니 今略擧悲深에 喜亦深故니라

- 諸佛菩薩 아래는 경문에 셋이 있으니 a. 열 가지 은혜를 나열함이요, b. 은혜가 무거움을 결론함이요, c. 인용하여 증명함이다. a.의 열 가지 은혜는 (1) 발심하고 널리 가피한 은혜 (2) 어려운 고행을 수행한 은혜이니 마치 인자한 어머니가 쓴 것을 삼키고 단 것을 뱉어 먹이시는 은혜와 같아서 머리와 눈, 골수와 국성, 처자를 버리며, 몸을 깎아서 천 개의 등불을 만들고, 아귀나 호랑이에게 몸을 던지며, 향성에서 뼈를 분골(粉骨)하시고26) 설산고개에서 법을 위하여 몸을 잊어

---

26) 부처님께서 향성(香城)에서 반야경을 설하실 때 상제보살(常啼菩薩)은 그 부처님의 법문을 듣고 깨달음을 얻고서, 너무도 부처님의 법문이 감사하고 고마워서 무엇으로 공양(供養)을 올리고 싶은데 아무것도 가진 것이

버린 이런 따위의 일이 모두 중생을 위한 것이다. (3) '자신을 돌아보지 않음'이란 한결같이 남을 위한 은혜이니 일찍이 한 생각도 자신을 위함이 하나도 없는 것이 마치 인자한 어머니가 단지 아들을 즐겁게 하려고 스스로 죽음도 마다하지 않음과 같다. 경문에 이르되, "보살이 닦은 공덕행은 자기나 다른 이를 위하지 않고 다만 가장 뛰어난 지혜로운 마음으로 중생을 이익하려 회향합니다"[27]라고 하였다. (4) 육도에 형상을 드리운 은혜이니 말하자면 이미 열반의 도를 증득하여 응당 함이 없는 적멸의 즐거움을 받아야 함에도 육도에 형상을 드리우고 삼악도에 두루 들어가서 오랜 세월 중생을 구제하되, 지옥에 들어가서 몸으로 일체 중생을 구제하여 속죄함이다. (5) 중생을 따라다니는 은혜이다. 위에서는 가로로 육도에 두루 함을 밝혔고, 지금은 오랜 세월 버리지 않음을 잡았으니 마치 아들이 아비를 볼 적에 아버지라 볼 뿐이요, 벗어나 여의려는 마음이 없어서 여래가 그를 따르기를 마치 어미 소 따르는 송아지 같아서 장차 만 가지 행을 갖추고 따라다니며 구제하고 섭수함과 같다. 마치 수미음(須彌音)과 변정천왕이 모든 중생을 따라서 영원히 생사의 바다를 유전하는 해탈문을 얻음과 같다. (6) '그 악업을 짓는 것을 볼 적에 사자의 몸을 베는 것과 같이 함'은 곧 대비가 깊고 무거운 은혜이다. 그러므로 선재동자가 무우덕신(無憂德神)에게 말하기를,[28] "거룩하신 이여, 비유하면

없었다. 그래서 공양을 올리지 못한 그 한이 사무쳐 있을 때에 마치 성 안의 어떤 부자가 병을 얻었는데 '산 사람의 뼛골 속에서 뽑은 골수(骨髓)를 넣어서 만든 약을 지어 먹어야만 그 병이 나을 수가 있다. 그래서 누구든지 그 골수를 가져온 사람에게는 많은 돈을 주겠다.' 이런 광고를 했다. 마침 상제보살이 그 광고를 보고서 자기의 골(骨)을 빼 가지고 그 골을 두들겨서 골 속에 들어 있는 골수를 팔았다. 그 장자에게 팔아서 돈을 구해서 꽃과 향을 사서 부처님께 공양을 올렸으니, 이것이 바로 분골쇄신(粉骨碎身)이니, 이것이 바로 법을 위해서 몸뚱이를 잃어버리는 위법망구(爲法忘軀)의 신심이다.

[27] 十廻向品 제9 무착무박해탈회향의 게송에 운, "所修一切諸功德이 不爲自己及他人이라 恒以最上信解心으로 利益衆生故廻向이로다."
[28] 제39 입법계품의 열 번째 선지식인 釋女瞿波主夜神條에 나온다.

어떤 사람이 지극히 사랑하는 외아들이 있는데, 다른 사람이 아들의 몸을 할퀴고 찢는 것을 보면 아픈 가슴을 참을 수 없습니다. 보살마하살도 그와 같아서, 중생들이 번뇌로 업을 짓고 삼악도(三惡道)에 떨어져 모든 고통을 받는 것을 보면 근심하고 걱정할 것이며, 만일 중생들이 몸과 말과 뜻으로 세 가지 착한 업을 짓고 천상에나 인간에 나서 쾌락을 받는 것을 보면 보살이 매우 즐거워할 것입니다"라고 하였으니 지금은 대비심이 깊을 적에 기쁨도 역시 깊음을 간략히 거론한 것이다.

七, 迄成正覺으로 隱其勝德者는 卽隱勝彰劣恩이니 十蓮華藏塵數之相과 海滴難稱無盡之德을 並隱不彰이라 但云百劫에 修成三十二相하시고 三十四心으로 斷見修惑하며 五分法身이 覺樹初圓이 如老比丘하며 同五羅漢이라 故로 法華中에 脫珍御服하고 着弊垢衣하고 執除糞器하야 往到子所라하니라 八, 以貧所樂法誘攝拯救는 卽隱實施權恩이니 圓頓一乘을 隱而不說하시고 乃以三乘人天小法으로 敎化衆生이라 此上二句는 卽淨名經第三香積品中에 彼諸菩薩이 問維摩詰호대 今世尊釋迦牟尼가 以何說法이닛고 維摩詰言하시되 此土衆生은 剛强難化일새 故佛爲說剛强之語하니 以調伏之하면 言是地獄이며 是畜生이며 是餓鬼며 是諸難處며 是愚人生處[29]며 是身邪行이며 是身邪行報等이라하니라 乃至云, 如是剛强難化衆生일새 故以一切苦切之言으로 乃可入律하야늘 彼諸菩薩이 聞說是已에 皆日未曾有也로다 如世尊釋迦牟尼佛이 隱其無量自在之力하시고 乃以貧所樂法으로 度脫衆生하야 斯諸菩薩도 亦能勞謙하야 以無量大悲로 生是

---

29) 生處는 南金本作行.

佛土라하나니라

● (7) '정각을 이룸에 도달했을 적에 그 뛰어난 공덕을 감추는 것'은 곧 뛰어남을 숨기고 열등함을 드러낸 은혜이니 열 개의 연화장 티끌 수 양상과 바닷물 방울처럼 칭합하기 어려운 끝없는 공덕을 아울러 숨기고 드러내지 않은 것이다. 단지 말하되, "백겁토록 32가지 상호를 닦아 이루시고 34가지 마음으로 견혹과 수혹을 끊으며 5분 법신을 보리수에서 처음으로 원만함이 늙은 비구와 같으며, 다섯 아라한과 같다"라 하였다. 그러므로『법화경』에서 "임금의 옷과 보배를 벗고 더럽고 떨어진 옷을 입고서 거름 치는 그릇을 잡고서 아들이 있는 곳에 가서 이른 것이다"라고 한 것이다. (8) '빈궁하게 법을 즐기는 것으로 유인하여 섭수하고 건져내어 구제하심'은 곧 실법을 숨기고 방편을 베푸신 은혜이니 원교와 돈교의 일승을 숨기고 말씀하지 않고 바야흐로 삼승의 인천승과 소승법으로 중생을 교화하는 것이다. 이 위의 두 구절은 곧『유마경』제3권 향적불품 제10 중에서 "저 여러 보살이 유마힐에게 물었다. '지금 세존 석가모니께서는 무엇으로써 설법하십니까?' 유마힐이 말하였다. '이 국토의 중생은 굳세고 굳세어서 교화하기 어려운 까닭에 부처님도 그들을 위하여 굳세고 굳센 말로써 그들을 조복합니다. 말씀하되,「여기는 지옥이다. 여기는 축생이다. 여기는 아귀다. 여기는 살기 어려운 곳이다. 여기는 어리석은 사람이 사는 곳이다. 이것은 몸의 삿된 행이다. 이것은 몸의 삿된 행의 과보다.」나아가 말하되,「이처럼 굳세고 굳세어서 교화하기 어려운 중생이기 때문에 온갖 쓰고 절박한 말[一切苦切之言]이라야 겨우 정도(正道)에 들어갈 수 있습니다.」' 저 여러 보살이 이러한 말을 듣고 나서 모두 말하였다. '미증유로다. 저 세존 석가모니 부처님은 한량

없는 자재한 능력을 감추시고 뜻이 가난한 사람이 좋아하는 법[貧所樂法]으로써 중생을 제도하시며 이 모든 보살도 또한 능히 수행을 많이 하였으나 겸손하여 한량없는 큰 자비로 이 불토(佛土)에 태어났습니다' "라고 하였다.

九, 見其憍恣示跡涅槃者는 示滅生善恩이니 故로 法華經에 云, 若佛久住於世라도 薄福之人은 不種善根일새 貧窮下賤하고 貪着五欲하야 入於憶想妄見網中하나니 若見如來가 常住不滅하면 便起憍恣하야 而懷厭怠하고 不能生難遭之想과 恭敬之心이라 是故로 如來가 以方便說호대 比丘當知하라 諸佛出世가 難可値遇라하며 乃至云, 斯衆生等이 聞如是語하면 必當生於難遭之想하야 心懷戀慕하야 渴仰於佛일새 便種善根하시니라 四十七經에 有涅槃佛事하니 與此大同하니라 十, 留餘福教하야 以濟危苦者는 卽悲念無盡恩이니 謂世尊이 同人中壽하면 應壽百年이로대 留二十年福하야 以庇末法弟子하니라 大集月藏分第十卷에 云, 悲愍衆生故로 捨壽第三分하야 令我法海滿하야 洗浴諸天人하노니 假使毁禁戒라도 悉住不退地니라 若有摙打彼하면 卽爲打我身이오 若有罵辱者면 則爲毁辱我라하며 又云, 留白毫之福하야 以覆弟子라하니라 言留敎者는 卽三藏과 八藏으로 廣益衆生이니 依之修行하면 皆得成佛이오 形像塔廟와 乃至舍利에 一興供養하면 千返生天等이니라

故自頂至足下는 結成恩重이니라 得人下는 引經證成이라 共引三經이니 初卽涅槃第二十八이오 二, 不知恩者多遭橫死는 卽此經四十八隨好品이라 故經云下는 三, 引他經이니 先一偈는 具足經文이오 唯自利下는 取意引이라 彼亦一偈에 云, 唯有傳持正法藏하고 宣揚敎

理施群生하며 修習一念契眞如하면 卽是眞報如來者라하니 會意可知로다

- (9) '그 교만함과 방자함을 보고는 자취가 열반함을 보이신다'는 것은 열반을 보이고 선근을 생기게 하는 은혜이다. 그러므로『법화경』(여래수량품 제16)에 이르되, "만일 여래가 이 세상에 오래 머물 것을 말하면, 박덕한 사람들은 선근을 심지 않아 빈궁하고 하천하며, 오욕(五欲)을 탐착하여 생각하는 것들이 허망한 그물에 걸리게 될 것이며, 만일 여래께서 멸하지 않고 항상 계심을 보면 교만한 마음을 일으키어 싫증을 내고 게으름을 피워 만나기 어려운 생각과 공경하는 마음을 내지 아니하므로, 여래께서는 방편으로써 설하느니라. 비구들이여, 마땅히 알라. 여러 부처님께서 이 세상에 출현하심을 만나기는 매우 어려우니라." 나아가 말하되, "중생들이 이 말을 듣고 부처님 만나기가 어렵다는 생각을 내어, 마음에 연모하는 생각을 품고 부처님을 간절하게 그리워하여 곧 선근을 심으리라"라고 하였다. 본경 제47권에 열반불사(涅槃佛事)가 있으니 이 내용과 거의 같다. (10) '남은 복과 가르침을 남겨서 위급함과 괴로움에서 구제함'이란 곧 대비로 염려하심이 끝없는 은혜이다. 말하자면 세존이 사람 중의 수명과 같이하셨다면 응당히 100년의 수명이지만 20년의 복을 남기셔서 말법시대 제자들에게 덮어 주셨다.『대집경(大集經)』월장분(月藏分) 제10권(法滅盡品)에 이르되, "또 중생을 가엾이 여기므로 목숨의 3분(分)을 버리고서 나의 법 바다를 가득히 하여 모든 하늘·사람을 씻어 주노라. / 설령 금계(禁戒)를 범하였더라도 죄다 물러나지 않는 자리에 머물러야 하네. / 또 그들을 구타하는 것도 나의 몸을 구타하는 것이고 그들을 모욕(侮辱)하는 것도 곧 나를 모욕하는 것이다"라고

하였으며, 또 이르되, "흰 터럭의 복을 남겨서 제자들을 덮어 주리라"
라고 하였다. '가르침을 남긴다'고 말한 것은 곧 삼장(三藏)과 팔장
(八藏)으로 널리 중생을 이익함이니, '이를 의지하여 수행하면 모두 성
불함을 얻을 것이요, 형상과 탑묘와 나아가 사리에 한 번 공양하기
만 하면 천 번이라도 돌아와 천상에 태어나게 된다'는 등이다.

b. 故自頂至足 아래는 은혜가 무거움을 결론함이다. c. 得人 아래
는 경을 인용하여 증명함이다. 세 경전을 함께 인용함이니 ㈀은 『열
반경』 제28권이요, ㈁ '은혜를 모르는 이는 대부분 횡사(橫死)함을 만
남'은 곧 본경 제48권 여래수호광명공덕품 제35의 내용[30]이다. ㈂
故經云 아래는 다른 경전을 인용함이니 먼저 한 게송은 경문을 갖춤
이요, 唯自利 아래는 의미를 취하여 인용함이다. 저에도 또한 한 게
송에 이르되, "오직 정법의 창고만을 전하여 간직하고 교리를 선양하
여 중생에게 베풀며 한 생각을 수습하여 진여와 계합하면 이것이 바
로 진정으로 여래에 보답하는 것이니라"라고 하였으니 의미를 모으
면 알 수 있으리라.

(ㄹ) 사문과 바라문, 갑옷 입은 사람을 볼 때[見沙門婆羅門等]
(沙門 36下1)

90　若見沙門인댄 當願衆生이 調柔寂靜하여 畢竟第一하며

---

30) 제35 여래수호광명공덕품에 云, "諸天子야 汝等은 應當知恩報恩이니 諸天子야 其有衆生이 不知報恩이면 多
遭橫死하야 生於地獄이니라 諸天子야 汝等이 昔在地獄之中이라 蒙光照身하야 捨彼生此하니 汝等은 今
者에 宜疾廻向하야 增長善根이니라 諸天子야 如我天鼓가 非男非女로대 而能出生無量無邊不思議事인달
하야 汝天子天女도 亦復如是하야 非男非女로대 而能受用種種上妙宮殿園林이니라 如我天鼓가 不生不滅
인달하야 色受想行識도 亦復如是하야 不生不滅이니 汝等이 若能於此에 悟解하면 應知則入無依印三昧니
라."

만약 사문을 볼 때에는
마땅히 중생이 순조롭고 부드럽고 고요해서
필경에 제일이 되기를 원할지어다.

91 見婆羅門에 當願衆生이 永持梵行하여 離一切惡하며
바라문을 볼 때에는
마땅히 중생이 길이 범행을 지녀서
모든 악 떠나기를 원할지어다.

92 見苦行人에 當願衆生이 依於苦行하여 至究竟處하며
고행하는 사람을 볼 때에는
마땅히 중생이 고행을 의지해서
구경의 곳에 이르기를 원할지어다.

93 見操行人에 當願衆生이 堅持志行하여 不捨佛道하며
조행이 있는 사람을 볼 때에는
마땅히 중생이 뜻있는 행을 굳게 가져서
불도 버리지 않기를 원할지어다.

94 見著甲胄에 當願衆生이 常服善鎧하고 趣無師法하며
갑옷 입은 사람을 볼 때에는
마땅히 중생이 항상 선행의 갑옷을 입고
스승 없는 법에 나아가기를 원할지어다.

[疏] 沙門은 此云止息이니 畢竟止息이 唯大涅槃이라 世之甲冑는 隨於師旅오 進忍甲冑는 趣於無師라

■ '사문(제90원)'은 그치고 쉼이라 반역하나니 그치고 쉼의 마지막은 오직 대열반뿐이다. '세상의 갑옷(제94원)'은 스승의 무리를 따름이요, 정진과 인욕의 갑옷은 스승 없음에 나아감이다.

㈁ 바른 직업 가진 사람 등을 볼 때[見正命人等] (能離 36下10)

95 見無鎧仗에 當願衆生이 永離一切 不善之業하며
갑옷을 입지 않은 사람을 볼 때에는
마땅히 중생이 온갖 착하지 못한 업을
길이 떠나기를 원할지어다.

96 見論議人에 當願衆生이 於諸議論에 悉能摧伏하며
논의하는 사람을 볼 때에는
마땅히 중생이 모든 의논에 다 능히
꺾어 항복받기를 원할지어다.

97 見正命人에 當願衆生이 得淸淨命하여 不矯威儀하며
바르게 사는 사람을 볼 때에는
마땅히 중생이 청정한 목숨을 얻어서
거짓 위의를 차리지 않기를 원할지어다.

[疏] 能離五邪가 方爲正命이니 謂一, 詐現奇特이오 二, 自說功德이오 三,

占相吉凶이오 四, 高聲現威하야 令他敬畏오 五, 爲他說法하야 行此
五事니 若爲利養하면 皆邪命也니라 第三句는 通願離五오 第四句는
但離初一이라

■ 능히 다섯 가지 삿됨을 여의어야 비로소 바른 직업이 되나니, 이른바
(1) 기특한 모양을 거짓으로 나타냄이요, (2) 스스로 공덕 있음을 말
함이요, (3) 모양으로 길하고 흉함을 점침이요, (4) 큰 소리로 위세
를 떨쳐서 다른 이가 공경하고 두렵게 함이요, (5) 다른 이를 위해 법
을 말하여 이런 다섯 가지 일을 행함이니 만일 이양(移讓)을 위한다면
모두가 삿된 직업이 된다. 셋째 구절[得淸淨命]은 다섯 가지 여의기를
통틀어 원함이요, 넷째 구절[不矯威儀]은 단지 (1) 하나만 여읨이다.

[鈔] 能離五邪者는 卽智論二十二니 其第五는 名稱說所得供養하야 以
動人心이라 前四는 全[31]同하니라

● '능히 다섯 가지 삿됨을 여읨'이란 곧 『대지도론』제22권이니 그 다섯
째는 이름과 실법이 칭합하여 얻은 공양하여 사람의 마음을 움직이
는 것이다. 앞의 네 가지는 완전히 같다.

㈏ 왕과 왕자, 장자, 대신을 볼 때[見於王王子長者等] (明斷 37上10)

98　若見於王인댄 當願衆生이 得爲法王하여 恒轉正法하며
　　만약 왕을 볼 때에는
　　마땅히 중생이 법왕이 되어서
　　항상 정법 굴리기를 원할지어다.

---

31) 全은 甲續金本作前. 鎧 갑옷 개. 仗 무기 장. 矯 바로잡을 교. 輳 모일 주.

99 若見王子인댄 當願衆生이 從法化生하여 而爲佛子하며
만약 왕자를 볼 때에는
마땅히 중생이 법으로부터 화생해서
불자가 되기를 원할지어다.

100 若見長者인댄 當願衆生이 善能明斷하여 不行惡法하며
만약 장자를 볼 때에는
마땅히 중생이 선을 능히 밝게 판단해서
악법 행하지 않기를 원할지어다.

101 若見大臣인댄 當願衆生이 恒守正念하여 習行衆善이니라
만약 대신을 볼 때에는
마땅히 중생이 항상 바른 생각을 지켜서
온갖 선을 익히고 행하기를 원할지어다.

[疏] 明斷에 方稱長者오 守王正法을 始日大臣이라
■ 판단함이 분명하면 비로소(제100원) 장자(長者)라 부르며, 왕의 바른 법 지키는 이를 비로소 대신(大臣)이라 이름한다는 뜻이다.

ㅅ. 성에 도달하여 걸식할 때의 22가지 발원[到城乞食時有二十二願] 5.
ㄱ) 성곽이나 왕도를 볼 때[見城郭王都等] (第七 37下4)

102 若見城郭인댄 當願衆生이 得堅固身하여 心無所屈하며
만약 성곽을 볼 때에는

마땅히 중생이 견고한 몸을 얻어서
　　　마음에 굽히는 것이 없기를 원할지어다.

103　若見王都인댄 當願衆生이 功德共聚하여 心恒喜樂하며
　　　만약 왕의 도성을 볼 때에는
　　　마땅히 중생이 공덕을 함께 모아서
　　　마음에 항상 기뻐하고 즐기기를 원할지어다.

104　見處林藪인댄 當願衆生이 應爲天人 之所歎仰하며
　　　숲속에 있음을 볼 때에는
　　　마땅히 중생이 응당히 하늘이나 사람이
　　　우러러 찬탄하는 바가 되기를 원할지어다.

[疏] 第七, 若見城郭下二十二願은 到城乞食時願이라 初三은 總處니 王都는 則賢達輻輳오 林藪는 則衆德攸歸오

■　ㅅ. 若見城郭 아래 22가지 발원은 성에 도달하여 걸식할 때 하는 발원이다. ㄱ) 세 게송은 총합적인 장소이니, 왕의 도성은 현명한 사람과 성공한 사람이 모이는 곳이요, 숲속[林藪]은 많은 덕이 돌아갈 바의 곳이다.

ㄴ) 마을에 들어가 탁발할 때[入里乞食等] (次三 37下9)

105　入里乞食에 當願衆生이 入深法界하여 心無障礙하며
　　　마을에 들어가서 걸식할 때에는

마땅히 중생이 깊은 법계에 들어가서
　　마음에 장애가 없기를 원할지어다.

106　到人門戶에 當願衆生이 入於一切 佛法之門하며
　　남의 문 앞에 이르렀을 때에는
　　마땅히 중생이 모든 불법의 문에
　　들어가기를 원할지어다.

107　入其家已에 當願衆生이 得入佛乘하여 三世平等하며
　　그 집에 들어가고 나서는
　　마땅히 중생이 불승에 들어가서
　　삼세가 평등하기를 원할지어다.

[疏] 次三은 入家니 未入이면 則諸家差別이오 入已에 唯一無多니 如入佛乘에 無二三也라

■ ㄴ) 세 게송은 마을에 들어가 발원함이니, 들어가지 않으면 모든 집이 차별될 것이요, 들어가서는 오직 하나뿐이요, 여럿은 없음이니, 마치 일불승에 들어가면 이승과 삼승은 없는 것과 같다.

ㄷ) 버리지 못하는 사람, 가득 찬 발우 등을 볼 때[見不捨人見滿鉢等]
　　　　　　　　　　　　　　　(次八 38上9)

108　見不捨人에 當願衆生이 常不捨離 勝功德法하며

버리지 못하는 사람을 볼 때에는
마땅히 중생이 항상 훌륭한 공덕의 법을
버리지 않기를 원할지어다.

109 見能捨人에 當願衆生이 永得捨離 三惡道苦하며
능히 버리는 사람을 볼 때에는
마땅히 중생이 삼악도의 고통을
길이 버리기를 원할지어다.

110 若見空鉢인댄 當願衆生이 其心淸淨하여 空無煩惱하며
만약 빈 발우를 볼 때에는
마땅히 중생이 그 마음이 청정하여
텅 비어서 번뇌가 없기를 원할지어다.

111 若見滿鉢인댄 當願衆生이 具足成滿 一切善法하며
만약 가득 찬 발우를 볼 때에는
마땅히 중생이 온갖 선법을 구족하여
가득하기를 원할지어다.

112 若得恭敬인댄 當願衆生이 恭敬修行 一切佛法하며
만약 공경을 받을 때에는
마땅히 중생이 모든 불법을
공경히 수행하기를 원할지어다.

113　不得恭敬에 當願衆生이 不行一切 不善之法하며
　　공경을 받지 못할 때에는
　　마땅히 중생이 모든 착하지 못한 법을
　　행하지 않기를 원할지어다.

114　見慚恥人에 當願衆生이 具慚恥行하여 藏護諸根하며
　　부끄러워하는 사람을 볼 때에는
　　마땅히 중생이 부끄러워하는 행을 갖추어서
　　모든 근을 감추고 보호하기를 원할지어다.

115　見無慚恥에 當願衆生이 捨離無慚하고 住大慈道하며
　　부끄러워함이 없는 사람을 볼 때에는
　　마땅히 중생이 부끄러워함이 없음을 떠나고
　　큰 자비의 길에 머물기를 원할지어다.

[疏] 次八은 乞食得不오
■ ㄷ) 여덟 게송은 (버리지 못하는 사람, 가득 찬 발우 등을 볼 때이니) 걸식을 얻고서 아직 먹지 않을 때의 발원이요,

ㄹ) 좋은 음식, 거친 음식 얻을 때, 밥 먹을 때[得美食得麤澁食等]

(次七 38下7)

116　若得美食인댄 當願衆生이 滿足其願하여 心無羨欲하며

제11. 淨行品　129

만약 좋은 음식을 얻거든
　　　마땅히 중생이 그 원을 만족해서
　　　마음에 하고자 함이 없기를 원할지어다.

117　得不美食에 當願衆生이 莫不獲得 諸三昧味하며
　　　좋지 못한 음식을 얻었을 때에는
　　　마땅히 중생이 모든 삼매의 맛을
　　　다 얻기를 원할지어다.

118　得柔軟食에 當願衆生이 大悲所熏으로 心意柔軟하며
　　　부드러운 음식을 얻었을 때에는
　　　마땅히 중생이 큰 자비로써 훈습하여
　　　마음이 유연하기를 원할지어다.

119　得麤澁食에 當願衆生이 心無染着하여 絶世貪愛하며
　　　거친 음식을 얻었을 때에는
　　　마땅히 중생이 마음에 물들고 집착함이 없어서
　　　세속의 탐애 끊기를 원할지어다.

120　若飯食時인댄 當願衆生이 禪悅爲食하여 法喜充滿하며
　　　만약 밥을 먹을 때에는
　　　마땅히 중생이 선열로써 밥을 삼아서
　　　법희가 충만하기를 원할지어다.

121 若受味時인댄 當願衆生이 得佛上味하여 甘露滿足하며
만약 맛을 볼 때에는
　마땅히 중생이 부처님의 상품의 맛을 얻어서
　감로가 만족하기를 원할지어다.

122 飯食已訖에 當願衆生이 所作皆辦하여 具諸佛法32)하며
밥을 다 먹고 나서는
　마땅히 중생이 하는 일을 다 마치고
　모든 불법을 구족하기를 원할지어다.

[疏] 次七은 得食正食이오
■ ㄹ) 일곱 게송은 (좋은 음식, 거친 음식 얻을 때, 밥 먹을 때의 발원이니) 음식을 얻고서 바로 먹을 때의 발원이다.

ㅁ) 설법할 때의 발원[說法時] (後一 38下9)

123 若說法時인댄 當願衆生이 得無盡辯하여 廣宣法要니라
만약 법을 설할 때에는
　마땅히 중생이 다함이 없는 변재를 얻어서
　법요를 널리 베풀기를 원할지어다.

[疏] 後一은 食訖說法이니 亦爲報施主之恩也라 其中에 云藏護諸根者는 瑜伽에 名善守根門이라하며 淨名에 云, 所見色이 與盲等이라하며 乃

---

32) 皆辦은 他本作皆辨. 澁 떫을 삽, 거칠 삽.

至云知諸法如幻相이 是也니라

■ ㅁ) 한 게송은 식사 후에 설법할 때의 발원이니 또한 시주자의 은혜에 보답하기 위함이기도 하다. 그중에 '모든 근을 감추고 보호하기를(제114원)'이라 말한 것은 『유가론』에 '육근의 문을 잘 지킨다'고 하였으며, 『유마경』(제3 제자품)에 이르되, "보는 사물에는 눈먼 사람과 같이 하는 등"이라 하였으며, 나아가 '모든 법을 알지만 환상과 같이 여긴다'는 것이 그것이다.

[鈔] 瑜伽名善守根門者는 卽第二十三論에 云, 云何根律儀오 謂如有一能善安住하야 密護根門하야 防守正念이라하며 乃至廣說호대 云何名爲密護根門고 謂防守正念하고 常委正念하며 乃至防護意根하며 及正修行意根律儀等이라하니라 淨名云所見色等者는 卽迦葉章이니 令迦葉으로 以空聚想하야 入於聚落이니 所見色이 與盲等하며 所聞聲이 與響等하며 所嗅香이 與風等하며 所食味가 不分別하며 受諸觸이 如智證하며 知諸法이 如幻相하며 無自性하며 無他性하며 本自不然이니 今則無滅等이라하니라 是故로 藏護諸根하야 則不犯塵境하면 成六自在王이어니 豈爲六賊의 所劫奪耶아

● 『유가론』에 '육근의 문을 잘 지킨다'고 말한 것은 곧 제23권이니 논에 이르되, "무엇을 '감관의 율의[根律儀]'라고 하는가? 말하자면 어떠한 사람이 편안하게 잘 머무르고 감관 문을 은밀하게 보호하며, 바른 기억을 막고 지킨다"라고 하며 나아가 자세히 설명하되, "어떻게 감관 문을 은밀하게 보호[密護根門]하는가? 이른바 바른 기억을 막고 지키어 언제나 바른 기억을 자세하게 하며, 내지 의근(意根)을 막고 보호하여 바르게 의근의 율의를 닦고 행하나니 (이와 같은 것을 감관의 문을

은밀하게 보호한다고 말한다.)" 등으로 말하였다. 『유마경』에 이르되, 보는 사물에는 눈먼 사람과 같이 하는' 등이란 곧 (제자품의) 가섭장(迦葉章)이니 "가섭으로 하여금 텅 빈 마을이란 생각으로 마을에 들어가게 하였으니, 보는 사물에는 눈먼 사람과 같이 하고, 듣는 소리에는 메아리와 같이 여깁니다. 맡는 향기는 바람과 같이 여기고, 먹는 음식의 맛은 분별하지 아니합니다. 모든 감촉을 받아들이지만 지혜로 아는 것과 같이 하고, 모든 법을 알지만 환상과 같이 여겨야 합니다. 자체 성품도 없으며 다른 이의 성품도 없으니, 본래 저절로 그러한 것이 아니지만 지금은 곧 없어진 것도 없습니다" 등이라고 하였다. 이런 연고로 모든 근을 감추고 보호하여 육진(六塵) 경계를 범하지 않으면 '여섯 가지 자재한 왕[六自在王]'이 될 것인데 어찌 여섯 가지 번뇌에 겁내거나 빼앗기겠는가?

○. 돌아와서 씻고 목욕할 때의 다섯 가지 발원[還歸洗浴時有五願]

(第八 39下7)

124　從舍出時에 當願衆生이 深入佛智하여 永出三界하며
　　집에서 나갈 때에는
　　마땅히 중생이 부처님 지혜에 깊이 들어가서
　　삼계를 길이 벗어나기를 원할지어다.

125　若入水時인댄 當願衆生이 入一切智하여 知三世等하며
　　만약 물에 들어갈 때에는
　　마땅히 중생이 온갖 지혜에 들어가서

삼세가 평등함을 알기를 원할지어다.

126 洗浴身體에 當願衆生이 身心無垢하여 內外光潔하며
몸을 씻을 때에는
마땅히 중생이 몸과 마음에 때가 없어서
안팎이 빛나고 깨끗하기를 원할지어다.

127 盛暑炎毒에 當願衆生이 捨離衆惱하여 一切皆盡하며
무더운 여름 지극히 더울 때에는
마땅히 중생이 온갖 번뇌를 떠나서
모두 다 다하기를 원할지어다.

128 暑退凉初에 當願衆生이 證無上法하여 究竟淸凉이니라
더움이 물러가고 서늘함이 올 때에는
마땅히 중생이 위없는 법을 증득해서
구경에 청량하기를 원할지어다.

[疏] 第八, 從舍出下는 還歸洗浴과 時節炎凉이라 五願은 可知로다
■ ㅇ. 從舍出 아래는 돌아와서 씻고 목욕할 때 덥고 시원할 때의 다섯 가지 발원은 알 수 있으리라.

ㅈ. 독경하고 좌선하거나 예불할 때의 열 가지 발원[習誦禪禮時有十願]
(第九 40上7)

129 諷誦經時에 當願衆生이 順佛所說하여 總持不忘하며
　　　경을 읽을 때에는
　　　마땅히 중생이 부처님의 설하신 바를 따라서
　　　모두 가져 잊어버리지 않기를 원할지어다.

130 若得見佛인댄 當願衆生이 得無礙眼하여 見一切佛하며
　　　만약 부처님을 볼 때에는
　　　마땅히 중생이 걸림이 없는 눈을 얻어서
　　　모든 부처님 보기를 원할지어다.

131 諦觀佛時에 當願衆生이 皆如普賢의 端正嚴好하며
　　　부처님을 자세히 살펴볼 때에는
　　　마땅히 중생이 모두 보현보살과 같이
　　　단정하고 엄숙하기를 원할지어다.

132 見佛塔時에 當願衆生이 尊重如塔하여 受天人供하며
　　　부처님의 탑을 볼 때에는
　　　마땅히 중생이 탑과 같이 존중해서
　　　하늘과 사람의 공양받기를 원할지어다.

133 敬心觀塔에 當願衆生이 諸天及人의 所共瞻仰하며
　　　공경하는 마음으로 탑을 볼 때에는
　　　마땅히 중생이 모든 하늘과 사람들의
　　　함께 우러러보는 바가 되기를 원할지어다.

134 頂禮於塔에 當願衆生이 一切天人이 無能見頂하며
탑에 정례할 때에는
마땅히 중생이 모든 하늘과 사람들이
이마를 볼 수 없기를 원할지어다.

135 右遶於塔에 當願衆生이 所行無逆하여 成一切智하며
탑을 오른쪽으로 돌 때에는
마땅히 중생이 행동이 거슬림이 없어서
온갖 지혜 이루기를 원할지어다.

136 遶塔三帀에 當願衆生이 勤求佛道하여 心無懈歇하며
탑을 세 바퀴 돌 때에는
마땅히 중생이 부처님의 도를 부지런히 구해서
마음에 게으르고 쉼이 없기를 원할지어다.

137 讚佛功德에 當願衆生이 衆德悉具하여 稱歎無盡하며
부처님의 공덕을 찬탄할 때에는
마땅히 중생이 온갖 덕을 다 갖추어서
끝없이 찬탄하기를 원할지어다.

138 讚佛相好에 當願衆生이 成就佛身하여 證無相法이니라
부처님의 상호를 찬탄할 때에는
마땅히 중생이 부처의 몸을 성취해서
형상 없는 법 증득하기를 원할지어다.

[疏] 第九, 諷誦下는 習誦旋禮時에 有十願이라 右者는 順義라 故普耀經 第二에 亦云菩薩降神에 趣右脇者는 所行無逆故라하니라 佛功德者는 謂如來十力等이니라

ㅈ. 諷誦 아래는 암송하고 좌선하거나 예불할 때의 열 가지 발원이다. '오른쪽으로' 도는 것(제135원)은 수순하는 뜻이다. 그러므로『보요경(普耀經)』제2권에 또한 말하되, "보살이 몸을 내려올 적에 오른 옆구리로 나아감은 행하는 바가 거스름이 없기 때문이다"라고 하였다. '부처님의 공덕(제137원)'이란 여래의 열 가지 능력 등을 말한다.

ㅊ. 자고 일어나거나 휴식할 때의 세 가지 발원[寤寐安息時有三願]

(第十 40下3)

139 若洗足時인댄 當願衆生이 具足神力하여 所行無礙하며
만약 발을 씻을 때에는
마땅히 중생이 신통한 힘을 구족해서
행이 걸림이 없기를 원할지어다.

140 以時寢息에 當願衆生이 身得安隱하고 心無動亂하며
잠자고 쉴 때에는
마땅히 중생이 몸이 편안함을 얻어서
 마음에 움직이고 어지러움이 없기를 원할지어다.

141 睡眠始寤에 當願衆生이 一切智覺하여 周顧十方이니라
잠자다가 막 깨었을 때에는

마땅히 중생이 모든 지혜를 깨달아서
시방을 두루 살피기를 원할지어다.

[疏] 第十, 若洗是下는 寤寐安息時三願이라 一切智覺者는 非唯三世齊明이라 抑亦十方洞曉라 一日에 始終旣爾오 餘時도 類然이니라

■ 츠. 若洗是 아래는 자고 일어나거나 휴식할 때의 세 가지 발원이다. '모든 지혜를 깨달아서(제141원)'는 오로지 삼세를 똑같이 설명할 뿐만 아니라 또한 시방을 훤하게 밝힘이니, 하루 종일 처음과 끝이 모두 그러하고 남은 시간도 유례하여 그렇게 한다는 뜻이다.

다. 이룬 이익을 총합하여 결론하다[總結成益] (第三 40下9)

佛子여 若諸菩薩이 如是用心하면 則獲一切勝妙功德하여 一切世間과 諸天魔梵과 沙門婆羅門과 乾闥婆阿修羅等과 及以一切聲聞緣覺의 所不能動이니라
불자여, 만약 모든 보살이 이와 같이 마음을 쓰면 온갖 훌륭하고 미묘한 공덕을 얻어서 모든 세간과 모든 하늘과 마와 범천과 사문과 바라문과 건달바와 아수라와 그리고 온갖 성문과 연각들이 능히 움직이지 못하리라.

[疏] 第三, 佛子若諸菩薩下는 結歎因所成益이라 若能如上하면 爲善用心이니 若此用心하면 則內德齊圓하야 外不能動이라 心游大智일새 故로 人天不能動이오 心冠大悲일새 故로 二乘不能動이라 不動有二하니 一, 修行時에 此等不能惑亂故오 二, 不希彼故니라

■ 다. 佛子若諸菩薩 아래는 원인으로 이룬 이익을 결론하고 찬탄함이다. 만일 능히 위와 같다면 마음을 잘 쓰는 것이 되나니, 만일 이렇게 마음을 쓰면 내부의 덕이 가지런하고 원만하며, 외부로 인해 능히 동요될 수가 없다. 마음으로 큰 지혜 위에 노닐므로 인간과 천상이 능히 움직일 수 없고, 마음에 대비로 모자를 쓰므로 이승이 능히 동요할 수도 없다. '움직이지 않음'에 둘이 있으니 (1) 수행할 때에 이런 등으로 능히 현혹하거나 산란하지 못하는 까닭이요, (2) 저 오래된 것을 희구(希求)하지 않는 것이다.

제11. 정행품(淨行品) 終

大方廣佛華嚴經 제14권
大方廣佛華嚴經疏鈔 제14권의 ② 藏字卷

제12 賢首品 ①

현수품은 '덕행과 작용을 갖추어 거두는[德用該收] 법문'이다. 여기서는 360여 개의 게송으로 발심과 그 뛰어난 능력에 대해 노래하는 게송이다. 그 주된 내용은 1. 믿음과 발심, 2. 그리고 수행 과정에서 얻어진 해인삼매, 3. 묘행삼매, 4. 인드라망삼매, 5. 손으로 만드는 각종 공양구의 삼매, 6. 여러 법문을 나타내는 삼매, 7. 사섭법의 삼매, 8. 세간과 함께하는 삼매 등이 설해진다. 경문에 이르되,

믿음은 도의 근본 공덕의 어머니라	信爲道元功德母라
온갖 모든 선법을 길렀으며	長養一切諸善法하며
의심의 그물 끊고 애착을 벗어나	斷除疑網出愛流하야
위없는 열반의 도 열어 보이네.	開示涅槃無上道니라
또 광명을 놓아 꽃으로 장엄하니	又放光明華莊嚴하니
가지가지 묘한 꽃이 모여 휘장이 되는지라	種種妙華集爲帳이라
널리 시방의 모든 국토에 흩어서	普散十方諸國土하야
일체 큰 덕 높은 이께 공양하나니라.	供養一切大德尊이니라

大方廣佛華嚴經疏鈔 제14권의 ② 藏字卷

第一章. 믿지 못하는 이를 믿게 하다[明未信令信] ③

제12. 현수보살이 게송으로 설하는 품[賢首品] ①

三. 덕행과 작용을 갖추어 거두다[德用該收] 4.

第一章. 明未信令信(제2회 後三品)三
　1. 正解理觀(問明品)二
　2. 隨緣願行(淨行品)
　3. 德用該收(賢首品)四
　　1. 來意
　　2. 釋名三
　　3. 宗趣
　　4. 釋文(총 359개 반 게송) 三

1. 文殊發起二
2. 賢首廣說二
　1. 總標擧
　2. 正顯意二
　　1. 分科
　　2. 隨釋三
　　　1. 四頌謙讚許說分二
　　　　1. 初一頌總明
　　　　2. 後三頌開章二
　　　　　1. 正釋經文
　　　　　2. 問答料揀二
　　　2. 三百四十六頌半正說勝德分五
　　　　1. 初五頌發心行相二
　　　　2. 次七頌略示勝能
　　　　3. 次五十頌半所具行位
　　　　4. 次二十三頌無方大用
　　　　5. 後七十九頌喩況玄旨
　　　3. 後九頌校量勸持分
3. 十方現證(閏字卷末丈)

一) 오게 된 뜻[來意] (初來 1上5)

[疏] 初, 來意者는 夫行不虛設이오 必有其德이니 旣解行圓妙에 必勝德難思니 收前行願하야 成信德用일새 故次來也니라 又前에 智首가 擧果徵因하고 文殊가 廣顯其因일새 略標其果云, 獲一切勝妙功德이라 하나니 故로 問賢首하사 令³³⁾廣斯言하니 是以偈初에 躡前起後하니라

- 一) 오게 된 뜻은 대저 수행은 헛되게 시설하지 않으며 반드시 덕행이 있어야 하나니, 이미 이해와 수행이 원만하고 미묘하다면 반드시 뛰어난 덕행은 사유하기 어려울 것이니, 앞의 행과 원을 거두어서 믿음의 덕과 작용을 성취하므로 다음에 온 것이다. 또한 앞에서 지수(智首)보살이 과덕을 들어 인행을 묻고, 문수보살이 그 인행을 자세히 밝혔으므로 간략히 그 과덕을 표방하여 말하되, "모든 승묘한 공덕을 얻는다"라고 하였다. 그러므로 현수보살에게 물어서 하여금 이 말씀을 자세히 밝히게 하였다. 이런 연고로 게송 처음에서 앞을 토대로 뒤를 시작한 것이다.

[鈔] 夫行不虛設者는 此有二來意하니 初, 對前行하야 以成今德이오 後, 又前智首下는 廣前所成之德일새 故次來也니라

- '대저 수행은 헛되게 시설하지 않음'은 여기에 두 가지 오게 된 뜻이 있으니 (1) 앞의 행법에 상대하여 지금의 덕행을 이룸이요, (2) 又前智首 아래는 앞에서 이룬 공덕을 넓히려는 연고로 다음에 온 것이다.

二) 명칭 해석[釋名] 3.

---

33) 令은 南續金本作今.

(一) 바로 해석하다[正釋名] (二釋 1下2)
(二) 육합석으로 해석하다[辨六釋] (賢卽)
(三) 비방을 해명하다[通妨難] (以當)

[疏] 二, 釋名者는 謂體性至順하야 調善曰賢이오 吉祥勝德이 超絶名首니 卽以此名菩薩로 演說此法이라 賢은 卽是首니 賢首之品이 以當賢位之初라 攝諸德故로 偏擧賢名이니라
- 二) 명칭 해석은 말하자면 체성이 지극히 순조로워 조화가 잘됨을 '현명하다'고 이름하고, 길상하고 승묘한 덕이 뛰어난 것을 '우두머리'라 이름하였으니, 곧 이런 이름의 보살로써 이 법을 연설하는 것이다. 현(賢)은 바로 우두머리이니 현수보살품이 삼현(三賢) 지위의 처음에 해당된다. 여러 공덕을 섭수하는 연고로 치우쳐 현(賢)이란 이름을 거론한 것이다.

三) 근본 가르침[宗趣] (三宗 1下5)

[疏] 三, 宗趣者는 於信門中에 成普賢行德하야 而自在莊嚴無方大用하야 建立衆生호대 通貫始終하며 該攝諸位로 以爲其宗이오 令起圓融信行하야 成位德用으로 而爲意趣니라
- 三) 근본 가르침이란 십신(十信)의 문 가운데 보현보살의 행덕을 이루어 자유롭게 장엄하고, '방소 없는 큰 작용[無方大用]'으로써 중생을 건립하되, 처음과 끝을 관통하며 여러 지위를 포함함으로 그 근본을 삼았고, 하여금 원융문(圓融門)의 신행을 시작하여 지위와 공덕의 작용을 이룸으로 그 의미와 가르침[意趣]을 삼은 것이다.

[鈔] 令起圓融等者는 天台智者가 依此一品하야 立圓頓止觀하나니 止觀
第一에 云, 此菩薩이 聞圓法起圓信하며 立圓行, 住圓位하며 以圓功
德으로 而自莊嚴하며 以圓力用으로 建立衆生이라하나니 今宗이 卽圓
法이라 意趣有五하니 一, 信이니 卽起圓信이오 二, 行이오 三, 位요 四,
德이오 五, 用이니 皆以上圓融으로 貫之라 彼釋聞圓法云호대 謂聞生
死가 卽法身이며 煩惱卽般若며 結業卽解脫이라 雖有三名이나 而無
三體오 雖是一體나 而立三名이라 是三이 卽一相이니 其實은 無有異
라 法身究竟이며 般若解脫도 亦究竟이오 般若가 淸淨하고 餘亦淸淨
하며 解脫이 自在오 餘亦自在니 聞一切法에 亦復如是니 是名聞圓法
이니라 云何起圓信고 信一切法이 卽空이며 卽假며 卽中이오 無一二三
이나 而一二三이니 無一二三은 是遮一二三이오 而一二三은 是照一
二三이오 無遮無照는 直入中道니 皆究竟淸淨自在라 聞深不怖하고
聞廣不疑하며 聞非深非廣하야도 意而有勇을 是名圓信이니라 云何行
圓行고 一向專求無上菩提하고 不餘趣向하며 三諦를 圓修하야 不爲
無邊所寂하고 不爲有邊所動하며 不動不寂하야 直入中道를 是名圓
行이라하니 其位德用之圓은 全引今經하니라 若自取當經聞圓인대 卽
聞上同時具足等十種玄門과 及依正無礙等하야 依此起信에 卽是圓
信이오 其圓行等은 並廣如前說이니 今此一品은 多廣圓德用耳니라

● '하여금 원융문의 신행을 시작함' 등은 천태지자(智者)스님이 이 한 품
에 의지하여 원돈지관문(圓頓止觀門)을 세웠다. 『마하지관(摩訶止觀)』
제1권에 이르되, "이 보살이 원교의 법을 듣고 원교의 믿음을 일으키
며, 원교의 행법을 세우고, 원교의 지위에 머무르며, 원교의 공덕으로
스스로 장엄하며, 원교의 세력과 작용으로 중생을 건립한다"라 하였
으니 지금 종지[화엄종]가 곧 원교의 법인 것이다. 의취(意趣)에 다섯이

있으니 (1) 믿음이니 곧 원교의 믿음을 일으킴이요, (2) 행함이요, (3) 지위요, (4) 공덕이요, (5) 작용이다. 모두 위의 원융문으로 관통한다. 저기서 원교의 법을 해석하여 말하되, 말하자면 생사가 곧 법신이며 번뇌가 곧 반야이며, 업을 맺음이 곧 해탈이라고 들었다. 비록 세 가지 명칭이 있으니 세 가지 체성이 있는 것은 아니요, 비록 체성은 하나지만 명칭은 세 가지를 세웠다. 이런 셋이 곧 하나의 양상이니 그 실은 다른 것이 없다. 법신의 구경이며 반야로 해탈함도 또한 구경이요, 반야가 청정하고 나머지도 또한 청정하며, 해탈이 자재함이요, 나머지도 역시 자재함이다. 온갖 법을 들을 적에도 또한 그러하니, 이것을 '원교의 법을 들음[聞圓法]'이라 말한다. 어떻게 원교의 믿음을 일으키는가[起圓信]? 온갖 법이 곧 공(空)이요 가(假)이며 중도(中道)인 것을 믿는 것이요, 하나 둘 셋이 없지만 하나 둘 셋이니, 하나 둘 셋이 없음은 하나 둘 셋을 막는 것이요, 그러나 하나 둘 셋인 것은 하나 둘 셋을 비추는 것이요, 막음도 없고 비춤도 없는 것이 바로 중도에 들어감이니 모두 끝까지 청정하고 자재함이다. 깊은 법을 듣고도 두려워하지 않고 넓은 법을 듣고도 의심하지 않으며, 깊지도 않고 넓지도 않은 법을 듣고도 생각하고 용기가 있는 것을 이름하여 '원교의 믿음[圓信]'이라 말한다. 어떻게 원교의 행을 수행하는가[行圓行]? 한결같이 전일하게 무상보리를 구하고 나머지에 취향하지 않으며, 삼제(三諦)를 원만하게 수행하여 끝없이 고요할 대상이 되지 않고 끝 있는 동요할 대상이 되지 않으며, 동요하지도 고요하지도 않아서 바로 중도로 들어감을 이름하여 '원교의 수행[圓行]'이라 한다고 하였으니, 그 지위와 덕과 작용의 원만함은 완전히 본경을 인용한 것이다. 만일 자연히 본경에서 원교를 들었다면 곧 위의 동시구족상응문(同時具足相應

門) 등의 십현문(十玄門)과 의보와 정보가 걸림 없음 등을 들어서 이를 의지해서 믿음을 일으키면 바로 원교의 믿음인 것이요, 그 원교의 수행 등과 아울러 자세한 것은 앞에서 설명한 내용과 같나니, 지금 이 한 품은 대부분 원교의 덕과 작용을 넓게 설명했을 뿐이다.

四) 경문 해석[釋文] 2.

(一) 과목 나누기[分科] (四釋 2下9)
(二) 과목에 따라 해석하다[隨釋] 3.
1. 문수보살이 법을 묻다[文殊發起] 2.

1) 경가가 (실마리를) 서술하다[經家敍述] (今初 3上1) 二

爾時에 文殊師利菩薩이 說無濁亂淸淨行大功德已하시고 欲顯示菩提心功德故로 以偈로 問賢首菩薩曰,
그때에 문수사리보살이 흐리고 어지러움이 없는 청정한 행의 큰 공덕을 설하고 나서 보리심의 공덕을 나타내 보이고져 한 까닭에 게송으로 현수보살에게 물었다.

[疏] 四, 釋文者는 文有三分하니 初, 文殊發起오 次, 賢首廣說이오 三, 十方現證이라 今初를 分二니 初, 經家敍述이오 二, 正明發起라 二段에 各有結前生後하니라 今初니 先, 結前已說이니 順違皆順이오 客塵이 不能濁其心이오 悲智雙游일새 萬境이 不能亂其慮일새 是日淸淨行矣라 大功德者는 卽前所成之果니라 後, 欲顯示下는 生後라 文含始

終하니 約終인대 則顯示信滿菩提心殊勝功德이라 廣具五位니 因行盡故라 約始인대 但於生死에 誓證菩提며 萬德攸依니 故今顯示니라

■ 四) 경문 해석은 경문을 셋으로 나누니 1. 문수보살이 법을 물음이요, 2. 현수보살이 (게송으로) 자세히 설법함이요, 3. 시방에서 나타나 증명함이다. 지금 1.을 둘로 나누니 1) 경가가 서술함이요, 2) 바로 문법을 시작함이다. 두 문단에 각기 앞을 결론하고 뒤를 시작함이 있다. 지금은 1.이니 1) 앞의 설법을 결론함이니 따르고 어김이 모두 순종함이요, 객진번뇌가 그 마음을 더럽힐 수가 없으며, 자비와 지혜를 함께 유희하므로 만 가지 경계가 능히 그 정려(靜慮)를 혼란시키지 못하므로 이것을 이름하여 '청정한 행'이라 말했다. '큰 공덕'이란 앞에서 이룬 결과이다. 2) 欲顯示 아래는 뒤를 시작함이다. 경문이 처음과 끝을 포함하고 있으니 끝을 잡으면 믿음이 가득한 보리심의 뛰어난 공덕을 나타내 보이는 것이다. 널리 다섯 지위를 구족하나니, 인행이 다한 까닭이다. 처음을 잡으면 단지 생사 속에서만 보리를 증득할 것을 서원하며, 만 가지 덕행에 더욱 의지하므로 지금 나타내 보인 것이다.

2) 바로 문법을 시작하다[正明發起] (二偈 3上9)

1 　我今已爲諸菩薩하여　說佛往修淸淨行하니
　　仁亦當於此會中에　演暢修行勝功德하소서
　　내가 이제 이미 모든 보살을 위해서
　　부처님의 옛적에 닦으신 청정한 행을 말했으니
　　어지신 이도 또한 마땅히 이 모임 가운데서

수행의 훌륭한 공덕을 연설하소서.

[疏] 二, 偈는 正發起中에 前半은 結前이니 偈文窄故로 略無所成之德이라 後半은 勸說이니 令說修行之德이라 則與長行으로 文有影略하니라
■ 2) 게송으로 바로 문법(問法)을 시작함 중에 (1) 앞의 반은 앞을 결론함이니 게송의 문장이 좁으므로 이룬 공덕은 생략하여 없다. (2) 뒤의 반은 설법을 권유함이다. 하여금 수행 공덕을 설하게 함이다. (그러므로) 장항과 함께 경문에 비추어 생략함이 있다.

[鈔] 則與長行等者는 長行의 起後는 但起發心이오 偈中의 起後는 但起修行이라 故로 二處起後가 互爲影略이니라 就結前中하야 長行에는 有大功德이나 無佛往修오 偈有往修나 復闕功德하니 亦是影略이니라
● '장항 등과 함께'란 장항의 뒤를 시작함은 단지 발심을 일으키기 위함이요, 게송에서 뒤를 시작함은 단지 수행을 시작함이다. 그러므로 두 곳의 뒤를 시작함이 서로 비추어 생략한 것이다. 앞을 결론함에 나아가 장항에는 큰 공덕이 있지만 '부처님의 예전 수행[佛往修]'은 없고, 게송에 '예전의 수행'은 있지만 다시 공덕은 빠졌으니 역시 비추어 생략한 것이다.

2. 현수보살이 게송으로 널리 설법하다[賢首廣說] 2.

1) 총합적으로 표방하여 거론하다[總標擧] (第二 3下6)

爾時에 賢首菩薩이 以偈答曰,
그때에 현수보살이 게송으로 대답하였다.

[疏] 第二, 爾時賢首下는 賢首廣說이라 於中에 先, 總標擧라 以偈答者는 此略有二하니 一은 少言으로 攝多義故오 二는 美辭讚說하야 令淨信故라 以始德으로 該終은 散說難盡故니 顯此勝妙之功德故니라

- 2. 爾時賢首 아래는 현수보살이 (게송으로) 널리 설법함이다. 그중에 1) 총합적으로 표방하여 거론함이다. 게송으로 대답한 이유는 대략 두 가지가 있으니 ① 적은 말로 여러 의미를 포섭하기 위함이요, ② 아름다운 언사로 찬탄하는 말을 하여 하여금 청정한 믿음을 내게 하기 위함이다. 덕으로 시작하여 끝까지 포섭함은 산문으로 설해서는 다하지 못하는 까닭이니, 이런 승묘한 공덕을 밝히기 위한 까닭이다.

[鈔] 一少言攝多義等者는 上一意는 諸讚歎者多義偈者가 是也오 第二意는 以偈有美妙文辭故니라

- '① 적은 말로 여러 의미를 포섭한다'는 등은 위의 한 가지 의미는 모든 찬탄하는 이가 많은 뜻으로 노래하는 이유가 그것이요, 둘째 의미는 게송은 아름답고 묘한 언사가 있기 때문이다.

2) 바로 게송의 의미를 밝히다[正顯意] 2.
(1) 과목 나누기[分科] (第二 4上2)

[疏] 第二, 正顯偈辭라 有三百五十九頌半을 大爲三分하니 初, 四頌은 謙讚許說分이오 次, 三百四十六偈半은 正說勝德分이오 三, 九偈는 校量勸持分이라

- 2) 게송의 언사를 바로 밝힘이다. 총 359개 반의 게송을 크게 세 부

분으로 나누리니, 가. 네 개의 게송은 찬탄과 겸양하며 설법을 허락하는 부분이요, 나. 346개 반의 게송은 뛰어난 공덕을 바로 설하는 부분이요, 다. 아홉 개의 게송은 분량을 비교하여 수지하기를 권하는 부분이다.

(2) 과목에 따라 해석하다[隨釋] 3.

가. 네 게송은 찬탄과 겸양하며 설법을 허락하는 부분
 [四頌謙讚許說分] 2.

가) 총합하여 밝히다[初一頌總明] (初中 4上4)

2   善哉라 仁者應諦聽하소서   彼諸功德不可量일새
　　我今隨力說少分호리니   猶如大海一滴水니라
　　훌륭하도다! 어진 이여, 자세히 들으소서.
　　저 모든 공덕 헤아릴 수 없어
　　내가 이제 힘을 따라 조금만 말하리니
　　마치 큰 바다의 한 방울 물과 같으니라.

[疏] 初中에 分二니 初偈는 總明이니 前半은 讚問勸聽이오 後半은 謙己少說이라 海喩는 次下에 當明하리라

■ 가. 중에 둘로 나누면 가) 총합하여 밝힘이니, (가) 앞의 반은 질문을 칭찬하고 듣기를 권함이요, (나) 뒤의 반은 자신을 겸양하며 조금 설함이다. '바다의 비유'는 다음 아래에 가서 밝히리라.

나) 가름을 열다[後三頌開章] 2.

(가) 경문을 해석하다[正釋經文] (後三 4下2)

   3   若有菩薩初發心에　　誓求當證佛菩提하면
　　　　彼之功德無邊際하여　不可稱量無與等이어든
　　　　만약 보살이 처음 발심함에
　　　　맹세코 부처님의 보리를 증득하려 하면
　　　　그 공덕 끝이 없어서
　　　　헤아릴 수 없고 같을 이 없는데

   4   何況無量無邊劫에　　具修地度諸功德가
　　　　十方一切諸如來가　　悉共稱揚不能盡이니라
　　　　어찌 하물며 한량없고 끝없는 겁에
　　　　지위와 바라밀을 갖추어 닦은 모든 공덕은
　　　　시방의 온갖 모든 여래께서
　　　　다 함께 칭양해도 다함이 없네.

   5   如是無邊大功德을　　我今於中說少分하리니
　　　　譬如鳥足所履空이며　亦如大地一微塵이니라
　　　　이러한 끝없는 큰 공덕을
　　　　내가 이제 그 가운데 조금만 설하리니
　　　　비유컨대 새의 발로 밟은 허공과 같고
　　　　또한 대지의 한 티끌 같으니라.

[疏] 後三, 開章이니 以發心之德으로 況出修行이며 巧顯深廣이라 於中에

初偈는 擧發心章이오 次偈는 況出修行章이라 初心이 祈於當證에 德已叵量이온 況長時入位徧修아 故로 多佛不能盡說이라 後偈는 許說分齊니 前半은 法說이라 如是者는 雙指發心修行이니 下文에 具顯故며 前文에 雙問故라 後半은 喩明이라 然有二意하니 一, 顯喩少分이니 謂發心行德이 如太空大地하고 所說者陿은 如足履一塵이라 二, 密喩不異니 謂鳥足之空이 不異太空이오 微細之塵이 不殊大地라 故此略說이나 義無不周니 若廣若略이 皆無邊故라 出現品에 云,[34] 如鳥飛虛空하야 經於百年에 已經過處와 未經過處를 皆不可量이니 何以故오 虛空은 無邊際故等이라하니 彼就果行이오 此就因德이라 然이나 普賢行德이 似同佛果니 是故로 皆以虛空으로 爲量이라 上下文中에 皆同此說하니라

■ 나) 뒤의 세 게송은 가름을 여는 부분이니, 발심한 공덕으로 나와서 수행함과 비교한 것이며 (발심의) 깊고 넓은 뜻을 잘 밝힘이다. 그중에 ㄱ) 발심에 대해 거론하는 장이요, ㄴ) 다음 게송[4. 何況無量-]은 나와서 수행함과 견주는 장이다. 초발심이 미래에 증득함을 기도할 적에 공덕은 이미 측량할 수 없을 텐데 하물며 오랜 시간 지위에 들어 두루 수행함이겠는가? 그러므로 많은 부처님들이 능히 다 설하시지 못한 것이다. ㄷ) 뒤의 게송[5. 如是無-]은 설법을 허락하는 부분이니 (ㄱ) 앞의 반은 법으로 설함이다. '이러한'은 발심과 수행을 함께 가리킴이니 아래 경문에 갖추어 밝히기 위함이며, 앞의 경문에서 함께 질문한 까닭이며, (ㄴ) 뒤의 반은 비유로 밝힘이다. 그런데 두 가지 의미가 있으니 (1) 비유가 작은 부분임을 밝혔으니 이른바 발심과 수행의 덕이 마치 태허공이나 대지와 같고, 설한 내용이 좁음은 마치 발

---

34) 이는 如來出現品 제37의 내용으로 如來出現行條에 나온다. (교재 권3 p.289-)

로 한 티끌을 밟는 것과 같다. (2) 다르지 않음을 은근히 비유함이니 이른바 새가 밟은 허공이 태허공과 다르지 않음이요, 미세한 티끌이 대지와 다르지 않다는 뜻이다. 그러므로 여기에 간략히 말하지만 뜻은 두루 하지 않음이 없나니, 넓고 간략함이 모두 끝없음이기 때문이다. 여래출현품의 (如來出現의 行)에 이르되, "마치 새가 허공에 날면서 백년을 지냈다 하여도 이미 지나간 곳과 지나지 못한 곳이나 모두 측량할 수 없나니, 왜냐하면 허공계가 끝이 없는 연고니라"라고 하였으니 저기는 과덕의 행에 입각하였고, 여기는 인행의 덕에 입각한 것이다. 그러나 보현보살의 행덕이 부처님의 과덕과 같나니 이런 연고로 모두 허공으로 분량을 삼은 것이다. 위와 아래 경문 중에 모두 여기서 설한 내용과 같다.

[鈔] 後三開章下는 此段有二하니 先, 正釋經文이오
● 나) 三開章 아래는 이 문단에 둘이 있으니 (가) 경문을 해석함이요,

(나) 질문과 대답으로 구분하다[問答料揀] 2.
ㄱ. 문답으로 바로 말하다[正敍問答] 4.

ㄱ) 제1중 질문과 대답[第一重問答] 2.
(ㄱ) 질문하다[問] (此初 5上5)
(ㄴ) 대답하다[答] (此中)

[疏] 此初發心이 與下文十住의 初發心住와 及發心功德品으로 各何別耶아
　　 此中發心은 該於初後하니 取其成德에 乃是信終이오 取其爲本에 乃

在初發이라 雖如輕毛나 功歸初簣라 故로 十住初發은 即是此終이 成
彼初發이니 此終은 爲能發이오 彼是所發이라 此正是發起之發이며 義
兼開發이오 彼是開發之發이며 義兼發起라 其發心品은 正顯十住初
心之功德耳니 以斯甄別에 非無有異라 故로 瓔珞에 云, 發心住者는
是人이 始從具縛으로 未識三寶라가 乃至値佛菩薩教法中에 起一念
信하야 便發菩提心이라하니라 既云始從凡夫로 最初發心이라하나니 明
知此中發心은 該於初後로다

■ (ㄱ) 여기의 초발심이 아래 경문의 십주품의 제1. 초발심주와 발심공덕품과는 각기 어떻게 다른가? 여기의 발심은 처음과 뒤를 포섭하나니, 그 과덕을 성취하여야 비로소 믿음이 끝남이요, 그것을 취하여 근본을 삼으면 비로소 처음 발심이 있는 것이다. 비록 가벼운 터럭이지만 공덕은 처음 삼태기로 돌아감과 같다. 그러므로 십주품의 초발심은 바로 여기서 끝남이 저기의 초발심을 이른 것이니, 여기의 끝은 발심하는 주체가 됨이요, 저기서는 발심할 대상이 된다. 여기는 바로 발기의 시작이며, 뜻으로는 열어서 시작함을 겸한다. 저기는 개발의 발이며, 뜻은 시작함을 겸한다. 그 발심공덕품은 바로 십주품의 초발심한 공덕을 밝혔을 뿐이니 여기와 구분해 보면 다른 점이 없지 않다. 그러므로 『보살영락경』에 이르되, "발심주는 이 사람이 처음에 (번뇌에) 갖추어 속박됨으로부터 삼보를 믿지 못하다가 나아가 불보살의 교법 중에서 한 생각 믿음이 일어남을 만나서 문득 보리심을 발한 것이다"라고 하였다. 이미 "처음 범부로부터 최초로 발심한다"라고 하였으니, 이 가운데 발심은 처음과 뒤를 포섭함을 분명히 알지니라.

[鈔] 後, 此初發心下는 問答料揀이라 於中에 有二問答하니 第一, 問發心

淺深이오 第二, 問圓攝所以라 前中에 以此[35]甄別者는 此中이 異下二處之文이니라 故瓔珞云下는 證成發心이 通始義也라 彼經第二初釋經義品에 云, 佛子야 發心住者는 是人이 始從具縛凡夫로 未識三寶聖人하며 未識好惡와 因之與果하야 一切를 不識, 不解, 不知니라 佛子야 從不知로 始於凡夫地하야 値佛菩薩敎法之中에 起一念信하야 便發菩提心하면 是人은 爾時에 住前이니 名信相菩薩이며 亦名假名菩薩이며 亦名名字菩薩이라 其人이 略行十心이니 所謂信心과 進心과 念心과 定心과 慧心과 戒心과 廻向心과 護法心과 捨心과 願心이라하며 又云하시되 佛子야 發心住는 是上進分善根人이니 若一劫二劫으로 乃至一恒二恒佛所에 行十信心하야 信三寶常住等이라하니라 明知此中發心이 該於初後者는 具縛에 未識이오 初發이 爲始오 而一劫二劫修行에 方得初住오 住前에는 但名信相菩薩이니 居然通始終也로다

- (나) 此初發心 아래는 질문과 대답으로 구분함이다. 그중에 질문과 대답이 둘이 있으니 (1) 발심의 깊고 얕음을 질문함이요, (2) 원만히 포섭한 이유를 질문함이다. (1) 중에 a. '이로써 구별한다'는 것은 이 가운데 아래의 두 곳의 경문과는 다르다. b. 故瓔珞云 아래는 (발심하는 순서를 증명함이니) 발심이 시작하는 뜻과 통함을 증명한 내용이다. 저 『보살영락경』의 제2권(하권) 경의 뜻을 해석하는 품[釋義品 제4]에 이르되, "불자여, 발심주(發心住)란 이 사람이 처음엔 완전히 속박된 범부 상태로부터 아직 삼보와 성인(聖人)을 알지 못하고, 아직 좋고 나쁜 원인[因]과 결과[果]도 알지 못하며, 일체를 인식하지 못하고 이해하지 못하고 알지 못하느니라. 불자여, 알지 못하는 범부의 처음 경

---

35) 此는 南續金本作斯.

지로부터 불보살의 교법을 만나 그 속에서 일념의 믿음을 일으켜 문득 보리심을 일으키면, 이 사람은 그때 십주 이전[住前]으로써 신상(信想)보살 또는 가명(假名)보살 또는 명자(名字)보살이라고 이름하느니라. 그 사람은 간략히 열 가지 마음[十心]을 행하나니, 이른바 '신심(信心) 진심(進心) 염심(念心) 혜심(慧心) 정심(定心) 계심(戒心) 회향심(廻向心) 호법심(護法心) 사심(捨心) 원심(願心)이니라'라고 하였고, 또 말하되, "불자여, 발심주란 이것이 뛰어난 진분선근(進分善根)의 사람이니라. 만약 1겁, 2겁, 1항(一恒), 2항, 3항의 부처님 처소에서 십신심(十信心)을 행하고 삼보를 믿으며, 항상 (팔만 사천의) 바라밀에 머물며" 등이라고 하였다. '이 가운데 발심은 처음과 뒤를 포섭함을 분명히 안다'는 것은 완전히 속박된 범부일 적에는 인식하지 못함이요, 처음 발심함이 시작이 됨이요, 한 겁 두 겁 수행할 적에 비로소 초발심주를 얻는 것이요, 십주 이전에는 단지 모양을 믿는 보살[信相菩薩]이라 하나니, 있는 그대로 처음과 끝과 통하는 것이다.

ㄴ) 제2중 질문과 대답[第二重問答] 2.
(ㄱ) 질문하다[問] (問此 6上7)
(ㄴ) 대답하다[答] 2.
a. 항포문에 의지한 해석[約行布門] (古德 6上8)

[疏] 問이라 此旣是初인대 何得乃具後諸行位와 及普賢德耶아 古德이 釋此에 略有二門하니 一, 行布次第門이오 謂從微至著하며 從淺至深히 次第相乘하야 以階彼岸이니 如瓔珞과 仁王과 起信과 瑜伽等說이니라

■ (ㄱ) 질문한다. 여기가 이미 처음이라면 어찌하여 뒤의 여러 행법의

지위와 보현보살의 행덕을 갖추게 됩니까? 고덕들이 이를 해석함에 대략 두 문이 있다. a. 항포의 순서인 문이요, 말하자면 미세한 데서부터 현저한 데까지 이르고, 얕은 데서부터 깊은 데까지 순서대로 서로 태워서 저 언덕으로 밟아 간다는 뜻이니, 마치 저『보살영락경』과『인왕반야경』,『기신론』과『유가사지론』등에 설한 내용과 같다.

[鈔] 問此旣下는 第二, 問答顯圓攝所以라 於中에 先은 問이오
- ㄴ) 問此旣 아래는 (제2중 문답이니) 질문과 대답으로 원융하게 섭수한 이유를 밝힌 내용이다. 그중에 (ㄱ) 질문함이요,

b. 원융문에 의지한 해석[約圓融門] 3.
a) 간략히 설명하다[略明] (二圓 6上10)

[疏] 二, 圓融通攝門이니 謂一位에 卽具一切位等이니 如此經所說이오 亦如大品等中에 一行에 具一切行이니라
- b. 원융문으로 통틀어 포섭한 문이다. 말하자면 한 지위에 곧 온갖 지위 등을 구족하였으니, 마치 본경에 설한 내용과 같고, 또한『대품반야경』등에서 "한 가지 행법에 모든 행법을 갖춘다"라고 말함과 같다.

b) 가름을 열고 자세하게 해석하다[開章廣釋] (此中 6下1)

[疏] 此中에 有二門하니 一, 緣起相由門이오 二, 法界融攝門이라 前中에 普攬一切始終諸位無邊行海하야 同一緣起하야 爲普賢行德이니 良以諸緣相望에 略有二義하니 一, 約用이니 由相待故로 有有力과 無

力義라 是故로 得相收와 及相入也라 二, 約體니 由相作故로 有有體와 無體義니 是故로 得相卽과 及相入이 是也니라 此經之中에 依斯義故로 行位相收라 總有四說하니 一, 或始具終이니 如此門中에 具一切行位니 普賢德海者가 是也라 二, 或終具始이니 並在十地位後라 如下文十定, 十通等說이라 三, 或諸位를 齊收니 並在十住等이라 一一位中에 各收一切하야 悉至究竟이니 如下文의 十住, 十行等說이니라 四, 或諸位皆泯이며 行德顯然이니 如離世間品說이니라 二, 法界融攝門者는 謂此諸位와 及所修行이 皆不離普賢無盡法界라 然此法界가 圓融無限하니 隨在一位하야 卽具一切라 今在信門에 收無不盡이라

■ 이 가운데 두 문이 있으니 (1) 연기상유문(緣起相由門)이요, (2) 법계융섭문(法界融攝門)이다. (1) 연기상유문 중에 널리 모든 처음과 끝의 여러 지위에 끝없는 행법을 잡아서 동일하게 연기하여 보현보살의 행덕이 된 것이니 진실로 모든 인연을 서로 바라보면 간략히 두 가지 뜻이 있으니 ① 작용을 잡았으니 서로 기다리는 연고로 유력과 무력의 뜻이 있게 된다. 이런 연고로 서로 거두고 서로 들어감을 얻게 된다. ② 체성을 잡았으니 서로 지음을 말미암은 연고로 체성이 있고 체성이 없음의 뜻이 있으니, 이런 연고로 서로 합치함과 서로 들어감을 얻게 됨이 이것이다. 본경에서는 이런 뜻을 의지한 연고로 행법의 지위를 서로 거두게 된다. 총합하면 네 가지 설이 있으니 첫째, 혹은 시작하여 끝을 구족하기도 하나니, 마치 이 문 가운데 모든 행법의 지위를 구족함과 같나니, 보현보살의 행덕의 바다가 이것이다. 둘째, 혹은 끝내고 나서 시작을 구족하기도 하나니, 아울리 십지 지위의 뒤에 있기도 한다. 마치 아래 경문인 십정품(十定品), 십통품(十通品) 등의

설명과 같다. 셋째, 혹은 여러 지위를 똑같이 거두기도 하나니, 아울러 십주 지위에 있는 따위이다. 낱낱 지위 중에 각기 모든 지위를 거두어 모두 구경에까지 가나니, 마치 아래 경문의 십주와 십행 등에 설명한 내용과 같다. 넷째, 혹은 여러 지위가 모두 없어지고 행덕이 뚜렷하기도 하나니, 마치 이세간품(離世間品)에 설명한 내용과 같다.
(2) 법계융섭문이란 이른바 여기의 모든 지위와 수행이 모두 보현보살의 끝없는 법계를 벗어나지 않는다. 그러나 이 법계가 원융하여 제한이 없나니, 한 지위에 있음을 따라 모든 지위를 구족한다. 지금은 십신(十信)의 문에서 거두어 다하지 못함이 없다.

c) 결론적으로 유례하다[結例] (下諸 7上5)

[疏] 下諸位中에 皆具一切者도 並準此釋이니라
■ '아래의 모든 지위 중에도 모든 지위를 구족한다'는 것도 아울러 여기에 준해 해석한다.

[鈔] 後, 古德下는 答이라 於中에 三이니 初, 正釋本義오 二, 旁敍異釋이오 三, 引妨會宗이라 初中에 二니 先, 明行布오 後, 二圓融通攝門下는 圓融이라 於中에 亦二니 先, 正辨圓融이오 後, 此中有二門下는 出圓融所以[36]라 於中에 三이니 初, 雙標二門이오 二, 雙釋二門이오 三, 問答料揀이라 …〈중간 생략〉… 言如下文十定十通等說者는 定通二品은 義該始終故라 等者는 等取十忍이니 下經十忍之中에 有音聲順忍等하니 謂約五忍明義라 七八九地에 得於無生에 已過信順이온 況

---

36) 上同.

於等覺가 今明等覺에 有音聲等일새 故是攝初니라 十住十行等說者는 謂位位滿處에 皆成佛故라 一住에 若不收諸住하면 云何說得位滿成佛이리오 故十住後에 有灌頂住하며 海幢이 灌頂之後에 便說佛故니라 如離世間品說者는 離世間品에 具二千行法하니 如次配於住行이나 而不存其位名하고 但有與位로 相應之行故니라

- (ㄴ) 古德 아래는 대답함이다. 그중에 셋이니 a. 본래 뜻을 바로 해석함이요, b. 곁으로 다른 해석을 말함이요, c. 비방을 인용하여 종지를 회통함이다. a. 중에 둘이니 a) 항포문에 의지한 해석이요, b) 二圓融通攝門 아래는 원융문에 의지한 해석이다. 그중에 또 둘이니 ① 바로 원융문을 밝힘이요, ② 此中有二門 아래는 원융한 이유를 내보임이다. 그중에 셋이니 ㉮ 두 문을 함께 표방함이요, ㉯ 두 문을 함께 해석함이요, ㉰ 질문과 대답으로 구분함이다. …〈중간 생략〉…
'마치 아래 경문의 십주와 십행 등에 설명한 내용과 같다'고 말한 것에서 십정품(十定品)과 십통품(十通品)의 두 품은 뜻이 처음과 끝을 포섭한 까닭이다. '등(等)'이란 똑같이 십인품(十忍品)을 취한다는 뜻이니, 아래 경문의 십인품 중에는 음성인(音聲忍)과 순인(順忍) 등이 있나니,37) 이른바 다섯 가지 법인[五忍]을 잡아 뜻을 설명한다는 뜻이다. 제7지, 제8지, 제9지에 무생법인을 얻을 적에 이미 신인(信忍, 1, 2, 3지) 순인(順忍, 4, 5, 6지)은 지나갔는데 하물며 등각(等覺)이겠는가? 지금은 등각에서 음성인 등을 밝혔으므로 처음을 섭수한다는 뜻이다. '십주와 십행 등에 설명함'이란 이른바 지위와 지위가 만족한 곳에서 모

---

37) 십인품의 十忍은 (1) 音聲忍 (2) 順忍 (3) 無生法忍 (4) 如幻忍 (5) 如焰忍 (6) 如夢忍 (7) 如響忍 (8) 如影忍 (9) 如化忍 (10) 如空忍의 열 가지이다. 아래 五忍은 『인왕반야경』 上卷에서 주장한 것으로 (1) 伏忍: 三賢位 (2) 信忍: 무루의 믿음을 얻은 제1 제2 제3지 (3) 順忍: 이치에 수순하여 무생의 깨달음에 향하는 제4 제5 제6지 (4) 無生忍: 무생의 이치에 안주한 제7 제8 제9지 (5) 寂滅忍: 모든 번뇌를 끊고 열반의 깨달음에 안주한 제10지 및 佛果를 말하였다.

두 부처를 이루기 때문이다. 하나의 주(住)에서 만일 모든 주(住)를 거두지 못하면 어떻게 '지위가 만족하여 부처를 이룬다[位滿成佛]'고 말하겠는가? 그러므로 십주위의 뒤에 관정주가 있으며 (입법계품의) 해당 (海幢)비구 선지식이 관정을 받은 뒤에 문득 부처라 말한 까닭이다. '이세간품(離世間品)에 설명한 내용과 같다'는 것은 이세간품에 2천 가지 행법을 갖추었으니 마치 순서대로 십주행을 배대하였지만 그 지위의 명칭은 두지 않고 단지 지위와 함께 상응한 행법이기 때문이다.

ㄷ) 제3중 질문과 대답[第三重問答] 2.
(ㄱ) 질문하다[問] (問下 7下4)
(ㄴ) 대답하다[答] (答此)

[疏] 問이라 下發心功德品에 亦說初心에 具無邊德하니 與此로 何別고 答이라 此據行首信門所具오 彼約行本菩提心具니라

■ 질문한다. 아래 제17 발심공덕품에도 또한 '처음 발심할 적에 끝없는 공덕을 구족한다'라고 하였으니, 여기와 무엇이 다른가? 대답한다. 여기는 행법의 우두머리인 십신(十信)의 문에 갖춘 바에 의거한 구분이요, 저기는 행법의 근본인 보리심을 갖춤에 의지한 구분이다.

ㄹ) 제4중 질문과 대답[第四重問答] 3.
(ㄱ) 질문하다[問] (問約 7下6)
(ㄴ) 대답하다[答] (答以)
(ㄷ) 힐난을 해명하다[通難] (此經)

[疏] 問이라 約法相收인대 是則可爾어니와 約人修行인대 豈十千劫을 修信纔滿에 卽得如此無邊德海아 答이라 以法是圓融具德法故니 若諸菩薩이 行此法行하면 是彼所收라 或無量劫이며 或無定限이라 十千劫言은 非此所說이니 如下善財童子와 及兜率天子等의 所行所得이 並是其人이라 不同行布次第敎中之所說也니라 又十千劫도 乃是一經이니 瓔珞에는 但言一劫二劫하니라 此經에 縱有行布나 亦皆圓融이니라

(ㄱ) 질문한다. 법이 서로 거둠을 의지하면 이것은 가능하겠지만, 사람이 행법을 닦음에 의지한다면 어찌 10천 겁 동안 믿음이 겨우 만족할 적에 바로 이러한 끝없는 공덕을 모두 얻을 수 있다는 말인가? (ㄴ) 대답한다. 법이 원융하여 공덕을 구족한 법인 까닭이니 만일 보살이 이런 행법을 수행한다면 저기서 거둔 바와 같다. 혹은 한량없는 겁이며 혹은 한정 없는 세월이라. 10천 겁이란 말은 여기서 말한 것이 아님이니, 아래 (입법계품의) 선재(善財)동자와 도솔(兜率)천자 사이 등의 행한 바 얻은 것이 함께 그 사람이라 한 것이니, 항포차제문의 교법 중에서 말한 바와는 같지 않다. 또 10천 겁도 비로소 한 경이니 『보살영락경』에는 단지 1겁, 2겁이라 말했을 뿐이다. 본경에는 비록 항포문만 있지만 또한 모두 원융문이기도 하다.

[鈔] 二, 法界融攝門等者는 在文可知니라 問下發心功德品下는 第三, 問答料揀이라 有三問答하니 一, 會前後經文이오 二, 問約法相收인대 是則可爾下는 以法疑人이니 先은 問이오 後는 答이라 答言[38] 十千劫으로 乃是一經은 是卽仁王經이니라 此經縱有行布下는 三, 通伏難이니 謂有難言호대 如上所說하야 旣有行布인대 此與諸經으로 復云

---

38) 上五十八字는 南金本作又.

何異아할새 故今答云호대 行布가 乃是圓融之行布耳니라

- '(2) 법계가 융통하게 섭수하는 문' 등이란 경문에 있으니 알 수 있으리라. ㄷ) 問下發心功德品 아래는 제3중 질문과 대답으로 구분함이다. 세 가지 질문과 대답이 있으니 (ㄱ) 앞과 뒤의 경문을 모음이요, (ㄴ) 법으로 서로 거둠을 잡아 질문한다면 是則可爾 아래는 법으로 사람을 의심함이니 앞은 질문이요, 뒤는 대답이다. 대답에 '10천 겁'으로 비로소 한 경이라 말함은 곧 『인왕반야경』을 뜻한다. (ㄷ) 此經縱有行布 아래는 숨은 힐난을 해명함이다. 이른바 어떤 이가 힐난하기를, '위에 설한 바와 같아서 이미 항포문이 있다면 본경과 여러 경에서 다시 어떻게 다른가?' 하므로 지금 대답하여 말하되, "항포문이 바야흐로 원융문의 항포일 뿐이다"라 하였다.

ㄴ. 곁들여 다른 설명과 회통하다[傍會異說] 3.
ㄱ) 예전 해석을 말하다[敍昔] (亦有 8上6)

[疏] 亦有引此下文하야 證成此信호대 乃是捨異生性하고 成就聖性이며 出無明地하고 生如來家하니 以有則獲灌頂而升位等이오 非是信故라하니라

- 또한 어떤 이가 위 아래 경문을 인용하여 이 십신(十信)을 증명하되, 바야흐로 중생과 다른 성품을 버리고 성스런 성품을 성취하며 무명의 땅에서 나오고 여래의 집안에 태어났으니, 있는 것은 관정(灌頂)함을 얻어서 지위가 오르는 등이요, 십신(十信)이 아니기 때문이다.

ㄴ) 잘못을 밝히다[辨非] (若爾 8上9)

[疏] 若爾인대 初地에 豈得灌頂升位等耶아 若云展轉進入佛地인대 何以不得始自於信하야 展轉入耶아 若許從信展轉入者인대 何以要判此乃捨凡入聖고 下文에 自有十地之會하고 此中에 尙隔住行向等하니 判爲入地는 乃孟浪之談이로다 下發心品을 亦判爲初地發心은 義同此會니라

■ 만일 그렇다면 초지(初地)에 어찌 관정으로 지위가 오름을 얻겠는가? 만일 전전히 정진하여 부처님 지위에 들어간다면 어떻게 믿음으로부터 시작해서 전전히 들어감을 얻지 못하겠는가? 만일 믿음으로부터 전전히 들어감을 허락한다면 어떻게 이것이 비로소 범부를 버리고 성인에 들어감이라 판단함을 요구하겠는가? 아래 경문에 자연히 십지의 모임이 있고 이 가운데 오히려 십주와 십행과 십회향 등과 떨어졌으니, 십지에 들어간다고 판단함은 비로소 맹랑한 이야기가 되는 것이다. 아래 발심공덕품을 또한 초지(初地)에 발심이라 판단함은 뜻이 이 모임과 같다.

[鈔] 亦有引此下는 第二, 傍敍異說이니 卽安國法師라 於中有三하니 初, 正立이오 二, 引文證成이오 三, 辨順違라 初中에 意明此中發心이 是初地證發心이오 非信成就發心이라하니 以其作用이 殊勝하야 非地前故라 以有則獲灌頂而升位等은 二, 39) 引文證成이라 而言等者는 彼有十義하야 以證此中에 非信成就하니 謂一, 以說斷除疑網出愛流는 便得堅固不壞心故라 以若未入聖인대 何以度疑며 若是凡夫인대 何能不壞아 入見諦者라야 乃能度疑오 信不壞故라 二, 若未入地인대 不應得有常持戒故오 三, 不應云生如來家故오 四, 凡夫가 不得身語意業常無失故오 五, 不應則獲功德法性身故오 六, 不應云則

---

39) 二는 金本作後.

獲十地十自在故오 七, 不應則獲灌頂而升位故오 八, 不應云則身充徧於虛空故오 九, 何以菩薩로 具智慧故오 十, 信大乘者가 猶爲易어니와 能信此法이 倍更難故라 豈有凡法이 難於聖法이리오 故知此品은 正敎捨凡하야 展轉乃至進入佛地라하니라 今疏文中에 略引彼證일새 故致等言이니 是其一意니라

● ㄴ. 亦有引此 아래는 곁들여 다른 설명과 회통함이니 곧 안국(安國) 법사의 주장이다. 그중에 셋이 있으니 a. 바로 건립함이요, b. 경문을 인용하여 증명함이요, c. 수순하고 위배함을 밝힘이다. a. 중에 의미로는 "이 가운데 발심이 바로 초지의 증발심이요, 신성취발심이 아니다"라고 밝혔으니, 그 작용이 수승하여 십지 이전이 아닌 까닭이다. b. '있는 것은 관정(灌頂)함을 얻어서 지위가 오르는' 등은 경문을 인용하여 증명함이다. 그러나 등이라 말한 것은 저기에 열 가지 뜻이 있어서 이 가운데 신성취발심이 아님을 증명하였다. 말하자면 (1) '의심의 그물 끊고 애착을 벗어나(제11 게송)'라 말함은 문득 견고하여 무너지지 않는 마음을 얻은 까닭이요, 만일 아직 성인에 들어가지 못한다면 어떻게 의심을 건널 것이며, 만일 범부라면 어찌 능히 무너뜨리지 못하겠는가? 들어가 진리를 보는 자라야 비로소 능히 의심을 건널 수가 있으며 믿음은 무너지지 않기 때문이다. (2) 만일 십지에 들어가지 못했다면 응당히 항상 지계하지 못하기 때문이요, (3) 응당히 여래의 가문에 태어난다고 말한 까닭이요, (4) 범부가 신·구·의 업에 항상 과실이 없음을 얻지 못한 까닭이요, (5) 응당히 공덕의 법성신(法性身)을 얻지 못한 까닭이요, (6) 응당히 십지(十地)의 열 가지 자재함을 얻지 못한 까닭이요, (7) 응당히 관정을 얻어 지위에 오르지 못한 까닭이요, (8) 응당히 몸이 허공에 충만하고 두루 하다고 말

하지 않은 까닭이요, (9) 어떻게 보살로서 지혜를 구족하였나 하기 때문이요, (10) 대승법을 믿는 이가 오히려 쉬움이 되거니와 이 법을 능히 믿는 것이 배나 더욱 어렵기 때문이다. 어찌 범부의 법이 성인의 법보다 어렵겠는가? 그러므로 이 현수품이 바로 범부를 버리고 전전히 나아가 부처님 지위에 나아가 들어가게 하는 줄 알지니라. 지금 소문 중에 '간략히 저것을 인용하여 증명하므로' 등(等)이라 말함에 이르렀으니 그 한 가지 의미이다.

若爾已下는 辨非라 文有五段하니 初, 正以其所引으로 難其所立이니 但難其一에 餘九는 例知라 謂旣十地中에 方得灌頂이라하니 縱是初地인들 豈得灌頂이리오 二, 若云展轉下는 假設彼救[40]하야 反以成立이오 三, 若許從信下는 假縱彼救하야 結破彼立이오 四, 下文自有下는 廣引文證하야 顯彼立非라 孟浪者는 出莊子하니 已見華藏品하니라 五, 下發心品下는 例破後文의 所立이 非理니 以彼下文에 亦判彼品하야 爲初地發心故라 此旣不立하니 彼居然非로다

● ㄴ) 若爾 아래는 잘못을 밝힘이니, 경문에 다섯 문단이 있으니 (ㄱ) 바로 그 인용한 것으로 그 세울 대상을 힐난하였으니 단지 그 하나만 힐난함이요, 나머지 아홉은 유례하여 알아야 한다. 말하자면 '이미 십지 중에 비로소 관정을 얻는다'고 하였으니, 설사 초지(初地)라 한들 어찌 관정을 얻으리오. (ㄴ) 若云展轉 아래는 가정적으로 저것 구제함을 설정하여 반대로 성립함이요, (ㄷ) 若許從信 아래는 가정적으로 설사 저것을 구제했다 하더라도 결론적으로 저것을 타파하여 세운 것이요, (ㄹ) 下文自有 아래는 널리 경문을 인용하여 증명해

---

40) 假는 南金本作順.

서 저것 세움이 잘못임을 밝혔다. '맹랑함'이란 『장자(莊子)』에서 나온 말이니 이미 화장세계품(華藏世界品)에서 본 적이 있다. (ㅁ) 下發心品 아래는 뒤의 경문에 건립한 바가 이치가 잘못임을 유례하여 타파함이니, 저 아래 경문에서 또한 저 품을 판단하여 초지의 발심으로 삼은 까닭이다. (결과적으로) 이것이 이미 성립하지 않았으니 저것은 자연히 잘못인 것이다.

ㄷ) 비방을 인용해서 종지를 회통하다[引妨會宗] (問下 9下5)

[疏] 問이라 下云無量億劫에 勤修學하야 得是無上菩提智라하니 斯則非一生也오 亦非十千으로 以爲無量이로다 通斯難者인댄 應有二義하니 一, 此約行布니 展轉義故오 二, 約圓融이니 展促無礙義故니 如上所辨하니라 故로 善財가 見仙人執手하고 一一佛所에 經無量劫하시니 故修短難思가 特由於此라 故로 賢首菩薩이 云, 信大乘者가 猶爲易어니와 能信此法이 倍更難이라하니 以初心卽具一切功德일새 故難信也니라

■ 질문한다. 아래에 이르되, "한량없는 억겁에 부지런히 닦고 배워 이 위없는 보리 지혜를 얻으니(제323 게송)"라고 하였으니, 이렇다면 한 생(生)이 아니요, 또한 10천 겁도 아닌 한량없는 세월인 것이다. 이런 힐난을 해명한다면 당연히 두 가지 뜻이 있으니 (1) 항포문을 잡으면 '전전히'라는 뜻이요, (2) 원융문에 의지하여 전전히와 촉박함에 걸림없는 뜻인 까닭이니 위에서 밝힌 내용과 같다. 그러므로 선재동자가 비목구사(毘目瞿沙)선인(仙人, 제9 선지식)의 손을 잡고 한 분 한 분 부처님 처소에서 한량없는 겁을 보내었으니, 그러므로 길고 짧음을 생각

하기 어려움이 특별히 여기에 이유가 있다. 그러므로 현수보살이 말하기를, "대승을 믿는 자는 오히려 쉽거니와 능히 이 법을 믿는 이는 배나 다시 어렵거늘(제359 게송)"이라 하였으니, '처음 발심에 곧 모든 공덕을 갖추었다'는 것을 믿기 어려운 것이다.

[鈔] 問下云下는 第三, 引妨會宗이라 於中有二하니 先은 問이오 後는 通이라 前中은 卽此品文이니 安國이 堅執屬證發心호대 經多劫故로 非是初心一生故也라 亦非十千以爲無量은 遮救自義니 況有救云호대 無量이 卽十千故니라 通斯難者下는 通이니 通意는 可知로다

● ㄷ) 問下云 아래는 비방을 인용해서 종지를 회통함이다. 그중에 둘이 있으니 (ㄱ) 질문함이요, (ㄴ) 해명함이다. (ㄱ) (질문함) 중의 내용은 곧 현수품의 경문이니, 안국법사가 '증발심에 속한다'고 굳이 고집하되 오랜 세월이 지난 연고로 초발심의 한 생(生)만이 아니라 또한 10천 겁으로 한량없음을 삼은 것도 아님은 자신을 막고 구제한 뜻이니, 하물며 어떤 이가 구제하여 말하되, '한량없음이 곧 10천 겁이다'라고 말하였기 때문이다. (ㄴ) 通斯難者 아래는 해명함이니, 해명한 의미는 알 수 있으리라.

나. 346개 반의 게송은 뛰어난 공덕을 바로 설하는 부분
[三百四十六頌半正說勝德分] 3.

가) 총합하여 과목 나누다[總科] (第二 10上7)

나) 구분하다[料揀] (然此)

[疏] 第二, 菩薩發意下는 正明發心修行勝德이라 文分爲五니 初, 五頌은 發心行相이오 二, 信爲道元下는 略示勝能이오 三, 若常信奉下는 所具行位오 四, 或有刹土下는 無方大用이오 五, 一切如來下는 喩況玄旨라 然此五段에 初一은 顯正發心이오 後四는 發心之德이오 第三은 亦兼修行이오 此及後二는 皆修行之德이니라

- 나. 菩薩發意 아래는 발심하여 수행한 뛰어난 공덕을 바로 밝힘이다. 경문을 다섯으로 나누었으니 ㄱ. 다섯 게송은 발심의 행상이요, ㄴ. 信爲道元 아래는 뛰어난 능력을 간략히 보임이요, ㄷ. 若常信奉 아래는 갖출 대상인 행법의 지위요, ㄹ. 或有刹土 아래는 방소 없는 큰 작용이요, ㅁ. 一切如來 아래는 비유로 현묘한 종지를 비교함이다. 그러나 이 ㄱ) 다섯 문단에서 (ㄱ) 한 게송은 발심에 대해 밝힘이요, (ㄴ) 네 게송은 발심의 공덕을 밝힘이요, (ㄷ) 셋째 게송은 또한 수행도 겸함이요, 이것과 뒤의 둘은 모두 수행의 공덕이다.

[鈔] 第三亦兼修行者는 以所具行位가 行卽修行故며 位卽亦是修行之德이니 故云此及後二는 皆修行之德이니라

- '셋째 게송은 또한 수행도 겸함'이란 갖출 대상인 행법의 지위가 행법이 곧 수행인 까닭이며, 지위가 곧 또한 수행의 공덕이기도 하다. 그러므로 '이것과 뒤의 둘은 모두 수행의 공덕'이라 말한 것이다.

다) 개별로 해석하다[別釋] 5.

(가) 다섯 게송은 발심의 행상[初五頌發心行相] 2.
ㄱ. 과목 나누기[分科] (今初 10下5)

[疏] 今初, 發心行相中에 初偈는 總標요 餘文은 別顯이라 瑜伽菩薩地에 明發心에 有五種相하니 一, 自性이오 二, 行相이오 三, 所緣이오 四, 功德이오 五, 最勝이라 今文五偈에 具之하니 謂發意는 卽是正願이니 爲發心自性也오 希求菩提와 及下作有情義利는 卽行相也오 菩提와 三寶와 有情이 皆其[41]所緣이오 能攝一切菩提分法은 爲其功德이오 不求五欲等은 反顯菩薩의 所求最勝이니라

■ 지금은 (가) 발심의 행상 중에 ㄱ) 첫 게송은 총합하여 표방함이요, ㄴ) 나머지 경문은 개별로 밝힘이다.『유가사지론』제35권 보살지(菩薩地)에, "(최초로) 발심할 적에 다섯 가지 모양이 있나니, (1) 제 성품[自性]이요, (2) 행법의 양상[行相]이요, (3) 반연할 대상[所緣]이요, (4) 공덕(功德)이요, (5) 가장 훌륭함[最勝]이다"라 한 것을 밝혔다. 지금 경문의 다섯 게송에 갖추어 있으니, 말하자면 발심(發心)의 의미는 곧 (1) 바른 소원[正願]이니, 발심의 자체 성품이 됨이요, (2) '보리를 희구함'과 '아래로 유정의 뜻과 이익을 지음'은 곧 행법의 양상이요, (3) 보리(菩提)와 삼보(三寶)와 유정(有情)이 모두 그 반연할 대상이요, (4) 능히 '온갖 보리의 부분법을 포섭함'은 그 공덕이 됨이요, (5) '오욕(五欲)을 구하지 않음' 따위는 보살이 구할 대상인 가장 훌륭함인 것을 반대로 밝혔다.

[鈔] 瑜伽等者는 疏文有二하니 先, 釋科文行相之言이오 便引瑜伽하야 明具五義하니 而行相이 爲總일새 故爲科目이니라

● '유가론' 등이란 소문에 둘이 있으니 a. 과목의 행상의 말을 해석함이다. 문득『유가사지론』을 인용하여 다섯 가지 뜻을 갖춘 것을 밝혔

---

41) 其는 金本作有.

으니, 그러나 행법의 양상이 총상이 되므로 과목으로 삼은 것이다.

ㄴ. 경문을 해석하다[釋經文] 2.
ㄱ) 첫 게송은 총합 표방하다[釋初偈總標] 2.

(ㄱ) 원인과 인연의 두 가지 뜻을 전체로 설명하다[通明因緣二義] 3.
a. 소가가 직접 해석하다[疏自直釋] (言因 11上3)

6 菩薩發意求菩提가   非是無因無有緣이니
   於佛法僧生淨信일새   以是而生廣大心이니라
   보살이 뜻을 내어 보리를 구함은
   인이 없고 연이 없음이 아니니
   불·법·승에 깨끗한 믿음을 낼새
   이로써 넓고 큰 마음을 내었느니라.

[疏] 言因緣者는 謂親能發起하야 求大菩提日因이오 假之助發이 爲緣이라 因은 卽自性住性인 內熏之力이오 緣은 卽習所成性이라 又上二는 皆因이오 善友와 及境外熏은 爲緣이니라

■ 원인과 인연이라 말한 것은 이른바 직접 (마음을) 일으켜 대보리(大菩提)를 구함은 원인이라 말하고, 그것을 빌려서 일어나도록 돕는 것은 인연이라 말한다. 원인은 곧 자성에 머무른 종성인 안으로 훈습한 힘이요, 인연은 곧 익혀서 이룬 종성이다. 또한 위의 둘[自性住種姓과 習所成種姓]은 모두 원인이요, 선지식과 경계 밖에서 훈습함은 인연이라 말한다.

b. 경과 논을 인용하여 널리 해석하다[引經論廣釋] 2.
a) 유가론을 인용하여 해석하다[引瑜伽] 3.
(a) 바로 유가론을 인용하다[正引瑜伽] (瑜伽 11上5)

[疏] 瑜伽에 云, 由有四因과 四緣과 四力하야 菩薩發心하나니 四因者는 一, 種性具足이오 二, 賴佛菩薩善友攝受오 三, 多起悲心이오 四, 長時猛利하야 難行苦行하야 無所怯畏오 四緣者는 一, 見聞佛神變威力이오 二, 聞法微妙오 三, 見法欲滅이오 四, 見生受惑業苦라 四力者는 一, 自力이오 二, 他力이오 三, 因力이니 以宿習故오 四, 加行力이니 謂於現法에 親善聞法하야 修善加行故라하니라

■ 『유가사지론』(보살지 持瑜伽處發心品 제2)에 이르되, "보살의 초발심을 내는 데에는 네 가지 반연[四種緣]과 네 가지 원인[四因]과 네 가지 힘[四力]으로 말미암아서 보살이 발심하는 줄 알아야 한다. '네 가지 원인[四因]'이란 (1) 모든 보살의 종성이 두루 갖추어지는 것이요, (2) 모든 보살은 부처님과 보살인 선지식의 섭수함을 힘입게 되는 것이요, (3) (모든 중생에 대하여) 대비심을 많이 일으키는 것이요, (4) 오랜 세월 동안에 맹렬하고 날카로운 어려운 행과 괴로운 행에 대하여 겁내거나 두려워함이 없는 것이다. '네 가지 반연[四緣]'이란 (1) 모든 부처님과 모든 보살의 신통변화의 위신력이요, (2) 보리의 미묘한 바른 법을 들음이요, (3) (온갖 보살장의) 법이 장차 없어지려는 것을 봄이요, (4) (말겁末劫에 흐리고 나쁜) 중생들의 몸과 마음이 수번뇌(隨煩惱)에 괴로워하고 어지러운 것을 봄이다. '네 가지 힘[四力]'이란 (1) 자기의 힘[自力]이요, (2) 다른 이의 힘[他力]이요, (3) 원인의 힘[因力]이니 숙세에 익혔기 때문이요, (4) 더한 수행의 힘[加行力]이니, 이른바 현재의 법에

몸소 법을 잘 들어서 가행을 잘 수행하는 까닭이다"라고 하였다.

(b) 뛰어나고 하열함을 구분하다[料揀勝劣] (若具 11下1)
(c) 결론하여 본경에 속하다[結屬今經] (今經)

[疏] 若具上因緣과 及初三二力하면 當知不退오 若因二四力하면 心不堅固니 今經의 卽初及三也니라
- 만일 위의 원인과 반연 및 첫째와 셋째의 두 가지 힘[自力, 因力]을 갖추면 물러나지 않는 줄 마땅히 알라. 만일 둘째와 넷째의 힘[他力, 加行力]을 인하면 마음이 견고하지 않나니, 지금 본경의 곧 첫째와 셋째에 해당한다.

b) 경론을 함께 인용하다[雙引經論] (又起 11下3)

[疏] 又起信論과 智印經에 有七因緣하니 如彼應知니라
- 또한 『기신론』과 『지인경(智印經)』에 일곱 가지 인연이 있으니 저기와 같음을 응당히 알지니라.

c. 본경을 결론하여 보이다[結示今經] (下別 11下3)

[疏] 下別顯中에 以三因과 四緣으로 攝上諸義하니 三因者는 謂信悲智오 四緣者는 三寶衆生也니라
- ㄴ) 개별로 밝힘 중에서 세 가지 원인과 네 가지 반연으로 위의 모든 뜻을 포섭하였다. '세 가지 원인'은 이른바 (1) 믿음 (2) 대비 (3) 지

혜이고, '네 가지 반연'은 (1) 불 (2) 법 (3) 승 삼보(三寶)와 (4) 중생 을 말한다.

[鈔] 後因緣者下는 牒經하야 別釋因緣之義라 於中에 二니 先, 以義略釋이오 二, 瑜伽云下는 引文釋이라 於中에 三이니 初, 引瑜伽오 次, 引起信이오 後, 會當經이라 初中에 因緣之外에 更加四力이라 緣은 謂見聞境界요 因은 謂內心發起오 力은 謂有所幹能이라 然卽前四因을 正望發心하야 以明力用이라 自力은 卽從種性因發이오 他力은 卽是善友所攝이오 因力은 卽是多起悲心이오 加行力은 卽長時苦行이라 又四力成就를 卽名爲因이니 親能發故니라 今經卽初及三者는 文中에 無人勸故며 不言因加行故니라

● ㄴ) 後因緣者 아래는 경문을 따와서 인연의 뜻을 개별로 해석함이다. 그중에 둘이니 a) 뜻으로 간략히 해석함이요, b) 瑜伽云 아래는 논문을 인용하여 해석함이다. 그중에 셋이니 (a) 유가론을 인용하여 해석함이요, (b) 기신론을 인용한 해석이요, (c) 본경과 회통함이다. (a) 중에 원인과 반연 외에 다시 네 가지 힘을 더하였다. 반연은 이른바 경계를 보고 들음이요, 원인은 내적인 마음을 일으킴이요, 힘은 중요한 능력이 있음을 말한다. 그렇다면 앞의 네 가지 원인은 바로 발심과 대조하여 힘과 작용을 밝힌 것이다. (1) 자기의 힘은 곧 (자성의) 종성의 원인에서 나온 것이요, (2) 다른 이의 힘은 곧 선지식에게 섭수받은 것이요, (3) 원인의 힘은 곧 대부분 대비심에서 일어난 것이요, (4) 더한 수행의 힘은 곧 오랜 시간 괴로운 수행에서 나온 것이다. 또 네 가지 힘으로 성취함을 이름하여 원인이라 하였으니 직접 능히 발했기 때문이다. '지금은 본경의 첫째와 셋째에 해당한다'는 것은

경문에는 사람의 권유함이 없다는 뜻이며, '더한 수행의 힘을 인하였다'고 말하지 않았다는 뜻이다.

起信42)下는 論에 云, 信成就發心者는 依何等人하며 修何等行하야 得信成就하야 堪能發心고 所謂依不定聚衆生이 已有熏習善根力故로 信業果報하고 能起十善하야 厭生死苦하며 欲求無上菩提일새 得値諸佛하고 親承供養하야 修行信心호대 經一萬劫하야 信心成就故로 諸佛菩薩이 敎令發心하며一 或以大悲故로 能自發心하며二 或因正法欲滅하야 以護法因緣故로 能自發心하나니三 如是信心이 成就得發心者는 入正定聚하야 畢竟不退니 名住如來種中이라 正因相應이오 若有衆生이 善根微少等이오 未經一萬劫이라도 於中에 遇緣하면 亦有發心하니 所謂見佛色相而發其心하며一 或因供養衆僧而發其心하며二 或因二乘之人敎令發心하며三 或學他發心하나니上有四緣 如是等發心43)은 悉皆不定이라 遇惡因緣하면 或便退失하야 墮二乘地라하니라 智印44)도 同此하니라

● b) 又起信 아래는 경론을 함께 인용함이니 『기신론』(세 가지 발심)에 이르되, "신성취발심(信成就發心)이란 어떤 사람이 어떤 행법을 닦아야 믿음이 성취되어 능히 발심할 수 있는가 함이니, 이른바 부정취(不定聚) 중생이 선근을 훈습한 힘이 있음을 의하는 까닭에 업과 과보를 믿어 능히 십선(十善)을 일으키며, 생사의 고통을 싫어하고 무상보리(無上菩提)를 구하고자 하여 제불을 만나서 친히 받들어 공양하고 신심을 수행하여 1만 겁이 지나면 신심(信心)이 성취되는 까닭에 제불보

---

42) 起信은 南續金本作又起信.
43) 心下에 金本有者字.
44) 印下에 甲續本有經字, 南金本有經中亦三字.

살이 그들로 하여금 발심케 하며(一), 혹은 대비심(大悲心) 때문에 능히 스스로 발심케 하기도 하며(二), 혹은 정법(正法)이 멸하고자 함을 인하여 호법(護法)의 인연 때문에 능히 스스로 발심하기도 한다(三). 이와 같이 신심을 성취하여 발심한 자는 정정취(正定聚)에 들어가서 필경에 물러나지 않나니, 이를 일러 여래종(如來種) 가운데에 머물러서 바른 인(因)과 상응한다고 하느니라. 만일 어떤 중생이 선근이 미미하고 적음 등이요, 1만 겁을 지나기 전에 도중에 인연을 만나 발심하는 이도 있으니, 이른바 부처님의 모습을 뵙고 발심하는 이도 있으며(一), 혹은 여러 스님에게 공양함에 의하여 발심하는 이도 있으며(二), 혹은 이승인(二乘人)의 가르침을 인하여 발심하는 이도 있으며(三), 혹은 남에게 배워서 발심하는 이도 있나니(여기까지 네 가지 반연), 이러한 발심들은 모두가 결정되지 아니한 것이니, 나쁜 인연을 만나면 간혹 물러나서 이승(二乘)의 경지에 떨어지기도 하느니라"라고 하였다.『지인경(智印經)』⁴⁵⁾에도 이와 같은 내용이다.

(ㄴ) 본경으로 아래 반의 게송을 해석하다[正釋今經下半] (今文 12下4)

[疏] 今文中에 後半은 總以信智因으로 緣三寶境이라 信은 謂於實德能에 深忍樂欲하야 心淨爲性이니 故云淨信이라 然이나 實은 謂一切事理오 德은 謂三寶淨德이오 能은 謂世出世善이 有其力能이라 今法寶中에 已攝初後하며 亦三寶中에 皆具此三이라 體實具德하야 大用救生故라 大者는 智心으로 求大菩提오 廣者는 悲心으로 廣濟含識이니 翻彼二乘小陜心也니라

---

45) 智印經은『如來智印經』의 준말. 1권으로 吳나라 支謙이 漢譯하였다.

■ 본경의 문장 중에 아래 반의 게송[於佛法僧生淨信 以是而生廣大心]은 총합하여 믿음과 지혜의 원인으로 삼보(三寶)의 경계를 반연한다는 뜻이다. 믿음은 이른바 실법의 덕과 능력에서 즐거움과 욕구를 깊이 참아서 마음을 맑힘으로 성품을 삼았으니 그러므로 깨끗한 믿음[淨信]이라 하였다. 그러나 '실법'은 온갖 현상과 이치요, '덕'은 삼보의 청정한 덕이요, '능함'은 세간과 출세간의 선근이 그 힘과 능력이 있음을 말한다. 지금 법보 가운데에 이미 처음[實]과 나중[能]을 포섭하였으며, 또한 삼보 중에 모두 이런 셋을 구족하였다. 자체의 실법에 덕을 갖추어 큰 작용으로 중생을 구제하기 때문이다. '큼'이란 지혜의 마음으로 큰 보리를 구한다는 뜻이요, '넓음'은 대비심으로 널리 인식을 가진 중생을 다 구제한다는 뜻이니, '저 이승인들의 작고 좁은 마음을 뒤바꾼다'는 뜻이다.

[鈔] 信謂於實德等者는 唯識第六에 云, 云何爲信고 於實德能에 深忍樂欲하야 心淨爲性이오 對治不信과 樂善爲業이라此總明體業 然信差別이 略有三種하니 一, 信有實이니 謂於諸法實事理中에 深信忍故오 二, 信有德이니 謂於三寶眞淨德中에 深信樂故오 三, 信有能이니 謂於一切世出世善에 深信有力하야 能得能成하야 起希望故라하니라 釋曰, 實德能三은 卽信依處니 忍樂欲三을 如次配之니라 言能得能成者는 信己及他가 今得後成이리라 又無爲得과 有爲成故니라 論에 云, 由斯對治不信하야 彼心이 愛樂證修世出世善이라하니라 釋曰, 上釋信業하고 下欲揀別일새 故又[46)]問答이니라 論에 云, 忍은 謂勝解니 此卽信因이오 樂欲謂欲이니 卽是信果니 確陳此信의 自相是何하

---

46) 又는 南續金本作有.

라問也 豈不適言, 心淨爲性가 此猶未了彼心淨言이니 若淨이 卽心인대 應非心所오 若令心淨인대 慚等으로 何別고 心俱淨法인대 爲難亦然이로다 釋曰, 此中에 三難이니 初, 持業釋이오 次, 依主釋이오 後, 隣近釋이라 言爲難亦然者는 同前慚等何別이라 亦是心王이 俱時法故니라 論曰, 此性澄淸하야 能淨心等이라 以心勝故로 立心淨名이니 如水淸珠가 能淸濁水어니와 慚等雖善이나 非淨爲相이오 此淨爲相이니 無濫彼失이니라 又諸染法은 各別有相하니 唯有不信이 自相渾濁하고 復能混濁餘心心所가 如極穢物이 自穢穢他라 信正翻彼일새 故淨爲相也니라正義竟 有說信者는 愛樂爲相하니 應通三性인대 體應卽欲이오 又應苦集인대 非信所緣이로다此破小乘上座部也 有執호대 信者는 隨順爲相이라하니 應通三性인대 卽勝解欲이오 若印順者인대 卽勝解故며 若樂順者인대 卽是欲故니 離彼二體에 無順相故로此破大乘異師 由此하야 應知心淨是信이라하니라結也 然今疏文이 略引標釋이나 義已周備하니라

今法寶下는 以論配經이라 復有二意하니 一者, 別配니 謂法有事理하니 卽是初實也오 法有理行하니 卽出世善等이라 故是後能일새 故云今法寶中에 已攝初後니라 後, 亦三寶中에 皆具此三者는 義以前三으로 通於三寶니 如文可知니라 次, 大者下는 釋下句也라

● '믿음은 이른바 실법의 덕' 등이란 『성유식론』제6권(믿음의 심소)에 이르되, "무엇을 믿음[信]의 심소라고 하는가? 참된 존재[實]와 덕(德) 및 능력[能]을 깊이 인정하고 좋아하며 원하여 심왕을 청정히 하는 것을 체성으로 삼고, 불신(不信)을 다스리고 선(善)을 좋아하는 것을 업으로 삼는다(이것은 자체의 업을 총합하여 밝혔다). 그런데 믿음의 심소를 구별하면 대략 세 종류가 있다. (1) 참된 존재를 믿는 것이니, 일체 법

의 참된 현상[事]과 본질[理]에 대해서 깊이 믿어 인정하기 때문이다. (2) 덕이 있음을 믿는 것이니, 삼보(三寶)의 진실되고 청정한 덕을 깊이 믿고 좋아하기 때문이다. (3) 능력이 있음을 믿는 것이니, 모든 세간과 출세간의 선(善)에 대하여 힘이 있어서 능히 얻고 능히 성취한다⁴⁷⁾고 깊이 믿어서 희망을 일으키기 때문이다"라고 하였다. 해석하자면 참된 존재와 덕과 능력의 셋은 곧 믿음의 의지처이니, 인내와 즐거움과 욕구의 셋을 순서대로 배대한 것이다. '능히 얻고 능히 성취한다'고 말한 것은 자신과 남이 지금 얻고 뒤에 이룰 것을 믿는 것이다. 또한 무위법으로 얻고 유위법으로 이루기 때문이다. 논에 이르되, "그리하여 그것을 믿지 못하는 마음을 다스리고, 세간과 출세간의 선을 닦고 증득하는 것을 즐기고 좋아한다"라고 하였다. 해석하자면 위에서는 믿음의 업을 해석하였고, 아래에서 구분하려고 하므로 또한 질문하고 대답한 것이다. 논에 이르되, "인정하는 것[忍]은 뛰어난 이해[勝解]이니, 이것은 믿음의 원인이다. 좋아하여 원한다는 것[樂欲]은 욕구[欲]이니, 곧 믿음의 결과이다. 이 믿음의 심소를 확실히 말하면, 자체 모양이 어떠한가?(질문이다) 어찌 적절하게 말하지 않았던가? 심왕을 청정히 하는 것을 체성으로 한다. 이것은 아직 그 심왕이 청정하다는 것을 알지 못한다. 만약 청정한 것이 곧 심왕이라고 말하면, 마땅히 심소가 아니어야 한다. 만약 심왕을 청정하게 한다고 말하면, 참(慚)심소 등과 어떤 차이가 있는가? 심왕과 함께하는 청정법이라고 말하면 역시 힐난을 받는다"라고 하였다. 해석하자면 이 가운데 세 가지로 힐난하였으니, ① 지업석(持業釋)이요, ② 의주석(依主釋)이요,

---

47) 無爲善을 얻고 有爲善을 성취하는 것, 또는 세간의 善을 얻고 출세간의 선을 성취하는 것을 말한다. 말한다. (성유식론의 주 내용이다: 역주자 주 아래 *표시)

③ 인근석(隣近釋)이다. '역시 힐난을 받는다'라고 말한 것은 앞의 참의 심소 등과 무엇이 다른가와 같다. 또한 심왕이 함께 대상의 법이기 때문이다. 논에 이르되, "이것은 자성이 매우 맑아서, 능히 심왕 등을 청정하게 한다. 심왕이 뛰어나기 때문에 '심정(心淨)'이라는 명칭을 건립한다. 물을 맑히는 구슬[水淸珠]이 능히 탁한 물을 청정하게 하는 것과 같다. 참(慚)의 심소 등은 선(善)이긴 하지만, 청정을 자상으로 하지 않는다. 이것은 청정하게 하는 것을 자상으로 한다.⁴⁸⁾ 그것에 혼동되는 과실이 없다. 또한 모든 잡염법은 각기 따로 자상이 있다. 오직 불신(不信)만이 있어서, 자상이 혼탁하고 또한 능히 다른 심왕과 심소도 혼탁하게 한다. 매우 더러운 물건은 스스로도 더럽고 다른 것도 더럽히는 것과 같다. 믿음의 심소는 바로 그것에 뒤집어 배대한 것이기 때문에 청정함을 자상으로 한다(정의를 내림은 마친다). 어떤 이는 말한다.⁴⁹⁾ 믿음의 심소는 '즐기고 좋아하는 것을 자상으로 한다'고 말한다. 마땅히 세 가지 성품에 통해야 하고, 자체[體]가 곧 욕구하는 것이어야 한다. 또한 고제(苦諦)와 집제(集諦)는 믿음의 심소의 인식 대상이 아니어야 한다.⁵⁰⁾(이것은 소승상좌부를 논파한 내용이다). 어떤 이는 (다음과 같이) 국집하기도 한다.⁵¹⁾ 믿음의 심소는 '수순하는 것을 자상으로 한다'고 말한다. 마땅히 세 가지 성품에 통해야 하고, 곧 승해와 욕구의 심소가 되어야 한다. (이하 논주의 논파이다.) 만약 분명히 지녀서 수순한다면, 승해(勝解)의 심소이어야 하기 때문이다. 만

---

48) 논주가 믿음[信]의 심소와 慚 등의 심소의 차이점을 회통하여 답변한다.*
49) 상좌부 또는 대승의 다른 학파[異師]의 견해를 논파한다.*
50) 논주의 논파이다. 즉, 그대들의 주장대로라면 마땅히 믿음[信]의 심소는 三性에 통해야 한다. 그것은 세 가지 대상을 즐기고 좋아하기 때문이다. 그렇다면 믿음의 심소의 자체는 곧 욕구[欲]이어야 하고, 믿음의 심소에도 惡과 無記가 있을 수 없지 않겠는가? 또한 사성제를 믿을 때에 즐기고 좋아하는 것이 믿음의 심소라고 하면, 苦諦와 集諦는 믿음의 심소의 인식대상이 아니어야 한다고 비판한다.*
51) 대승의 異師 또는 대중부의 견해이다.*

약 즐겨서 수순한다면, 욕구의 심소이어야 하기 때문이다. 그 둘의 자체에서 떠나서는 수순의 모습이 없기 때문이다(이것은 대승의 異師를 타파한다). 이로 말미암아 마땅히 알라. 심왕을 청정하게 하는 것이 믿음의 심소이다(결론이다). 그러나 지금 소문이 간략히 인용하여 표방하고 해석하였지만 뜻으로는 이미 두루 구비한 것이다.

㈠ 今法寶 아래는 논문으로 경문과 배대함이다. 다시 두 가지 의미가 있으니 첫째, 개별 배대이니 이른바 법에 현상과 이치가 있으니 곧 처음의 참된 존재[實]요, 법에는 이치와 행법이 있으니 곧 출세간의 선함 등이다. 그러므로 뒤는 능력[能]이므로 말하되, "지금 법보 가운데에 이미 처음[實]과 나중[能]을 포섭한다"고 말한 것이다. '또한 삼보 중에 모두 이런 셋을 구족하였다'는 것은 뜻으로는 앞의 셋으로 삼보(三寶)와 통한다는 뜻이니, 경문과 함께하면 알 수 있으리라. ㈡ 大者 아래는 아래 구절을 해석한 내용이다.

ㄴ) 네 게송은 개별로 밝히다[釋後四偈別顯] 2.
(ㄱ) 예전 해석을 참고하여 해석하다[參古意正釋] 2.

a. 반 개의 게송을 해석하다[釋初半偈] 3.
a) 표방하다[標] (別中 14上10)

7 不求五欲及王位와　富饒自樂大名稱하고
　오욕과 왕위와 부유함과
　즐거움과 명예를 구하지 아니하고

[疏] 別中에 初, 半偈는 揀去偏僞니 謂攝眷屬過로 所不能染故라 文中에 不求五事니 求卽過故라
- ㄴ) 개별로 밝힘 중에 (ㄱ) 처음 반 개의 게송은 치우치고 거짓됨을 가려냄이다. 말하자면 권속에 포함되는 허물로는 물들일 수 없는 까닭이다. 경문 중에 다섯 가지[오욕, 왕위, 부유함, 즐거움, 명예]를 구하지 않나니, 구하면 곧 허물이 되는 까닭이다.

b) 해석하다[釋] (一若 14下1)

[疏] 一, 若求人天五欲하면 此能長貪이니 多是鬼因이오 二, 求王位하면 長瞋이니 多地獄因이오 三, 求富饒하면 長癡니 是畜生因이라 實通三塗나 各從多說이라 四, 求自樂하면 是二乘因이오 五, 求大名稱하면 若勝負心이니 是修羅因이오 若我慢心이면 是外道因이라 又以理求樂은 是人天因이오 爲王攝屬은 是魔羅因이오
- (1) 만일 인간과 천상의 오욕(五欲)을 구하면 이는 탐욕을 기름이니, 대부분 귀신의 원인이 되며, (2) 왕위를 구하면 성냄을 기름이니, 대부분 지옥의 원인이 되고, (3) 부유함을 구하면 어리석음을 기름이니, 축생의 원인이 된다. 실제로는 삼악도(三惡道)에 통하지만 각기 많은 부분을 따라 설명하였다. (4) 자신의 즐거움을 구하면 이승(二乘)의 원인이 되고, (5) 커다란 명예를 구하면 승부심(勝負心)이라면 아수라의 원인이 되고, 아만심(我慢心)이라면 외도의 원인이 된다. 또한 이치로 즐거움을 구하는 것은 인간과 천상에 태어나는 원인이요, 왕에 속하는 권속이 되려 함은 마라(魔羅)의 원인이 된다.

c) 결론하다[結成] (有二 14下6)

[疏] 有二乘心이면 目之爲偏이오 有餘心者는 名之爲僞니라
- 이승(二乘)의 마음이 있으면 '치우쳤다'고 지목하고, 나머지 마음이 있는 것은 '거짓'이라고 이름한다.

[鈔] 別中下는 上釋總偈竟하다 初, 半偈揀去偏僞者는 卽天台止觀中意라 然有二文하니 一, 當第五卷이니 明十法成乘中에 有眞正發菩提心일새 故云揀去偏僞니 故로 下疏에 云, 有二乘心者는 目之爲偏等이니라 二者, 第一卷中에 明有五略하니 謂發大心하며 修大行하며 感大果하며 裂大網하며 歸大處라 今卽第一發大心中文이라 然彼復分爲三하니 初, 方言이오 次, 揀非오 後, 顯是라 方言은 易了라 今將不求一行은 當彼揀非也오 餘文은 卽當顯是니 今初라 彼文에 云, 道亦有通有別하니 今亦揀之하야 略爲其十호리라 若心念念에 專貪瞋癡하야 攝之不還하고 拔之不出하야 日增月甚하야 起上品十惡호대 如五扇提羅者는 此發地獄心이니 行火塗道오一 若其心念念에 欲多眷屬하야 如海吞流하며 如火焚薪하야 起中品十惡을 如調達이 誘衆者는 此發畜生心이니 行血塗道오二 若其心念念에 欲得名聞이 四遠八方하야 稱揚歎詠호대 內無實德하고 虛比賢聖하야 起下品十惡을 如摩揵提者는 此發鬼心이니 行刀塗道오三 若其心念念에 欲勝於彼하야 不耐下人하고 輕他珍已를 如鵄高飛하야 下視人物코 而外揚仁義禮智信하야 起下品善心하면 行阿修羅道오四 若其心念念에 欣世間樂하야 安其臭身하고 悅其癡心하면 此起中品善心이니 行於人道오五 若其心念念에 知三惡苦多며 人間은 苦樂相間이며 天上은 純樂하고

爲天上樂하야 閉六根不出하고 六塵不入하면 此[52)]上品善心이니 行
於天道요六 若其心念念에 欲大威勢身口意業에 纔有所作에 一切弭
從하면 此發欲界主心이니 行魔羅道오七 若其心念念에 欲得利智辨
聰高才勇哲하야 鑒達六合하고 十方顓頊하면 此發世[53)]智心이니 行
尼犍道오八 若其心念念에 五塵六欲外樂은 蓋微하고 三禪之樂[54)]은
如石泉하야 其樂內熏하면 此發梵心이니 行色無色道오九 若其心念
念에 知善惡輪環을 凡夫耽湎이며 賢聖所訶라 破惡은 由淨慧오 淨慧
는 由淨禪이오 淨禪은 由淨戒하야 尙此三法을 如饑如渴하면 此發無
漏心이니 行二乘道하나니十 若心若道에 其非甚多나 略擧十耳니라結
今疏에 欲具此十非일새 故於經文에 委曲而取耳니라

● ㄴ) 別中 아래는 (개별로 밝힘이니) 이 위까지 총합적으로 게송을 해석
하여 마치고, 'a. 처음 반 개의 게송은 치우치고 거짓됨을 가려냄'이란
곧 천태지자(天台智者)대사의 『마하지관(摩訶止觀)』의 주장이다. 그런
데 두 가지 문장이 있으니, (1) 제5권에 해당하나니 '열 가지 법으로
교법을 이룬[十法成乘]' 중에 진정으로 보리심을 발함이 있으니, 그러
므로 '치우치고 거짓됨을 가려낸다'고 하였다. 그러므로 아래 소문에
이르되, '이승(二乘)의 마음이 있으면 치우쳤다고 지목한다'는 등이다.
(2) 제1권 중에 다섯 가지로 간략함이 있음을 밝혔으니, 이른바 첫째
큰 마음을 발함이요, 둘째 큰 행법을 닦음이요, 셋째 큰 과덕을 감득
함이요, 넷째 큰 그물을 찢음이요, 다섯째 큰 도량으로 돌아감이다.
지금은 '첫째 큰 마음을 발함' 중의 문장이다. 그런데 저기에 다시 셋
으로 나누었으니 (1) 사투리요, (2) 잘못을 가려냄이요, (3) 올바름

---

52) 此는 南金本作此起.
53) 世는 原續金本作勝.
54) 樂下에 原續金本有由字.

을 밝힘이다. (1) 사투리는 알기 쉬우리라. 지금은 한 가지 행법도 구하지 않음을 가진 것은 저기의 (2) 잘못을 가려냄에 해당한다. 나머지 문장은 (3) 올바름을 밝힘에 해당하나니, 지금은 (1) 사투리이다. 저 (『마하지관』의) 문장에 이르되, "도(道)에도 전체와 개별이 있으니 지금은 또한 구분하여 간략히 그 열 가지로 하였다. 만일 마음으로 생각 생각에 섭수해도 돌아오지 않고 뽑아도 나오지 않아서 날이 가고 달이 갈수록 더하고 심해져서 상품의 십악(十惡)을 일으키되 마치 다섯 가지 선제라(扇提羅)[55]와 같은 것은 여기서 지옥 같은 마음을 냄이니 불타는 진흙 길로 감이요(一), 만일 그 마음으로 생각 생각에 많은 권속을 가지기 위해 바다처럼 물을 삼키며 불처럼 나무를 태워서 중품 십악(十惡)을 일으키되 마치 조달이 대중을 유인함과 같이 하는 것은 이것은 축생 같은 마음을 일으킴이니, 피로 물든 길을 감이다(二). 만일 마음으로 생각 생각에 명예가 사방팔방에 퍼져서 찬양하고 감탄하되 안으로 실다운 덕이 없고 헛되이 현성(賢聖)과 비교하여 하품 십악(十惡)을 일으키되 마건제(摩犍提)[56]와 같은 것은 여기서 귀신의 마음을 냄이니 칼로 만든 길로 가는 것이요(三), 만일 그 마음으로 생각 생각에 저것보다 나으려고 하여 아랫사람에게 참지 않고 다른 이를 가벼이 여기고 자기를 진귀하게 하기를 솔개가 높이 날듯이 하여 인물을 아래로 보면서도 밖으로는 인, 의, 예, 지, 신(仁, 義, 禮, 智, 信)을 드날리고 하품의 착한 마음을 일으키면 아수라 갈래를 가는 것이요(四), 만일 그 마음으로 생각 생각에 세간의 즐거움을 기뻐하여 그 냄새 나는 몸을 편안히 하고 그 어리석은 마음을 기쁘게 하면 여기서 중품의 착한 마음을 일으키나니, 사람 갈래를 가는 것이요(五), 만일

---

55) 선제라(扇提羅): 석녀(石女)의 범어.
56) 마건제(摩犍提): 범어로는 Mākandika. 외도의 하나 사람 이름. (대지도론 제7권)

그 마음으로 생각 생각에 삼악도(三惡道)의 괴로움이 많음을 알며 인간은 괴로움과 즐거움이 서로 사이하며 천상은 즐거움만 있고 천상의 즐거움을 위하여 육근(六根)을 막고 나오지 않으며 육진(六塵) 경계로 들어가지 않으면 여기서 상품의 착한 마음을 일으키나니, 하늘 갈래로 갈 것이요(六), 만일 그 마음으로 생각 생각에 큰 위세를 가진 신구의업을 하려고 할 적에 겨우 할 일이 있어도 온갖 것을 순종하지 않으면 여기서 욕계(欲界)의 주인 마음을 일으키나니, 마라(魔羅)57) 갈래로 가는 것이요(七), 만일 그 마음으로 생각 생각에 날카로운 지혜와 총명한 변재와 높은 재주와 용기 있는 현인(賢人)을 얻으려 하여 육합(六合)58)을 보고 통달하고 시방에서 우러러보면 여기서 세간적 지혜로운 마음을 일으키나니, 니건도(尼犍道)59)를 가는 것이요(八), 만일 그 마음으로 생각 생각에 다섯 경계와 여섯 가지 욕구 밖의 즐거움은 덮어 작아지고 삼선천(三禪天)의 즐거움은 돌우물과 같아서 그 즐거움으로 안으로 훈습하면 여기서 범천(梵天)의 마음을 일으키나니, 색계와 무색계의 갈래를 가는 것이요(九), 만일 그 마음으로 생각 생각에 선악의 도는 바퀴에 범부가 빠짐을 알면 성현들의 꾸짖음을 받게 된다. 악을 타파함은 깨끗한 지혜를 말미암으며, 깨끗한 지혜는 청정한 선정을 말미암으며, 청정한 선정은 깨끗한 지계를 말미암기 때문에 이런 세 가지 법을 굶주린 사람처럼 숭상하면 여기서 무루(無

---

57) 마라(魔羅 Mara): 마군(魔軍), 마왕 파순(魔王波旬)을 말하고, 살자(殺者), 악자(惡者)로 번역한다.
58) 육합(六合): 천지사방을 함께 이르는 말. 또 음양가(陰陽家)는 자(子)와 축(丑), 인(寅)과 해(亥), 묘(卯)와 술(戌), 진(辰)과 유(酉), 사(巳)와 신(申), 오(午)와 미(未)가 서로 합치는 것을 육합이라 한다. 『회남자淮南子』에 보면 음력 열두 달 중에서 맹춘(孟春: 正月)과 맹추(孟秋: 7월), 중춘(仲春: 2월)과 중추(仲秋: 8월), 계춘(季春: 3월)과 계추(季秋: 9월), 맹하(孟夏: 4월)와 맹동(孟冬: 10월), 중하(仲夏: 5월)와 중동(仲冬: 11월), 계하(季夏: 6월)와 계동(季冬: 12월)을 짝지워 육합이라 하였다.
59) 니건도尼犍道: 니건자(尼犍子)는 자이나교 교조(敎祖)로 극단적인 고행(苦行)과 불살생(不殺生)을 주장하는 윤리적 엄숙주의자이며, 또한 니건자를 갖추어 말하면 니건타야제자(尼犍陀若提子)라고 한다.

漏)의 마음을 일으키나니, 이승의 갈래를 가는 것이니(+), 마음과 도에 그 잘못됨이 매우 많지만 간략히 열 가지를 거론했을 뿐이다."(결론이다) 지금 소에는 이런 열 가지 잘못을 갖추려 하는 연고로 저 문장을 자세하게 따왔을 뿐이다.

於疏文中에 分二니 先, 總明이니 卽瑜伽意오 後, 文中不求五事下는 正釋經文하야 配成十非라 然不必全爾일새 故致多言이니 以隨一煩惱하야 有三塗因故라 又但取意略明하니 但尋上引疏文하면 居然易了라 但人天因은 含其三界也라 一, 人이오 二, 欲天이오 三, 上二界라 餘文可知로다 有二乘下는 結成이니 則前九는 爲僞오 後一은 爲偏也니라

- 저 소문 중에 둘로 나누었으니 (a) 총합하여 설명함이니『유가사지론』의 주장이요, (b) 文中不求五事 아래는 경문을 바로 해석하여 열 가지 잘못을 이루어 배대한 것이다. 그러나 반드시 모두 그러한 것은 아니므로 많은 말에 이르렀으니, 한 가지 번뇌를 따라서 삼악도(三惡道)의 원인이 있게 되기 때문이다. 또한 단지 의미만 취하여 간략히 설명하였으니 다만 위에서 인용한 소문을 찾아보면 자연히 알기 쉬우리라. 단순히 인간과 천상의 원인은 그 삼계(三界)를 포함하고 있나니, (1) 사람이요, (2) 욕계 하늘이요, (3) 색계와 무색계이다. 나머지 경문은 알 수 있으리라. ㉢ 有二乘 아래는 결론함이니, 앞의 아홉은 '거짓'이 되고 뒤의 하나는 '치우침'이 된다.

b. 세 개 반의 게송을 해석하다[釋三偈半] (後三 16下10)

7-1 但爲永滅衆生苦하여 利益世間而發心이니라
다만 길이 중생의 고통를 멸하여
세간을 이익되게 하려 발심하나니라.

8 常欲利樂諸衆生하여 莊嚴國土供養佛하며
受持正法修諸智하여 證菩提故而發心이니라
늘 모든 중생 이익되고 즐겁게 하고자
국토를 장엄하고 부처님을 공양하며
바른 법 받아 지니고 모든 지혜 닦아서
보리를 증득한 연고로 발심하나니라.

9 深心信解常淸淨하여 恭敬尊重一切佛하며
於法及僧亦如是하여 至誠供養而發心이니라
믿고 이해하는 깊은 마음 늘 청정해
모든 부처님을 공경하고 존중하며
법과 스님들께도 또한 그러하여
지성으로 공양하려 발심하나니라.

10 深信於佛及佛法하고 亦信佛子所行道하며
及信無上大菩提하여 菩薩以是初發心이니라
부처님과 부처님 법 깊이 믿고
불자들이 행하는 도리 또한 믿으며
위없는 큰 보리를 믿어서
보살이 이로써 처음 발심하나니라.

[疏] 後, 三偈半은 直顯眞正하야 別釋因緣이라 於中에 初偈는 悲因으로 下救니 嚴土供佛이 亦爲調生故라 滅苦는 是悲오 利樂은 是慈라 次, 一偈半은 大智上供이니 上二不二가 爲眞正發心이라 後偈는 總結成信이며 兼信因行이라 其中에 對上四因四緣이니 可以意得이니라

■ b. 세 개 반의 게송은 진실하고 바른 것을 밝혀서 원인과 반연을 개별로 해석하였다. 그중에 (a) 첫 게송은 대비의 원인으로 아래로 구제함이니 국토를 장엄함과 부처님께 공양 올림이 또한 중생을 조화하기 위한 까닭이다. '고통을 멸함'은 대비요, (세간을) '이롭고 즐겁게 함'은 인자함이다. (b) 한 개 반의 게송은 큰 지혜로 위로 공양 올림이니 위의 둘이 둘 아닌 것이 진정한 발심이다. (c) 뒤 게송[深信--]은 총합하여 믿음으로 결론함이며, 겸하여 인행을 믿는 것이다. 그중에 위의 네 가지 원인과 네 가지 반연을 상대하였으니 생각으로 얻을 수 있을 것이다.

[鈔] 其中對上等者는 深心信解와 及深信諸佛及佛法은 卽第一, 種性具足因이오 恭敬尊重一切佛은 卽第二, 賴佛菩薩攝受因이오 以恭敬故오 但爲永滅衆生苦는 卽第三, 多起悲心也오 常欲利樂諸衆生莊嚴國土供養佛은 卽第四, 長時猛利難行苦行也니 四因具矣니라 言四緣者는 恭敬尊重一切佛者는 以見聞神變威力故니 卽第一緣이오 受持正法修諸智者는 以聞法微妙故니 卽第二緣이오 又受持正法者는 見法欲滅故니 卽第三緣이오 但爲永滅衆生苦者는 卽見生受惑業苦니 是第四緣이라 見苦卽緣이오 長悲卽因이니 故雖一文이나 因緣具足이라 此中에 四力은 不具일새 故不會之니라

● '그중에 위의 네 가지 원인 등을 상대한다'는 것은 '믿고 이해하는 깊

은 마음(제9 게송)과 부처님과 부처님 법 깊이 믿음(제10 게송)은 곧 (1) 종성을 구족한 원인이요, 모든 부처님을 공경하고 존중함(제9 게송)은 곧 (2) 불보살인 선지식의 섭수함을 힘입은 원인이요 공경하기 때문(제9 게송)이요, 다만 깊이 중생의 고통을 멸하기 위함(제7-1 게송)은 곧 (3) 자주 대비심을 많이 일으킴이요, 늘 모든 중생을 이롭고 즐겁게 함(제8 게송)과 국토를 장엄하고 부처님을 공양함(제8 게송)은 곧 (4) 오랜 세월 동안 맹렬하고 날카로운 어려운 수행과 고행하심이니, 네 가지 원인이 구족됨이다. '네 가지 반연'을 말한 것은 모든 부처님을 공경하고 존중함(제9 게송)은 신통변화와 위신력을 보고 들은 까닭이니, 첫째 반연이요, 바른 법 받아 지니고 모든 지혜 닦음(제8 게송)은 법의 미묘함을 들은 까닭이니 둘째 반연이요, 또한 바른 법 받아 지님(제8 게송)은 법이 멸하려 함을 보았기 때문이니 곧 셋째 반연이요, 다만 길이 중생의 고통을 멸하기 위함(제7-1 게송)은 태어나서 번뇌와 업과 고통받음을 보았기 때문이니 넷째 반연에 해당한다. 고통을 보는 것이 반연이요, 오랜 시간 대비심 일으킴이 곧 원인이다. 그러므로 비록 경문은 하나지만 원인과 반연을 구족한 것이다. 이 가운데 네 가지 힘은 갖추지 않았으므로 회통하지 않았다.

(ㄴ) 새로운 의미를 잡아 거듭 해석하다[約新意重釋] 5.
a. 경문을 거듭 이해하다[重解經文] (又上 17下5)

[疏] 又上從不求五欲下는 卽顯信心之德이라 故로 瓔珞經에 云, 修十信心에 須具十德이라하나니 今文에 並具나 但不次耳라 一, 遭苦能忍은 卽前反顯이오 二, 正顯中에 初二句는 卽慈悲深厚오 三, 次句와 及

莊嚴國土는 卽修習善根이니 謂利他善과 及淨土因故라 四, 有三字하니 卽供養諸佛이오 五, 受持一句니 志求勝法이오 六, 證菩提故는 卽求佛智慧오 七, 一句니 卽深心平等이오 八, 次二句는 卽親近善友오 九, 次二句는 卽心常柔和니 謂至誠供養하야 柔和善順於佛法故오 十, 有二句는 卽愛樂大乘이니 十德備矣니라

■ 또한 위의 不求五欲(제7게송)부터 아래는 곧 믿음의 심소의 공덕을 밝힌 내용이다. 그러므로 『보살영락경』에 이르되, "십신의 마음을 닦으려면 모름지기 열 가지 덕을 갖추어야 된다"라고 하였으니 지금 본경에도 아울러 갖추었지만 단지 차례가 맞지 않을 뿐이다. (1) 고통을 만나도 잘 참는 것은 곧 앞과 반대로 밝힘이요, (2) 바로 밝힘 중에 처음 두 구절[但爲永滅- 利益世間-]은 곧 자비가 깊고 두터움이요, (3) 다음 구절[常欲利樂-]과 국토를 장엄함은 선근을 닦고 익힘이니 이른바 남을 이롭게 하는 선함과 정토의 원인인 까닭이다. (4) 세 글자[供養佛]가 있으니 곧 모든 부처님께 공양함이요, (5) 받아 지니는 한 구절이니, 뜻 두어 뛰어난 불법을 구함이요, (6) 보리를 증득한 까닭은 곧 부처님의 지혜를 구하는 것이요, (7) 한 구절[深心信解]이니 곧 깊은 마음이 평등함이요, (8) 다음 두 구절[恭敬尊重- 於法及僧-]은 선지식을 친근함이요, (9) 다음 두 구절[至誠供養- 深信於佛-]은 곧 마음이 항상 부드럽고 화합함이다. 이른바 지성으로 공양하여 불법에 대해 부드럽고 화합하고 착하고 순종하기 때문이다. (10) 두 구절[亦信佛子- 及信無上-]은 대승을 사랑하고 즐거워함이니 열 가지 덕을 구비한 것이다.

[鈔] 又上從不求五欲下는 重解經文이니 以上來所釋은 參古德意오 此

下는 一向新意오 不干舊解라 文自有五하니 一, 約信德이오 二, 約菩提意오 三, 約佛性이오 四, 約四弘이오 五, 結歸眞正이라 今初에 則經文五偈를 應分爲二니 初一偈는 標信發心이오 後四偈는 彰信之德이라 今文並具等者는 彼經次에 云, 一, 親近善友오 二, 供養諸佛이오 三, 修習善根이오 四者, 志求勝法이오 五, 心常柔和오 六, 遭苦能忍이오 七, 慈悲深厚오 八, 深心平等이오 九, 愛樂大乘이오 十, 求佛智慧라하니라 四, 有三字者는 以供養佛은 字全同故니라

- a. 又上從不求 아래는 경문을 거듭 이해함이니 여기까지 해석한 내용은 예전 해석을 참고한 것이요, 여기 아래는 한결같이 새로운 해석이요, 예전 해석에 구애받지 않은 내용이다. 경문에 자연히 다섯이 있으니 (1) 믿음의 덕을 잡은 해석이요, (2) 보리의 의미를 잡은 해석이요, (3) 불성을 잡은 해석이요, (4) 사홍서원을 잡은 해석이요, (5) 진여정법에 돌아옴으로 결론함이다. 지금은 (1)에서 경문의 다섯 게송을 응당히 둘로 나누리니, 가. 처음 한 게송(제7, 不求五欲-)은 믿음과 발심을 표방함이요, 나. 뒤의 네 게송[7-1 게송부터 但爲永滅-]은 믿음의 공덕을 밝힘이다. '지금 경문에 아울러 갖춘' 등이란 저 경문의 순서로 말하면, "첫째, 선지식을 친근함, 둘째, 부처님께 공양함, 셋째, 선근을 닦고 익힘, 넷째, 뜻 두어 뛰어난 법을 구함, 다섯째, 마음이 항상 부드럽고 화합함, 여섯째, 고통을 만나 잘 참음, 일곱째, 자비가 깊고 두터움, 여덟째, 깊은 마음이 평등함, 아홉째, 대승법을 사랑하고 즐거워함, 열째, 부처님의 지혜를 구함이다"라고 하였다. '(4) 세 글자가 있다'는 것은 공양불(供養佛)은 글자가 완전히 같기 때문이다.

b. 보리의 의미를 설명하다[明菩提意] (又此 18下1)

[疏] 又此十德은 卽求菩提之意니 下經에 休舍가 云,⁶⁰⁾ 欲敎化調伏一切 衆生盡無餘故로 發菩提心等이라하니라

■ 또한 이런 열 가지 덕은 곧 보리를 구하는 의미이니 아래 경문에서 휴사(休舍, 제8 선지식)우바이가 말하되, "모든 중생을 다 교화하고 조복하여 남음이 없게 하려고 보리심을 내는 등이다"라고 하였다.

[鈔] 又此十德下는 二, 明菩提意라 而云發菩提心等者는 彼廣有文이어니와 略擧十四하야 廣結無邊호리라 今但擧一하야 以等十三이니 謂二는 欲承事供養一切諸佛悉無餘故로 發菩提心이니 其悉無餘下八字가 一一皆有니라 三, 欲嚴淨一切諸佛國土오 四, 欲護持一切諸佛正敎오 五, 欲成滿一切如來誓願이오 六, 欲往一切諸佛國土오 七, 欲入一切諸佛衆會오 八, 欲知一切⁶¹⁾世界中諸劫次第오 九, 欲知一切衆生心海오 十, 欲知一切衆生根海오 十一, 欲知一切衆生業海오 十二, 欲知一切衆生行海오 十三, 欲滅一切衆生煩惱海오 十四, 欲拔一切衆生煩惱習氣海悉無餘故로 發菩提心이니라 善男子야 以要言之컨대 菩薩이 以如是等百萬阿僧祇方便行故로 發菩提心이니라 善男子야 菩薩行이 普入一切法하야 皆證得故며 普入一切刹하야 悉嚴淨故라 是故로 善男子야 嚴淨一切世界盡하야사 我願乃盡이오 拔一切衆生煩惱習氣盡하야사 我願乃滿이라하시니라 釋曰, 上皆菩提心所爲也니 對今經文하면 可以意得이니라

---

60) 이는 入法界品 제39의 ⑤에 나오는 休舍優婆夷의 發菩提心에 대한 설법이다. (교재 권4 p.114-)
61) 切下에 續金本有諸佛二字, 經原南本無.

● b. 又此十德 아래는 보리를 구하려는 의미를 설명함이다. 그래서 '보리심을 내었다'는 등은 저기에 널리 경문이 있거니와 간략히 14가지를 거론하여 끝없음에 대해 결론함이다. 지금은 단지 하나를 거론하여 13가지와 같음이니 이른바 둘째, 모든 부처님을 다 섬기고 공양하여 남음이 없게 하려고 보리심을 내며, 그 悉無餘 아래 여덟 글자가 낱낱이 다 있는 것이다. 셋째, 모든 부처님의 국토를 다 깨끗이 장엄하기 위함이며, 넷째, 모든 부처님의 바른 가르침을 다 보호하고 지니기 위함이며, 다섯째, 모든 여래의 서원을 다 성취하기 위함이며, 여섯째, 모든 부처님 국토에 모두 가려고 하기 위함이며, 일곱째, 모든 부처님의 대중 모임에 다 들어가기 위함이며, 여덟째, 모든 세계의 여러 겁의 차례를 다 알기 위함이며, 아홉째, 모든 중생의 마음 바다를 다 알기 위함이며, 열째, 모든 중생의 근성 바다를 다 알기 위함이며, 열한째, 모든 중생의 업 바다를 다 알기 위함이며, 열두째, 모든 중생의 수행 바다를 다 알기 위함이며, 열셋째, 모든 중생의 번뇌 바다를 다 멸하기 위함이며, 열넷째, 모든 중생의 번뇌 습기 바다를 다 빼내려고 보리심을 내느니라. 착한 남자여, 중요한 것을 추려서 말하면 보살은 이러한 등 백만 아승지 방편의 행을 하기 위하여 보리심을 내느니라. 착한 남자여, 보살의 행은 모든 법에 두루 들어가서 다 증득하려는 연고며, 모든 세계에 두루 들어가서 다 깨끗이 장엄하려는 연고니라. 착한 남자여, 그러기에 온갖 세계를 깨끗이 장엄하여 마치면 나의 서원이 비로소 마칠 것이며, 모든 중생의 번뇌 습기를 뽑아 끝내면 나의 서원도 만족할 것이니라라고 하였다. 해석하자면 위는 모두 보리심의 역할이니 본경과 대조하면 의미를 알 수 있으리라.

c. 불성의 뜻을 잡아 해석하다[約佛性義] (又末 20上3)

[疏] 又末後偈에 初句는 卽自性住佛性이니 以信心佛衆生이 無差別故로 方是眞法이니 可謂深信이라 次句는 卽引出佛性이오 後句는 卽至得果性이니라

■ 또한 마지막 게송(제10 게송)에서 첫 구절[深信於佛及佛法]은 자성에 머무른 부처 종성이니, 마음과 부처와 중생이 차별이 없음을 믿는 연고로 바야흐로 참된 법이니 깊은 믿음이라 말할 수 있다. 다음 구절[亦信佛子所行道]은 곧 부처 종성에서 이끌어 냄이요, 뒤 구절[及信無上大菩提]은 곧 나아가 과덕의 성품을 얻는 것이다.

[鈔] 又末後下는 三, 約佛性이니 卽隨難重顯種性具足三佛性義라 卽佛性論第二卷의 第三, 顯體分三因品이니 論에 云, 復次佛性에 體有三種하니 三性所攝義를 應知니라 三種者는 所謂三因과 三種佛性이라 三因者는 一, 應得因이오 二, 加行因이오 三, 圓滿因이라 初卽二空所顯眞如니 由此하야 應得菩提心하며 乃至道後法身故라 二, 加行因者는 謂菩提心이 由此心故로 得三十七品과 十度十地와 乃至道後法身이라 三, 圓滿因者는 卽加行因이니 由此故로 得一切圓滿이니라 三種佛性者는 應得因中에 具有三性하니 一, 住自性性이오 二, 引出性이오 三, 至得果性이라하니라 釋曰, 住自性者는 謂道前凡夫位오 引出性者는 從發心已上으로 窮有學聖位오 至得果性者는 無學聖位니라

● c. 又末後 아래는 불성의 뜻을 잡아 해석함이니 곧 힐난을 따라 종성에 세 가지 불성을 구족한 뜻을 거듭 밝힌 내용이다. 『불성론(佛性

論)』제2권의 제3. 체성을 밝힌 부분에서 삼인품(三因品)이다. 논에 이르되, "다시 불성이 세 가지 체(體)가 있으니, 세 가지 성품에 섭수[攝]되어 있는 이치를 알아야 한다. 세 가지란, 이른바 세 가지 원인[三因]으로 된 세 가지 불성(佛性)이 그것이다. '세 가지 원인'이란, (1) 응당히 얻는 원인이요, (2) 가행하는 원인이요, (3) 원만케 하는 원인이다. (1) '응당히 얻는 원인'이란, 두 가지 공[二空]에서 나타난 진여(眞如)이니, 이 〈공〉으로 말미암아 보리심(菩提心)과 또한 가행과 내지 도후(道後= 實道를 증득한 뒤의 지위)의 법신을 얻기 때문에 응당히 얻는 원인이라고 일컫는 것이요, (2) 가행하는 원인[原因]이란 이른바 보리심(菩提心)이 그것이다. 이 마음으로 말미암아 서른일곱 가지 도품과 십지(十地)와 십바라밀(十波羅密) 등의 도를 돕는 법과 또한 도후(道後)의 법신을 얻을 수 있기 때문에 이를 가행(加行)하는 원인이라고 일컫는 것이다. (3) 원만케 하는 원인이란 가행이 바로 그것이다. 이 가행으로 말미암아 온갖 원만함[62]을 얻게 된다. '세 가지 불성'이란, 응당히 얻는 원인 가운데에 세 가지 성품을 갖춰 있는지라 ① 자성(自性)에 머무는 성품이고, ② 성품을 끌어내는 것이고, ③ 성품을 얻는 데에 이르는 것이다"라고 하였다. 해석하자면 자성에 머뭄이란 도전(道前= 실도를 얻기 전의 자리를 말함)의 범부 지위를 이르는 것이고, 성품을 끌어내는 것이란 발심으로부터 그 이상 궁극의 배움이 있는 성인의 지위이고, 성품을 얻는 데에 이르는 것이란 배울 것이 없는 성인의 자리이다.

---

62) 『불성론』제2권에는 이어서 "원인의 원만함과 또는 결과의 원만함을 얻기 때문이다. 원인의 원만함이란 복덕과 지혜의 행을 이르는 것이고, 결과의 원만함이란 지덕(智德)과 단덕(斷德)과 은덕(恩德)을 이르는 것이니, 이 세 가지 원인 가운데 전자의 하나는 함이 없는 진여의 이치[無爲如理]로써 그 체를 삼고, 후자의 둘은 함이 있는 원행[有爲願行]으로써 그 체를 삼으며"라는 내용이 있다.

d. 사홍서원을 잡아 해석하다[約四弘] (又文 20上3)

[疏] 又文有四弘하니 可以意得이니라
- 또한 경문에 사홍서원이 있으니 의미를 얻을 수 있으리라.

[鈔] 又文有四弘等者는 四는 約四弘也라 文中에 不求五欲等은 卽顯煩惱無邊誓願斷이오 但爲永滅衆生苦는 卽衆生無邊誓願度오 受持正法修諸智는 卽法門無盡誓願學이오 證菩提故는 卽佛道無上誓願成이니 故四具矣로다
- d. '또한 경문에 사홍서원이 있다'는 등은 사홍서원을 잡아 해석함이다. 경문 중에 '오욕을 구하지 않는다(제7 게송)'는 따위는 곧 끝없는 번뇌를 맹세코 끊을 것을 밝힘이요, '다만 길이 중생의 고통을 멸하기 위함(제7 게송)'은 다함없는 중생을 맹세코 제도함이요, '바른 법 받아 지니고 모든 지혜 닦음(제8 게송)'은 곧 한량없는 법문을 맹세코 다 배우는 것이요, '보리를 증득한 연고(제8 게송)'는 위없는 불도를 맹세코 이루는 것이니 사홍서원을 구족함이 되었다.

e. 진정한 보리심으로 결론하여 돌아가다[結歸眞正] (又上 20上8)

[疏] 又上에 云深心信解常淸淨者는 與理相應하야사 方曰深心이라 若昔染이 今淨인대 淨則必始라 始卽必終이니 非常淨[63]也라 信煩惱卽菩提하야사 方爲常淨이니 由稱本性而發心故라 本來是佛이오 更無所進이 如在虛空이어니 退至何所리오 慨衆生之迷此하야 起同體大悲하

---

63) 淨은 續金本作信.

고 悼昔不知하야 誓期當證이니라 有悲故로 不爲無邊所寂하고 有智故로 不爲有邊所動이오 不動不寂하야 直入中道하나니 是謂眞正發菩提心이니라

■ 또한 위에서 말한 '믿고 이해하는 깊은 마음 늘 청정하다(제9 게송)'는 것은 이치와 서로 응해야만 비로소 깊은 마음이라 말하는 것이다. 만일 예전에 물든 것이 지금 깨끗해진다면, 깨끗함은 반드시 시작함이다. 시작함은 반드시 끝이 있으니 항상 청정함은 아니다. 번뇌가 곧 보리임을 믿어야만 비로소 항상 청정함이니 본래 성품과 칭합함으로 말미암아 발심했기 때문이다. 본래로 부처요, 다시 나아갈 곳이 없음은 마치 텅 빈 하늘에 있는데 물러나 어느 곳으로 가겠는가? 중생들이 여기에 미혹함을 슬퍼하여 동체대비심(同體大悲心)을 일으키고, 예전에 알지 못한 것을 안타까워하여 맹세코 미래에 증득할 기약을 하는 것이다. 대비가 있는 연고로 끝없이 고요할 대상이 되지 않는다. 움직이지도 않고 고요하지도 않아서 바로 중도(中道)에 들어가나니, 이것을 일러 '진정으로 보리심을 낸다'고 말하는 것이다.

[鈔] 又上云等下는 五, 結歸眞正이라 於中에 二니 先은 顯眞正菩提心體오 後, 正結歸라 前中意에 有其三意하니 初, 約三心菩提오 二, 約三觀이오 三, 約四弘이라 今初에 明大智心이오 次, 慨衆生迷此下는 大悲心이오 後, 悼昔不知下는 大願心이라 卽菩提心燈에 大悲爲油하고 大願爲炷하고 大智爲光하야 光照法界니 故上如次卽直心과 大悲心과 深心也라 二, 約三觀者는 悲願은 是⁶⁴⁾假觀이오 前大智心中에 直明本性淸淨은 卽是空觀이오 煩惱卽菩提本來是佛은 卽中道觀이오

---

64) 是는 南金本作爲.

三, 約四弘者는 初는 通立理니 以是圓敎四弘일새 故稱性明之라 次,
信煩惱卽菩提下는 別顯四弘이니 初는 卽煩惱無邊誓願斷이오 二,
由稱本性而發心故下는 卽佛道無上誓願成이오 三, 慨衆生迷此下
는 衆生無邊誓願度오 四, 悼昔不知下는 法門無盡誓願學이라 此明
四弘은 卽指上四弘이니 上但指文이오 今將深心之言하야 會通此四
하야 令圓妙耳니라

- e. 又上云等 아래는 진정한 보리심으로 결론하여 돌아감이다. 그중에 둘이니 (a) 진정한 보리심의 체성을 밝힘이요, (b) 바로 결론하고 돌아감이다. (a) 중에 세 가지 의미가 있으니 ㊀ 세 가지 마음의 보리를 잡은 해석이요, ㊁ 세 가지 관법을 잡은 해석이요, ㊂ 사홍서원을 잡은 해석이다. 지금은 ㊀에서 ① 크게 지혜로운 마음을 설명함이요, ② 慨衆生迷此 아래는 대비심을 설명함이요, ③ 悼昔不知 아래는 큰 서원의 마음을 설명함이다. 곧 보리심의 등불에는 대비심이 기름이 되고, 큰 서원은 심지가 되고, 큰 지혜는 광명이 되어서 광명으로 법계를 비춘다. 그러므로 위에서 순서대로 정직한 마음, 대비의 마음, 깊은 마음이라 함과 같다. (2) 세 가지 관법을 잡은 것은 대비 외 서원은 가관(假觀)이요, 앞의 큰 지혜의 마음 중에 바로 본성이 청정함을 설명함은 공관(空觀)이요, 번뇌가 곧 보리여서 본래로 부처인 것은 중도관(中道觀)이다. (3) 사홍서원을 잡은 것은 (가) 통틀어 이치를 세움이니 바로 원교의 사홍서원인 연고로 성품과 칭합하여 설명하였다. (나) 信煩惱卽菩提 아래는 사홍서원을 개별로 밝힘이니 (ㄱ) 끝없는 번뇌를 맹세코 끊음이요, (ㄴ) 由稱本性而發心故 아래는 위없는 불도를 맹세코 이룸이요, (ㄷ) 慨衆生迷此 아래는 끝없는 중생을 맹세코 제도함이요, (ㄹ) 悼昔不知 아래는 다함없는 법문을 맹세코

배우기를 원함이다. 여기서 사홍서원을 설명함은 곧 위의 사홍서원을 지적함이니 위에는 다만 경문만 지적하였고, 지금은 깊은 마음이란 말을 가지고 이 넷과 회통하여 하여금 원만하고 미묘하게 한 것이다.

有悲故下는 二, 正結歸니 謂上雖多義나 不出悲智일새 故今結之니 卽結上疏文과 及經文耳라 故止觀第五에 明十法成乘中에 第二, 眞正發菩提心云호대 旣深識不思議境의 一苦一切苦하니 自悲昔苦로 起惑耽湎이라하며 乃至云, 思惟彼我하고 鯁痛自他하야 卽起大悲하야 興兩誓願하니 衆生無邊誓願度와 煩惱無邊誓願斷이라 衆生이 雖如虛空이나 誓度如空之衆生이오 雖知煩惱無所有나 誓斷無所有之煩惱하며上二卽空觀 雖知衆生甚多나 而度甚[65)]多之衆生하며 雖知煩惱無邊底나 而斷無邊底之煩惱하며假觀 雖知衆生如佛이나 而度如佛之衆生하며 雖知煩惱如實相이나 而斷如實相之煩惱라中觀 何者오 若但拔苦因하고 不[66)]拔苦果하면 此誓는 雜毒이니 故須觀空이라 若偏觀空하면 則不見衆生可度니 是名着空者며 諸佛所不化라 若偏見衆生可度하면 卽墮愛見大悲오 非解脫道라 今則非毒非僞일새 故名爲眞이오 非空邊非有邊일새 故名爲正이라 如鳥飛空에 終不住空이며 雖不住空이나 跡不可尋이오 雖空而度며 雖度而空이니 是故로 誓與虛空共鬪라 故名眞正發菩提心이라하니라 釋曰, 此上에 釋須三觀所以니라

- (b) 有悲故 아래는 바로 결론하고 돌아감이니 이른바 위에서는 비록 많은 뜻이 있지만 자비와 지혜에서 벗어나지 않으므로 지금 결론하

---

65) 甚은 原南金本作多. 耽 즐길 탐. 湎 빠질 면. 鯁 생선뼈 경.
66) 不은 原南金本無, 甲續本有 與摩訶止觀合.

였으니 곧 위의 소문과 경문을 결론한 내용이다. 그러므로 『마하지관』 제5권에 '열 가지 법으로 교법을 완성함[十法成乘]'을 설명한 중에 제2 진정으로 보리심을 내어 말하되, "이미 불가사의한 경계의 하나가 괴로우면 모두가 괴로움을 깊이 인식하였으니 예전의 고통에 번뇌를 일으켜 빠진 것을 슬퍼함으로부터이다"라고 하였으며, 나아가 말하되, "저와 나를 사유하고 나와 남을 아파하여 곧 대비심을 일으켜서 두 가지 서원을 일으키나니 끝없는 중생을 제도하기를 서원함과 끝없는 번뇌를 끊게 되기를 서원함이다. 중생이 비록 허공과 같지만 공과 같은 중생 제도하기를 서원함이요, 비록 번뇌가 없는 줄 알지만 가지고 있지 않은 번뇌를 끊기를 서원하며(위의 둘은 공관이다), 비록 중생이 매우 많은 줄 알지만 그 많은 중생을 제도하며, 비록 번뇌가 끝이 없음을 알지만 그 끝없는 번뇌를 끊으며(가관이다), 비록 중생이 부처와 같은 줄 알지만 부처와 같은 중생을 제도하며, 비록 번뇌가 실상과 같은 줄 알지만 실상과 같은 번뇌를 끊는 것이다(중도관이다). 무슨 까닭인가? 만일 단지 고통의 원인만 빼내고 고통의 결과를 빼내지 않으면 이런 서원은 독이 섞인 것이니 그러므로 공을 관찰해야 한다. 만일 치우쳐 공을 관찰하면 제도할 만한 중생을 발견하지 못하나니 이를 이름하여 '공에 집착한 이[着空者]'라 하나니 부처님도 교화하지 못한다. 만일 제도할 만한 중생이라고 치우쳐 보면 곧 애견대비(愛見大悲)에 떨어짐이요, 해탈도(解脫道)가 아니다. 지금은 독이나 거짓이 아니므로 '참되다'고 이름하고, 공의 쪽도 유의 쪽도 아니므로 '바르다'고 이름한 것이다. 새가 허공을 날 적에 끝내 허공에 머물지는 않음과 같으며, 비록 허공에 머물지 않지만 자취를 찾을 수가 없고, 비록 공이지만 제도하며 비록 제도하지만 공인 것이니, 이런 연고로 허공과 더불어 함께 싸우기를 서원함이다. 그러므로 '진정으로 보리심을 낸다'고 말한다. 해석하자면 이 위에 세 가지 관법을 하는 이유를 해석하였다.

又云호대 又識不思議心과 一樂心과 一切樂心하니 我及衆生을 昔雖求樂이나 不知樂因이 如執瓦礫하야 謂如意珠하고 妄指螢光하야 呼爲日月이라 今方始解일새 故起大悲하야 興兩誓願하나니 謂法門無盡誓願知와 無上佛道誓願成이라 雖知法門이 永寂如空이나 誓願修行永寂하며 雖知菩提無所有나 無所有中에 吾故求之하며 上即空觀 雖知法門이 如空無所有나 而有誓願이 畫繪로 莊嚴虛空하며 雖知佛道非成所成이나 如空中種樹하야 使得花果하며 名假觀也 雖知法門과 及佛果가 非修非不修이며 非證得非不證得이나 以無所證으로 而證而得이라 中觀 是名非僞非毒이니 名之爲眞이오 非空非愛見이니 名之爲正이라 如是慈悲誓願이 與不思議境智로 非前非後며 同時俱起일새 慈悲即智慧오 智慧即慈悲라 無緣無念하야 普覆一切하야 任運拔苦하며 自然與樂일새 不同毒害며 不同但空이며 不同愛見이니 是名眞正發菩提心이라하니라 釋曰, 但觀上所引之文하면 疏文은 居然易了니 即撮其大意하야 而爲此疏하야 顯經深玄이라 然이나 此經上下에 菩提心義가 文理淵博일새 見其撮略하야 故取而用之하야 引而證之니라

● 또 말하되, "또한 부사의한 마음과 혼자 즐거운 마음과 모두가 즐거운 마음을 인식하였으니 나와 중생은 예전에 비록 즐거움을 구하였지만 즐거움의 원인이 마치 기와나 조약돌을 잡고서 여의주라 말함과 같고, 망녕되이 반딧불을 가리켜 해와 달이라 외침과 같다. 지금 비로소 처음 알았으므로 대비심을 일으켜서 두 가지 서원을 일으켰

으니 이른바 다함없는 법문 알기를 서원함과 위없는 불도를 이루기를 서원함이다. 비록 법문이 영원히 고요하고 공과 같은 줄 알지만 수행하여 영원히 고요하기를 서원하며, 비록 보리가 없는 줄 알지만 없는 가운데 〈나〉인 연고로 구하며(위는 공관이다), 비록 법문이 공하여 없는 줄 알지만 서원함이 있어서 그림을 그려서 허공을 장엄하며, 비록 불도가 이루고 이룰 대상이 아님을 알지만 허공에 나무를 심어서 하여금 꽃과 과실을 얻게 함과 같다(가관이라 이름한다). 비록 법문과 부처님 과덕이 닦는 것도 아니요 닦지 않음도 아닌 줄 알며 증득함도 아니요 증득하지 못함도 아닌 줄 알지만 증득할 대상이 없음으로 증하고 얻나니(중도관), 이것은 거짓도 아니요 독함도 아니니 '진실하다'고 이름하고, 공함도 아니요 애견도 아니니 '바르다'고 이름한다. 이렇게 자비로 서원함이 불가사의한 경계 지혜로 더불어 앞도 아니며 뒤도 아니며 동시에 함께 일어나므로 자비가 곧 지혜요 지혜가 곧 자비인 것이다. 인연도 없고 생각도 없어서 널리 모두를 덮어서 마음대로 고통을 빼내며, 자연히 즐거움을 주기 때문에 독하거나 해침과 같지 않으며, 단순한 공과도 다르며 애견과 다르나니, 이것을 이름하여 '진정으로 보리심을 낸다'고 말한다"라고 하였다. 해석하자면 단지 위에서 인용한 경문을 관찰해 보면 소문은 자연히 알기 쉬우리니 곧 그 대의(大意)를 간추려서 여기의 소를 삼아서 경문의 깊고 현묘함을 밝힌 것이다. 그러나 이 경문이 위와 아래에 보리심의 뜻이 문장과 이치가 연못처럼 넓으므로 그 간추려 요약함을 보고서 짐짓 취하여 사용하고 인용하여 증명한 것이다.

(나) 일곱 게송은 믿음의 뛰어난 공능을 보이다[次七頌略示勝能] 2.

ㄱ. 과목 나누기[分科] (第二 23上3)

[疏] 第二, 信爲道元下의 七頌은 略示勝能이라 於中에 初一頌은 總標요 次五頌은 別釋이오 後一頌은 總結이라

■ (나) 信爲道元 아래 일곱 게송은 뛰어난 능력을 간략히 보임이다. 그 중에 ㄱ) 처음 한 게송은 총합하여 표방함이요, ㄴ) 다음의 다섯 게송은 개별로 해석함이요, ㄷ) 뒤의 한 게송은 총합하여 결론함이다.

ㄴ. 과목에 따라 해석하다[隨釋] 3.
ㄱ) 한 게송은 총합하여 표방하다[初一頌總標] (今初 23上4)

11 信爲道元功德母라 長養一切諸善法하며
    斷除疑網出愛流하여 開示涅槃無上道니라
    믿음은 도의 근본, 공덕의 어머니라
    온갖 모든 선법을 길러내며
    의심의 그물 끊고 애착을 벗어나
    위없는 열반의 도 열어 보이네.

[疏] 今初라 初句는 又標라 道有二義하니 一, 果니 所謂菩提涅槃이오 二, 因이니 謂三賢十聖이 乘一直道라 元亦二義하니 一, 本義니 菩提本故니 其猶滔滔之水가 始於濫觴이오 二, 首義니 元者는 善之長也니 卽一因之初라 功德二義니 通因及果라 母有二義하니 生長과 養育이라 下三句는 共釋初句라 長養은 卽母二義며 亦道元義라 一切善法과 及第二句는 卽因功德이오 第三一句는 卽果功德이오 無上道者는

卽大菩提니 由信長善하야 得此菩提하고 由信斷疑하야 出愛成涅槃
證이라 不信身心如來知見하면 豈能開示菩提涅槃이리오

■ 지금은 ㄱ)에서 첫 구절은 표방함이다. '도(道)'에 두 가지 뜻이 있으니 ① 과덕이니 이른바 보리와 열반이요, ② 인행이니 이른바 삼현(三賢)과 십성(十聖)이 한결같이 정직한 도를 타는 것이다. '근원'에도 또한 두 가지 뜻이 있으니 ① 근본의 뜻이니 보리의 근본인 까닭이니, 그 넘실대는 물이 남상(濫觴)에서부터 시작함이요, ② 우두머리의 뜻이니 '원(元)'이란 착함의 대장이란 뜻이다. 곧 한 번 인행을 하는 시초라는 뜻이다. 공덕의 두 가지 뜻은 인행과 과덕에 통한다. 어머니에 두 가지 뜻이 있으니 ① 생장함과 ② 기르고 먹임이다. 아래 세 구절[長養- 斷除- 開示-]은 함께 첫 구절을 설명한 내용이다. 장양(長養)에는 곧 어머니의 두 뜻과 또한 도의 근원이란 뜻이 있다. '모든 선법'과 둘째 구절은 곧 인행 공덕이다. 셋째의 한 구절[斷除-]은 곧 과덕의 공덕이요, '위없는 도'란 곧 '큰 보리'이니 믿음으로 인해 잘 자라서 이런 보리를 얻고, 믿음으로 인해 의심을 끊어서 애정에서 벗어나 열반을 이루고 증득한다는 뜻이다. 몸과 마음으로 여래의 지견을 믿지 아니하면 어찌 능히 보리와 열반을 열어 보이리오!

[鈔] 第二, 信爲道元下는 此段은 多易니 但云一本義等者는 意以本義로 爲果德元이오 首義로 爲因德元耳라 言元者善之長也는 卽周易乾卦文言에 釋乾元亨利貞四德云호대 元者는 善之長也오 亨者는 嘉之會也오 利者는 義之和也오 貞者는 事之幹也라 君子體仁이 足以長仁이며 嘉會가 足以合禮며 利物이 足以和義며 貞固가 足以幹事라 君子行此四德者일새 故曰, 乾은 元亨利貞이라하니 今但用其一字義

耳니라 不信身心下는 反成上義니 知見相이 爲菩提오 知見性이 爲涅槃이라 故로 法華論에 釋開佛知見하야 爲無上義하나니 謂雙開菩提涅槃이니라

- (나) 信爲道元 아래는 이 문단은 대부분 쉽지만 단지 '① 근본의 뜻' 등이라 말한 것은 의미가 '근본'이란 뜻으로 과덕의 근원을 삼은 것이요, '우두머리'의 뜻으로 인행의 덕을 삼았을 뿐이다. '원(元)이란 착함의 대장이다'라고 말함은 『주역(周易)』 건괘(乾卦) 문언전(文言傳)에 건괘의 원(元)·형(亨)·이(利)·정(貞)의 네 가지 덕을 해석해 말하되, "원(元)이란 모든 좋은 것의 으뜸이요, 형(亨)은 여러 아름다운 것이 모인 것이다. 이(利)란 올바르고 정당한 것이 조화를 이룬 것이요, 정(貞)이란 일을 성취할 수 있는 근간이 된다. 군자는 인(仁)과 일체가 되어 몸소 인도(仁道)를 실행하기 때문에 다른 사람의 우두머리가 되기에 충분하다. 군자에게는 온갖 아름다운 것들이 다 모여 있기 때문에 예(禮)와 합치된다. 군자가 만물을 이롭게 하는 것이 옳고 마땅한 것과 조화를 이룬다는 뜻이다. 군자는 바르고 견고하기 때문에 일을 주간(主幹)할 수 있다. 군자는 이 네 가지 덕을 실천하는 사람이다. 그러므로 군자에게는 건(乾)은 원·형·리·정이라는 말을 할 수가 있다"라고 하였다. 지금은 단지 그 한 글자의 뜻만 썼을 뿐이다. 不信身心 아래는 위의 뜻을 반대로 만들었으니 모양을 알고 보는 것이 보리가 되고, 성품을 알고 보는 것이 열반이 된다. 그러므로 『법화경우바제사』에서 부처님 지견을 열어서 위없는 뜻을 결론하였으니, 이른바 보리와 열반을 함께 전개했다는 뜻이다.

ㄴ) 다섯 게송은 개별로 해석하다[次五頌別釋] (次信 24下2)

12 信無垢濁心淸淨이요 滅除憍慢恭敬本이며
    亦爲法藏第一財요   爲淸淨手受衆行이니라
    믿음은 때 묻고 흐림이 없어 마음이 청정하고
    교만을 없애고 공경의 근본이며
    또한 법의 창고의 제일가는 재물이요
    청정한 손이 되어 온갖 행을 받느니라.

13 信能惠施心無悋이요 信能歡喜入佛法이며
    信能增長智功德이요 信能必到如來地니라
    믿음은 은혜로이 보시하여 마음에 인색함이 없고
    믿음은 환희하여 불법에 들게 하며
    믿음은 지혜 공덕을 증장하고
    믿음은 반드시 여래의 지위에 이르게 하느니라.

14 信令諸根淨明利요   信力堅固無能壞며
    信能永滅煩惱本이요 信能專向佛功德이니라
    믿음은 모든 근을 깨끗하고 밝고 이롭게 하고
    믿음의 힘은 견고하여 능히 깨뜨릴 수 없고
    믿음은 길이 번뇌의 근본을 멸하며
    믿음은 오로지 부처님의 공덕을 향하게 하느니라.

15 信於境界無所着이요 遠離諸難得無難이며
    信能超出衆魔路요   示現無上解脫道니라
    믿음은 경계에 집착함이 없고

모든 어려움을 멀리 여의어서 어렵지 않게 하며
　　믿음은 온갖 마의 길에서 뛰어나
　　위없는 해탈의 도를 나타내 보이니라.

16　信爲功德不壞種이요　信能生長菩提樹며
　　信能增益最勝智요　　信能示現一切佛이니라
　　믿음은 공덕의 파괴되지 않는 종자요
　　믿음은 깨달음의 나무를 생장케 하며
　　믿음은 가장 수승한 지혜를 증익케 하고
　　믿음은 온갖 부처님을 나타내 보이니라.

[疏] 次, 信無垢濁下는 別顯이라 中에 有二十句하니 一句로 辨一勝能하니 一, 心淨爲性故로 能翻不信濁이오 二, 信理普敬故로 翻憍慢이오 三, 十藏之內에 信卽是藏이며 七聖財中에 信爲第一이오 四, 信方[67])受取奉行이오 五, 信財如夢故로 無所吝이오 六, 智論에 云, 佛法大海에 信爲能入이오 七, 增福智因이오 八, 到二嚴果오 九十, 五根五力이니 各在初故오 十一, 信本無惑이니 方斷惑根이오 十二, 若向餘德하면 不名淨信이오 十三, 信境本空故로 無所着이오 十四, 正信之人은 不生八難이오 十五, 非不正信이오 十六, 正信解脫이오 十七, 成不壞本이오 十八, 爲菩提根이오 十九, 增佛勝智오 二十, 究竟見佛이니 謂信自己心에 自佛出現하며 信外諸佛에 諸佛現前이라 故로 下經에 云, 一切諸佛이 從信心起라하니라

■　ㄴ) 信無垢濁 아래는 개별로 밝힘이다. 그중에 20구절이 있는데 한

---

67) 方은 續金本作乎 甲本作取.

구절로 한 가지 뛰어난 능력을 밝혔으니, (1) 마음이 깨끗해서 체성이 되었으므로 능히 '믿지 못하는 탁함'을 바꾸었고, (2) 믿음의 이치는 '널리 공경함[普敬]'인 연고로 '교만함'을 바꾸었고, (3) 열 가지 창고 속에 믿음이 바로 창고이며, 일곱 가지 성스러운 재물[七聖財] 중에 믿음이 제일이 된다. (4) 믿음이라야 비로소 받아 가져 봉행하는 것이요, (5) 재물은 꿈과 같다고 믿기 때문에 인색함이 없고, (6) 『대지도론』(제1권 여시아문석론)에 이르되, "불법의 큰 바다에 믿음으로 능히 들어간다"고 하였고, (7) 복과 지혜의 원인을 증장함이요, (8) 두 가지 장엄의 결과에 이름이요, (9)와 (10)은 오근(五根)과 오력(五力)이니 각기 처음에 (믿음이) 있기 때문이요, (11) 믿음은 본래 의혹이 없는 것이니 바야흐로 의혹의 근원을 단절함이요, (12) 만일 나머지 덕을 향한다면 '청정한 믿음'이라 칭하지 못하며, (13) 경계가 본래 공함을 믿는 까닭에 집착되는 바가 없으며, (14) 바르게 믿는 사람은 여덟 가지 어려운[八難] 시절에 나지 않음이요, (15) 신능초출중마로(제15게송, 信能超出衆魔路)는 바른 믿음이 아닌 것이 없으며, (16) 해탈법을 바르게 믿음이요, (17) 신위공덕불괴종(제16게송, 信爲功德不壞種)은 무너지지 않는 근본을 이룸이요, (18) 신능생장보리수(제16게송, 信能生長菩提樹)는 보리의 근본이 되는 것이요, (19) 신능증익최승지(제16게송, 信能增益最勝智)는 부처님의 뛰어난 지혜를 증장한다는 뜻이요, (20) 신능시현일체불(제16게송 信能示現一切佛)은 마침내 부처님을 친견함이다. 말하자면 자신의 마음을 믿으면 자신 부처[自佛]가 출현하고, 바깥의 모든 부처님을 믿으면 여러 부처님이 나타나는 것이다. 그러므로 아래 경문에 이르되, "일체의 모든 부처님이 믿는 마음에서 나타나신다"고 말한 것이다.

ㄷ) 한 게송은 총합하여 결론하다[後一頌總結] (三是 25上6)

17 是故依行說次第인댄 信樂最勝甚難得이니
譬如一切世間中에 而有隨意妙寶珠68)니라
이런 까닭에 행을 의지해 차례를 말할진대
믿는 즐거움 가장 수승해 심히 얻기 어려우니
비유하면 온갖 세간 가운데
뜻을 따라 묘한 보배 구슬 소유함과 같으니라.

[疏] 三, 是故下의 一偈는 總結勝能이니 前은 法이오 後는 喩라 信樂者는 信三寶性已에 於方便諸度로 求欲修行이니 信樂二字가 是菩薩正意라 由此二故로 於諸行에 有能일새 故名最勝이오 非佛不信일새 故云難得이라 喩如意珠가 略有五義하니 一, 勝義니 法寶中王故오 二, 希義니 非佛輪王이면 餘無有故오 三, 淨義니 能淸不信濁故오 四, 貴義니 出位行寶等이 不可盡故오 五, 蘊義니 蘊衆德物하야 無障礙故라

■ ㄷ) 是故 아래 한 게송은 뛰어난 능력을 총합하여 결론함이니, (ㄱ) 앞은 법으로 말함이요, (ㄴ) 뒤는 비유로 밝힘이다. '믿는 즐거움'이란 삼보의 체성을 믿고 나서 방편으로 여러 바라밀로 구하여 수행하려 함이니, 신락(信樂) 두 글자가 바로 보살의 바른 의미이다. 이 두 가지로 말미암아 모든 행법에 능력이 생기게 되므로 '가장 수승하다 [最勝]'라고 칭하였고, 부처님이 아니면 믿지 못하는 연고로 '얻기 어렵다[難得]'고 하였다. 여의주(如意珠)에 비유한 것에 간략히 다섯 가지

---

68) 說大第 合本作次第說.

뜻이 있으니 (1) '뛰어나다'는 뜻이니 법보(法寶) 중의 왕인 까닭이요, (2) '희유하다'는 뜻이니 부처님이나 전륜왕이 아니면 나머지에게는 없는 까닭이요, (3) '깨끗하다'는 뜻이니 믿지 않는 더러움을 능히 깨끗이 정화하는 까닭이요, (4) '귀하다'는 뜻이니 지위와 행법의 보배가 뛰어남 등이 다할 수 없기 때문이요, (5) '쌓는다'는 뜻이니 여러 덕을 가진 물건을 쌓아서 장애됨이 없기 때문이다.

[鈔] 喩如意珠等者는 取與信으로 相應義耳라 若準寶性論하면 寶有六義하니 頌에 云, 眞寶一 世希有며二 明淨三 及勢力으로四 能莊嚴世間이며五 最上不變等이라하니六 今此勝義가 攝眞實과 最上二義오 餘四則同이라 四卽勢力이오 五卽莊嚴이라 或無莊嚴하고 加此蘊義니라 然疏五義가 皆言含法喩하니 思之可知니라

● '여의주(如意珠)에 비유한' 등은 믿음과 상응하는 뜻을 취했을 뿐이다. 만일 『보성론(寶性論)』에 의지한다면 보배에 여섯 가지 뜻이 있다. 게송으로 이르되, "참된 보배는(一) 세상에서 희귀하며(二) 밝고 깨끗함과(三) 세력으로(四) 세간을 잘 장엄하며(五) 가장 뛰어나고 변하지 않음 등이다(六)"라고 하였다. 지금 본경에서는 이런 뛰어남의 뜻이 진실함과 '가장 위'라는 두 가지 뜻으로 포섭하고, 나머지 넷은 같은 내용이다. (4)는 세력이요, (5)는 장엄인데, 혹 어떤 이는 (5) 장엄이 없고, 여기에 '(5) 쌓음'의 뜻을 더하기도 한다. 그러나 소가의 다섯 가지 뜻은 모두 법과 비유를 포함하고 있으니, 생각해 보면 알 수 있으리라.

(다) 50개 반의 게송은 삼보를 믿는 행법과 지위를 밝히다
　　[次五十頌半信所具行位] 2.

ㄱ. 과목 나누기[分科] (第三 26上4)

[疏] 第三, 若常信奉下의 五十頌半은 廣明信中所具行位라 然有二意하니 一, 行布요 二, 圓融이라 古約圓融일새 故名信中所具라 於中에 三이니 初, 明所具行이오 次, 辨所具位오 三, 結歎功德이라 今初에 八頌半을 分二니 先, 五頌은 明信三寶하야 以成諸行이오 後, 三頌半은 明信展轉하야 以成諸行이라

■ (다) 若常信奉 아래의 50개 반의 게송은 믿음 중에 갖출 행법과 지위를 밝힘이다. 그런데 두 가지 뜻이 있으니 (1) 항포문이요, (2) 원융문이다. 예전에는 (2) 원융문을 잡았으므로 '믿음 중에 갖출 바'라고 하였다. 그중에 셋이니 (ㄱ) 갖추게 되는 행법을 밝힘이요, (ㄴ) 갖추어야 할 지위를 밝힘이요, (ㄷ) 공덕에 대해 결론하여 찬탄함이다. 지금은 (ㄱ)에서 여덟 개 반의 게송을 둘로 나누어 a. 다섯 게송은 삼보를 믿어서 이룬 행법을 밝힘이요, b. 세 개 반의 게송은 믿음으로 전전히 이룰 여러 행법을 밝힘이다.

ㄴ. 과목에 따라 해석하다[隨釋] 3.
ㄱ) 여덟 개 반의 게송은 갖추게 되는 행법[初八頌半明所具行] 2.

(ㄱ) 다섯 게송은 삼보를 믿어서 이룰 행법
　　[初五頌明信三寶以成諸行] 3.

a. 세 게송은 부처님을 믿어서 행법을 이루다[初三頌信佛成行]

(前中 26上8)

18 若常信奉於諸佛이면 則能持戒修學處니
若常持戒修學處면 則能具足諸功德이니라
만약 항상 모든 부처님 믿고 받들면
곧 능히 계를 지녀 닦고 배우는 곳이니
만약 항상 계를 지녀 닦고 배우면
곧 능히 모든 공덕 구족하리라.

19 戒能開發菩提本이요 學是勤修功德地니
於戒及學常順行이면 一切如來所稱美니라
계는 능히 보리의 근본 열어 펴고
배움이란 공덕을 부지런히 닦음이니
계와 배움을 항상 수순하여 행하면
모든 여래 아름답다 칭찬하리라.

20 若常信奉於諸佛이면 則能興集大供養이니
若能興集大供養이면 彼人信佛不思議니라
만약 항상 모든 부처님 믿고 받들면
곧 능히 큰 공양을 지어 모음이니
만약 능히 큰 공양을 지어 모으면
저 사람은 부처님의 부사의를 믿음이니라.

[疏] 前中에 初三頌은 信佛成行이오 初二句는 標章이라 持戒는 惡止也오 修學處는 善行也라 瑜伽에 云,[69] 旣發心已에 應於七處에 修學일새 故名學處니 謂一은 自利處오 二는 利他處오 三은 眞實義處오 四는 威力處오 五는 成熟有情處오 六은 成熟自佛法處오 七은 無上正等菩提處라하니라 次一偈半은 雙顯二德이니 若不持戒하면 尙不能得疥癩野干之身이온 況於菩提아 戒止妄非니 則性淨菩提開發이라 因果와 功德이 皆依學處而生일새 故云地也니라 後一偈는 別明成供養行이니 謂財法供養일새 故云大也라

■ (ㄱ) 중에 a. 처음 세 게송은 부처님을 믿어서 행법을 이룸인데, a) 처음 두 구절[제8, 게송 若常信奉- 則能持戒-]은 가름을 표방함이다. '지계'는 나쁜 것을 그침이요, '닦고 배울 곳'은 선을 행하는 것이다. 『유가사지론』 제35권에 이르되, "이미 발심한 뒤에는 응당히 일곱 곳에서 닦고 배울지니 그러므로 '배울 곳[學處]'이라 하였다. 말하자면 (1) 자신을 이롭게 하는 것이요, (2) 남을 이롭게 하는 것이요, (3) 진실한 이치의 것이요, (4) 거룩한 힘의 것이요, (5) 중생들을 성숙시키는 것이요, (6) 스스로 불법을 성숙시키는 것이요, (7) 위없는 바르고 평등한 보리[無上正等菩提]의 것이다"라고 하였다. b) 다음 한 개 반의 게송[제18-1 게송, 若常持戒-, 제19 게송, 戒能開發-] 은 두 가지 덕행을 함께 밝힘이니, 만일 지계를 하지 않으면 오히려 능히 옴이나 나병(癩病)과 여우의 몸도 얻지 못할 텐데 하물며 보리를 얻겠는가? 계(戒)는 망녕된 잘못을 방지하나니, 성품이 청정한 보리를 개발하게 된다. 인과와 공덕은 모두 이 배우는 곳[學處]에 의지하여 생기므로 '땅[地]'이라

---

69) 여기에 해당되는 게송을 보자면, 『유가사지론』 제35권 持瑜伽處의 自他利品에 云, "自他利實義 威力熟有情 成熟自佛法 第七菩提處[자기와 남을 이롭게 함과 진실한 이치와 거룩한 힘과 유정을 성숙시킴과 스스로가 부처님의 법을 성취함과 일곱째의 보리의 것이니라.]"라고 하다.

하였다. c) 뒤의 한 게송[제20 게송, 若常信奉-]은 공양을 성취하는 행법을 따로 밝힌 내용이다. 이른바 재물 공양과 법 공양이므로 '크다'고 말한 것이다.

[鈔] 尙不能得等者는 卽薩遮尼揵子經第四니라
- '오히려 얻지 못한다'는 등은 곧 『살자니건자경(薩遮尼揵子經)』제4권의 내용이다.

b. 한 게송은 법을 믿어서 행법을 이루다[次一頌信法成行]
(次一 26下10)

21 若常信奉於尊法이면 則聞佛法無厭足이니
    若聞佛法無厭足이면 彼人信法不思議니라
    만약 항상 소중한 법 믿고 받들면
    곧 부처님 법을 듣고 싫음이 없고
    만약 부처님 법을 듣고 싫음이 없으면
    저 사람은 법의 부사의를 믿음이니라.

[疏] 次一은 信法이오
- b. 다음 한 게송은 법을 믿어서 (행법을 이룸)이다.

c. 한 게송은 승가를 믿어서 행법을 이루다[後一頌信僧成行] (後一 27上3)

22 若常信奉淸淨僧이면 則得信心不退轉이니

若得信心不退轉이면　彼人信力無能動이니라
만약 항상 청정한 스님네들 믿어 받들면
곧 신심이 물러나지 않음을 얻으리니
만약 신심이 물러나지 않음을 얻으면
저 사람의 믿는 힘은 능히 움직일 수 없으리라.

[疏] 後一偈는 信僧을 文竝可知로다
■ c. 뒤의 한 게송은 승가를 믿어서 행법을 이룸이니, 경문과 함께하면 알 수 있으리라.

(ㄴ) 세 개 반의 게송은 믿음으로 전전히 여러 행법을 성취하다
　　[後三頌半明信展轉以成諸行] (二有 27下1)

23　若得信力無能動이면　則得諸根淨明利니
　　若得諸根淨明利이면　則能遠離惡知識이니라
　　만약 믿는 힘이 움직이지 않으면
　　곧 모든 근이 깨끗하고 밝고 맑으리니
　　만약 모든 근이 깨끗하고 밝고 맑으면
　　곧 능히 나쁜 지식 멀리 여의리라.

24　若能遠離惡知識이면　則得親近善知識이니
　　若得親近善知識이면　則能修習廣大善70)이니라
　　만약 능히 나쁜 지식 멀리 여의면

---

70) 修習은 麗本作修集, 宋元明淸本作修習 次句同.

곧 선한 지식 가까이 친하리니
만약 선한 지식 가까이 친하면
곧 능히 넓고 큰 선 닦아 익히리라.

25 若能修習廣大善이면　彼人成就大因力이니
　　若人成就大因力이면　則得殊勝決定解라
만약 넓고 큰 선 닦아 익히면
저 사람 큰 인의 힘 성취하리니
만약 큰 인의 힘 성취한다면
곧 수승하고 결정한 이해를 얻을지니라.

26 若得殊勝決定解면　　則爲諸佛所護念이니라
만약 수승하고 결정한 이해를 얻으면
곧 모든 부처님의 호념하는 바가 되리니

[疏] 二, 有三頌半은 成展轉行이니 展轉依前하야 功歸於信이니라
■ (ㄴ) 세 개 반의 게송은 (믿음으로) 전전히 여러 행법을 성취함을 밝힘이니, 전전히 앞을 의지하여 공덕이 믿음으로 귀결된다.

ㄴ) 39개의 게송은 갖출 대상의 지위를 밝히다[次三十九頌辨所具位] 2.
(ㄱ) 총합하여 해석하다[總釋] (二若 27下7)

[疏] 二, 若爲諸佛下의 三十九頌은 明所具諸位라 於中에 成後四位가 卽 爲四段이니

■ ㄴ) 若爲諸佛 아래 39개의 게송은 갖출 대상의 여러 지위를 밝힘이
다. 그중에 뒤의 네 가지 지위가 곧 네 문단을 이루었으니,

(ㄴ) 개별로 해석하다[別釋] 4.
a. 세 게송은 십주의 지위[初三頌明十住] (初三 27下9)

27　若爲諸佛所護念이면　則能發起菩提心이니
　　若得發起菩提心이면　則能勤修佛功德71)이니라
　　만약 모든 부처님의 호념하는 바가 되면
　　곧 능히 보리심을 일으키리라.
　　만약 보리심을 일으키면
　　곧 능히 부처님의 공덕을 부지런히 닦으리니

28　若能勤修佛功德이면　則得生在如來家니
　　若得生在如來家면　　則善修行巧方便이니라
　　만약 능히 부처님의 공덕을 부지런히 닦으면
　　곧 여래께서 계시는 집에 태어나리라.
　　만약 여래께서 계시는 집에 태어나면
　　곧 좋은 방편 잘 닦아 행하리니

29　若善修行巧方便이면　則得信樂心淸淨이니
　　若得信樂心淸淨이면　則得增上最勝心이니라
　　만약 좋은 방편 잘 닦아 행하면

---

71) 若得은 麗宋本作若能, 合纂續金作若得.

곧 믿고 즐거워하는 마음 청정함을 얻으리라.
만약 믿고 즐거워하는 마음 청정함을 얻으면
곧 가장 수승한 마음 증장하리라.

[疏] 初三頌은 明十住位라 有六句하니 初句는 發心住오 次句는 治地와 修行二住오 次句는 生貴住오 次句는 方便具足住오 次句는 正心住오 後句는 增上이니 是不退住오 最勝心은 是後三住니 準下釋之니라

■ a. 처음 세 게송은 십주(十住)의 지위를 설명함이요, (거기에) 여섯 구절이 있으니 a) 첫 구절[제27 게송, 若爲諸佛-]은 초발심주에 해당하고, b) 다음 구절[則能發起-]은 치지주(治地住)와 수행주(修行住)의 둘이요, c) 다음 구절[若得發起-]은 생귀주(生貴住)에 해당하고, d) 다음 구절[則能勤修-]은 방편구족주요, e) 다음 구절[제28 게송, 若能勤修-]은 정심주요, f) 뒤 구절[則得生在- 則善修行-]은 증상주(增上住)이니, 곧 불퇴주(不退住)에 해당하고, '가장 수승한 마음[最勝心]'은 뒤의 세 주[동진주, 법왕자주, 관정주]이니 아래에 준하여 해석해 보라.

[鈔] 初明十住者下는 明諸位가 皆含義理하니 並如本品이라 但言增上是不退住[72]者는 由前正心하야 但聞讚毁不動하고 今聞有無[73] 利害更深호대 而心不退일새 故爲增上이라 餘如[74]下文尋之니라 然皆隱位名存하야 其中에 行이 或合或開하며 或略或廣하야 不全次第者는 意明圓融信門에 卽頓具故며 亦猶離世間品에 六位頓具일새 故亦頓成[75]

---

72) 上八字는 南金本作後句增上等.
73) 有無는 原續金本作無有.
74) 如는 南金本作當.
75) 上六字는 南金本作頓成爲.

二千行이니 位位에 頓修故라 若一向次第者인대 但得行布一分義耳니라

- a. 明十住者 아래는 모든 지위가 모두 뜻과 이치를 포함하였으니, 아울러 본래의 해당하는 품과 같다. 단지 말하되 '증상주이니 곧 불퇴주에 해당한다'고 말한 것은 앞의 올바른 마음으로 인해 단지 찬탄하고 훼방함을 듣고도 부동하였고, 지금은 이롭고 해침이 더욱 심함을 듣고 마음이 물러나지 않으므로 '더욱 뛰어나다'고 말하였다. 나머지는 아래 경문과 같이 찾을지니라. 그러나 모두 지위는 숨기고 명칭만 남겨서 그중에 행법이 혹은 합하기도 하고 혹은 열기도 하며, 혹은 생략하고 혹은 자세하게 해서 순서를 완전하게 하지 않은 것은 원융한 십신(十信)의 문에서 곧 단박에 갖춤을 밝힌 까닭이다. 또한 이 세간품(離世間品)에서는 여섯 지위가 단박에 구족함과 같으므로 또한 몰록 2천 가지 행법의 문을 이루었으니, 지위마다 몰록 수행하는 까닭이다. 만일 한결같은 순서라면 단지 항포문 한 부분의 뜻만 얻었을 뿐이다.

b. 두 개 반의 게송은 십행의 지위[次二頌半明十行] (二若 28下3)

30 若得增上最勝心이면 則常修習波羅蜜이니
    만약 가장 수승한 마음 증장하며는
    곧 항상 바라밀을 닦아 익히리라.

31 若常修習波羅蜜이면 則能具足摩訶衍이며
    若能具足摩訶衍이면 則能如法供養佛이니라

만약 항상 바라밀을 닦아 익히면
곧 능히 대승을 구족하리니
만약 능히 대승을 구족하며는
곧 능히 여법히 부처님께 공양하리라.

32　若能如法供養佛이면　則能念佛心不動이니
　　若能念佛心不動이면　則常觀見無量佛이니라
만약 능히 여법히 부처님께 공양하면
곧 능히 염불하는 마음이 움직이지 않으리니
만약 능히 염불하는 마음이 움직이지 않으면
곧 항상 한량없는 부처님을 보게 되리라.

[疏] 二, 若得增上下의 二頌半은 明十行位라 波羅密은 是十行總名이오 摩訶衍은 是異二乘行이니 初二는 行收오 如法供養은 是順理行이오 次二는 行攝이오 念佛心不動과 及常見佛은 並是定慧行이니 故屬後六行이라 釋相은 可知로다

■ b. 若得增上 아래 두 개 반의 게송은 십행(十行)의 지위를 밝힘이다. '바라밀'은 곧 십행위의 총합 명칭이요, '마하연'은 이승의 행법과 다르다는 뜻이니, a) 처음 두 구절[제31 게송, 若常修習- 則能具足-]은 행법을 거둔다는 뜻이요, b) '여법한 공양'은 곧 이치에 따르는 행법이요, c) 다음 두 구절[若能具足- 則能如法-]은 행법에 포함됨이요, d) (제32 게송의) '염불하는 마음이 동요되지 않음'과 '항상 부처님을 보는 것'은 함께 선정과 지혜의 행법이니, 따라서 뒤의 여섯 항의 경문[若能具足~則常觀見-]이 여기에 속한다. 모양을 해석함은 알 수 있으리라.

c. 세 게송은 십회향의 지위[次三頌明十廻向] (三若 29上3)

33 若常觀見無量佛이면 則見如來體常住니
    若見如來體常住면 則能知法永不滅이니라
    만약 항상 한량없는 부처님을 보게 되면
    곧 여래의 몸 항상 머무심을 보리니
    만약 여래의 몸 항상 머무심을 보게 되면
    곧 능히 법이 길이 없어지지 않음을 알게 되리라.

34 若能知法永不滅이면 則得辯才無障礙니
    若能辯才無障礙면 則能開演無邊法이니라
    만약 능히 법이 길이 없어지지 않음을 알게 되면
    곧 걸림 없는 변재를 얻으리니
    만약 걸림 없는 변재를 얻으면
    곧 능히 끝없는 법을 연설하리라.

35 若能開演無邊法이면 則能慈愍度衆生이니
    若能慈愍度衆生이면 則得堅固大悲心이니라
    만약 능히 끝없는 법을 연설하면
    곧 능히 자비와 애민으로 중생을 제도하리니
    만약 능히 자비와 애민으로 중생을 제도하면
    곧 견고한 대비심을 얻을지니라.

[疏] 三, 若常觀見下의 三頌은 明十廻向位니 通顯三種廻向이라 佛體常

住는 是向菩提오 法永不滅은 是向實際오 餘向衆生이니라
- c. 若常覩見 아래 세 게송은 십회향의 지위를 밝힘이니, 통틀어 3종 회향에 대해 밝힌 내용이다. (제33 게송의) '부처님의 몸 항상 머무심'은 보리 회향이요, (제34 게송의) '법이 길이 없어지지 아니함'은 실제 회향이요, 나머지[제35 게송, 若能開演-]는 중생 회향이다.

d. 30개 반의 게송은 십지의 지위[後三十頌半明十地] 9.
a) 반 개의 게송은 환희지를 노래하다[初半頌初地] (四若 29上7)

36　若能堅固大悲心이면 則能愛樂甚深法이니
　　만약 능히 견고한 대비심이면
　　곧 능히 깊고 깊은 법을 좋아하고 즐겨하리니

[疏] 四, 若能堅固下의 三十頌半은 明十地位라 初半頌은 是初地니 謂深法은 是所證眞如오 愛樂은 是極喜異名이니라
- d. 若能堅固 아래 30개 반의 게송은 십지(十地)의 지위를 설명함이다.
  a) 처음 반 개의 게송[제36 게송, 若能堅固-]은 환희지이니, 이른바 '깊은 법'은 증득할 대상인 진여법이요, '좋아하고 즐겨함'은 극희지(極喜地)의 다른 명칭이다.

b) 반 개의 게송은 이구지를 노래하다[次二半頌二離垢地](二半 29上10)

36-1　若能愛樂甚深法이면 則能捨離有爲過니라
　　만약 능히 깊고 깊은 법을 좋아하고 즐기면

곧 능히 함이 있는 허물을 버려 여의리라.

[疏] 二, 半頌은 是離垢地니 以離犯戒有爲過故니라
- b) 반 개의 게송은 이구지(離垢地)이니, 계를 범한 유위법의 허물을 여읜 까닭이다.

c) 한 게송은 3지와 4지를 노래하다[次一頌三, 四二地] (三一 29下 3)

37　若能捨離有爲過면　　則離憍慢及放逸이니
　　若離憍慢及放逸이면　則能兼利一切衆이니라
만약 함이 있는 허물을 버리고 여의면
곧 교만과 방일을 여의리니
만약 교만과 방일을 여의면
곧 능히 겸하여 온갖 중생까지 이롭게 하리라.

[疏] 三, 一頌離慢等은 是三四二地라 以三地는 於禪不着일새 故無慢이라 又以求法不懈일새 亦名離慢이라 第四地는 得出世間道品인대 故云無放逸이라 然不捨攝生일새 故云兼利니라
- c) 한 게송은 거만함을 여읜 등이니 제3 발광지(發光地)와 제4 염혜지(焰慧地)이다. 제3지는 선정에 집착하지 않으므로 거만함이 없으며, 또한 법을 구함에도 게으르지 않으므로 또한 '거만함을 여읜다'고 말하였다. 제4지는 세간을 뛰어나는 조도품을 얻으므로 '방일함이 없다'고 말한다. 그러나 중생을 섭수하는 것을 버리지 않으므로 '겸하여 이롭게 한다'고 말하였다.

d) 한 게송은 난승지를 노래하다[次一頌明五難勝地] (四有 29下8)

38 若能兼利一切衆이면 則處生死無疲厭이니
    若處生死無疲厭이면 則能勇健無能勝이니라
    만약 능히 겸하여 온갖 중생을 이롭게 하면
    곧 생사에 처하여도 피로하고 싫음이 없으니
    만약 생사에 처하여도 피로하고 싫음이 없으면
    곧 능히 용맹하고 건장하여 이길 이 없으리라.

[疏] 四, 有一頌은 明五地니 謂雖得出世나 而還處生死일새 故無厭이라 眞俗互違나 難合能合이오 餘地不過일새 故云勇健無能勝이니 此是難勝之名也니라

■ d) 한 게송은 제5 난승지(難勝地)를 설명함이다. 말하자면 비록 출세법을 얻었지만 돌아와서 생사의 경계에 살기 때문에 '싫어함이 없다'는 뜻이다. 진제와 속제가 서로 위배하지만 합하기 어려운 것을 능히 합한다. 나머지 지위는 지나가지 못하므로 '용맹하고 건장하여 이길 이 없다'고 하였으니, 이런 연고로 '이길 이가 없다'는 이름을 지은 것이다.

e) 한 게송은 현전지를 노래하다[次一頌明六現前地] (五有 30上3)

39 若能勇健無能勝이면 則能發起大神通이니
    若能發起大神通이면 則知一切衆生行이니라
    만약 능히 용맹하고 건장하여 이길 이가 없으면

곧 능히 대신통을 일으키리니
만약 능히 대신통을 일으키면
곧 온갖 중생의 행을 알리라.

[疏] 五, 有一頌은 明第六地니 悲智不住며 般若現前이라 謂神通攝物은 是大悲行이오 知衆生行이 是十二緣生은 是大智行이니라
- e) 한 게송은 제6 현전지(現前地)를 설명함이니, 자비와 지혜에 머물지 않으며 반야가 앞에 나타난다. 말하자면 신통력으로 중생을 섭수함은 '큰 자비의 행법'이요, 중생의 행을 아는 것은 곧 12연기의 생멸이니 바로 '큰 지혜의 행법'인 것이다.

f) 두 개 반의 게송은 원행지를 노래하다[次二頌半明第七地] (六二 30下1)

40 若知一切衆生行이면 則能成就諸群生이니
    若能成就諸群生이면 則得善攝衆生智니라
    만약 온갖 중생의 행을 안다면
    곧 능히 모든 군생을 성취하리니
    만약 능히 모든 군생을 성취하며는
    곧 중생을 잘 거둬 주는 지혜를 얻으리라.

41 若得善攝衆生智면   則能成就四攝法이니
    若能成就四攝法이면 則與衆生無限利며
    만약 중생을 잘 거둬 주는 지혜를 얻으면
    곧 능히 사섭법을 성취하리니

만약 능히 사섭법을 성취하면
곧 중생들에게 무한한 이익을 주게 되리라.

42 　若與衆生無限利면　　則具最勝智方便이니라
　　만약 중생들에게 무한한 이익을 주면
　　곧 가장 수승한 지혜 방편을 구족하리니

[疏] 六, 二頌半은 明七地니 謂初一은 明有中殊勝行이오 後一頌半은 明空中方便智라 準釋하면 可知니라

■ f) 두 개 반의 게송은 제7 원행지(遠行地)를 설명함이다. 말하자면 (a) 처음 한 게송[제40 게송, 若知一切-]은 '유(有) 중의 뛰어난 행법'에 대해 밝혔고, (b) 뒤의 한 개 반의 게송[제41 게송, 若得善攝- 제42 게송, 若與衆生-]은 '공(空) 속의 방편 지혜'에 대해 밝혔다. (여기에) 준하여 해석하면 알 수 있으리라.

g) 세 게송은 부동지를 노래하다[次三頌明第八地] (七若 30下9)

43 　若具最勝智方便이면　則住勇猛無上道니
　　若住勇猛無上道면　　則能摧殄諸魔力이니라
　　만약 가장 수승한 지혜 방편을 구족하면
　　곧 용맹하게 위없는 도에 머물리라.
　　만약 용맹하게 위없는 도에 머물면
　　곧 능히 모든 마의 힘 꺾어 끊으리니

44　若能摧殄諸魔力이면　則能超出四魔境이니
　　若能超出四魔境이면　則得至於不退地니라
　　만약 능히 모든 마의 힘 꺾어 끊으면
　　곧 능히 네 가지 마의 경계에서 벗어나리라.
　　만약 능히 네 가지 마의 경계에서 벗어나면
　　곧 물러나지 않는 곳에 이르게 되리니

45　若得至於不退地면　則得無生深法忍이니
　　若得無生深法忍이면　則爲諸佛所授記니라
　　만약 물러나지 않는 곳에 이르게 되면
　　곧 남이 없는 깊은 법인 얻게 되리라.
　　만약 남이 없는 깊은 법인 얻게 되면
　　곧 모든 부처님의 수기를 받으리라.

[疏] 七, 若具最勝下의 三頌은 明第八地라 略辨六義니 一, 道勝이니 謂無功用道일새 故云勇猛無上이오 二, 力勝이니 謂智力摧魔오 三, 用勝이니 謂超四魔境이라 捨分段故로 無蘊魔요 無捨命故로 無死魔요 惑不現行故로 超煩惱魔요 覺佛十力故로 超天魔라 四, 位勝이니 不動地일새 故云不退也라 五, 行勝이니 謂得無生忍이오 六, 因勝이니 謂此位中에 當大授記位也니라

■ g) 若具最勝 아래 세 게송은 제8 부동지(不動地)를 설명함이다. 간략히 여섯 가지 뜻을 말하였으니, (1) '도가 뛰어남'이니 이른바 무공용(無功用)의 도이므로 '용맹하고 위없다'고 말하였다. (2) '힘이 뛰어남'이니 이른바 지혜의 능력으로 마군(魔軍)을 물리침이요, (3) '작용이

뛰어남'이니 이른바 네 가지 마군의 경계를 초월하고, 분단생사(分段生死)를 버리므로 오온마(五蘊魔)가 없고, 목숨을 버리지 않으므로 사마(死魔)가 없고, 미혹한 번뇌가 현행하지 않으므로 번뇌마(煩惱魔)가 없고, 부처님의 십력(十力)을 깨달은 연고로 천마(天魔)도 초월한다. (4) '지위가 뛰어남'이니 동요가 없는 지이므로 '물러나지 않는다'고 말하였다. (5) '행법이 뛰어남'이니 이른바 무생법인(無生法忍)을 얻음이요, (6) '인행이 뛰어남'이니 이른바 이 지위 속에 '크게 수기 주는 지위[大授記位]'를 만나기 때문이다.

h) 두 게송은 선혜지를 노래하다[次二頌明第九地] (八二 31上9)

46 若得諸佛所授記면　則一切佛現其前이니
　　若一切佛現其前이면　則了神通深密用[76]이니라
　　만약 모든 부처님의 수기를 받으면
　　곧 모든 부처님이 그 앞에 나타나리라.
　　만약 모든 부처님이 그 앞에 나타나면
　　곧 신통의 깊고 비밀한 작용 요달하리니

47 若了神通深密用이면　則爲諸佛所憶念이니
　　若爲諸佛所憶念이면　則以佛德自莊嚴이니라
　　만약 신통의 깊고 비밀한 작용을 요달하면
　　곧 모든 부처님의 기억하고 생각하는 바가 되리라.
　　만약 모든 부처님의 기억하고 생각하는 바가 되면

---

76) 若得 麗本作若爲, 宋本作若得.

곧 부처님의 공덕으로써 스스로 장엄하리라.

[疏] 八, 二頌은 明第九地에 作大法師라 略辨四義니 一, 諸佛加持일새 名佛現前이오 二, 解了諸佛深密之法이오 三, 諸佛憶念하야 增其慧力이오 四, 佛德自嚴하야 爲衆說法이라

■ h) 두 게송은 제9 선혜지(善慧地)에 대법사가 됨을 설명함이다. (대법사가 됨에 대해) 간략히 네 가지 뜻을 밝히니 (1) 부처님의 가피를 가지므로 '부처님이 앞에 나타난다'고 하였고, (2) 부처님의 깊고 비밀한 법을 깨달아 아는 것이요, (3) 부처님이 기억하고 생각하여 그 지혜력을 더하게 함이요, (4) 부처님의 공덕으로 스스로를 장엄하여 대중을 위해 법을 설하는 것이다.

i) 19개의 게송은 법운지를 노래하다[次十九頌明第十地] 5.
(a) 여덟 게송은 삼업이 뛰어난 공덕[初八頌三業殊勝德] 3.

㊀ 다섯 게송은 신업을 노래하다[初五身業] 2.
① 세 게송은 신체의 덕행이 뛰어난 공덕[前三頌明身體德殊勝] (九若 31下8)

48　若以佛德自莊嚴이면　則獲妙福端嚴身이니
　　若獲妙福端嚴身이면　則身晃耀如金山이니라
　　만약 부처님의 공덕으로써 스스로 장엄하면
　　곧 묘한 복으로 단정히 장엄한 몸을 얻으리라.
　　만약 묘한 복으로 단정히 장엄한 몸을 얻으면
　　곧 몸이 금산과 같이 찬란하리니

49　若身晃耀如金山이면　則相莊嚴三十二니
　　若相莊嚴三十二면　　則具隨好爲嚴飾이니라
　　만약 몸이 금산과 같이 찬란하면
　　곧 삼십이상으로 장엄하리라.
　　만약 삼십이상으로 장엄하면
　　수호상을 갖추어 훌륭히 장식하리니

50　若具隨好爲嚴飾이면　則身光明無限量이니
　　若身光明無限量이면　則不思議光莊嚴이니라
　　만약 수호상을 갖추어 훌륭히 장식하면
　　곧 몸의 광명이 한량없으리라.
　　만약 몸의 광명이 한량없으면
　　곧 부사의한 광명으로 장엄하리라.

[疏] 九, 若以佛德下의 十九頌은 明第十地位라 分五니 初八頌은 三業殊勝德이라 初五頌半은 身業이라 於中에 前三頌은 明身體德殊勝이오

■ i) 若以佛德 아래 19개의 게송은 제10 법운지(法雲地)를 설명함이다. 다섯으로 나누리니 (a) 처음 여덟 게송은 삼업이 뛰어난 공덕이다. 그 중에 ㉠ 처음 다섯 개 반의 게송은 신업(身業)의 공덕이다. 그중에 ① 세 게송[제48 게송, 若以佛德-]은 신체의 덕행이 뛰어난 공덕을 밝힘이요,

② 세 게송은 신업의 큰 작용[後三頌身業大用] (後二 32上5)

51　若不思議光莊嚴이면　其光則出諸蓮華니

其光若出諸蓮華면　　則無量佛坐華上이니라
만약 부사의한 광명으로 장엄하면
그 빛이 곧 모든 연꽃을 내리라.
그 빛이 만약 모든 연꽃을 내면
곧 한량없는 부처님이 연꽃 위에 앉으시어

52　示現十方靡不徧하여　悉能調伏諸衆生하나니
　　若能如是調衆生이면　則現無量神通力이니라
시방에 나타내 보이심이 두루 하지 않음이 없어
다 능히 모든 중생을 조복하시니라.
만약 능히 이와 같이 중생을 조복하면
곧 한량없는 신통력을 나타내리니

53　若現無量神通力이면　則住不可思議土하고
만약 한량없는 신통력을 나타내면
곧 불가사의한 국토에 머물게 되고

[疏] 後, 二頌半은 明身業大用이오
■　② 두 개 반의 게송은 신업(身業)의 큰 작용을 설명함이요,

㈢ 한 게송은 어업을 노래하다[次一頌語業] (次演 32上8)

53-1　演說不可思議法하여　令不思議衆歡喜니라
　　　불가사의한 법을 연설하여

제12. 賢首品 ①　233

부사의한 중생으로 하여금 환희케 하리라.

[疏] 次, 演說一頌半은 語業勝이니 說法益生이오
- ㊂ '연설한다'는 한 게송은 어업(語業)이 뛰어남이니, 법을 설하여 중생에게 이익을 주는 까닭이요.

㊂ 두 게송은 의업이 뛰어난 공덕[後二頌意業勝] (後二 22下3)

54　若說不可思議法하여　令不思議衆歡喜면
　　則以智慧辯才力으로　隨衆生心而化誘니라
　　만약 불가사의한 법을 연설하여
　　부사의한 중생을 환희케 하면
　　곧 지혜와 변재의 힘으로써
　　중생의 마음을 따라 교화하리라.

55　若以智慧辯才力으로　隨衆生心而化誘면
　　則以智慧爲先導하여　身語意業恒無失이니라
　　만약 지혜와 변재의 힘으로써
　　중생의 마음을 따라 교화한다면
　　곧 지혜로써 먼저 인도함을 삼아
　　신·어·의업에 항상 잃음이 없으리라.

[疏] 後, 一頌[77)]은 意業勝이니 智先導故니라

---

77) 一은 原南續金本作二, 準疏及刊定記改正.

■ ㊂ 두 게송은 의업(意業)이 뛰어난 공덕이니, 지혜로 앞에서 인도하는 까닭이다.

(b) 네 게송은 삼업이 광대한 공덕[次四頌三業廣大功] 3.
㊀ 한 게송은 신업을 설명하다[初一頌明身業] (二若 33上2)

56　若以智慧爲先導하여　身語意業恒無失이면
　　則其願力得自在하여　普隨諸趣而現身이니라
　　만약 지혜로써 먼저 인도함을 삼아
　　신·어·의업에 항상 잃음이 없으면
　　곧 그 원력이 자재함을 얻어서
　　널리 모든 갈래를 따라서 몸을 나투리라.

㊁ 한 게송은 어업을 설명하다[次一頌明語業] (次一 33上2)

57　若其願力得自在하여　普隨諸趣而現身이면
　　則能爲衆說法時에　音聲隨類難思議니라
　　만약 그 원력이 자재함을 얻어서
　　널리 모든 갈래를 따라 몸을 나투면
　　곧 능히 대중을 위해 설법할 때에
　　음성이 종류를 따라 사의하기 어려우리라.

㊂ 두 게송은 의업을 설명하다[後二頌明意業] (後二 33上2)

58 若能爲衆說法時에　音聲隨類難思議면
則於一切衆生心에　一念悉知無有餘니라
만약 능히 대중을 위해 설법할 때에
음성이 종류를 따라 사의하기 어려우면
곧 온갖 중생의 마음에
한 생각에 다 알아 남음이 없으리라.

59 若於一切衆生心에　一念悉知無有餘면
則知煩惱無所起하여　永不沒溺於生死니라
만약 온갖 중생의 마음에
한 생각에 다 알아 남음이 없으면
곧 번뇌가 일어나는 곳이 없음을 알아
길이 생사에 빠지지 않으리라.

[疏] 二, 若以智慧爲先下의 四頌은 明三業廣大功과 三輪攝生德이니 初一頌은 身業이오 次一은 語業이오 後二는 意業이라

■ (b) 若以智慧爲先 아래의 네 게송은 삼업(三業)이 광대한 공덕과 삼륜(三輪)으로 중생을 섭수한 공덕을 밝힘이다. ㉠ 처음 한 게송은 신업(身業)이요, ㉡ 다음 한 게송은 어업(語業)이요, ㉢ 뒤의 두 게송은 의업(意業)이다.

(c) 두 게송은 법을 얻고 지위를 결론하다[次二頌辨得法結位]
(三若 33上8)

60　若知煩惱無所起하여　永不沒溺於生死면
　　則獲功德法性身하여　以法威力現世間이니라
　　만약 번뇌가 일어나는 곳이 없음을 알아
　　길이 생사에 빠지지 아니하면
　　곧 공덕의 법성신을 얻어
　　법의 위력으로써 세간에 나타나리라.

61　若獲功德法性身하여　以法威力現世間이면
　　則獲十地十自在하여　修行諸度勝解脫78)이니라
　　만약 공덕의 법성신을 얻어서
　　법의 위력으로 세간에 나타나면
　　곧 십지와 십자재를 얻어서
　　모든 바라밀의 수승한 해탈 닦아 행하리라.

[疏] 三, 若知煩惱下의 二頌은 辨得法結位라
■ (c) 若知煩惱 아래의 두 게송은 법을 얻고 지위를 결론함을 밝힘이다.

(d) 세 게송은 삼매를 얻는 부분[次三頌明三昧分] (四若 33下5)

62　若得十地十自在하여　修行諸度勝解脫이면
　　則獲灌頂大神通하여　住於最勝諸三昧니라
　　만약 십지와 십자재79)를 얻어서

---

78) 若得은 麗本作若獲, 宋元明本作若得.
79) 十自在: 1. 命自在 2. 心自在 3. 財自在 4. 業自在 5. 生自在 6. 勝解自在 7. 法自在 8. 願自在 9. 神通自在 10. 智自在.

모든 바라밀의 수승한 해탈 닦아 행하면
　　곧 관정하는 대신통을 얻어서
　　가장 수승한 모든 삼매에 머무리라.

63　若獲灌頂大神通하여　住於最勝諸三昧면
　　則於十方諸佛所에　應受灌頂而昇位니라
　　만약 관정하는 대신통을 얻어서
　　가장 수승한 모든 삼매에 머물면
　　곧 시방의 모든 부처님이 계시는 곳에서
　　응당 관정을 받아 지위에 오르리라.

64　若於十方諸佛所에　應受灌頂而昇位면
　　則蒙十方一切佛이　手以甘露灌其頂이니라
　　만약 시방의 모든 부처님 계신 곳에서
　　응당 관정을 받아 지위에 오르면
　　곧 시방의 모든 부처님께서
　　손수 감로로써 관정함을 입게 되리라.

[疏] 四, 若得十地下의 三頌은 明三昧分과 大盡分과 受位分이니 並顯可
　　知로다
■　(d) 若得十地 아래 세 게송은 삼매를 얻는 부분과 대진분(大盡分)과
　　지위를 받는 부분을 밝힘이니, (경문과) 함께 밝히면 알 수 있으리라.

(e) 두 게송은 큰 작용은 헤아리지 못함이다[後二頌明大用難測]

(五若 34上1)

65 若蒙十方一切佛이　手以甘露灌其頂이면
則身充徧如虛空하야　安住不動滿十方이니라
만약 시방의 모든 부처님께서
손수 감로로써 관정함을 입으면
곧 몸이 허공같이 두루 충만하여
시방에 가득하여 움직이지 않고 편안히 머무리라.

66 若身充徧如虛空하야　安住不動滿十方이면
則彼所行無與等하야　諸天世人莫能知니라
만약 몸이 허공같이 두루 충만하여
시방에 가득하여 움직이지 않고 편안히 머물면
곧 저 행하는 바가 같을 이 없어
모든 하늘과 세상 사람들이 알지 못하리라.

[疏] 五, 若蒙下의 二頌은 明大用難測이며 亦是釋名分事也니 謂以大法智雲으로 含衆德水하야 能蔽如空麤重故라 又若蒙下二頌은 亦是進入佛地也라

■ (e) 若蒙 아래 두 게송은 큰 작용은 헤아리지 못함을 설명함이며, 또한 명칭 해석분의 일이다. 이른바 큰 법의 지혜 구름으로 여러 공덕의 물을 포함하여 허공처럼 추중(麤重) 번뇌를 가릴 수 있기 때문이다. 또 若蒙 아래 두 게송은 역시 부처님 경지에 진입했음을 밝힌 내용이다.

ㄷ) 세 게송은 결론적으로 공덕을 찬탄하다[後三頌結歎功德] 2.
(ㄱ) 두 게송은 법설을 노래하다[初二頌法說] (第三 34上8)

67 菩薩勤修大悲行하여 願度一切無不果일새
    見聞聽受若供養이면 靡不皆令獲安樂이니라
    보살이 대비행을 부지런히 닦아
    일체 중생을 제도하려는 원력의 결과 아님이 없으니
    보고 듣고 청수하고 공양하며는
    다 하여금 안락을 얻지 못함이 없으리라.

68 彼諸大士威神力으로 法眼常全無缺減하여
    十善妙行等諸道의   無上勝寶皆令現이니라
    저 모든 대사의 위신력으로
    법안이 항상 온전해 부족하고 감소함이 없어
    십선의 묘행 등 모든 길의
    위없는 수승한 보배 모두 나투게 하리라.

[疏] 第三, 菩薩勤修下의 三頌은 結歎其德이니 初二는 法說이오 後一은 喩況이라 前中에 賢首가 云, 初二句는 悲願內滿이니 謂菩薩勤修等者는 結前若字下義오 無不果者는 結前則字下義라하니 以若有彼則有此오 非是前後鉤鎖相因이라 唯是本位信中에 有此則有彼하야 同時具有로대 而說有前後라 是故로 信門이 具足一切行位之相이라 然行雖無量이나 皆以悲願으로 爲首일새 故就此結之라 次二句는 明此悲願益物不空이오 次一頌은 結前所具行位라 初句는 擧人標法이

라 威神은 卽信이니 爲能具之由라 次句는 結能證智眼으로 證如如永常故라 次二句는 結所證道라 十善은 擧二地行이오 等取餘地와 及餘位餘道니 謂敎證等과 勝寶皆現이라

- ㄷ) 菩薩勤修 아래 세 게송은 결론적으로 공덕을 찬탄함이니, (ㄱ) 처음 두 게송은 법설(法說)을 노래함이요, (ㄴ) 뒤의 한 게송[제69 게송, 譬如大海-]은 비유로 견줌이다. (ㄱ) 중에 현수(賢首)대사가 말하되, "a. 처음 두 구절[제67 게송, 菩薩勤修- 願度一切-]은 자비와 원력이 안으로 만족함이다. 말하자면 '보살이 부지런히 닦는다'는 등은 앞의 약(若) 자 아래의 뜻을 결론함이요, '결과 아님이 없다'는 것은 앞의 '즉(則)' 자 아래의 뜻을 결론함이다"라고 하였으니, 만일 저것이 있으면 이것이 있음이요, 앞뒤로 서로 얽은 것이 서로 원인이 될 뿐만 아니라 오직 본래 지위인 십신(十信)의 지위 중에 '이것이 있다면 저것이 있다'고 하여서 동시에 구비되어 있되 앞뒤가 있음을 말하였다. 이런 까닭에 십신(十信)의 문에 모든 행법의 지위를 구족한 모양이다. 그러나 행법이 비록 한량없지만 모두 자비와 원력으로 우두머리를 삼았으므로 여기에 나아가 결론한 것이다. b. 다음 두 구절[見聞聽受- 靡不皆令-]은 이런 자비와 원력으로 중생을 이익함이 헛되지 않음을 밝혔고, c. 다음 한 게송[제68 게송, 彼諸大士-]은 앞의 갖출 바 행법의 지위를 결론함이다. (a) 첫 구절은 사람을 거론하여 법을 표방함이다. 위신력은 곧 믿음이니 (행법을) 갖추게 하는 주체의 원인이다. (b) 다음 구절[法眼常全-]은 증득할 주체의 지혜로운 안목으로 여여하여 영원하고 항상함을 증득한 까닭이다. d. 다음 두 구절[十善妙行- 無上勝寶-]은 증득할 대상의 도를 결론함이다. 십선(十善)은 이구지(離垢地)의 행법을 거론함이요, 나머지 지(地)와 나머지 지위, 나머지 도(道)를 똑같이 취하는

것이다. 말하자면 교도(敎道)와 증도(證道) 등과 수승한 보배가 모두 나타난다는 뜻이다.

[鈔] 以若有彼等者는 揀濫이니 明此是圓融義니 纔得一位에 卽得一切80)位라 如十味香을 纔燒一丸을 如小芥子에 十氣齊發하나니 若有聞香에 十味齊聞81)이오 若得沈氣時엔 則得檀氣오 若得蘇合하면 則得龍腦等이라 十味丸藥을 服者齊得도 亦準此知니라 非如鉤鎖에 由得於前하야사 方能得後며 非如涉路에 若行一里하면 則得二里오 若行二里에 則進三里라 故此位中에 不存位名하고 或開或合이 正在於此니 思之思之어다

● '만일 저것이 있으면 이것이 있음' 등이란 잘못을 가려냄이다. 이것은 원융문의 뜻임을 밝혔으니, 겨우 한 가지 지위를 얻을 적에 모든 지위를 얻게 된다. 마치 열 가지 맛의 향기를 겨우 한 개의 환약을 작은 겨자씨 만하게 태우면 열 가지 기운을 함께 발함과 같듯이, 만일 어떤 이가 향기를 맡을 적에 열 가지 맛을 함께 맡는 것이요, 만일 기운이 가라앉을 적에 전단 향기를 얻음이요, 만일 차조기 풀과 합하면 용의 머리를 얻는다82)는 등이다. 열 가지 맛의 환약을 먹는 이가 똑같이 얻은 것도 또한 이것과 준하여 알지니라. 마치 쇄사슬로 얽음과 같이 앞을 얻음으로 인하여 비로소 능히 뒤를 얻음과는 같지 않으며, 마치 길을 건널 적에 만일 1리(里)를 가면 2리를 얻으며, 만일 2리를 가면 3리를 나아감과 같지 않다. 그러므로 이런 지위 중에 지위의 명

---

80) 一切는 南金本作諸.
81) 聞은 南金本作得.
82) 소합(蘇合): 차조기라는 풀은 해독제나 약용으로 사용되는 풀. 차조기 풀(艹)을 먹고 생선(魚)과 쌀밥(禾)으로 회복한다에서 깨어나거나 소생한다는 의미를 가진다. 한비자의 세난편(說難篇)에 '용(龍)의 목에 거꾸로 나 있는 비늘을 건드리면 용은 그 사람을 죽인다'는 이야기에서 유래하는 역린(逆鱗)에서 鱗은 비늘 린(鱗)이다.

청은 남기지 않고 혹은 전개하기도 하고 혹은 합하기도 함이 바로 여기에 있으니 생각하고 생각해 보라.

(ㄴ) 한 게송은 비유로 견주다[後一頌喩況] (後一 35上8)

69   譬如大海金剛聚가   以彼威力生衆寶하되
    無減無增亦無盡인달하여 菩薩功德聚亦然이니라
    비유컨대 큰 바다의 금강 덩어리가
    저 위력으로써 온갖 보배를 내되
    덜함도 더함도 다함도 없듯이
    보살의 공덕 덩어리도 또한 그러하니라.

[疏] 後一頌은 喩況이니 唯喩後偈라 初句와 及威力은 喩前初句니 信體堅固로 以喩金剛이니 並居智海之內라 以信威力能生과 所生衆寶로 卽喩前第三句行位라 第三句는 喩前法眼常全이니라

■ (ㄴ) 뒤의 한 게송은 비유로 견줌이니 오로지 뒤 게송으로만 비유하였다. a. 첫 구절과 위력(威力)은 앞의 첫 구절[제67 게송, 菩薩勤修-願度一切-]을 비유한 것이니, 믿음의 체성이 견고함으로 금강에 비유하였으니, 지혜 바다 속에 함께 산다는 뜻이다. 믿음의 위력이 생기는 주체와 대상인 여러 보배들로서 앞의 셋째 구절[제68 게송, 十善妙行等諸道]의 행법의 지위에 비유하였다. b. 셋째 구절[제69 게송, 無減無增亦無盡]은 앞의 '법안이 항상 온전하다'는 구절에 비유한 내용이다.

(라) 203개의 게송은 제한 없는 큰 작용을 노래하다[次二百三頌無方大用] 2.

ㄱ. 총합하여 과목 나누다[總科] 3.

ㄱ) 작용할 대상을 밝히다[顯所用] (第四 35下8)

[疏] 第四, 或有刹土下의 二百三頌은 明無方大用分이라 彼能無邊大用者는 由普賢德이 徧一切時處하야 法界無限故라

- (라) 或有刹土 아래 203개의 게송은 제한 없는 큰 작용을 밝힌 부분이다. 저기서 '능히 끝없이 크게 작용함'이란 보현보살의 공덕이 모든 시간과 공간에 두루 하여 법계가 제한이 없기 때문이다.

ㄴ) 작용하는 숫자를 밝히다[顯用數] (略辨 35下10) 三

[疏] 略辨十門三昧業用이니 一, 圓明海印三昧門이오 二, 華嚴妙行三昧門이오 三, 因陀羅網三昧門이오 四, 手出廣供三昧門이오 五, 現諸法門三昧門이오 六, 四攝攝生三昧門이오 七, 俯同世間三昧門이오 八, 毛光照益三昧門이오 九, 主伴嚴麗三昧門이오 十, 寂用無涯三昧門이니 以無不定心故로 皆云三昧라 作用不同일새 略辨十種이라

- 간략히 십문(十門)의 삼매와 업의 작용을 밝혔으니, ㄱ) 두렷이 밝은 해인삼매문(海印三昧門)이요, ㄴ) 화엄의 묘한 행법의 삼매문이요, ㄷ) 인드라망[因陀羅網] 같은 삼매문이요, ㄹ) 손으로 만들어 널리 공양하는 삼매문이요, ㅁ) 여러 법문을 나타내는 삼매문이요, ㅂ) 사섭법으로 중생을 섭수하는 삼매문이요, ㅅ) 세간에 구부려 함께하는 삼매문이요, ㅇ) 터럭 광명으로 비추어 이익하는 삼매문이요, ㅈ) 주인과 반려가 아름답게 장엄하는 삼매문이요, ㅊ) 고요함과 작용이 끝없는 삼매문이니, 선정 아닌 것이 없는 마음인 연고로 모두 '삼매'라 말하

였다. 작용이 같지 않으므로 간략히 열 가지로 밝혔다.

ㄷ) 총합하여 거두어 묶다[總收束] (又初 36上5)

[疏] 又初門은 依體起用이오 末後는 明用不異體오 中間은 並顯妙用自在라 又十三昧가 皆具此三하니
■ 또한 ㄱ) 해인삼매문은 체성에 의지하여 작용을 일으킴이요, ㄴ) 마지막(의 고요함과 작용이 끝없는 삼매문[寂用無涯三昧門])은 작용이 체성과 다르지 않음을 밝힌 것이요, ㄷ) 중간은 묘한 작용이 자재로움을 함께 밝혔다. 또 열 가지 삼매가 모두 이 셋을 갖추고 있다.

[鈔] 略辨十門等者는 然還源觀에 立一體, 二用, 三徧, 四德, 五止, 六觀이 亦不出此라 言一體者는 卽自性淸淨圓明體이니 卽通爲十定之體라 言二用者는 一, 海印森羅常住用이니 卽此第一三昧오 二, 法界圓明自在用이니 卽華嚴三昧라 言三徧者는 一, 一塵이 普周法界徧이오 二, 一塵이 出生無盡徧이오 三, 一塵이 含容空有徧이니 此三은 並是因陀羅網三昧門이라 言四德者는 一, 隨緣妙用無方德이오 二, 威儀住持有則德이오 三, 柔和質直攝生德이오 四, 普代衆生受苦德이니 卽次下第六三昧門이라 言五止者는 一, 照法淸虛離緣止오 二, 觀入寂怕絶欲止오 三, 性起繁興法爾止오 四, 定光顯現無念止오 五, 事理玄通非相止라 言六觀者는 一, 攝境歸心眞空觀이오 二, 從心現境妙有觀이오 三, 心境秘密圓融觀이오 四, 智身影現衆緣觀이오 五, 多身이 入一鏡像觀이오 六, 主伴互現帝網觀이니 上之止觀은 並是寂用無涯三昧門이라 故此十門에 無不收矣니라 廣釋

一體六觀等은 具如還源觀辨하니라

● '간략히 십문으로 밝힌' 등이란 그런데 '근원으로 돌아가는 관법[還源觀]'에서 건립한 하나의 체성과 두 가지 작용, 세 가지 두루 함, 네 가지 공덕, 다섯 가지 사마타, 여섯 가지 위빠사나가 또한 여기에서 벗어나지 않는다. '하나의 체성'이라 말한 것은 곧 자성이 청정하여 두렷이 밝은 체성이니, 곧 열 가지 선정의 체성과 통한다. '두 가지 작용'이라 말한 것은 (1) 해인삼매가 삼라만상에 항상 머무르는 작용이니 곧 이것이 제일가는 삼매요, (2) 법계가 두렷이 밝아서 자재한 작용이니 곧 ㄴ) 화엄삼매이다. '세 가지 두루 함'이라 말한 것은 (1) 한 티끌이 법계에 두루 한 변만함이요, (2) 한 티끌이 끝없이 출생하는 변만함이요, (3) 한 티끌이 공과 유를 포함하면서 용납하는 변만함이다. 이 셋은 함께 ㄷ) 인드라망삼매문이다. '네 가지 공덕'이라 말한 것은 (1) 인연 따라 묘한 작용이 제한 없는 공덕이요, (2) 위의로 머물고 가지는 데 법칙이 있는 공덕이요, (3) 부드러우면서 정직하게 중생을 섭수하는 공덕이요, (4) 널리 중생을 대신하여 고통을 받아 주는 공덕이니, 곧 다음 아래의 ㅂ) 사섭법으로 중생을 섭수하는 삼매이다. '다섯 가지 사마타'라 말한 것은 (1) 법이 깨끗하고 텅 비고 인연을 여의는 것을 비추는 사마타요, (2) 고요함에 들어가되 욕구 끊는 것을 두려워함을 관찰하는 사마타요, (3) 성품에서 생겨나서 자주 일어남이 법이 으레 그러한 사마타요, (4) 삼매의 광명이 생각 없음을 밝게 나타내는 사마타요, (5) 현상과 이치를 현묘하게 통달하되 모양이 아닌 사마타이다. '여섯 가지 위빠사나'라고 말한 것은 (1) 경계를 섭수하여 마음으로 돌아가는 진공의 관법이요, (2) 마음에서 경계가 묘하게 있음을 나타내는 관법이요, (3) 마음과 경계

가 비밀하고 원융한 관법이요, (4) 지혜의 몸에 여러 인연을 비추어 나타내는 관법이요, (5) 여러 몸이 하나의 거울 형상에 들어가는 관법이요, (6) 주인과 반려가 번갈아 나타남이 인드라그물 같은 관법이니, 위의 사마타와 위빠사나는 함께 ㅊ) 고요함과 작용이 끝없는 삼매문이 된다. 그러므로 이런 십문(十門)에 거두지 못할 것이 없다. 하나의 체성에서 여섯 관법에 대해 자세하게 해석함은 구체적인 것은 환원관(還源觀)에서 밝힌 내용과 같다.

ㄴ. 개별로 해석하다[別釋] 10.
ㄱ) 여섯 게송은 두렷이 밝은 해인삼매문[初六頌圓明海印三昧門] 3.

(ㄱ) 앞의 다섯 게송을 개별로 해석하다[別釋前五] 2.
a. 총합하여 설명하다[總明] (今初 37上3)

[疏] 今初六頌은 明海印三昧라 文分爲二니 前五는 別明業用周徧이오 後一은 總結大用所依라 前中에 三이니 初三은 佛事요 次一은 三乘이오 後一은 類餘니 總顯十法界之化也라
■ ㄱ) 처음 여섯 게송은 해인삼매문을 설명함이다. 경문을 나누어 둘로 하리니 (ㄱ) 앞의 다섯 게송은 업의 작용이 두루 함을 개별로 밝힘이요, (ㄴ) 뒤의 한 게송은 큰 작용의 의지처를 총합하여 결론함이다. (ㄱ) 중에 셋이니 a) 처음 세 게송은 부처님 사업을 노래함이요, b) 다음 한 게송은 삼승(三乘)을 노래함이요, c) 다음 한 게송은 나머지와 유례함이니, 십법계의 교화에 대해 총합하여 밝힌 내용이다.

b. 개별로 해석하다[別釋] 3.
a) 부처님 사업을 노래하다[初三佛事] (前中 37上5)

70　或有刹土無有佛이어든 於彼示現成正覺하며
　　或有國土不知法이어든 於彼爲說妙法藏이니라
　　혹 어떤 국토에 부처님이 안 계시거든
　　거기에 정각을 이루어 나타내 보이며
　　혹 어떤 국토에 법을 알지 못하거든
　　거기서는 묘한 법을 연설하시니라.

71　無有分別無功用하여 於一念頃徧十方하되
　　如月光影靡不周하여 無量方便化群生이니라
　　분별도 없고 공용도 없어
　　한 생각 동안에 시방에 두루 하되
　　달빛 그림자 두루 하지 않음이 없음과 같이
　　한량없는 방편으로 중생을 교화하느니라.

72　於彼十方世界中에 念念示現成佛道하여
　　轉正法輪入寂滅하며 乃至舍利廣分布83)니라
　　저 시방세계 가운데
　　생각마다 불도를 이루어 나타내 보이시며
　　바른 법륜 굴리어서 적멸에 들어
　　사리까지 널리 분포하시네.

---

83) 輪字는 麗本作論, 思嘉淸合綱杭鼓纂續金昭作輪.

[疏] 前中에 初一은 總明現佛說法이오 次一은 體用自在라 初句는 揀非二義니 一, 念無分別이오 二, 動無功用이라 下三句는 顯正二義니 謂無念之念으로 一念에 徧於十方하고 無功之功으로 多門攝於群品이라 月喩四義는 準法可知로다

■ b. 중에 a) 처음 한 게송[제70 게송]은 현재의 부처님이 설법하심을 나타냄에 대해 총합적으로 설명함이요, b) 다음 한 게송[제71게송, 無有分別-]은 체성과 작용이 자재함이다. ① 첫 구절은 두 가지 뜻이 아님과 구분함이니 (1) 생각에 분별이 없음이요, (2) 동요해도 공용이 없음이다. ② 아래 세 구절은 올바른 두 가지 뜻을 밝힘이니, 생각 없는 생각으로 한 생각에 시방에 두루 하고, 공용 없는 공덕으로 여러 문으로 중생들을 섭수한 것이다. (4) 달로 네 가지 뜻을 비유한 것은 법에 준하면 알 수 있으리라.

b) 한 게송은 삼승을 노래하다[次一三乘] (二一 37下2)

73　或現聲聞獨覺道하고 或現成佛普莊嚴하여
　　如是開闡三乘教하여 廣度衆生無量劫이니라
　　혹 성문 독각의 도를 나타내시고
　　혹 성불하여 널리 장엄함을 나타내어서
　　이와 같이 삼승교를 여시어
　　널리 한량없는 겁에 중생을 제도하시니라.

[疏] 二, 一頌은 辨三乘이오

■ b) 한 게송은 삼승(三乘)을 밝힘이요,

c) 나머지와 유례하다[後一類餘 (三有 37下5)

74 或現童男童女形과　天龍及以阿修羅와
乃至摩睺羅伽等하여　隨其所樂悉令見[84]이니라
혹 동남 동녀의 모습과
천룡과 아수라와
마후라가 등으로 나타내시어
그 좋아하는 바를 따라 다 보게 하시니라.

[疏] 三, 有一頌은 類餘요
■ c) 한 게송은 나머지와 유례함이다.

(ㄴ) 뒤의 한 게송은 별도로 해석하다[別釋後一] 3.
a. 큰 작용의 의지처를 결론하다[結用所依] (後一 37下8)

75 衆生形相各不同이요　行業音聲亦無量이어늘
如是一切皆能現하나니海印三昧威神力이니라
중생의 모습 각각 다르고
행과 업과 음성 또한 한량없거늘
이렇게 온갖 것을 모두 능히 나타내시니
해인삼매 위신력이로다.

---

84) 見은 續金本作現.

[疏] 後一, 結用所依라 海印之義는 昔雖略解나 未盡其源일새 今以十義
釋之하야 以表無盡之用호리라
- (ㄴ)에서 a. 한 게송은 큰 작용의 의지처를 결론함이다. 해인(海印)의 뜻은 예전에는 비록 간략히 이해했지만 그 근원을 다하지 못했으므로 지금에 열 가지 뜻으로 해석하여 '다함없는 작용'을 표하겠다.

b. 경문을 인용하여 별도로 해석하다[引經別釋] 3.
a) 본경을 인용하다[引當經] (下經 37下9)
b) 다른 경문을 인용하다[引他經] (大集)

[疏] 下經에 云,⁸⁵⁾ 如淨水中에 四兵像하야 乃至莫不皆於水中現하며 又
云,⁸⁶⁾ 海有希奇殊特法하야 能爲一切平等印하나니 衆生寶物及川
流가 普悉包容無所拒라하니라 故로 大集十四에 云, 如閻浮提一切
衆生身과 及餘外色과 如是等色이 海中에 皆有印像이라 以是故로 名
大海爲印이니 菩薩亦爾하야 得大海印三昧已하고 能分別見一切衆
生心行하야 於一切法門에 皆得慧明하나니 是爲菩薩得海印三昧하
야 見一切衆生心行所趣라하니라 然此經文이 多同出現이나 但出現은
現於四天下像이오 又約佛菩提오 大集은 唯閻浮며 約菩薩所得이라
然皆見心所趣等은 了根器也오 此文所現形類는 應根器也라 二文
互擧는 皆是所現이오 菩薩定心으로 以爲能現이라
- 아래 경문(현수품)에 이르되, "깨끗한 물 가운데 네 병정의 형상처럼으로 내지 모두 물속에 나타나지 않는 것이 없으며"라 하였고, 또 이르

---

85) 아래 게송은 賢首品 제12의 主伴三昧에 대한 影像譬喩이다. 具云하면, "如淨水中四兵像이 各各別異無交雜이라 劍戟弧矢類甚多요 鎧胄車輿非一種이어든."(교재 권1 p.379-)
86) 이는 主伴三昧에 대한 大海譬喩이다. (교재 권1 p.384-)

되, "바다에는 희기(希奇)하고 특수한 법이 있어 능히 온갖 것에 평등한 인(印)이 되는지라 중생의 보물과 내의 흐름을 널리 다 포함하여 막지 않나니"라 하였다. 그러므로 『대집경』 제14권에 이르되, "염부제에 사는 모든 중생들의 몸과 나머지 형색과 이러한 등의 형색이 바다 속에 모두 형상을 인현(印現)한다. 이런 까닭에 큰 바다로 도장을 삼았으니, 보살도 또한 그러해서 '큰 바다에 도장 찍은 삼매[大海印三昧]'를 얻고 나서 능히 일체 중생의 마음의 흐름을 분별하여 모든 법문에 다 지혜의 밝음을 얻나니, 이것이 보살이 해인삼매를 얻어서 일체 중생의 마음의 흐름과 취향하는 바를 본다"라고 하였다. 그러나 이 경문이 대부분 여래출현품과 동일하지만 단지 출현품은 사천하의 형상을 나타냄이요, 또한 부처님의 보리를 잡은 해석이다. 『대집경(大集經)』은 오직 염부제뿐이며 보살의 얻은 바를 잡은 해석이다. 그러나 '모두 마음이 취향하는 바를 본다'는 등은 근기를 안 것이요, 본경에 나타낼 대상의 형상과 종류는 근기에 응하는 것이다. 두 경문을 번갈아 거론한 이유는 모두가 나타낼 대상이요, 보살의 삼매에 든 마음으로 나타내는 주체를 삼은 까닭이다.

[鈔] 下經云下는 第二, 總明也라 卽引當經과 及於他經하야 以示能現所現海印之相이라 言乃至莫不皆於水中現者는 其中間에 云, 各各別異無交雜하니 劒戟弧矢이 類甚多며 鎧冑車輿가 非一種이 隨其所有相差別하야 莫不皆於水中現이라 而水本自無分別하야 菩薩三昧亦如是라하시니 卽第十五經이니라 又云, 海有希奇等者는 卽此卷中이니 下合에 云, 無盡禪定解脫者가 爲平等印亦如是라 福德智慧諸妙行을 一切普修無厭足이라하니라 大集十四下는 引他經文이라 疏文分二

니 先, 正引이오 後, 解釋이라 前中에 卽虛空藏菩薩品이니 頭有一善男子言이라 此中亦爾는 經[87]云亦復如是오 餘皆全同이니라 然此經文下는 解釋이니 此卽此上大集이라 言[88]出現四天下像等者는 文에 云, 佛子야 譬如大海가 普能印現四天下中의 一切衆生色身[89]形像이니 是故로 共說以爲大海라 諸佛菩提도 亦復如是하야 普現一切衆生心念根性欲樂하야 而無所現하시니 是故로 說名諸佛菩提라하며 下偈文에 云,[90] 如海印現衆生身일새 以此說名爲大海니 菩提가 普印諸心行일새 是故로 說名爲正覺이라하니라

- a) 下經云 아래는 총합하여 설명함이다. 곧 본경과 다른 경전을 인용하여 나타내는 주체이면서 나타낼 대상인 해인삼매의 모양을 보여주는 것이다. '나아가 모두 물속에 나타나지 않는 것이 없다'고 말한 것은 그 중간에 "제각기 달라 서로 섞이지 않나니, 칼과 창, 활과 화살의 종류가 심히 많고 갑옷과 투구와 수레가 한 종류가 아니니, 그 있는 바 모양의 차별을 따라서 다 물 가운데 나타내지 않음이 없되 물은 본래 스스로 분별한 적 없음과 같이 보살의 삼매도 또한 이와 같다"고 하였으니 곧 제15권의 경문(영상의 비유)이다. ㉠ 又云海有希奇 등이란 곧 본경 현수품(大海의 비유)의 문장이니, 아래 합함에 이르되, "다함없는 선정과 해탈한 사람이 평등한 인(印)이 됨도 또한 이와 같아서 복덕과 지혜와 모든 묘한 행을 일체를 널리 닦아 싫어함이 없나니라"라고 하였다. ㉡ 大集十四 아래는 다른 경문을 인용함이다.

---

87) 經은 南金本作彼.
88) 言은 南金本作也.
89) 身은 南金本作相誤.
90) 이는 如來出現品 제37의 如來正覺에 대한 게송이다. 具云, "正覺了知一切法이 無二離二悉平等하며 自性淸淨如虛空하사 我與非我不分別이로다. 如海印現衆生身일새 以此說其爲大海인달하야 菩提普印諸心行일새 是故說名爲正覺이로다."(교재 권3 p.294-)

소문을 둘로 나누었으니 ① 바로 인용함이요, b) 해석함이다. ①중에 곧 『대집경』(제14권) 허공장보살품이니 첫 머리에 '선남자(善男子)'라는 말이 있다. '이 가운데 또한 그렇다'는 것은 경에서 '역부여시(亦復如是)'라 한 것이요, 나머지는 모두 같은 내용이다. ② 然此經文 아래는 해석함이니, 이것은 곧 이 위의 『대집경』을 뜻한다.
'사천하의 영상에서 나타난' 등이라 말한 것은 경문에 말하되, "불자여, 비유컨대 큰 바다에서는 사천하에 있는 모든 중생의 몸과 형상을 두루 나타내므로 다 같이 바다라 말하듯이, 부처님의 보리도 그와 같아서 모든 중생의 마음과 근성과 욕망을 두루 나타내면서도 나타내는 것이 없으므로 부처님들의 보리라 이름하느니라"라고 하였으며, 아래 (여래출현품) 게송에 이르되, "바다에 중생의 몸 나타나듯이 그러므로 큰 바다라 말을 하나니 보리에 마음과 행 모두 나타나 그리하여 이름하기를 바른 깨달음이라 한다"라고 하였다.

❖ 해인삼매에 대한 근거 자료

1. 여래출현품 게송 :
如海印現衆生身일새 以此說其爲大海인달하야 菩提普印諸心行일새 是故說名爲正覺이로다[바다에 중생의 몸 나타나듯이 그러므로 큰 바다라 말을 하나니 보리에 마음과 행 모두 나타나 그리하여 이름을 바른 깨달음.]

2. 현수품 형상(影像)의 비유 :
如淨水中四兵像이 各各別異無交雜이라 劍戟弧矢類甚多요 鎧冑車輿非一種이어든 [깨끗한 물 가운데 네 병정의 형상이 제각기 달라 서로 섞이지 않는

지라 칼과 창과 활과 화살의 종류가 심히 많고 갑옷과 투구와 수레가 한 종류가 아니니隨其所有相差別하야 莫不皆於水中現호대 而水本自無分別인달하야 菩薩三昧亦如是니라 [그 있는 바 모양의 차별을 따라서 다 물 가운데 나타내지 않음이 없되 물은 본래 스스로 분별함이 없으니 보살의 삼매도 또한 이와 같으니라.]

3. 현수품 대해(大海)의 비유 :
海有希奇殊特法하야 能爲一切平等印이라 衆生寶物及川流를 普悉包含無所拒하나니 [바다에는 희기希奇하고 특수한 법이 있어 능히 온갖 것에 평등한 인印이 되는지라 중생의 보물과 내의 흐름을 널리 다 포함하여 막지 않나니]
無盡禪定解脫者의 爲平等印亦如是하야 福德智慧諸妙行을 一切普修無厭足이니라 [다함없는 선정과 해탈한 사람이 평등한 인이 됨도 또한 이와 같아서 복덕과 지혜와 모든 묘한 행을 일체 널리 닦아 싫어함이 없나니라.]

4.『대집경』제14권 허공장보살품 :
善男子 如閻浮提一切衆生身과 及餘外色과 如是等色이 海中에 皆有印像이라 以是故로 名大海爲印이니 菩薩亦爾하야 得大海印三昧已하고 能分別見一切衆生心行하야 於一切法門에 皆得慧明하나니 是爲菩薩得海印三昧하야 見一切衆生心行所趣라하나라 [선남자야, 염부제에 사는 모든 중생들의 몸과 나머지 형색과 이러한 등의 형색이 바다 속에 모두 형상을 인현한다. 이런 까닭에 큰 바다로 도장을 삼았으니 보살도 또한 그래서 '큰 바다에 도장 찍는 삼매[大海印三昧]'를 얻고 나서 능히 일체 중생의 마음의 흐름을 분별하여 모든 법문에 다 지혜의 밝음을 얻나니, 이것이 보살이 해인삼매를 얻어서 일체 중생의 마음의 흐름과 취향하는 바를 본다.]

5. 여래출현품 삼세일체법(三世一切法)의 요지(了知) :

知一切衆生의 心念所行과 根性欲樂과 煩惱染習이니 擧要言之컨댄 於一念中에 悉知三世一切諸法이니라 佛子야 譬如大海가 普能印現四天下中一切衆生의 色身形像일새 是故로 共說以爲大海인달하야 諸佛菩提도 亦復如是하야 普現一切衆生의 心念根性樂欲호대 而無所現일새 是故로 說名諸佛菩提니라[모든 중생의 마음에 행하는 바와 근성과 욕망과 번뇌와 습기를 알아야 하나니, 중요한 것을 말한다면 한 생각에 세 세상 모든 법을 알아야 하느니라. 불자여, 비유컨대 큰 바다에서는 사천하에 있는 모든 중생의 몸과 형상을 두루 나타내므로 다 같이 바다라 말하듯이, 부처님의 보리도 그와 같아서 모든 중생의 마음과 근성과 욕망을 두루 나타내면서도 나타내는 것이 없으므로 부처님들의 보리라 이름하느니라.]

c) 개별로 해석하다[別釋] (言十 39上7)

[疏] 言十義者는 一, 無心能現義니 經에 云, 無有功用無分別故오 二, 現無所現義니 經에 云, 如光影故라 出現品에 云, 普現一切衆生心念根性欲樂이나 而無所現故라 三, 能現與所現이 非一義오 四, 非異義니 經에 云, 大海能現이라하나니 能所異故로 非一이오 水外에 求像不可得故로 非異니 顯此定心과 與所現法이 卽性之相일새 能所宛然이오 卽相之性일새 物我無二니라 五, 無去來義니 水不上取하고 物不下就나 而能顯現하야 三昧之心도 亦爾하야 現萬法於自心호대 彼亦不來하고 羅身雲於法界호대 未曾暫去라 上之五義는 與鏡喩로 大同이니라 六, 廣大義니 經에 云, 徧十方故며 普悉包容하야 無所拒故라 하나니 明三昧心이 周[91]于法界일새 則衆生色心에 皆定心中物이오 用

周法界나 亦不離此心이라 七, 普現義니 經에 云, 一切皆能現故라 出現品에 云, 菩提가 普印諸心行故라하니라 此與廣大로 異者는 此 約所現이니 不揀巨細오 彼約能現이니 其量普周라 又此約所現이니 無類不現이오 彼約能現이니 無行不修니라 八, 頓現義니 經에 云, 一 念現故라하나니 謂無前後하야 如印頓成이라 九, 常現義니 非如明鏡 이 有現不現時라 十, 非現現義니 非如明鏡이 對至方現이라 經에 云, 現於四天下像故라하나니 四兵羅空은 對而可現이오 四天之像은 不 對而現일새 故云非現現也니 以不待對라 是故로 常現하야 該三際也 니라

■ '열 가지 뜻'이라 말한 것은 (1) '무심으로 능히 나타내는 뜻'이니 경 에서, '공용 없이 분별이 없는 까닭'이라 하였고, (2) '나타낼 바 없음 을 나타내는 뜻'이니 경에서, '광명으로 비춤과 같기 때문'이라 하였 다. 여래출현품(如來出現品)에 이르되, "모든 중생의 마음과 근성과 욕 망을 두루 나타내면서도 나타내는 것이 없기 때문이다"라고 하였다. (3) '나타내는 주체와 나타낼 대상이 하나가 아닌 뜻'이요, (4) '다르 지 않은 뜻'이니 경에서, "큰 바다에 능히 나타낸다"고 하였으니, 주 체와 대상이 다른 연고로 하나가 아님이요, 물 이외에 영상을 구해도 얻지 못하는 연고로 다르지 않나니, 이런 삼매의 마음과 밝힐 법이 성품과 합치한 모양이므로 주체와 대상이 완연함이요, 모양과 합치 한 성품이므로 중생과 내가 둘이 아니다. (5) '오고 감이 없는 뜻'이 니, 물이 위로 취할 수 없고 중생은 아래로 나아가지 못하지만 능히 밝게 나타내듯이 삼매의 마음도 또한 그래서 자기 마음속에 만 가 지 법을 나타내되 저 또한 오지 않고 몸의 구름이 법계에 나열하되 일

---

91) 周는 續金本作同.

쩍이 잠시도 가지 않았다. 위의 다섯 가지 뜻은 거울의 비유와 크게는 같다. (6) '광대하다는 뜻'이니 경에서, "시방에 두루 한 연고며 널리 모두 포용해서 거절할 바가 없기 때문이다"라고 하였으니, 삼매의 마음이 법계에 두루 함을 밝혔으므로 중생의 형색과 마음에 모두 삼매의 마음속 중생이요, 작용이 법계에 두루 하지만 또한 이 마음을 여의지 않았다. (7) '널리 나타내는 뜻'이니 경에서, "일체를 모두 능히 나타내는 까닭이다"라고 하였다. 여래출현품에 이르되, "보리에 마음과 행 모두 나타나기 때문이다"라고 하였다. 이것은 광대함과 다른 것은 여기서는 나타낼 대상을 잡았으니, 크고 미세함을 구분하지 않음이요, 저기서는 나타내는 주체를 잡았으니 그 분량이 널리 두루 하다. 또한 여기서는 나타낼 대상을 잡았으니 유례하여 나타내지 않음이 없음이요, 저기서는 나타내는 주체를 잡았으니 행법을 닦지 않은 것이 없다. (8) '몰록 나타내는[頓現] 뜻'이니 경에서, "한 생각에 나타나기 때문"이라 하였다. 말하자면 앞과 뒤가 없어서 도장으로 단박에 이룸과 같다. (9) '항상 나타내는 뜻'이니 밝은 거울이 나타나고 나타나지 못할 때가 있음과 같지 않다. (10) '나타나지 않고 나타내는 뜻'이니, 밝은 거울이 상대하여 이르면 비로서 나타남과 같지 않다. 경에서, "사천하의 영상을 나타내는 까닭이다"라고 하였으니, 네 가지 병사가 허공에 나열함은 마주치면 나타낼 수 있고, 네 하늘의 영상은 마주치지 않고도 나타나는 연고로 '나타내지 않고 나타난다[非現現]'고 말하였다. 상대를 기다리지 않으므로 항상 나타나서 세 짬을 포괄하는 개념이다.

[鈔] 言十義下는 第三, 別顯義類也라 經云徧十方者는 卽是今經이니 於

一念頃에 徧十方也라 言普悉包含無所拒者는 即指上引十義니 所引이 皆上總中所引之經과 及出現品이라 文多易了로다 但第十에 云, 以不待對是故常現者는 此以第十으로 釋成第九니 即爲揀異라 由十成九일새 故云釋成이라 而九는 竪論이오 十은 橫說이니 故爲揀也니라

- b) 言十義 아래는 뜻의 부류를 개별로 밝힘이다. 경에서 '시방에 두루 하다'고 말한 것은 곧 본경이니, 한 생각 사이에 시방에 두루 한 것이다. '널리 모두 포용해서 거절할 바가 없다'고 말한 것은 위에서 인용한 열 가지 뜻을 가리켰으니, 인용한 바가 모두 위의 총상에서 인용한 경문과 여래출현품이다. 경문이 많으니 쉽게 알 수 있으리라. 단지 (10)에 이르되, '상대함을 기다리지 않는 연고로 항상 나타난다'고 말한 것은 여기서 (10)의 뜻[非現現義]으로 (9)의 뜻[常現義]을 해석하였으니, 곧 다른 것을 구분하기 위함이다. (10)으로 (9)를 성립함으로 말미암아 '해석을 완성했다'고 말하였다. 그러나 (9)는 세로로 논함이요, (10)은 가로로 설명함이니 그러므로 구분한 것이다.

c. 결론하여 찬탄하다[結歎] (具上 40上5)

[疏] 具上十義일새 故稱海印이니 諸佛窮究오 菩薩은 相似니라
- 위의 열 가지 뜻을 갖춘 연고로 '해인삼매'라 칭하였으니, 모든 부처님은 끝까지 궁구함이요, 보살은 그와 비슷함이다.

(ㄷ) 질문과 대답으로 구분하다[問答料揀] 2.
a. 질문하다[問] (問仁 40下2)

b. 대답하다[答] 3.
a) 앞에서 인용한 것을 가리켜서 대답하다[指前引答] (答卽)

[疏] 問이라 仁王三賢에 都無八相之文하고 初地에 方云, 方生百三千하야 一時成正覺이라하나니 此之八相이 豈在信門가 答이라 卽上所引大集에 亦云, 灌頂住菩薩이 得佛神力이라 若菩薩이 成就如是等法하면 能於無佛世界에 示現八相이라하며 乃至廣說하나니 彼說住終이니라

■ 묻는다. 『인왕경』의 삼현(三賢)의 지위에는 모두 여덟 모양의 경문이 없고, 초지(初地)에 가서 바야흐로 말하되, "비로소 백 개의 삼천세계에 태어나서 일시에 정각을 이루었다"라고 하였으니, 이런 여덟 모양이 어찌 십신(十信)의 문에 있겠는가? 대답한다. 곧 위에서 인용한『대집경』에 또 이르되, "제10 관정주 보살이 부처님의 신통력을 얻었으니, 만일 보살이 이러한 등의 법을 성취하면 능히 부처님 없는 세상에서 여덟 가지 모양을 시현할 수 있다"라고 하였으며, 나아가 자세히 설하였으니, 저기서는 십주(十住)의 마지막을 설명한 것이다.

b) 다른 경문을 인용하여 답하다[引別文答] 2.
(a) 점찰경을 인용하다[正引經] (若占 40下6)
(b) 곁으로 기신론을 인용하다[傍引論] (起信)

[疏] 若占察經인대 漸次作佛이 略有四種하니 何等爲四오 一者는 信滿法故로 作佛이니 所謂依種性地라 決定信諸法이 不生不滅이며 淸淨平等이라 無可願求故오 二는 解滿作佛이오 三은 證滿作佛이니 謂淨心地오 四는 一切功德行滿作佛이니 依究竟菩薩地라 起信에 依此하야

說信成就發心에 能八相作佛이라하시니 文據昭然이로다
- 만일『점찰경(占察經)』이라면 "점차로 부처님이 되는 것이 간략히 네 가지가 있으니, 어떤 것이 네 가지인가? (1) 믿음이 법을 만족하는 연고로 부처가 됨이니, 이른바 종성지(種性地)에 의지한 해석이니, 모든 법이 생하지도 멸하지도 않으며 청정하고 평등함을 결정코 믿는지라 원하거나 구할 것도 없기 때문이요, (2) (불교에 대한) 이해가 만족하면 부처가 됨이요, (3) 증득함이 만족하면 부처가 됨이니 정심지(淨心地)를 말한다. (4) 온갖 공덕행이 만족하여 부처가 된다"라고 하였으니 구경위의 보살지에 의지한 해석이다.『대승기신론』에는 "이것을 의지하여 믿음을 성취한 발심에서 능히 여덟 가지 모양으로 부처가 됨을 말한다"라고 하였으니, 인용문의 전거(典據)가 분명해졌다.

c) 원융문으로 비교하다[況出圓融] 3.
(a) 바로 설명하다[正明] (況圓 41上1)
(b) 힐난을 해명하다[通難] (因果)
(c) 거듭 구분하다[重揀] (又此)

[疏] 況圓融門中에 不依位次아 寄終敎說에 信滿에 卽能하야 因果無礙니 以因門取에 常是菩薩이오 以果門取에 卽恒是佛이라 或雙存俱泯하야 自在難思니라 又此化現은 非唯一位니 依一類界하야 而能具攝一切地位라 徧於時處일새 故云念念에 徧十方也니라
- 하물며 원융문 중에는 지위와 순서에 의지하지 않는 것인가? (대승의) 종교(終敎)에 의지해 설명할 적에 믿음이 만족하면 곧 가능하여서 원인과 결과에 걸림 없으니, 인행의 문으로 취하면 항상 보살이요, 과

덕의 문으로 취하면 항상 부처이다. 혹은 함께 두기도 하고 함께 없애어서 자재하므로 사의하기 어렵다. 또한 여기서 화현으로 나타남은 오직 한 지위뿐이 아니니 한 종류의 세계에 의지하여 능히 온갖 지위를 갖추어 섭수할 수 있다. 시간과 장소에 두루 한 연고로 '생각 생각에 시방에 두루 하다'고 말한 것이다.

[鈔] 具上十義下는 第四, 總結이라 於中에 先, 正結이오 後, 問仁王三賢下는 問答料揀이라 先, 問이오 後, 答이라 問[92)]은 即上卷菩薩教化品이니 經에 云, 若菩薩이 住百佛國土中하면 作閻浮提王하야 王四天下하야 修百法明門하야 二諦平等心으로 化一切衆生이라하며 下偈에 云, 善覺菩薩四天王하야 雙照二諦平等道하며 權化衆生遊百國하야 始登一乘無相道라하니라 釋曰, 此前에 更無成佛之文하니라 答即上所引大集下는 第二, 答中에 有三하니 初, 指前引答이오 二, 別引文答이오 三, 況出圓融이라 今初니 謂上引大集은 灌頂이 即第十住니 故云彼說住終이라 則初賢에 已得八相이어니 何得偏引仁王의 三賢無文이리오

● c) 具上十義 아래는 총합하여 결론함이다. 그중에 (a) 바로 결론함이요, (b) 問仁王三賢 아래는 질문과 대답으로 구분함이다. ㉠ 질문함이요, ㉡ 대답함이다. ① 질문함은 곧 『인왕반야경(仁王般若經)』 상권의 보살교화품(菩薩教化品)이다. 경에 이르되, "만약 보살이 백 개의 부처님 국토에 머무르는 중에 염부제왕이 되어서 사천하를 다스려 백 가지 법의 광명문을 수행하여 두 진리에 평등한 마음으로 일체 중생을 교화하였다"라고 하였으며, 아래 게송에 이르되, "선각보살 사천

---

92) 問下에 南金本有也字.

왕이 두 진리에 평등한 도를 함께 비추며, 방편으로 중생을 교화하여 백 가지 국토에 유희하며 비로소 일승의 모양 없는 도에 오른다"라고 하였다. 해석하자면 이 앞에 다시 성불한다는 경문이 없었다. ② 卽上所引大集 아래는 대답함 중에 셋이 있으니 ㉠ 앞에서 인용한 답을 가리킴이요, ㉡ 인용한 경문과 다른 답함이요, ㉢ 원융문에서 나온 것과 비교함이다. 지금은 ㉠이니 말하자면 관정은 곧 제10 관정주(灌頂住)이므로 저기서 십주를 설명함은 마쳤다. 처음 삼현위(三賢位)에 이미 여덟 모양을 얻었으니 어찌 인왕경(仁王經)의 삼현위에 경문 없음을 얻겠는가?

若占察經下는 次, 引別文答이라 謂占察經에 作佛有四하니 初是信滿이니 正與今文으로 相當이오 餘三은 因便故來耳니라 二, 解滿作佛은 卽同前大集灌頂受位오 三, 證滿者는 初證을 名證滿이니 故云淨心地니 卽初地故라 四, 究竟菩薩地니 卽第十地後라 故로 起信에 云, 菩薩地盡에 覺心初起하야 心無初相하야 以遠離微細念故로 得見心性하야 心卽常住할새 名究竟覺이 是也니라 起信依此下는 上正引經이오 此方引論이라 用信成就發心은 卽第一信滿位라 論에 云, 菩薩이 發是心故로 則得少分見於法身하며 以見法身故로 隨其願力하야 能現八種利益衆生할새니 所謂從兜率天退하야 入胎하며 住胎, 出胎, 出家, 成道, 轉法輪, 入涅槃이라하시니 卽八相之文也니라 況圓融門等者는 三, 況出圓義也라 則上所引은 尙是行布니 以四位成佛이 深淺不同故라 今初卽具後니 故是圓融이라 今約信滿에 猶寄終敎說耳니라 因果無礙下는 通伏難이니 謂有難云호대 若初卽後인대 應壞因果故로다 故爲此通하야 明其無礙라 正在因時에 卽有果하고

果中에 有因하야 隨門不同일새 名因名果나 體無前後니 故得圓融이
라 雙存則亦因亦果오 俱泯則果海가 離言이니라 又此化現非唯等者
는 重揀前文이니 以圓融은 非唯一位니 則顯具一切地位며 非依一類
界니 則顯徧於時處也니라 (第一, 海印三昧는 竟하다)

- b) 若占察經 아래는 다른 경문을 인용하여 답함이다. 이른바 『점찰
경』에 부처 됨이 네 가지가 있으니 (1) 믿음이 원만하여 성불함[信滿作
佛]이니 바로 본경의 문장과 서로 맞음이요, 나머지 셋은 편의 때문에
온 것일 뿐이다. (2) 이해함이 원만하여 부처 됨[解滿作佛]은 곧 앞의
대집경의 관정을 받는 지위와 같음이요, (3) 증득이 원만하여 부처 됨
[證滿作佛]이란 처음으로 증득함을 증득원만(證得圓滿)이라 칭하나니,
그러므로 정심지(淨心地)라 하나니, 곧 제1 환희지이다. (4) 구경의 보
살지이니 (곧 구경작불究竟作佛이니) 제10지 다음이다. 그러므로 『기신
론』에 이르되, "보살의 지위가 다한 이[菩薩地盡]는 (방편을 원만히 갖추어
서 한 생각에 서로 응하나니,) 마음의 처음 일어남을 깨달아서 마음에 처음
모습이 없으니, 미세한 생각을 멀리 여읜 까닭에 마음의 본성을 보게
되어 마음이 항상 머무나니 이름하여 구경각(究竟覺)이라 한 것"이 이
것이다. (b) 起信依此 아래는 위는 바로 경문을 인용함이요, 여기는
곁으로 기신론을 인용함이다. 신성취발심(信成就發心)을 사용함은 곧
(1) 믿음이 원만한 지위이다. 논에 이르되, "보살이 이러한 마음을 낸
까닭에 조금이나마 법신을 보게 되며, 법신을 본 까닭에 그 원력에 따
라 능히 여덟 가지의 모습을 보이며 나타나 중생들을 이익되게 하나
니, 이른바 도솔천으로부터 내려와서[降生], 모태에 들고[入胎] 모태에
머물고[住胎] 모태에서 나오며[出胎], 출가하여 성도하고, 법륜을 굴리
고[轉法輪], 열반에 드는[入涅槃] 것이니라"라고 하였으니, 곧 여덟 모

양(으로 성불하는) 경문이다. '원융문과 비교한다'는 등은 c) 원융문에서 나온 뜻과 비교함이다. 위에서 인용한 것은 오히려 항포문이니, 네 가지 지위로 성불함이 깊고 얕음이 다른 까닭이다. 지금은 (1) 믿음이 원만함은 뒤를 구족함이니 그러므로 원융문인 것이다. 지금 믿음이 원만함을 잡을 적에 오히려 대승종교(大乘終敎)에 의탁하여 설명했을 뿐이다. (b) 因果無礙 아래는 숨은 힐난을 해명함이다. 말하자면 어떤 이가 힐난하되, "만일 처음이 뒤를 구비한다면 응당히 원인과 결과를 무너뜨리기 위함이다. 그러므로 여기서 해명하여 그 걸림 없음을 밝힌 것이다. 바로 인행에 있을 때에 곧 결과가 있고 결과 중에 원인이 있어서 문을 따라 같지 않으므로 원인이나 결과라고 칭했지만 체성은 앞뒤가 없나니, 그러므로 원융문을 얻게 된다. 함께 두면 원인이기도 하고 결과이기도 하다. 모두 없애면 결과의 바다가 말을 여의는 것이다. '또한 여기서 화현으로 나타남은 오직 한 지위뿐'이라 한 등은 (c) 거듭하여 앞의 경문을 구분함이니, 원융문은 오직 한 가지 지위만이 아님이다. 온갖 지위를 갖춤을 밝히며 한 종류의 경계만 의지하지 않나니 시간과 장소에 두루 함을 밝힌 것이다. ㄱ) 해인삼매문은 마친다.

ㄴ) 두 개 반의 게송은 화엄의 묘행삼매문[次二頌半華嚴妙行三昧門]

(第二 42下8)

76 　嚴淨不可思議刹하고　供養一切諸如來하며
　　　放大光明無有邊하고　度脫衆生亦無限이니라
　　　불가사의한 세계를 장엄하고

모든 여래를 공양하며
　　　끝없는 대광명을 놓아
　　　중생을 제도함도 또한 한이 없도다.

77　智慧自在不思議요　　說法言辭無有礙라
　　施戒忍進及禪定과　　智慧方便神通等이여
　　지혜가 자재하여 부사의하고
　　법을 설하는 말씀에 걸림이 없어
　　보시, 지계, 인욕, 정진, 선정과
　　지혜, 방편, 신통 등이여

78　如是一切皆自在가　　以佛華嚴三昧力이니라
　　이러한 온갖 것에 모두 자재함이
　　부처님의 화엄삼매 힘이로다.

[疏] 第二, 嚴淨下는 華嚴[93)]三昧라 文有十句하야 略辨七行이니 前六句는 各一行이오 七八은 是十度行이오 九는 結上自在오 十은 總結所依라 萬行如華하야 嚴法身故라 餘如別說하니라

■ ㄴ) 嚴淨 아래는 화엄삼매이다. 경문에 열 구절이 있어서 간략히 7항으로 밝히나니, a) 앞의 여섯 구절[제76 게송, 嚴淨不可- 說法言辭-]은 각기 한 가지 행법이요, b) 일곱째 구절[제7 게송, 施戒忍進-]과 여덟째 구절[智慧方便-]은 십바라밀의 행법이요, c) 아홉째 구절[제78 게송, 如是一切-]은 위의 자재함을 결론함이요, d) 열째 구절[以佛華嚴-]은 의지처를

---

93) 嚴下에 原本有好行二字, 好當作妙.

총합하여 결론함이다. 만행이 꽃과 같아서 법신을 장엄하기 때문이다. 나머지는 따로 설명한 것과 같다.

[鈔] 萬行等者는 遺忘集에 說호대 略有十觀하니 一, 攝相歸眞觀이오 二, 相盡證實觀이오 三, 相實⁹⁴⁾ 無礙觀이오 四, 隨相攝生觀이오 五, 緣起相收觀이오 六, 微細容攝觀이오 七, 一多相卽觀이오 八, 帝網重重觀이오 九, 主伴圓融觀이오 十, 果海平等觀이라 然此十觀이 融四法界니 初二는 理法界니 始終不異오 三은 卽事理無礙法界오 四는 卽隨事法界요 次五는 卽事事無礙法界니 五, 卽一多相容不同門이오 六, 卽微細相容安立門이오 七, 卽諸法相卽自在門이오 八, 卽因陀羅網境界門이오 九, 卽主伴圓融具德門이라 其第十觀果海는 絶言이니 通爲前四之極이라 則四法界와 十種玄門은 皆約因分이라 然此十觀으로 略收萬類라 不異玄中일새 故指在餘니라 又釋題中에 廣顯華嚴義竟하니라

● 만행 등이란 『유망집(遺忘集)』에 말하되, "간략히 열 가지 관법이 있으니 ① 모양을 거두어 진리로 돌아가는 관법이요, ② 모양을 다하고 실법을 증득한 관법이요, ③ 모양과 실법에 무애한 관법이요, ④ 모양을 따라 중생을 섭수하는 관법이요, ⑤ 연기로 서로 거두는 관법이요, ⑥ 미세함을 용납하고 섭수하는 관법이요, ⑦ 하나와 여럿이 서로 합치하는 관법이요, ⑧ 인드라망처럼 거듭하는 관법이요, ⑨ 주인과 반려가 원융한 관법이요, ⑩ 과덕이 평등한 관법이다. 그런데 여기서 열 가지 관법이 네 가지 법계와 융섭하나니 ① (섭상귀진관攝相歸眞觀)과 ② (상진증실관相盡證實觀)은 이치의 법계이니 시작과 끝이 다르지

---

94) 實은 南金本作盡.

않음이요, ③ (상실무애관相實無礙觀)은 현상과 이치가 무애한 관법이요, ④ (수상섭생관隨相攝生觀)은 현상을 따르는 법계요, 다음의 다섯[⑤ (연기상수관緣起相收觀) ⑥(미세용섭관微細容攝觀) ⑦(일다상즉관一多相卽觀) ⑧ (제망중중관帝網重重觀) ⑨(주반원융관主伴圓融觀)]은 현상과 현상이 무애한 관법이니 ⑤ 연기상수관(緣起相收觀)은 하나와 여럿이 서로 용납하면서 같지 않은 문이요, ⑥ 미세용섭관(微細容攝觀)은 미세함을 서로 용납하여 안립하는 문이요, ⑦ 일다상즉관(一多相卽觀)은 모든 법이 서로 합치하여 자재한 문이요, ⑧ 제망중중관(帝網重重觀)은 인드라망 같은 경계문이요, ⑨ 주반원융관(主伴圓融觀)은 주인과 반려가 원융하여 덕을 구족하는 문이다. 그 ⑩ 과해평등관(果海平等觀)에서 '과덕의 바다'는 말이 끊어졌으니 통틀어 앞의 네 가지의 끝이다. 네 가지 법계와 열 가지 현묘한 문[十玄門]'은 모두 인행의 부분을 잡은 것이다. 그러나 이런 열 가지 관법으로 만 가지 부류를 간략히 거두었다. 현담(玄談)과 다르므로 나머지에 지적하였다. 또한 제목 해석 중에 화엄의 뜻을 자세하게 밝힘은 마친다.

又還源觀釋에 云, 廣修萬行하야 稱實成德하며 普周法界하야 而證菩提라할새 (言華嚴者는) 如華有結實之用이오 行有感果之能이라 今則託事表彰일새 所以舉華爲喩라 嚴者는 行成剋果하고 契理稱眞에 性相兩亡하고 能所俱絶하야 顯煥炳着일새 故名嚴也라 良以非眞流之行이면 無以契眞이어니 何有飾眞之行이 不從眞起리오 此⁹⁵⁾則眞該妄末이라 行無不修오 妄徹眞源이라 相無不寂일새 故曰法界自在圓明無礙用이니 爲華嚴三昧也라하니라 若更總釋인대 總以萬行으로 嚴於

---

95) 此는 南金本作斯 甲續本作非.

法界하야 成於法身으로 爲華嚴也라 行有行布圓融하고 成佛에 亦有 十身總別이라 別은 如普眼長者가 以十波羅密로 嚴成十身이라 融如 八地라 一念之中에 十度圓修하며 成佛之時에 十身無礙일새 故曰華 嚴이라 餘如題中하니라 (第二, 華嚴三昧는 竟하다)

● 또한 '근원으로 되돌아가는 관법'을 해석하여 말하되, "만행을 널리 수행하여 실법과 칭합하게 덕을 성취하며 법계에 널리 두루 하여 보리를 증득한다고 하므로 (화엄이라 말한 것은) 마치 꽃은 열매를 맺는 작용이 있고, 행은 과덕을 감득(感得)하는 능력이 있는 것과 같다. 지금은 일에 의탁하여 드러내 밝혔으므로 꽃을 거론하여 비유하였다. 엄(嚴)이란 행법이 성취되면 결과를 극복하고 이치와 계합하여 진실과 칭합할 적에 체성과 모양 둘 다 없고, 주체와 대상이 함께 끊어져서 불꽃처럼 환하게 드러났으므로 '장엄한다'고 이름한다. 진실로 진실한 무리의 행법이 아니면 진리에 계합할 수 없을 텐데 어찌 진실을 장식한 행법이 진리로부터 생겼으리오! 이것은 진실은 거짓의 끝을 포섭한 것이다. 행법은 수행하지 않음이 없고, 거짓은 진리의 근원을 사무쳤다. 모양이 고요하지 않음이 없으므로 '법계에 자재하여 두렷이 밝고 자재한 작용을 화엄삼매'라고 말한다"라고 하였다. 만일 다시 총합하여 해석한다면, 총합하여 만행(萬行)으로 법계를 장엄하여 법신을 성취하므로 '화엄(華嚴)'이라 말한다. 행법에는 항포문과 원융문이 있고, 부처를 이룰 적에 또한 십신(十身)의 총상과 별상이 있다. 별상은 마치 보안(普眼)장자가 열 가지 바라밀로 장엄하여 십신을 이룸과 같고, 원융문은 제8 부동지와 같다. 한 생각 가운데 십바라밀로 원만하게 수행하며 성불할 때에 십신(十身)이 무애하므로 화엄(華嚴)이라 말한다. 나머지는 제목 가운데와 같다. ㄴ) 화엄삼매문은

마친다.

ㄷ) 네 게송은 인드라망삼매문[次四頌因陀羅網三昧門] (第三 44下2)

79 　一微塵中入三昧하여　成就一切微塵定하되
　　而彼微塵亦不增하고　於一普現難思刹이니라
　　한 티끌 가운데 삼매에 들어
　　온갖 티끌 가운데서 삼매를 이루되
　　저 티끌 또한 더함이 없고
　　'하나' 속에 널리 생각할 수 없는 세계를 나투시니라.

80 　彼一塵內眾多刹이　　或有有佛或無佛하며
　　或有雜染或淸淨하며　或有廣大或狹小니라
　　저 한 티끌 속의 모든 많은 세계가
　　혹은 부처님이 계시고 혹은 안 계시며
　　혹은 잡되고 물들며 혹은 청정하고
　　혹은 넓고 크며 혹은 좁고 작으니라.

81 　或復有成或有壞하며　或有正住或傍住하며
　　或如曠野熱時焰하고　或如天上因陀網이니라
　　혹은 다시 이룩되고 혹은 파괴되며
　　혹은 바르게 머물고 혹은 곁에서 머물며
　　혹은 넓은 들의 아지랑이 같고
　　혹은 천상의 인드라그물 같으니라.

82　　如一塵中所示現하여　一切微塵悉亦然하니
　　　此大名稱諸聖人의　　三昧解脫神通力이니라
　　　한 티끌 가운데 나타내 보인 바와 같이
　　　온갖 티끌 다 또한 그러하니
　　　이것이 큰 이름으로 일컫는 모든 성인의
　　　삼매와 해탈과 신통의 힘이로다.

[疏] 第三, 一微塵中下의 四頌은 明因陀羅網三昧門이라 於中에 初二句는 標定心境이라 然有二意하니 一, 由一多相卽일새 故入一定하야 能成多定하며 由成多定하야 令一塵內에 有一切塵하며 一一塵中에 現一切刹이라 二, 但令一塵現刹에 一切亦爾일새 故云成就一切微塵定이라 次二句는 明不壞相而普現이니 故云不增이라 次二頌은 明一塵中所現刹相이 無礙如焰하고 重現如帝網이라 次半頌은 擧一例餘라 亦有二意하니 一, 例上一塵之內에 所具之塵이오 二, 例如一塵入定示現하야 餘塵入定示現도 亦然이라

後二句는 結用所因이라 略辨三門이니 一, 三昧力은 此同標中이오 二, 不思議解脫力은 如不思議品에 云,[96] 於一塵中에 現三世佛刹

---

[96] 이는 離世間品 38의 ③에 '보살의 10종 神力無礙用'에 대한 법문이다. 具云, "佛子야 菩薩摩訶薩이 有十種神力無礙用하니 何等이 爲十고 所謂不可說世界로 置一塵中無礙用과 於一塵中에 現等法界一切佛刹無礙用과 以一切大海水로 置一毛孔하야 周旋往返十方世界호대 而於衆生에 無所觸嬈無礙用과 以不可說世界로 內自身中하야 示現一切神通所作無礙用과 以一毛로 繫不可數金剛圍山하야 持以遊行一切世界호대 不令衆生으로 生恐怖心無礙用과 以不可說劫으로 作一劫하고 一劫으로 作不可說劫하야 於中에 示現成壞差別호대 不令衆生으로 心有恐怖無礙用과 於一切世界에 現水火風災種種變壞호대 而不惱衆生無礙用과 一切世界三災壞時에 悉能護持一切衆生資生之具하야 不令損缺無礙用과 以一手로 持不思議世界하야 擲不可說世界之外호대 不令衆生으로 有驚怖想無礙用과 說一切刹이 同於虛空하야 令諸衆生으로 悉得悟解無礙用이 是爲十이니."(교재 권3 p.381-)
또 佛不思議法品 제33에 나오는 '如來出現의 모양'에 대한 법문이다. 具云, "一切諸佛이 皆悉能於一毛孔中에 出現諸佛하시되 與一切世界微塵數等하야 無有斷絶하며 一切諸佛이 皆悉能於一微塵中에 示現衆刹하

等이오 三, 神通力은 謂幻通自在니 竝如下說이니라 三, 因陀羅網三昧門은 竟하다

■ ㄷ) 一微塵中 아래 네 게송은 인드라망삼매문을 밝힘이다. 그중에 (ㄱ) 처음 두 구절[제79 게송, 一微塵中-]은 삼매의 마음경지를 표방한 것이다. 그러나 두 가지 뜻이 있으니 (1) 하나와 여럿이 서로 합치함으로 인해 한 가지 선정에 들어가서 능히 여러 선정을 이루기도 하며, 여러 선정을 이룸으로 인해 하여금 한 가지 티끌 속에 일체의 티끌이 있게 하며, 하나의 티끌 속에 일체의 국토를 나타냈음이라. (2) 단지 한 티끌에 국토를 나타나게 하는 것처럼 일체 국토에도 그러하므로 '일체 미진수의 선정을 성취한다'고 하였다. (ㄴ) 다음 두 구절[而彼微塵-]은 모양을 무너뜨리지 않고 널리 나타남을 밝혔으니 그래서 '더함이 없다'고 했다. (ㄷ) 다음 두 게송[제82 게송, 如一塵中-]은 한 티끌 속에 나타난 국토의 모습이 장애 없이 불꽃과 같고 거듭 인드라그물처럼 나타남을 밝힌 것이다. (ㄹ) 다음 반의 게송은 하나를 들어 나머지와 유례함이다. 또한 두 가지 뜻이 있으니 ① 위의 한 티끌 속에 갖춘 바 티끌과 유례함이요, ② 한 티끌에서 삼매에 들어 나타냄과 같이 유례하여 나머지 미진수의 선정에 나타냄도 또한 그러하다.

(ㅁ) 뒤의 두 구절[此大名稱-, 三昧解脫-]은 작용의 원인을 결론함이다. 간략히 세 문으로 밝혔으니 ① 삼매의 힘은 여기서 표방함과 같고 ② 불가사의한 해탈의 힘은 불부사의법품(佛不思議法品) 제33에 말한, '한 미진 속에 삼세의 불찰을 나툰다'는 등이요, ③ 신통력은 이른바 허깨비와 같은 신통이 자재함이니, 아울러 아래에 설한 바와 같다. ㄷ)

시되 與一切世界微塵數等하야 具足種種上妙莊嚴하야 恒於其中에 轉妙法輪하사 敎化衆生호대 而微塵不大하고 世界不小하야 常以證智로 安住法界하며 一切諸佛이 皆悉了達淸淨法界하사 以智光明으로 破世癡闇하사 令於佛法에 悉得開曉하야 隨逐如來하야 住十力中이 是爲十이니라."(교재 권3 p.149-)

인드라망삼매문은 마친다.

[鈔] 次半頌者는 前意는 對前第一意라 旣一塵之中에 有多塵이라 向來에 方說一塵攝刹이어니와 今方說塵內의 所具餘塵이 攝刹이라 後意는 對前第二意니 此所例塵은 非前塵內요 是前塵이 外徧法界中塵也 니라

- 다음 반의 게송은 (하나를 들어 나머지와 유례함)의 의미는 앞의 첫째 의미를 상대함이다. 이미 한 티끌 중에 여러 티끌이 있는 것이다. 앞에서는 '비로소 한 티끌이 국토를 섭수한다'고 말하였거니와 지금에야 '비로소 티끌 속에 갖춘 바 나머지 티끌이 국토를 섭수한다'고 말하였다. 뒤의 의미는 앞의 (ㄴ) 화엄삼매(華嚴三昧)의 의미를 상대하였으니, 이것과 유례할 대상인 티끌은 앞의 티끌 속이 아니요, 앞의 티끌은 밖으로 법계에 두루 한 티끌이다.

ㄹ) 18게송은 손으로 널리 공양구를 내는 삼매문
   [次十八頌手出廣供三昧門] 3.
(ㄱ) 한 게송은 총합하여 표방하다[總標] (第四 47上4)

83　若欲供養一切佛인댄　入於三昧起神變하여
　　能以一手徧三千하여　普供一切諸如來니라
　　만약 모든 부처님을 공양하고자 할진대
　　삼매에 들어가 신통변화를 일으켜서
　　능히 한 손으로 삼천세계에 두루 하여
　　널리 일체 모든 여래를 공양하나니라.

[疏] 第四, 若欲下의 十八頌은 明手出廣供三昧門이라 初一은 總標요 後一은 通結이오 中間은 別顯이라
- ㄹ) 若欲 아래 18개의 게송은 손에서 널리 공양구를 내는 삼매문을 밝힘이다. (ㄱ) 한 게송은 총합하여 표방함이요, (ㄴ) 중간의 16개의 게송은 개별로 밝힘이요, (ㄷ) 뒤의 한 게송은 통틀어 결론함이다.

(ㄴ) 16게송은 개별로 밝히다[別顯]

84 　十方所有勝妙華와 　塗香末香無價寶를
　如是皆從手中出하여 　供養道樹諸最勝이니라
시방에 있는 수승하고 묘한 꽃과
바르는 향, 가루 향, 값으로 칠 수 없는 보배를
이러한 것 모두를 손 가운데서 내어
보리수의 모든 가장 수승함에 공양하나니라.

85 　無價寶衣雜妙香과 　寶幢幡蓋皆嚴好와
　眞金爲華寶爲帳을 　莫不皆從掌中雨97)니라
값으로 칠 수 없는 보배 옷과 온갖 묘한 향과
보배 깃대와 기와 덮개와 모든 장엄과
금으로 만든 꽃과 보배로 된 휘장을
모두 손바닥 가운데서 비 내리지 않는 것이 없네.

---

97) 幡蓋는 宋論作寶蓋.

86 十方所有諸妙物을 應可奉獻無上尊일새
   掌中悉雨無不備하여 菩提樹前持供佛이니라
   시방에 있는 모든 묘한 물건을
   응당 가히 위없는 높은 이께 받들어 바칠새
   손바닥 가운데서 갖추지 아니함이 없이 다 비 내려서
   보리수 앞에서 가져 부처님께 공양하나니라.

87 十方一切諸妓樂과 鐘鼓琴瑟非一類가
   悉奏和雅妙音聲하되 靡不從於掌中出이니라
   시방의 일체 모든 풍악과 종과 북과
   거문고와 비파와 하나뿐이 아닌 종류가
   다 온화하고 아담하고 묘한 음악 소리를 연주하니
   손바닥 가운데서 나오지 않은 것이 없나니라.

88 十方所有諸讚頌으로 稱歎如來實功德하되
   如是種種妙言辭를 皆從掌內而開演이니라
   시방에 있는 모든 찬송으로
   여래의 참된 공덕을 일컬어 찬탄하되
   이러한 가지가지 묘한 말들이
   모두 손바닥 안에서 연출되나니라.

89 菩薩右手放淨光하니 光中香水從空雨하여
   普灑十方諸佛土하여 供養一切照世燈이니라
   보살이 오른손으로 깨끗한 광명을 놓으니

광명 가운데 허공을 좇아 향수가 비 내리듯 하여
　　　널리 시방의 모든 부처님 국토에 뿌려서
　　　모든 세간을 비추는 등불께 공양하나니라.

90　又放光明妙莊嚴하여　出生無量寶蓮華하니
　　其華色相皆殊妙라　　以此供養於諸佛이니라
　　또 광명을 놓아 묘하게 장엄하여
　　한량없는 보배 연꽃을 출생하니
　　그 꽃 모양이 모두 특별히 묘한지라
　　이것으로 모든 부처님께 공양하나니라.

91　又放光明華莊嚴하니　種種妙華集爲帳이라
　　普散十方諸國土하여　供養一切大德尊이니라
　　또 광명을 놓아 꽃으로 장엄하니
　　가지가지 묘한 꽃이 모여 휘장이 되는지라
　　널리 시방의 모든 국토에 흩어서
　　일체 큰 덕 높은 이께 공양하나니라.

92　又放光明香莊嚴하니　種種妙香集爲帳이라
　　普散十方諸國土하여　供養一切大德尊이니라
　　또 광명을 놓아서 향으로 장엄하니
　　가지가지 묘한 향이 모여 휘장이 되는지라
　　널리 시방의 모든 국토에 흩어서
　　일체 큰 덕 높은 이에게 공양하나니라.

93 又放光明末香嚴하니 種種末香聚爲帳이라
　　普散十方諸國土하여 供養一切大德尊이니라
　　또 광명을 놓아서 가루향으로 장엄하니
　　가지가지 가루향이 모여 휘장이 되는지라
　　널리 시방의 모든 국토에 흩어서
　　일체 큰 덕 높은 이께 공양하나니라.

94 又放光明衣莊嚴하니 種種名衣集爲帳이라
　　普散十方諸國土하여 供養一切大德尊이니라
　　또 광명을 놓아서 옷으로 장엄하니
　　가지가지 이름의 옷이 모여 휘장이 되는지라
　　널리 시방의 모든 국토에 흩어서
　　일체 큰 덕 높은 이께 공양하나니라.

95 又放光明寶莊嚴하니 種種妙寶集爲帳이라
　　普散十方諸國土하여 供養一切大德尊이니라
　　또 광명을 놓아서 보배로 장엄하니
　　가지가지 묘한 보배가 모여서 휘장이 되는지라
　　널리 시방의 모든 국토에 흩어서
　　일체 큰 덕 높은 이께 공양하나니라.

96 又放光明蓮莊嚴하니 種種蓮華集爲帳이라
　　普散十方諸國土하여 供養一切大德尊98)이니라

---

98) 明蓮은 宮本作明華, 麗本作蓮.

또 광명을 놓아서 연꽃으로 장엄하니
가지가지 연꽃이 모여서 휘장이 되는지라
널리 시방의 모든 국토에 흘어서
일체 큰 덕 높은 이께 공양하나니라.

97　又放光明瓔莊嚴하니　種種妙瓔集爲帳이라
　　普散十方諸國土하여　供養一切大德尊이니라
또 광명을 놓아서 영락으로 장엄하니
가지가지 묘한 영락이 모여서 휘장이 되는지라
널리 시방의 모든 국토에 흘어서
일체 큰 덕 높은 이께 공양하나니라.

98　又放光明幢莊嚴하니　其幢絢煥備衆色하여
　　種種無量皆殊好라　以此莊嚴諸佛土니라
또 광명을 놓아서 깃대로 장엄하니
그 깃대가 현란하게 빛나서 온갖 색을 갖춰
가지가지 한량없이 모두 특별히 좋은지라
이것으로 모든 부처님 국토를 장엄하나니라.

99　種種雜寶莊嚴蓋에　　衆妙繒幡共垂飾하며
　　摩尼寶鐸演佛音이어든　執持供養諸如來니라
가지가지 온갖 보배로 장엄한 덮개에
온갖 묘한 비단 깃대를 함께 드리워 장식하며

마니보배로 된 큰 방울이 부처님 음성을 연설하니
집어 가져 모든 여래께 공양하나니라.

(ㄷ) 한 게송은 통틀어 결론하다[通結]

100　手出供具難思議하여　如是供養一導師어든
　　　一切佛所皆如是하니　大士三昧神通力이니라
　　　손이 내는 사의하기 어려운 공양거리로
　　　이렇게 한 도사를 공양하거든
　　　모든 부처님 계신 곳도 모두 이와 같으니
　　　대사 삼매의 신통력이로다.

[疏] 欲顯勝妙에 略擧一手爲供所依는 由於昔時에 以手持供하야 供佛施人하야 稱周法界일새 故令眞流供具로 等諸佛之難思니라

■ '뛰어나고 묘함'을 밝히려면 간략히 한 손을 들어 의지처에 공양함은 예전에 손으로 잡아 공양함으로 인해 부처님께 공양하고, 사람에게 보시해서 두루 법계와 칭합하도록 하므로 진실한 무리의 공양구로 하여금 헤아릴 수 없는 모든 부처님께 똑같이 공양하게 함과 같다.

[鈔] 由於昔時等者는 此出因也오 供佛施人은 約其施行인대 稱周法界오 約其施心인대 入深觀故니라 故令眞流等者는 顯今果也라 眞流供具는 顯出供時心이 以稱法界手로 出供具故라 等諸佛之難思者는 稱因境也라 因雖尊勝이나 心不稱境이면 非眞供養이니 由稱眞之因일새 感稱眞之果하야 能供眞佛之境이니라 四, 手出廣供三昧門은 竟하다

● '예전에 손으로 잡아 (공양함으로) 말미암아' 등이란 여기서 출현한 원인이다. '부처님께 공양하고 사람에 보시함'은 그 보시행에 의지한다면 온 법계에 칭합함이요, 그 보시하는 마음에 의지하면 깊은 관법에 들어간 까닭이다. 그러므로 '진실한 무리의 공양구로 하여금'이란 지금의 결과를 밝힌 것이다. '진실한 무리의 공양구'는 나와서 공양할 때의 마음이 법계와 칭합한 손으로 공양구를 내기 때문이다. '헤아릴 수 없는 모든 부처님께 똑같이 공양함'이란 원인과 칭합한 경계를 뜻한다. 원인은 비록 존귀하고 뛰어나지만 마음이 경계와 걸맞지 않으면 진실한 공양이 아닐 것이니, 진실과 칭합한 원인으로 말미암아 진실과 칭합한 결과를 감득해서 참된 부처님 경계에 공양할 수 있다는 뜻이다. ㄹ) 손에서 널리 공양구를 내는 삼매문은 마친다.

ㅁ) 여덟 개 반의 게송은 여러 법문을 나타내는 삼매문
  [次八頌半現諸法門三昧門] 4.
(ㄱ) 한 게송은 여러 문을 표방하다[總標多門] (第五 47下6)

> 101 菩薩住在三昧中하여 種種自在攝衆生일새
>   悉以所行功德法인   無量方便而開誘하되
>   보살이 삼매 가운데 머물러 있어
>   가지가지로 자재하여 중생을 섭할새
>   다 행하는 바의 공덕법인
>   한량없는 방편으로 열어 이끌되

[疏] 第五, 菩薩住下의 八頌은 明現諸法門三昧門이라 分四니 初一은 總

標多門이오

■ ㅁ) 菩薩住 아래 여덟 게송은 여러 법문을 나타내는 삼매문을 밝힘
이다. 넷으로 나누리니 (ㄱ) 처음 한 게송은 여러 문을 총합하여 표
방함이요,

(ㄴ) 다섯 게송은 개별로 20가지 문을 밝히다[別顯二十種門]

102 或以供養如來門하고 或以難思布施門하며
或以頭陀持戒門하고 或以不動堪忍門하며
혹은 여래께 공양하는 문으로써 하고
혹은 사의하기 어려운 보시의 문으로써 하고
혹은 두타의 지계 문으로써 하고
혹은 움직이지 않는 감인의 문으로써 하며

103 或以苦行精進門하고 或以寂靜禪定門하며
或以決了智慧門하고 或以所行方便門하며
혹은 고행 정진의 문으로써 하고
혹은 적정 선정의 문으로써 하고
혹은 결정코 요지하는 지혜의 문으로써 하고
혹은 행하는 바 방편의 문으로써 하며

104 或以梵住神通門하고 或以四攝利益門하며
或以福智莊嚴門하고 或以因緣解脫門하며
혹은 범천이 머무르는 신통의 문으로써 하고

제12. 賢首品 ① 281

혹은 네 가지로 섭하는 이익의 문으로써 하고
혹은 복과 지혜로 장엄하는 문으로써 하고
혹은 인연으로 해탈하는 문으로써 하며

105 或以根力正道門하고 或以聲聞解脫門하며
　　 或以獨覺淸淨門하고 或以大乘自在門하며
　　 혹은 오근, 오력과 팔정도 문으로써 하고
　　 혹은 성문의 해탈문으로써 하고
　　 혹은 독각의 청정한 문으로써 하고
　　 혹은 대승의 자재한 문으로써 하며

106 或以無常衆苦門하고 或以無我壽者門하며
　　 或以不淨離欲門하고 或以滅盡三昧門이니라
　　 혹은 항상하지 않는 온갖 고행의 문으로써 하고
　　 혹은 나와 수자가 없는 문으로써 하고
　　 혹은 깨끗하지 못한 욕망을 여읜 문으로써 하고
　　 혹은 멸하여 없어지는 삼매의 문으로써 하나니라.

[疏] 二, 有五頌은 別顯二十種門이니 供等이 卽門이니 通入佛果故라
- (ㄴ) 다섯 게송은 개별로 20가지 문을 밝힘이니, 공양하는 등은 곧 문이니, 통하여 부처님 과덕에 들어가기 때문이다.

(ㄷ) 한 개 반의 게송은 여러 원인을 결론하다[結多所因]

107 隨諸眾生病不同하여　悉以法藥而對治하고
　　모든 중생들의 병이 같지 아니함을 따라서
　　다 법약으로써 대하여 치료하고

107-1 隨諸眾生心所樂하여　悉以方便而滿足하며
　　모든 중생의 마음에 좋아하는 바를 따라서
　　다 방편으로써 만족케 하며

108 隨諸眾生行差別하여　悉以善巧而成就하니
　　모든 중생의 행동의 차별을 따라서
　　다 교묘한 방편으로써 성취케 하니

[疏] 三, 一頌半은 結多所因이니 由四悉檀故라 初半은 對治요 次半은 世界요 隨行差別은 即當爲人이오 而成就言은 謂第一義라

■ (ㄷ) 한 개 반의 게송은 여러 원인을 결론함이니, 네 가지 실단(悉壇)으로 인한 까닭이다. a) 처음 반의 게송[제107 게송, 隨諸眾生- 悉以法藥-]은 대치실단(對治悉壇)이요, b) 다음 반의 게송[제107-1 게송, 隨諸眾生- 悉以方便-]은 세계실단(世界悉壇)이요, c) '행동의 차별을 따르는 것'[제108 게송, 隨諸眾生行差別]은 곧 위인실단(爲人悉壇)에 해당하고, d) '방편으로 성취한다'[悉以善巧-]는 말은 제일의실단(第一義悉壇)에 해당한다.

[鈔] 初半對治者는 對治는 文顯이니 隨心所樂이오 爲世界者는 順心令喜故라 隨行差別이 即當爲人者는 心行不同하고 生善異故라 如[99]心寂

---

99) 如下에 南金本有云字.

靜하면 應教禪定하고 若心明利하면 爲說智慧하야 悉以善巧로 而成就라 文則連上屬於爲人이니라 謂第一義者는 謂要見理니 見理에 方得名成就耳라 又成就言은 通於上三이니 前三悉檀이 皆爲見理故니라

- '처음 반의 게송은 대치'란 대치실단이니 경문에 드러나 있으니 '마음의 즐거움을 따르는 것'이요, 세계실단(世界-)은 '순종하는 마음으로 기쁘게 하는' 까닭이다. '행동의 차별을 따르는 것이 곧 위인실단(爲人-)에 해당함'이란 마음과 행동이 같지 않고 선행을 생기게 함이 다른 까닭이다. 마음이 적정함과 같으면 응당히 선정을 가르쳐야 하고, 만일 분명하고 영리하면 지혜를 설하기 위하여 모두 선교방편으로 성취한다. 경문은 위와 연결하여 위인실단(爲人-)에 속한다. 이른바 제일의실단(第一義-)이란 '이치를 보려고 함'을 말함이니, 이치를 보고서야 바야흐로 이름을 얻고 성취할 뿐이다. 또한 '성취한다'는 말은 위의 셋과 통하나니, 앞의 세 가지 실단이 모두 이치를 보기 위한 까닭이다.

(ㄹ) 반 개의 게송은 작용이 헤아릴 수 없다[結用難測]

108-1 如是三昧神通相을　　一切天人莫能測이니라
이러한 삼매의 신통한 모습을
모든 하늘과 사람이 능히 측량할 수 없나니라.

[疏] 四, 半頌은 結用難測이니라 五, 現諸法門三昧門은 竟하다

- (ㄹ) 반 개의 게송은 작용이 헤아릴 수 없다고 결론함이다. ㅁ) 여러 법문을 나타내는 삼매문은 마친다.

ㅂ) 17게송은 사섭법으로 중생을 섭수하는 삼매문
　　[次十七頌四攝攝生三昧門] 2.
(ㄱ) 한 게송은 명칭과 작용을 총합하여 표방하다[總標名用] (第六 49上5)

109　有妙三昧名隨樂이니　菩薩住此普觀察하고
　　　隨宜示現度衆生하여　悉使歡心從法化니라
　　　묘한 삼매가 있으니 이름이 수락이라
　　　보살이 여기에 머물러 널리 관찰하고
　　　마땅함을 따라 나타내 보여서 중생을 제도하여
　　　다 환희하는 마음으로 법의 교화를 따르게 하나니라.

[疏] 第六, 有妙下의 十七頌은 明四攝攝生三昧門이라 文分爲二니 初一
　　 偈는 總標名用이라 餘頌은 別顯이라 於中에 分四니

■ ㅂ) 有妙 아래 17게송은 사섭법으로 중생을 섭수하는 삼매문을 밝
　　힘이다. 경문을 둘로 나누리니 (ㄱ) 처음 한 게송은 명칭과 작용을
　　총합하여 표방함이다. (ㄴ) 나머지 16게송은 개별로 밝힘이다. 그중
　　에 넷으로 나누리니,

(ㄴ) 16게송은 개별로 밝히다[餘十六頌別顯] 4.
a. 네 게송은 보시섭을 노래하다[初四頌布施攝] (初四 49下5)

110　劫中饑饉災難時에　悉與世間諸樂具하되
　　　隨其所欲皆令滿하여　普爲衆生作饒益이니라
　　　세월 중에 주리고 재난당했을 때

세간의 모든 즐길거리를 다 주어서
그 하고자 하는 바를 따라 모두 만족케 하여
널리 중생을 위해 이익을 짓나니라.

111 或以飮食上好味와 寶衣嚴具衆妙物하며
乃至王位皆能捨하여 令好施者悉從化니라
혹은 음식의 가장 좋은 맛과
보배 옷과 장엄거리와 온갖 묘한 물건과
왕의 지위까지 모두 능히 버려서
보시하기 좋아하는 자로 하여금 다 교화를 따르게 하나니라.

112 或以相好莊嚴身과 上妙衣服寶瓔珞과
華鬘爲飾香塗體하여 威儀具足度衆生이니라
혹은 상호로써 장엄한 몸과
묘한 의복과 보배 영락과
화만으로 장식하고 향을 몸에 발라서
위의를 갖추어 중생을 제도하나니라.

113 一切世間所好尙인 色相顔容及衣服을
隨應普現悏其心하여 俾樂色者皆從道니라
일체 세간이 좋아하는 바인
모양과 얼굴과 의복을 응함을 따라
그 마음에 맞추어 널리 나타내어서
빛깔을 즐기는 자로 하여금 모두 도를 따르게 하나니라.

[疏] 初四頌은 布施攝이라 初一偈半은 求受用者에 恣其所須오 次半偈는 求自在者에 施以王位라 又此施位는 卽難行施니 以是可愛着故라 次偈는 身行法施오 後偈는 妙色悅心이니 是無畏施라 又後二偈는 初, 身行法儀요 後, 服世妙飾이니 貴悅物心하야 隨求卽與니라

■ a. 처음 네 게송은 보시섭(布施攝)을 노래함이다. a) 한 개 반의 게송 [제110 게송, 劫中饑饉- 제111 게송, 或以飮食- 寶衣嚴具-]은 수용을 구하는 자에게 구하는 바를 마음대로 함이요. b) 반 개의 게송[乃至王位- 令好施者-]은 자재를 구하는 자에게 왕위(王位)를 줌이다. 또 여기서 지위를 보시함은 곧 난행시(難行施)이니 애착할 만하기 때문이다. c) 다음 게송[제112 게송, 或以相好-]은 몸으로 법보시(法布施)를 행함이요, d) 뒤의 게송[제113 게송, 一切世間-]은 묘한 형색으로 마음을 기쁘게 함이니, 바로 무외시(無畏施)이다. 또한 뒤의 두 게송[제112 게송, 或以相好-, 제113 게송, 一切世間-]은 ① 몸으로 법을 행함이요, ② 세상에 묘한 장식을 입음이니, 귀한 것으로 중생의 마음을 기쁘게 해서 구함을 따라 곧 주는 것을 뜻한다.

[鈔] 布施攝中에 前二偈에 有兩重釋하니 先, 約財施니 所須王位가 皆屬外財故라 王位는 兼於身命이오 亦屬內財니라 又此施位下는 第二, 重釋이라 次半偈可愛着物은 卽三種難行之一이라 次法及無畏는 兼前財三하야 爲一切施라 又將後二하야 屬於遂求니라 然準瑜伽하면 六度四攝이 各有九門하니 頌에 云, 自性一切難과 一切門善士와 一切種遂求와 二世樂淸淨이라하니 自性은 皆一이오 一切는 或二或三이오 難行은 皆三이오 一切門은 皆四오 善士는 皆五오 一切種은 皆六이오 遂求는 皆七皆八이오 二世樂은 皆九오 淸淨은 皆十이라 四攝은 卽

當四¹⁰⁰⁾十三卷이라 至十行品하야 更說其相호리라

今疏言卽難行者는 以難行이 有三하니 一, 物少自在施요 二, 可愛着物施오 三, 極大艱難獲財施니 今當第二難也니라 又後二偈者는 是遂求施라 遂求有八하니 一, 匱乏飮食호대 而求乞者에 施以飮食이오 二, 匱乏車乘호대 而求乞者에 施以車乘이오 三, 乏衣服이오 四, 嚴具오 五, 資生什物이오 六, 種種塗飾香鬘이오 七, 舍宅이오 八, 光明이니 皆如初二句라 會文은 可知로다

● a. 보시섭을 노래함 중에 앞의 두 게송은 두 가지 해석이 있으니 (1) 재물 보시를 잡았으니 구할 대상인 왕위가 모두 바깥 재물에 속하는 까닭이다. 왕위는 목숨을 겸하였고, 또한 안의 재물에 속하게 한다. (2) 又此施位 아래는 거듭 해석함이다. '반 개의 게송은 애착할 만한 물건'은 곧 세 종류의 행하기 어려운 중의 하나이다. 다음에 법보시와 무외시는 앞의 재물인 셋을 함께하여 '온갖 보시'라 하였다. 또한 뒤의 둘을 가져서 '끝까지 구하는 보시[遂求施]'에 속한다. 그러나 『유가사지론』에 준하면 육바라밀과 사섭법이 각기 아홉 문이 있으니 게송에 이르되, "제 성품[自性]과 온갖 것[一切]과 어려운 행[難行]과 온갖 문[一切門]과 착한 선비[善士]와 온갖 종류[一切種]와 끝까지 구함[遂求]과 두 세상의 즐거움[二世樂]과 맑고 깨끗함[淸淨]이니 이와 같은 아홉 가지 모양을 바로 요약하여 보시를 말함이라 하느니라"라 하였으니, (1) 제 성품[自性]은 모두 한 가지요, (2) 온갖 것[一切]은 혹은 두 가지이기도 하고 혹은 세 가지이기도 하다. (3) 어려운 행[難行]은 모두 세 가지요, (4) 온갖 문[一切門]은 모두 네 가지요, (5) 착한 선비[善士]는 모두 다섯 가지요, (6) 온갖 종류[一切種]는 모두 여섯 가지요, (7)

---

100) 四는 原南續金本作三. 玆依論本改正.

끝까지 구함[遂求]은 모두 일곱 가지나 모두 여덟 가지요, (8) 두 세상의 즐거움[二世樂]은 모두 아홉 가지요, (9) 맑고 깨끗함[淸淨]은 모두 열 가지이다. 사섭법은 곧 제43권에 해당한다. 십행품(十行品)에 가서 다시 그 모양을 설명하리라.

지금 소가가 '어려운 행'이라 말한 것은 '어려운 행을 보시함[難行施]'에 세 가지가 있으니 (1) 물건이 작더라도 자유롭게 보시함이요, (2) 사랑할 만한 물건을 보시함이요, (3) 가장 어려울 때 재물을 얻는 보시이니 지금은 둘째((2) 사랑할 만한 물건을 보시함이) 어려움에 해당한다. '또한 뒤의 두 게송'이란 바로 (7) 끝까지 구하여 보시함[遂求施]이다. 끝까지 구함에 여덟 가지가 있으니 (1) 함 속에 음식이 모자라더라도 밥을 구걸하는 자에게 음식을 보시함이요, (2) 수레가 모자라더라도 와서 구걸하는 자에게 수레를 보시함이요, (3) 의복이 모자람이요, (4) 장신구요, (5) 생활도구요, (6) 갖가지 향을 바른 꽃다발이요, (7) 사는 집이요, (8) 광명 불빛이니 모두 처음의 두 구절의 (모자라더라도 구걸하는 자에게 보시함과) 같다. 회통한 문장은 알 수 있으리라.

b. 두 게송은 애어섭을 노래하다[次二頌愛語攝] (次二 50下9)

114　迦陵頻伽美妙音과　俱枳羅等妙音聲과
　　種種梵音皆具足하여 隨其心樂爲說法이니라
　　가릉빈가의 아름답고 묘한 소리와
　　구지라의 온갖 묘한 음성과
　　가지가지 법음을 모두 갖추어
　　그 마음의 좋아함을 따라 법을 말하나니라.

115　八萬四千諸法門이여　諸佛以此度衆生이실새
　　　彼亦如其差別法하여　隨世所宜而化度니라
　　　팔만사천의 온갖 법문이여
　　　모든 부처님이 이로써 중생을 제도하실새
　　　저 또한 그와 같은 차별 법으로
　　　세간의 마땅한 바를 따라 교화하여 제도하나니라.

[疏] 次二頌은 愛語攝이라 一切愛語는 謂慰喩慶悅勝益之言이라
■ b. 다음 두 게송은 애어섭(愛語攝)이다. 말하자면 일체의 애정 어린 말은 위로하고 경사스럽고 기뻐하거나 뛰어나고 이익되는 말이다.

[鈔] 一切愛語等者는 下所列卽三愛語라 一, 慰喩愛語요 二, 慶悅愛語요 三, 勝益愛語라
● '일체의 애정 어린 말' 등에서 아래 나열한 것은 곧 세 가지 애정 어린 말이다. ① 애정 어린 말로 위로함이요, ② 애정 어린 말로 기쁘게 함이요, ③ 애정 어린 말로 뛰어난 이익을 줌이다.

[疏] 言種種梵音者는 卽八種梵音이니 一, 最好聲이니 其音淸雅가 如迦陵鳥요 二, 易了聲이니 言辭辯了오 三, 和調오 四, 柔輭이오 五, 不誤요 六, 不女요 七, 尊慧요 八, 深遠이라 言俱枳羅者는 亦云都吒迦니 此云衆音合和라 微妙最勝이니 皆愛語之具라 隨心說法은 應在後偈요 隨世所宜는 應在前偈라 以瑜伽에 一切愛語가 略有二種하니 一, 隨世儀軌語요 二, 順正法敎語라하니 今開示佛說八萬法門은 卽順正敎也니라

■ '가지가지 범음'이란 곧 여덟 가지 범음이니 (1) 가장 좋은 음성이니 그 음성이 맑고 우아함이 가릉빈가 새와 같고, (2) 알기 쉬운 음성이니 언사로 한 말을 잘 아는 것이요, (3) 조화로운 음성 (4) 부드러운 음성 (5) 잘못 없는 음성 (6) 여자답지 않은 음성 (7) 존귀하고 지혜로운 음성 (8) 깊고 그윽한 음성이다. '구지라(俱枳羅)'라고 말한 것은 또한 '도탁가(都吒迦)'라고도 하나니 번역하면 '여러 소리가 조화롭고 합한다'는 뜻이요, 미묘하고 뛰어난 소리이니 모두 애정 어린 말이 구족했다는 뜻이다. '마음을 따라 법을 설함'은 응당 뒤 게송에 있어야 하고, '세상의 마땅함을 따름'은 응당 앞 게송에 있어야 한다. 『유가사지론』(제43권의 持瑜伽處의 攝事品)에는 온갖 애정 어린 말이 대략 두 가지가 있으니 ① 세상의 의례와 법도를 따르는 말이요, ② 정법의 가르침을 따르는 말이다. 지금은 부처님이 말씀한 팔만 가지 법문을 열어 보인 것은 바른 교법을 따른 것이다.

[鈔] 言種種梵音者는 文中에 具列호대 初二는 疏釋하고 後六은 但標라 若釋인대 應云, 三, 調和니 謂大小得中이오 四, 柔輭者는 言無麤獷이오 五, 不誤者는 言無錯誤요 六, 不女者는 其聲雄朗이오 七, 尊慧者는 言無戰懼요 八, 深遠者는 臍輪發聲이니라
隨心等者는 以後偈에 說八萬法門이 是順正法教語라 故로 應合云, 隨心爲說이라 前偈의 種種梵[101]音은 故是隨世儀軌니 合言隨世所宜하야 而化誘라

● '가지가지 범음'이라 말한 것은 소문 중에 갖추어 나열하였는데, 처음의 둘은 소가가 해석하였고, 뒤의 여섯은 단지 내세우기만 하였다.

---

101) 梵은 南金本作樂.

만일 해석한다면 (3) 조화로운 음성이니 큰 것과 작은 것에서 중간을 얻음이요, (4) 부드러운 음성이니 거칠고 사나움이 없음이요, (5) 잘못 없는 음성이니 잘못하여 그르침이 없음이요, (6) 여자답지 않은 음성이니 그 음성이 웅장하고 활달함이요, (7) 존귀하고 지혜로운 음성이니 떨거나 두려워함이 없음이요, (8) 깊고 그윽한 음성이니 배꼽에서 나온 음성이란 뜻이다. '마음을 따라 법을 설함' 등은 뒷 게송에 '팔만사천의 온갖 법문'을 말한 것이 정법의 가르침을 따르는 말씀이라는 뜻이다. 그러므로 응당히 합하여 말하면 '마음을 따라 위해 설함'이라 해야 한다. 앞의 게송에서 '가지가지 범음'이라 말한 것은 ① 세상의 의례와 법도를 따르는 말이니 합하여 '세상의 마땅함을 따라서 유도하고 교화하는 말'이라 해야 한다.

c. 두 게송은 동사섭을 노래하다[次二頌同事攝] (三有 51下9)

116 衆生苦樂利衰等과　一切世間所作法을
悉能應現同其事하여 以此普度諸衆生이니라
중생의 고통과 즐거움과 이익과 손해와
일체 세간에서 짓는 법을
다 능히 응해 나타내어 그 일을 함께 하여
이것으로써 모든 중생을 널리 제도하나니라.

117 一切世間衆苦患이　深廣無涯如大海어늘
與彼同事悉能忍하여 令其利益得安樂이니라
일체 세간의 온갖 고통과 걱정이

깊고 넓어 큰 바다와 같아서 끝이 없거늘
저와 더불어 그 일을 함께 하여 다 능히 인내하여
그로 하여금 이익되고 안락케 하나니라.

[疏] 三, 有二頌은 明同事攝이니 物見菩薩이 俯同其事하고 知有義利而 修行故라 於中에 初頌은 一切同事니 八風等事가 皆悉同故오 後偈 는 難行同事니 忍於諸苦而同事故니라

■ c. 두 게송은 동사섭을 밝힘이다. 중생이 보살을 만남이 구부려 그 일을 함께하고 의리가 있어서 수행함을 아는 까닭이다. 그중에 첫 게송은 온갖 일을 함께 하나니 여덟 가지 바람[八風] 등의 일이 모두 다 함께하는 까닭이요, 뒷 게송은 어려운 행동을 함께 일하나니 여러 고통을 참고 함께 일하는 까닭이다.

[鈔] 初頌, 一切同事者는 瑜伽에 同事는 不擧別相하고 但同上利行을 卽 名同事라 故로 利行이 居先에는 則示¹⁰²⁾同利衰等이 爲一切也니 等 取毁譽稱譏¹⁰³⁾라 忍於諸苦等者는 難行有三이나 亦無別相하고 卽 同三利行이 爲三難行同事니 謂一은 諸未行勝善根因인 諸有情所에 行利行이오 二, 現在에 耽着廣大財位衆具圓滿인 諸有情所에 行利 行이오 三, 於外道本異執¹⁰⁴⁾인 邪見邪行所에 行利行이 同事例耳라 今於上三同事에 皆須忍苦니라

● '첫 게송은 온갖 일을 함께함'이란 『유가사지론』(제43권)에 동사섭(同 事攝)은 별도의 모양을 거론하지 않고 단지 위의 이행섭(利行攝)과 같

---

102) 示는 甲續金本作事.
103) 譏下에 原續金本有苦樂 南本無.
104) 異執은 南金本作本異 論作着本異道.

음을 곧 동사섭이라 이름하였다. 그러므로 이행섭이 앞에 있고서는 이로움과 쇠퇴함 따위가 온갖 것이 됨을 보인 것이니, 훼손하고 명예롭고 칭찬하고 나무람을 똑같이 취한 것이다. '모든 고통 등을 참는다'는 것은 난행의 동사섭에도 셋이 있지만 또한 별도의 모양은 없고, 곧 세 가지 이행섭과 같음이 세 가지 난행의 일을 함께 함이 된다. 말하자면 (1) 모든 행하지 않은 뛰어난 선근의 원인이 모든 유정의 처소에서 이행(利行)을 행함이요, (2) 현재에 광대한 재물의 지위와 여러 도구가 원만하기를 탐착한 모든 유정의 처소에서 이행을 행함이요, (3) 외도가 본래 다르게 집착한 사견이나 삿된 행동을 하는 곳에서 이행섭을 행함이 동사섭과 유례하여 알 뿐이다. 지금은 위의 세 가지 동사섭에서 모두 모름지기 고통을 참아야 한다.

d. 여덟 게송은 이행섭을 노래하다[後八頌利行攝] 5.
a) 두 게송은 온갖 이로운 행을 노래하다[初二偈一切利行] (四有 52下4)

118　若有不識出離法하여　不求解脫離諠憒면
　　　菩薩爲現捨國財하고　常樂出家心寂靜이니라
　　　만약 어떤 이가 벗어나는 법을 알지 못하여
　　　시끄러움을 떠나 해탈을 구하지 않으면
　　　보살이 국토와 재물을 버리고
　　　항상 출가를 즐겨 마음이 적정함을 나타내느니라.

119　家是貪愛繫縛所니　欲使衆生悉免離일새
　　　故示出家得解脫하여　於諸欲樂無所受105)니라

집이란 이 탐욕과 애정이 얽히는 곳이니
중생으로 하여금 다 면하고 여의게 하고자 할새
고로 출가하여 해탈을 얻어서
모든 욕망과 즐거움에서 받을 바가 없음을 보이나니라.

[疏] 四, 有八頌은 明利行攝이니 謂說趣義利之行으로 以益有情이라 於中에 初二偈는 一切利行이라 此有三種하니 一, 於現法利에 勸導利行이니 謂令以德業으로 招守財位하야 以益近故니 經文略無라 二, 於後法에 利行이니 謂勸捨財位하고 淸淨出家니 卽當初偈라 三, 於現法後法에 利行이니 謂勸離欲이니 卽後偈也라 又初一偈는 卽難行利行이라 此自有三하니 一, 不識出離는 卽外道異執이오 二, 不求解脫은 卽未種善因이오 三, 現捨國財하야 誘眈財位니 於此利行을 是謂難行이니라

■ d. 여덟 게송은 이행섭을 밝힘이다. 이를테면 뜻과 이익된 행에 나아감을 설함으로 중생을 이익되게 함이다. 그중에 a) 처음 두 게송은 온갖 이로운 행이다. 여기에 세 종류가 있으니 (1) 현법 이익에 이익된 행을 권유하여 인도함이다. 이를테면 덕행의 업으로 하여금 재물의 지위를 불러들이고 지켜서 가까운 데를 이익되게 하기 때문이니, 경문은 생략하여 없다. (2) 후세의 법에 이익된 행이다. 이를테면 재물의 지위를 권유하여 버리고 청정하게 출가하나니 곧 처음의 게송 [121게송]에 해당한다. (3) 현재의 법과 후세의 법에 이익된 행이니, 이를테면 욕심 여읠 것을 권유함이니, 곧 뒤 게송[122 게송]이다. 또한 처음의 한 게송은 곧 어려운 행의 이익된 행이다. 여기에 자연히 세 가지

---

105) 受 明宮本作愛, 麗宋南藏作受.

가 있으니 (1) 벗어나 여읨을 알지 못함은 곧 외도의 색다른 고집 때문이요, (2) 해탈을 구하지 않음은 곧 선한 원인을 심지 않았기 때문이요, (3) 나라와 재물을 현재에 버려서 재물과 지위를 노리기를 권유함이니, 이런 이익된 행을 일러서 어려운 행[難行]이라 말한다.

b) 한 게송은 이리행으로 섭수함을 노래하다[次一偈攝二利行]

120　菩薩示行十種行하며　　亦行一切大人法과
　　　諸仙行等悉無餘하나니　爲欲利益衆生故니라
　　　보살이 열 가지 행을 행하여 보이고
　　　또한 일체 대인의 법과
　　　모든 선인의 행을 다 행하여 남음이 없는 것은
　　　중생을 이익케 하고자 하는 연고니라.

[疏] 令離十惡은 卽此世他世樂利行이라 次三句는 卽善士利行이니 慈心勸導等故니라
　■ b) 한 게송에서 (a) 첫 구절[菩薩示行十種行]은 곧 두 가지 이로운 행으로 섭수함이다. (1) 열 가지 '청정한 이익된 행[淸淨利行]'이요, (2) 열 가지 악함을 여의게 함은 곧 '이 세상과 저 세상에 이롭고 즐거운 이익된 행[此世他世樂利行]'이다. (b) 다음의 세 구절[亦行一切-]은 곧 '착한 선비의 이익된 행[善士利行]'이니, 인자한 마음으로 권유하고 인도하는 등이기 때문이다.

[鈔] 一卽十種等者는 謂一, 依外淸淨有五하고 二, 依內淸淨有五라 依

外五者는 一, 無罪利行이오 二, 不轉利行이오 三, 漸次오 四, 徧行이오 五, 如應이니 論에 廣釋其相하니라 依內五者는 謂一, 諸菩薩이 於諸有情에 起廣大悲하야 意樂現前하야 而行利行이오 二, 諸菩薩이 於諸有情에 所作義利로 雖受一切大苦劬勞나 而心無倦하고 深生106)歡喜하야 爲諸有情而行利行이오 三, 安處最勝第一財位하야 而自謙下호대 如子如僕하며 及離憍慢而行利行이오 四, 心無愛染코 無有虛僞하야 眞實哀愍而行利行이오 五, 起畢竟無復退轉慈愍之心하야 而行利行이니라

次三句, 卽善士利行者는 善士有五하니 一, 於眞實義에 勸導有情이오 二, 於應時勸導요 三, 於能行攝勝妙義勸導오 四, 於有情에 柔輭勸導오 五, 於有情에 慈心勸導니 此之五相은 皆是大人之法이라 慈心勸導는 擧後等初니라

- '(1) 열 가지 청정한 이익된 행' 등이란 말하자면 (1) 바깥의 청정함을 의지한 이행에 다섯 가지가 있고, (2) 내부의 청정함을 의지한 이행에 다섯 가지가 있다. '(1) 바깥의 청정함을 의지한 이행에 다섯 가지'란 이를테면 ① 죄가 없게 하는 이익되는 행이요, ② 옳지 않게 하는 이익되는 행이요, ③ 점차로 하는 이익되는 행이요, ④ 두루 행하는 이익되는 행이요, ⑤ 알맞게 하는 이익되는 행이니 『유가사지론』(제43권 持瑜伽處攝事品)에 그 양상을 해석하였다. '(2) 내부의 청정함을 의지한 이행에 다섯 가지'란 이를테면 ① 모든 보살이 모든 유정에게 광대한 자비의 의요(意樂)를 일으켜서 현전하여 이행을 행함이요, ② 모든 보살이 모든 유정에게 짓는 바 옳음과 이익으로 비록 온갖 큰 괴로움과 수고를 받는다 하더라도 권태로운 마음이 없고 마음에 깊은 기쁨

---

106) 生은 金本作心.

을 일으켜서 모든 유정들을 위하여 이행을 행함이요, ③ 가장 뛰어나고 으뜸가는 원만한 재산과 지위에 편안히 처한다 하더라도, 스스로가 겸손하여 낮추고서 남종과 여종처럼 효성스런 아들이거나 교만함을 여의고 이행을 행함이요, ④ 애착에 물든 마음이 없고 헛되고 거짓이 없어서 진실로 불쌍히 여기면서 이행을 행함이요, ⑤ 필경까지 퇴전함이 없는 가엾이 여기는 마음을 일으켜서 이행을 행하는 것이다.

'② 다음의 세 구절[亦行一切-]은 곧 착한 선비의 이익된 행'이란 착한 선비[善士]에 다섯 가지가 있으니 (1) 모든 보살은 진실한 이치에 있어서 유정을 권하여 인도함이요, (2) 시기나 형편에 잘 맞도록 함에 있어서 유정을 권하여 인도함이요, (3) 훌륭하고 미묘한 옳음과 이익을 이끌어 들이는 데 있어서 유정을 권하여 인도함이요, (4) 모든 유정들에게 부드럽게 권하여 인도함이요, (5) 모든 유정들에게 인자한 마음으로 권하여 인도함이다. 이런 다섯 가지 양상은 모두 대인(大人)의 법이다. '인자한 마음으로 권하여 인도함'은 뒤를 거론하여 앞과 같음을 밝힌 내용이다.

c) 두 게송은 구하는 대로 이루는 이익된 행을 노래하다
　　[次二偈卽遂求利行]

121　若有衆生壽無量하여　煩惱微細樂具足이면
　　　菩薩於中得自在하여　示受老病死衆患이니라
　　　만약 어떤 중생이 수명이 한량없어
　　　번뇌는 적고 즐거움을 구족하면
　　　보살이 그 가운데 자재함을 얻어서

늙고 병들고 죽는 온갖 근심을 받음을 보이나니라.

122 或有貪欲瞋恚痴하여 煩惱猛火常熾然이면
    菩薩爲現老病死하여 令彼衆生悉調伏이니라
    혹 탐욕하고 성내고 어리석어서
    번뇌의 맹렬한 불길이 항상 치성하면
    보살이 (중생을) 위해 늙고 병들고 죽음을 나타내어서
    저 중생으로 하여금 다 조복케 하나니라.

[疏] 次, 二偈는 卽遂求利行이니 謂衆生이 爲八纏所繞에 開解令離일새 故名遂求라 初偈는 卽化無愧纏이니 以恃壽長하야 不知進修하며 不知此身이 但婬欲生일새 終竟敗壞며 具諸煩惱故라 後偈는 開解無慚纏衆生이라 餘略不具니라

■ c) 다음 두 게송은 구하는 대로 이루어 주는 이익된 행을 노래함이다. 말하자면 여덟 가지 얽힘[八纏]에 둘러싸일 적에 열어서 하여금 여의게 하는 연고로 '구함을 이룬다'라고 이름하였다. (a) 첫 게송은 남 부끄럼 없는[無愧] 얽힘을 교화함이니, 수명이 오램을 믿어서 정진하여 수행할 줄 알지 못하며, 이 몸이 단지 음욕에서 생겼음을 알지 못하므로 마침내 결국 패하고 파괴하며, 모든 번뇌를 구비한 까닭이다. (b) 뒤 게송[제122 게송, 或有貪欲-]은 제 부끄럼이 없음[無慚]에 얽힌 중생을 열어서 알게 함이다. 나머지는 생략하고 구비하지 못하였다.

[鈔] 次二偈卽遂求利行[107]者는 論에 云, 此略有八하니 謂諸菩薩이 見諸

---

107) 上鈔는 南本作爲八纏, 金本作初爲八纏.

有情이 於應慚處에 爲無慚纏之所纏繞하면 方便開解하야 令離彼纏이 如¹⁰⁸⁾無慚纏이라 二, 無愧오 三, 昏沈이오 四, 睡眠이오 五, 掉擧요 六, 惡作이오 七, 嫉이오 八, 慳이니 皆如無慚纏說이니라

- c) '다음 두 게송은 구함을 이루는 이익된 행을 노래함'이란 논에 이르되, "이 행에는 요약하여 여덟 가지가 있으니, 모든 보살은 (1) 모든 유정으로서 제 부끄러움[慚]이 있어야 할 데서 제 부끄럼이 없는 얽힘[纏]에 얽매여 있는 것을 보면 방편으로 깨우쳐서 그 얽힘을 여의게 함이요, 제 부끄럼이 없는 얽힘에서 그러한 것처럼 (2) (남부끄럼[愧]이 있어야 할 데서) 남부끄럼이 없는 얽힘에게 얽매임이요, (3) 흐리멍덩함[昏沈]에 얽힘이거나 (4) 잠[睡眠]의 얽힘이거나, (5) 들뜸[掉擧]의 얽힘이거나 (6) 뉘우침[惡作]의 얽힘이거나 (7) 시새움[嫉]의 얽힘이거나 (8) 간탐[慳]의 얽힘에 얽매여 있음이니, 모두 제 부끄럼이 없는 얽힘에서 그러한 것처럼 설명하였다.

d) 두 게송은 온갖 종류의 이익된 행을 노래하다[次二偈卽一切種利行]

123　如來十力無所畏와　及以十八不共法과
　　　所有無量諸功德을　悉以示現度衆生이니라
　　　여래의 열 가지 힘과 두려움 없음과
　　　18가지의 함께하지 않는 법과
　　　가진 바 한량없는 모든 공덕을
　　　다 나타내 보여서 중생을 제도하나니라.

---

108) 如는 南續金本作一, 論原本作如.

124 　記心敎誡及神足이　　悉是如來自在用이라
　　　彼諸大士皆示現하여　能使衆生盡調伏이니라
　　　기억하는 마음과 가르침과 신통이
　　　다 이 여래의 자재한 작용이라
　　　저 모든 대사들이 모두 나타내 보여서
　　　능히 중생으로 하여금 다 조복케 하나니라.

[疏] 次, 二偈는 卽一切種利行이니 初偈는 卽應攝受者를 而攝受之오 後偈는 卽應調伏者를 而調伏等이라

■ d) 두 게송은 온갖 종류의 이익된 행을 노래함이니 (a) 첫 게송은 응하여 섭수할 것을 섭수함이요, (b) 뒤 게송[제124 게송, 記心敎誡-]은 응당히 조복할 자를 조복하는 등이다.

[鈔] 次二偈卽一切種利行者는 彼說或六或七하야 總有十三이라 六者는 一, 應攝受者를 正攝受之오 二, 應調伏者를 正調伏之오 三, 憎背聖敎者를 除其恚惱오 四, 處中住者를 令入聖敎오 五, 於三乘中에 令其成熟이오 六, 已成熟者를 令得解脫이니라 云何七種고 謂諸菩薩安處一分所化有情하야 於善資糧에 守護長養이니 所謂一은 依下乘出離오 二는 依大乘出離오 三은 於遠離오 四는 於心一境性이오 五는 於淸淨諸障이오 六은 於二乘而正安處오 七은 於無上正等菩提에 而得安處니라

● d) '두 게송은 온갖 종류의 이익된 행을 노래함'이란 저기서 혹은 여섯, 혹은 일곱 가지를 설하여 총합하면 13가지가 있다. "여섯 가지는 모든 보살은 (1) (모든 유정으로서) 거두어 주어야 할 이면 바르게 거두

어 줌이요, (2) 모든 유정으로서 조복하여야 할 이면 바르게 조복함이요, (3) 거룩한 가르침을 미워하고 저버리면 그의 성냄과 번거로움을 없애 줌이요, (4) 중간에 머무르는 이면 거룩한 가르침에 들어오게 함이요, (5) (모든 유정으로서 거룩한 가르침에 들어오면) 바르게 삼승(三乘)에서 그가 성숙되게 함이요, (6) 이미 성숙한 이면 해탈을 얻게 함이다. 무엇이 일곱 가지냐 하면, 이를테면 모든 보살은 일부분의 교화할 바 유정을 착함의 양식[善資糧]에서 편안히 있게 하고 수호하면서 기르나니, 이른바 (1) 하승(下乘)에 의하여 벗어나게 하기도 함이요, (2) 혹은 또 대승(大乘)에 의하여 벗어나게 하기도 한다. (3) 혹은 멀리 여의는 데서, (4) 혹은 마음이 한 경계인 성품[心一境性]인 데서, (5) 혹은 모든 장애를 맑고 깨끗이 하는 데서, (6) 바로 이승(二乘)에서 바르게 편히 있게 함이요, (7) (만약 여래 종성의 유정이라면) 바로 위없는 바르고 평등한 보리에서 바르게 편히 있게 함이다."

e) 한 게송은 일체 문의 이익된 행을 노래하다[後一偈卽一切門利行]

125 菩薩種種方便門으로 隨順世法度衆生이
     譬如蓮華不着水니 如是在世令深信이니라
     보살이 가지가지 방편문으로
     세상의 법을 따라 중생을 제도함이
     비유컨대 연꽃에 물이 붇지 않음과 같으니
     이와 같이 세상에 있으면서 깊이 믿게 하나니라.

[疏] 後, 一偈는 卽一切門利行이니 謂不信令信故며 亦總結諸利行也라

瑜伽에 廣說利行居先하고 略明同事居後어니와 此則先略明同事者는 以利行中에 若以行勸修하면 與愛語相近이오 若自示行하면 卽同事相近이니 同事는 卽是利行이오 利行은 未必同事라 此二相近일새 廣略互影耳니라 又次下三昧가 亦同事故니라 六, 四攝攝生三昧門은 竟하다

■ e) 한 게송은 일체 문의 이익된 행을 노래함이니, 이른바 믿지 못하는 이를 믿게 하는 까닭이며, 또한 모든 이익된 행을 총합하여 결론함이다. 『유가사지론』에서 이익된 행을 앞에 두고 간략히 동사섭을 뒤에 두어 설명하였거니와 여기서는 먼저 동사섭(同事攝)에 대해 간략히 설명한 이유는 이익된 행 가운데 만약 행법으로 수행하기를 권유하면 애어섭(愛語攝)과 서로 가깝고, 만약 스스로 행법을 보이면 곧 동사섭과 서로 가깝나니 동사섭이 곧 이행섭(利行攝)이지만, 이행섭은 아직 반드시 동사섭인 것은 아니다. 이 두 가지가 서로 가까우므로 자세하고 간략함을 서로 비추었을 뿐이다. 또한 다음 아래의 삼매가 또한 동사섭이기도 하기 때문이다. f. 사섭법으로 중생을 섭수하는 삼매문은 마친다.

[鈔] 後一偈卽一切門等者는 此略有四하니 一, 不信令信이오 二, 犯戒有情으로 令戒圓滿이오 三, 惡慧有情으로 令慧圓滿이오 四, 慳吝有情으로 於捨圓滿이라 今疏文中에 略擧其一이니라 瑜伽廣說等者는 會二前後를 可知로다

● e) '한 게송은 일체 문의 이익된 행을 노래함' 등이란 여기에 간략히 네 가지가 있으니 (1) 믿지 못하는 이를 믿게 함이요, (2) 계를 범한 유정으로 하여금 계를 원만하게 함이요, (3) 나쁜 지혜 가진 중생으

로 하여금 지혜를 원만하게 함이요, (4) 아끼고 인색한 유정으로 버림을 원만하게 함이다. 지금 소문 중에 간략히 그 하나를 거론하였다. '『유가사지론』에서 (이익된 행을 앞에 두고) 자세하게 설한' 등은 둘이 앞 뒤와 회통한 내용은 알 수 있으리라.

ㅅ) 17게송은 세간과 동화하는 삼매문[次十七頌俯同世間三昧門] 3.
(ㄱ) 여섯 게송은 세간과 같은 몸을 노래하다[初六身同世間]

(第七 56上10)

126　雅思淵才文中王이요　歌舞談說衆所欣이라
　　　一切世間衆技術을　譬如幻師無不現이니라
　　　맑은 생각과 깊은 재주는 글 가운데 왕이요
　　　노래와 춤과 이야기는 대중의 기뻐하는 바라
　　　일체 세간의 온갖 기술을
　　　비유컨대 환사와 같이 나타내지 못함이 없나니라.

127　或爲長者邑中主하고　或爲賈客商人導하며
　　　或爲國王及大臣하고　或作良醫善衆論이니라
　　　혹은 장자와 도성 안의 주인도 되고
　　　혹은 구매자와 상인의 인도자도 되고
　　　혹은 국왕이나 대신도 되고
　　　혹은 좋은 의원과 온갖 말을 잘하는 이도 되나니라.

128　或於曠野作大樹하고　或爲良藥衆寶藏하며

或作寶珠隨所求하고 或以正道示衆生이니라
혹은 넓은 들에서 큰 나무가 되고
혹은 좋은 약과 온갖 보배 창고도 되며
혹은 보배 구슬이 되어 구하는 바를 따르고
혹은 바른 도로써 중생에게 보이기도 하나니라.

129 若見世界始成立에　衆生未有資身具어든
是時菩薩爲工匠하여　爲之示現種種業이니라
만약 세계가 처음으로 이룩될 때
중생의 자신구가 없음을 보거든
이때 보살이 공장이 되어서
그를 위해 가지가지 업을 나타내 보이나니라.

130 不作逼惱衆生物하고　但說利益世間事하되
呪術藥草等衆論의　如是所有皆能說이니라
중생을 핍박하여 괴롭히는 물건을 만들지 않고
단지 세간을 이익케 하는 일만 말하되
주술이며 약초며 온갖 언론 등
이와 같이 있는 바를 모두 능히 말하나니라.

131 一切仙人殊勝行을　人天等類同信仰이어든
如是難行苦行法을　菩薩隨應悉能作이니라
일체 선인들의 수승한 행을
사람과 하늘이 한가지로 믿어 우러르나니

이와 같은 난행과 고행의 법을
보살이 응함을 따라 다 능히 짓나니라.

[疏] 第七, 雅思下의 十七頌은 俯同世間三昧門이라 於中에 三이니 初六은 身同世間하야 利益衆生인 若依若正을 無不示爲니라
■ ㅅ) 雅思 아래 17게송은 세간에 구부려 함께하는 삼매문이다. 그중에 셋이니 (ㄱ) 처음 여섯 게송[제126 게송, 雅思淵才-]은 몸이 세간과 같아져서 중생을 이익하게 하는 의보(依報)와 정보(正報)를 보이지 못함이 없다.

(ㄴ) 여섯 게송은 외도와 같음을 보이다[次六示同外道] (第六 57上4)

132 或作外道出家人하고 或在山林自勤苦하며
    或露形體無衣服하여 而於彼衆作師長이니라
    혹은 외도에 출가하는 사람도 되고
    혹은 숲속에서 스스로 부지런히 고행도 하며
    혹은 의복이 없이 몸을 드러내기도 하여
    저 대중에게 스승이 되기도 하나니라.

133 或現邪命種種行하여 習行非法以爲勝하며
    或現梵志諸威儀하여 於彼衆中爲上首니라
    혹은 사명의 가지가지 행을 나타내며
    그른 법을 익혀 행하여 수승함을 삼고
    혹은 범지의 모든 위의를 나타내어

저 대중 가운데 상수가 되나니라.

134 或受五熱隨日轉하고 或持牛狗及鹿戒하며
或着壞衣奉事火하여 爲化是等作導師109)니라
혹은 오열을 받아서 해를 따라 구르고
혹은 소와 개와 사슴의 계를 가지며
혹은 떨어진 옷을 입고 불을 받들어 섬기어
이런 이를 교화하기 위하여 도사를 짓나니라.

135 或有示謁諸天廟하고 或復示入恒河水하며
食根果等悉示行하되 於彼常思己勝法이니라
혹은 모든 하늘의 사당을 배알함을 보이고
혹은 다시 항하수에 들어감을 보이며
뿌리와 과일 등을 먹어 다 행하여 보이되
거기서 늘 자기의 수승한 법을 생각하나니라.

136 或現蹲踞或翹足하고 或臥草棘及灰上하며
或復臥杵求出離하여 而於彼衆作師首니라
혹은 걸터앉음을 나타내고 혹은 발을 들고
혹은 가시덤불에 눕고 재를 쓰기도 하며
혹은 다시 절구공이에 누워 벗어나기를 구하며
저 대중에서 우두머리가 되나니라.

---

109) 五熱 宮本作三熱. 五熱은 五熱炙身外道로 '외도의 苦行'을 말한다. 5체(體)를 불태우는 외도, 또 五體는 머리와 사지(四肢)를 말한다.

137　如是等類諸外道에　觀其意解與同事하여
　　　所示苦行世靡堪을　令彼見已皆調伏이니라
　　　이러한 종류의 모든 외도들에게
　　　그 뜻을 살펴보고 일을 함께 하여
　　　보인 바 고행을 세상에선 견디지 못함을
　　　저로 하여금 보고 나서 모두 조복케 하나니라.

[疏] 次六은 示同外道하야 救彼邪黨이라 初五는 別辨이오 後一은 總結이라 義如別說하니라
■ (ㄴ) 다음 여섯 게송은 외도와 동일하게 보여서 저 삿된 무리들을 구제함이다. a. 처음 다섯 게송은 개별로 밝힘이요, b. 뒤의 한 게송[제137게송, 如是等類-]은 총합하여 결론함이다. 뜻은 개별 설명과 같다.

(ㄷ) 다섯 게송은 어업의 큰 작용을 노래하다[後五頌語業大用] 3.
a. 한 게송은 총합하여 설명하다[總明] (三衆 57上8)

138　衆生迷惑稟邪敎하여　住於惡見受衆苦어든
　　　爲其方便說妙法하여　悉令得解眞實諦하되
　　　중생이 미혹하여 삿된 교를 받아서
　　　악견에 머물러 온갖 고통을 받거늘
　　　그들을 위하여 방편으로 묘한 법을 설하여
　　　다 하여금 진실제를 알게 하되

[疏] 三, 衆生迷惑下의 五頌은 明語業大用이라 初一은 總明이요 次三은 別顯이오 後一은 總結이라
- (ㄷ) 衆生迷惑 아래 다섯 게송은 어업의 큰 작용을 밝힘이다. a. 한 게송은 총합하여 설명함이요, b. 다음의 세 게송은 개별로 밝힘이요, c. 뒤의 한 게송은 총합하여 결론함이다.

b. 개별로 설명하다[別顯] (次別)

139 或邊呪語說四諦하고 或善密語說四諦하며
或人直語說四諦하고 或天密語說四諦하며
혹은 변방의 주문으로 사제를 설하고
혹은 좋은 비밀한 말로 사제를 설하기도 하고
혹은 사람들이 보통 쓰는 말로 사제를 설하고
혹은 하늘의 비밀한 말로 사제를 설하기도 하며

140 分別文字說四諦하고 決定義理說四諦하며
善破於他說四諦하고 非外所動說四諦하며
분별하는 문자로 사제를 설하고
결정한 의리로 사제를 설하고
남을 잘 깨뜨리어 사제를 설하고
밖의 동하는 바가 아니게 사제를 설하며

141 或八部語說四諦하고 或一切語說四諦하여
隨彼所解語言音하여 爲說四諦令解脫이니라

혹은 팔부들의 말로 사제를 설하고
혹은 일체어로 사제를 설하여
저가 알 수 있는 바의 말과 소리를 따라서
사제를 설하여 하여금 해탈케 하나니라.

[疏] 次, 別中에 云, 或邊呪語者는 梵云達邏鼻茶曼達邏鉢底鞞라 言達邏鼻茶者는 是南印度中邊國名也니 此云消融이라 曼達邏者는 呪也오 鉢底鞞者는 句也니 謂其國人이 稟性純質하야 凡所出言에 皆成神呪라 若隣國侵害하면 不用兵仗하고 但以言破之하면 彼自喪滅일새 故曰消融呪句也니라 或云唯童男童女라야 方得言成呪句오 餘不得也라하니라 又天密語等者는 婆沙七十九에 說호대 世尊有時에 爲四天王하사 以聖語로 說四諦하신대 二王領解하고 二不能解어늘 世尊憐愍故로 以南印度邊國俗語로 說四諦하시니 二天王中에 一解一不解라 世尊憐愍故로 復以一種篾戾車語로 說四聖諦하시니 是四天王이 皆得領解라하나니라

■ b. 개별로 밝힘 중에 말한 '혹은 변방의 주문'이란 범어로는 '달라비다만달라발저비(達邏鼻茶曼達邏鉢底鞞)'라 한다. '달라비다(達邏鼻茶)'라 말한 것은 남인도 변방의 나라 이름이다. 번역하면 '사라지고 녹는다[消融]'고 말한다. '만달라(曼達邏)'란 주문이란 뜻이다. '발저비(鉢底鞞)'란 구절이란 뜻이다. 말하자면 그 나라 사람의 품성이 순수하고 질박해서 대개 말하는 것이 모두 '신비로운 주문'이 된다. 만일 이웃나라에서 침해하면 병장기를 쓰지 않고 단지 말로 파괴한다고만 하면 저가 자연히 죽거나 없어지므로 '사라지고 녹으라'는 주문 구절을 말하는 것이다. 혹은 말하되, "오직 어린 동자나 동녀라야만

비로소 주문 구절을 쓸 수 있고 나머지는 쓸 수가 없다"라고 하였다. 또한 '하늘의 비밀한 말' 등이란 『대비바사론』 제79권에 말하되, "세존께서 어느 때에 사천왕을 위하여 성스러운 언어로 사성제(四聖諦)를 설하셨는데, 두 왕은 알아들었고 두 왕은 알아듣지 못하였는데, 세존께서 연민히 여겨 남인도 변방의 속어(俗語)로 사성제를 설하였더니 두 천왕 중에 한 사람은 알아듣고 한 사람은 알아듣지 못했다. 세존께서 또 연민히 여겨 다시 일종의 변두리 말[멸려차어, 篾戾車語]110) 말로 사성제를 설하셨더니 그제야 사천왕들이 모두 알아들었다"라고 하였다.

[鈔] 婆沙七十九者는 彼云毘奈耶에 說호대 世尊有時에 爲四天王하사 以南印度邊國俗語로 說四聖諦하시니 謂醫111)泥迷泥踰部達 ○112)刺라 篾戾車語로 說四聖諦하시니 謂摩奢都奢僧攝摩薩縛怛囉毘刺達이니 論에 引淨名圓音爲難하고 下釋에 有七하니 一은 云, 有作是說호대 佛以聖語로 說四聖諦하사 能令一切所化有情으로 皆得領解라하니라 何以作此等諸說고 答이라 爲滿彼意故며 彼天欲聞故라 下는 並取意引之리라 二, 復次世尊이 欲顯於諸言音에 皆能善解故니 謂113)有疑佛에 不能餘語等이라 三, 復次有所化者는 依佛不變形言而得受化오 有所化114)者는 依佛轉變形言而受化者라 四, 復有說者호대 佛以一音으로 說四聖諦에 不能令一切所化有情으로 皆

---

110) 멸려차(篾戾車): 범어 mleccha의 음역. 또는 蔑隷車, 彌離車 彌戾車라 한다. 번역하여 邊地라 함. 비천한 직업을 좋아하고 예의를 차리지 못하며, 불법을 믿지 않는 하천한 사람, 미개인을 지칭하는 말. 멸려차어(篾戾車語)는 변두리 하천한 사람들이 쓰는 말이란 뜻이다. (불교학대사전 372쪽)
111) 醫는 論南續金本作瑿.
112) ○은 甲+(傑-亻); ○은 論大續本作○, 南本注 文甲切 婆沙音.
113) 謂는 南金本作爲.
114) 化는 南金本作作誤.

得領解라 世尊이 雖有自在神力이나 而於境界에 不能改越이니 如不能令耳로 見諸色等이라 通圓音云호대 答不須通이니 非三藏故라 諸讚佛頌이 言多過實하니 如常在定이 不睡眠等이 皆過實也라 五, 復次如來言音이 徧諸聲境하야 隨所欲語하사 皆能作之니라 故復伽陀에 作如是說이니라 六, 復次佛語輕利하사 速疾轉故니 故云, 佛以一音演說法에 衆生各各隨所解니라 七, 復次如來言音이 雖有多種이나 而同有益일새 故說一音하니라 釋曰, 然上七解는 前三은 可通이어니와 後四는 淺近이니 卽彼小乘三藏說故라 篋戾車者는 三藏이 云惡中惡이라하며 亦云奴中奴이니 皆義翻耳니라

● 『대비바사론』제79권'이란 저기에 이르되, "비나야에 설하되, '세존께서 어느 때에 사천왕을 위하여 남인도 변방의 속된 말로 사성제를 설하시니 이른바 의니마니유부달접자(醫泥迷泥瑜部達○刺)라 멸려차 말로 사성제를 설하였으니 이른바 마사도사승섭마살박달라비라달(摩奢都奢僧攝摩薩縛怛囉毘剌達)이니 논에서 『유마경』의 원음을 인용하여 어려움을 삼고 아래 해석에 일곱이 있으니, (1) 이르되, 어떤 이가 이런 말을 하되 부처님이 성스런 말로 사성제를 설하시어 능히 온갖 교화할 유정으로 하여금 모두 알아듣게 하신다"라고 하였다. 어찌하여 이런 따위의 말을 하는가? 대답한다. 저들의 생각을 만족시키기 위함이며, 저들 하늘이 듣게 하기 위함이다. 아래는 아울러 의미를 취하여 인용하리라. (2) 또다시 세존께서 모두 말소리를 밝히려 한 것은 모두 능히 잘 알게 하기 위함이다. 말하자면 어떤 이가 부처님은 다른 언어는 하지 못한다고 의심하는 등이다. (3) 또다시 어떤 교화받을 이는 부처님이 변하지 않고 말로 하여 교화받을 이들에 의지함이요, 어떤 교화받을 이는 부처님이 전전히 변하여 말로 하여 교화받을 이

들에 의지한다. (4) 다시 어떤 이가 말하되, 부처님은 한 가지 음성으로 사성제를 설하면 능히 온갖 교화할 대상인 유정으로 하여금 모두 알아듣게 하지 못하신다. 세존이 비록 자세한 신통력이 있지만 경계를 능히 고치거나 뛰어넘지는 못하나니 마치 능히 귀로 하여금 모든 형색 등을 보지 못하는 것과 같다. 원만한 음성을 통하여 말하되, 모두 다 통하지 못한다고 대답하였으니 심장이 아닌 까닭이다. 모든 부처님을 찬탄하는 게송의 말이 대부분 실상보다 넘치나니 마치 항상 선정에 계시면서 잠자지 않는다는 등과 같다. 모두 실상보다 넘친다. (5) 또다시 여래의 말과 음성이 모든 소리 경계에 두루 하여 하고자 하는 언어를 따라 모두 능히 짓는다. 그러므로 다시 가타(伽陀)로 이렇게 말을 한 것이다. (6) 또다시 부처님 말씀이 경쾌하고 영리해서 빠르게 바뀌기 때문이다. 그러므로 말하되, 부처님이 한 가지 음성으로 법을 연설하시면 중생들이 각각 따라서 알아듣는다. (7) 또다시 여래의 말과 음성이 비록 여러 종류가 있지만 모두 함께 이익이 있으므로 하나의 음성이라 한다. 해석하자면 그런데 위의 일곱 가지 해석 중에 앞의 셋은 통할 수 있거니와 뒤의 네 가지는 천박하고 가깝나니 곧 저 소승의 삼장이 설명했기 때문이다. 멸려차(篾戾車)는 삼장이 이르되, 악함 중의 악함이라 하며, 또는 노비 중의 노비라 하나니 모두 뜻으로 번역했을 뿐이다.

[疏] 善破於他者는 以因明比量等으로 眞能破故라 非外所動者는 眞能立故로 不爲他破라

■ '남을 잘 깨뜨리어'란 『인명론(因明論)』의 비량(比量) 등으로 진실로 능히 타파하기 때문이다. '바깥의 동하는 바가 아니게'란 진실로 능히

건립하는 연고로 다른 이로 인해 파괴되지 않는다는 뜻이다.

c. 한 게송은 유례하여 결론하다[類結](後一 59下1)

> 142 所有一切諸佛法을　皆如是說無不盡하여
> 知語境界不思議니　是名說法三昧力이니라
> 가진 바 일체 모든 불법을
> 모두 이와 같이 설하여 다하지 못함이 없어
> 말의 경계가 부사의함을 아나니
> 이 이름이 설법의 삼매력이니라.

[疏] 後, 一偈는 類結이니 非唯說四諦라 六度萬行等이 皆然이라 一心說法에 得語實性하야 能起隨類之用이 名三昧力이니라 七, 俯同世間三昧門은 竟하다

■ c. 한 게송은 유례하여 결론함이다. 오직 사성제로만 설할 뿐만 아니라 육바라밀의 만행 등도 모두 그렇다. 일심으로 법을 설하면 말의 실다운 성품을 얻어서 능히 부류를 따르는 작용을 일으키는 것을 '삼매의 힘'이라 말한다. ㅅ) 세간에 구부려 함께하는 삼매문은 마친다.

大方廣佛華嚴經 第15권

大方廣佛華嚴經疏鈔 第15권 閏字卷

제12 賢首品 ②

앞에서 이어지는 현수품은 9. 털구멍 광명으로 비추어 이익 주는 삼매, 10. 주인과 반려가 아름답게 장엄하는 삼매, 11. 고요한 작용이 끝없는 삼매, 12. 비유로 현묘한 종지를 비교하는 법문과 13. 공덕을 비교하여 수지하기를 권하는 부분이 게송으로 설해진다. 그중 대표적인 게송을 본다면,

수승한 삼매가 있으니 이름이 안락이라　　有勝三昧名安樂이니
능히 널리 모든 군생을 제도하며　　　　　能普救度諸群生이라
부사의한 대광명을 놓아　　　　　　　　　放大光明不思議하여
그 보는 자로 하여금 다 조복케 하나니라.　令其見者悉調伏이니라

혹은 동방에서 바른 정에 들어가　　　　　或於東方入正定하여
서방에서 정을 좇아 나오고　　　　　　　　而於西方從定出하고
혹은 서방에서 바른 정에 들어가　　　　　或於西方入正定하여
동방에서 정을 좇아 나오며　　　　　　　　而於東方從定出하며

> 大方廣佛華嚴經 제15권
> 大方廣佛華嚴經疏鈔 제15권 閏字卷

제12. 현수보살이 게송으로 설하는 품[賢首品] ②

ㅇ) 89개 반의 게송은 모공 광명으로 비추어 이익 주는 삼매문
   [次八十九頌半毛光照益三昧門] 2.

(ㄱ) 삼매문의 뜻을 밝히다[顯義] 4.
a. 삼매문의 이름[標門名] (第八 1上7)
b. 광명의 원인을 내보이다[出光因] (智契)
c. 털구멍 광명의 원인[辨光因] (故得)
d. 보이는 이익을 결론하다[結示益] (是謂)

[疏] 第八, 有勝三昧下의 九十頌[115]은 明毛光照益三昧門이라 智契解脫之門하고 慈熏身語意業일새 故得身同法界하야 大用無涯라 毛光觸物에 爲益萬品하야 徧於時處에 緣者會之니 是謂菩薩의 圓建立衆生也니라

■ ㅇ) 有勝三昧 아래 90개(혹은 89개 반)의 게송은 털구멍에서 (나오는 삼매와 44가지) 광명으로 비추어 이익 주는 삼매문을 설명함이다. 지혜로 해탈하는 문과 계합하였고 자비로 신(身) · 구(口) · 의(意) 삼업(三業)을 훈습하였다. 그러므로 몸이 법계와 같음을 얻어서 큰

---

115) 九十頌은 原南續金本作八十九頌半, 玆準下經疏及刊定記改正.

작용이 끝이 없음이다. 털구멍 광명으로 중생과 마주칠 때에 만 가지 품류를 이익 주기 위하여 때와 장소에 두루 할 적에 인연 있는 이가 알게 된다. 이것을 일러서 '보살이 중생을 원만하게 건립함'이라 말한다.

(ㄴ) 경문 해석[釋文] 2.
a. 과목 나누기[分科] (文分 1上10)
b. 바로 해석하다[正釋] 5.
a) 한 게송은 삼매문을 표방하고 총합하여 밝히다[初一頌標門總辨]

(今初)

143　有勝三昧名安樂이니　能普救度諸群生이라
　　　放大光明不思議하여　令其見者悉調伏이니라
　　　수승한 삼매가 있으니 이름이 안락이라
　　　능히 널리 모든 군생을 제도하며
　　　부사의한 대광명을 놓아
　　　그 보는 자로 하여금 다 조복케 하나니라.

[疏] 文分爲五니 初一頌은 標門總辨이오 二, 所放光明下는 別明一毛光明業用이오 三, 如一毛下는 類顯一切毛光業用이오 四, 如其本行下는 釋成分齊오 五, 若有聞下는 聞信光益이라 今初니 就所益說일새 故名安樂이니라

■ 경문을 다섯으로 나누리니 a) 한 게송은 삼매문을 표방하고 총합하여 밝힘이요, b) 所放光明 아래는 한 터럭 광명의 업과 작용을 별도

로 밝힘이요, c) 如一毛 아래는 온갖 털구멍 광명의 업과 작용을 유례하여 밝힘이요, d) 如其本行 아래는 그 영역을 해석함이요, e) 若有聞 아래는 믿음의 광명을 듣고 얻는 이익이다. 지금은 a) (삼매문을 표방하고 총합하여 밝힘)이니 이익되는 바에 나아가 설명하므로 안락함이라 이름하였다.

[鈔] 智契等者는 總出光明之因이니 具悲智故라 先, 此上一句는 約智요 亦是約表釋이니 謂毛孔은 表解脫門이오 光明은 表智慧故라 二, 正明智慧니 故云智契解脫之門이니라 慈熏等者는 約悲智釋이니 以菩薩이 曠劫慈悲하사 熏修三業故니라

● 지혜로 계합한 등은 광명의 원인을 총합하여 내보임이니, 자비와 지혜를 갖춘 까닭이다. (a) 이 위의 한 구절은 지혜를 잡은 해석이요, 또한 표함을 잡은 해석이다. 말하자면 털구멍은 해탈문을 표함이요, 광명은 지혜를 표하기 위함이다. (b) 바로 지혜를 밝힘이니, 그러므로 지혜로 해탈하는 문과 계합하였다. '인자함으로 훈습한다'는 등은 자비와 지혜를 잡은 해석이니, 보살이 오랜 겁토록 자비하여 삼업을 훈습하여 닦기 때문이다.

b) 하나의 털구멍 광명의 업과 작용을 별도로 밝히다[別明一毛光明業用] 2. (a) 과목 나누어 해석하다[科釋] (就第 2上3)

[疏] 就第二段中에 二니 初, 略辨四十四門光用이오 後, 如是等下는 結略顯廣이라 就四十四光中하야 皆有四義하니 一, 標光名이오 二, 辨光用이오 三, 出光因이오 四, 結光果니 類例相從이라 分爲十段五對

니 初, 有二光은 顯示三寶요 二, 有四光은 令發大心이니 上二는 卽三寶四弘對라 三, 有二光은 總圓福智요 四, 有二光은 入理持法이니 上卽二嚴二持對라 五, 有六光은 六度行圓이오 六, 有七光은 四等救攝이니 卽六度四等對라 七, 有一光은 總彰三學이오 八, 有八光은 雜彰萬行하야 供養爲先이니 爲三學萬行對라 九, 有六光은 令六根內淨하야 動與理會요 十, 有六光은 明六塵外淨하야 觸境皆道니 卽根淸境淨對니라

■ b) 둘째 문단에 나아가 둘이니 ㉠ 44문으로 광명의 작용을 간략히 밝힘이요, ㉡ 如是等 아래는 간략함을 결론하고 자세함을 밝힘이다. 44가지 광명에 입각하여 모두 네 가지 뜻이 있으니, (1) 광명의 이름을 표방함이요, (2) 광명의 작용을 밝힘이요, (3) 광명의 원인을 내보임이요, (4) 광명의 결과를 결론함이니, 서로 따르는 것을 유례함이다. 열 문단을 다섯 상대로 나누었으니 ① 두 광명이 있는 것은 삼보(三寶)를 나타내 보이기 위함이요, ② 네 광명이 있는 것은 하여금 대승(大乘)의 마음을 내게 하려 함이니, 위의 둘은 곧 삼보와 사홍서원이 상대함이다. ③ 두 광명이 있는 것은 복과 지혜가 총합하고 원만함이 상대함이요, ④ 두 광명이 있는 것은 이치에 들어감과 법을 지킴이 상대함이요, 위는 두 가지 장엄과 두 가지 지킴이 상대함이다. ⑤ 여섯 광명이 있는 것은 육바라밀의 행이 원만함이요, ⑥ 일곱 광명이 있는 것은 사무량심으로 구제하고 섭수함이니 곧 육바라밀과 사무량심이 상대함이다. ⑦ 한 광명이 있는 것은 총합하여 삼학(三學)을 밝힘이요, ⑧ 여덟 광명이 있는 것은 잡되게 만행을 밝혀서 먼저 공양하려 함이니, 삼학(三學)과 만 가지 행이 상대함이다. ⑨ 여섯 광명이 있는 것은 육근(六根)의 안이 깨끗하게 해서 움직여 이치와 함께

아는 것이요, ⑩ 여섯 광명이 있는 것은 육경의 외부가 깨끗해서 경계를 만나면 모두 도(道)이니 육근(六根)이 청정함과 육경(六境)이 깨끗함이 상대함이다.

(b) 과목에 따라 해석하다[隨釋] 2.
㈀ 44가지 광명의 작용을 간략히 밝히다[略辨四十四光用] 10.

① 두 광명이 있는 것은 삼보를 나타내 보이다[初有二光顯示三寶] 2.
㉮ (삼보를) 밝게 나타내다[顯現] (今初 2下2)

144　所放光明名善現이니　若有眾生遇此光이면
　　　必令獲益不唐捐이라　因是得成無上智니라
　　　놓은 바 광명의 이름이 선현이라
　　　만약 어떤 중생이 이 빛을 만나면
　　　반드시 이익을 얻어 헛되어 버리지 않게 하나니
　　　이로 인해 위없는 지혜를 얻어 이루나니라.

145　彼先示現於諸佛하고　示法示僧示正道하며
　　　亦示佛塔及形像일새　是故得成此光明116)이니라
　　　저가 먼저 모든 부처님을 나타내 보이고
　　　법을 보이고 스님을 보이고 바른 도를 보이며
　　　또한 불탑과 형상을 보일새

---

116) 彼先은 麗本作彼光, 宋元明清本作彼先; 疏云 此偈辨因 又晉經云 由彼顯現諸如來等; 探玄記釋曰 或以言說顯三寶 或約事 如開佛門現塔形等.

이런 연고로 이 광명을 얻어 이루나니라.

[疏] 今初二光中에 前一은 顯現이라 於中에 初句는 標名이니 以近初標일새 但云所放하고 不言又放이라 次三句는 辨用이오 後偈는 辨因이라 中에 示三寶하야 令其正歸하고 示正道하야 令其正向이니 上通一體와 及別相三寶라 亦示佛塔하야 令其正信이니 義兼住持라

■ 지금 ① 두 광명 중에 ㉮ 앞 게송[제144 게송, 所放光明-]의 한 광명은 (삼보를) 밝게 나타냄이다. 그중에 ㉠ 첫 구절[所放光明名善現]은 명칭을 표방함이니, 가까움으로 처음 표방하므로 단지 '놓은 바'라 하였고, '또 놓으니'라 하지 않았다. ㉡ 다음 세 구절은 작용을 밝힘이요, ㉯ 뒤 게송[제145 게송, 彼先示現-]은 원인을 밝힘이다. 그중에 삼보를 보여서 바로 귀의하게 하고, 바른 도를 보여서 바로 향하게 하는 것이니, 위로 동일한 체성인 것과 개별 모양의 삼보가 통한다. 또한 불탑을 보여서 하여금 바르게 믿게 하나니 뜻으로는 '머물러 지킴[住持]'을 겸하였다.

㉯ 세 게송은 광명으로 비추는 작용[光照曜] (後一 3上3)

146　又放光明名照耀니　　暎蔽一切諸天光하며
　　　所有暗障靡不除하여　　普爲衆生作饒益이니라
　　　또 광명을 놓으니 이름이 조요라
　　　일체 모든 하늘 광명을 가리고
　　　있는 바 어두움과 장애를 제하지 않음이 없어
　　　널리 중생을 위해 이익을 짓나니라.

147　此光覺悟一切衆하여　　令執燈明供養佛이니
　　　以燈供養諸佛故로　　得成世中無上燈이니라
　　　이 빛이 일체 중생을 깨우쳐서
　　　등불을 들어 부처님께 공양케 하니
　　　등으로써 모든 부처님께 공양한 연고로
　　　세상 가운데 위없는 등을 얻어 이루나니라.

148　燃諸油燈及蘇燈하고　　亦燃種種諸明炬와
　　　衆香妙藥上寶燭하여　　以是供佛獲此光117)이니라
　　　모든 기름 등과 들깨기름 등을 켜고
　　　또한 가지가지 모든 밝은 횃불과
　　　온갖 향과 묘한 약과 보배 촛불을 켜서
　　　이것으로써 부처님께 공양하여 이 빛을 얻었나니라.

[疏] 後一光은 照曜用이니 有七句라 一偈, 辨因은 並顯可知로다
　■　㉔ 한 광명은 광명으로 비추는 작용이니 일곱 구절이 있다. 한 게송 [제148 게송, 燃諸油燈-]은 원인을 밝힘이니 경문과 아울러 밝히면 알 수 있으리라.

② 네 가지 광명은 하여금 대승의 마음을 내게 하다[次四光令發大心] 4.
㉮ 세 게송은 한 광명은 중생 제도를 서원하다[衆生誓度] (第二 3上10)

149　又放光明名濟度니　　此光能覺一切衆하여

---

117) 燃字 麗本作然, 蘇燈 麗本作酥燈.

令其普發大誓心하여　度脫欲海諸群生이니라
또 광명을 놓으니 이름이 제도라
이 빛이 능히 일체 중생을 깨우쳐서
그로 하여금 널리 큰 서원의 마음을 내게 하여
욕망의 바다에 있는 모든 군생들을 제도하여 해탈케 하나니라.

150　若能普發大誓心하여　度脫欲海諸群生이면
　　　則能越度四瀑流하여　示導無憂解脫城이니라
만약 능히 널리 큰 서원의 마음을 내어
욕망의 바다에 있는 모든 군생들을 제도하여 해탈케하면
곧 능히 네 가지 폭류를 넘고 건너서
근심 없는 해탈성으로 인도하며 보이나니라.

151　於諸行路大水處에　造立橋梁及船筏하되
　　　毀訾有爲讚寂滅일새　是故得成此光明[118]이니라
모든 사람 다니는 길의 큰 물 있는 곳에
다리와 배와 뗏목을 만들어 놓고
유위법을 비방하고 적정법을 찬탄할새
이런 연고로 이 광명을 얻어 이루나니라.

[疏] 第二, 四光으로 令發大心中에 卽四弘願也라 初一은 令衆生無邊誓願度니 因中에 興有爲而毁有爲오

---

118) 寂滅 麗本作寂靜. 訾 헐뜯을 자. 筏 뗏목 벌.

■ ② 네 가지 광명은 하여금 대승의 마음을 발하게 함 중에 곧 사홍서원을 발함이다. ㉮ (세 게송은)한 광명은 중생 제도하기를 서원함이다. 원인을 밝힘 중에 유위법(有爲法)을 일으켜서 유위법을 훼손함이요,

㉯ 세 게송은 한 광명은 번뇌 끊기를 서원하다[煩惱誓斷] (二一 3下8)

152　又放光明名滅愛니　　此光能覺一切衆하여
　　令其捨離於五欲하고　專思解脫妙法味니라
　　또 광명을 놓으니 이름이 멸애라
　　이 빛이 능히 일체 중생을 깨우쳐서
　　그로 하여금 오욕을 버려 여의고
　　오로지 해탈의 묘한 법의 맛을 생각케 하나니라.

153　若能捨離於五欲하고　專思解脫妙法味하면
　　則能以佛甘露雨로　　普滅世間諸渴愛니라
　　만약 능히 오욕을 버려 여의고
　　오로지 해탈의 묘한 법의 맛을 생각하면
　　곧 능히 부처님의 감로의 비로써
　　널리 세간의 모든 갈애를 멸하나니라.

154　惠施池井及泉流하고　專求無上菩提道하되
　　毀呰五欲讚禪定일새　是故得成此光明이니라
　　못과 우물과 샘물을 보시하고
　　오로지 위없는 보리도를 구하되

오욕을 헐어 비방하고 선정을 찬탄할새
이런 연고로 이 광명을 얻어 이루나니라.

[疏] 二, 一光은 令煩惱無邊誓願斷이니 因中에 興有爲而讚禪定이니 上
二는 皆事理兼修라

■ ㉕ (세 게송은) 한 광명은 번뇌 끊기를 서원함이니, 원인을 밝힘 중에 유
위법을 일으키면서 선정을 찬탄함이다. 위의 두 게송은 모두 현상과
이치를 겸하여 수행함이다.

㉖ (두 게송인) 한 광명은 위로 부처님 과덕을 원하다[上願佛果]

(三上 4上4)

155 又放光明名歡喜니 此光能覺一切衆하여
    令其愛慕佛菩提하여 發心願證無師道니라
    또 광명을 놓으니 이름이 환희라
    이 빛이 능히 일체 중생을 깨우쳐서
    그로 하여금 부처님의 보리를 우러러
    발심하여 스승 없는 도를 원하여 증득하게 하나니라.

156 造立如來大悲像하여 衆相莊嚴坐華座하고
    恒歎最勝諸功德일새 是故得成此光明이니라
    여래의 자비하신 형상을 만들어
    온갖 상으로 장엄하여 연화좌에 모시고
    항상 가장 수승한 모든 공덕을 찬탄할새

이런 연고로 이 광명을 얻어 이루나니라.

[疏] 三, 上欣佛果오

■ ㉰ (한 광명인 두 계송은) 위로 부처님 과덕을 기뻐함이다.

㉱ (세 계송인) 한 광명은 삼보를 좋아하고 즐거워하다[愛樂三寶]

(四愛 4下1)

157　又放光明名愛樂이니　此光能覺一切衆하여
　　令其心樂於諸佛하며　以樂法樂衆僧이니라
　　또 광명을 놓으니 이름이 애락이라
　　이 빛이 능히 일체 중생을 깨우쳐서
　　그로 하여금 마음에 모든 부처님을 좋아하고
　　법을 좋아하고 여러 스님들을 좋아하게 하나니라.

158　若常心樂於諸佛하며　及以樂法樂衆僧이면
　　則在如來衆會中하여　建成無上深法忍[119]이니라
　　만약 항상 마음에 모든 부처님을 좋아하고
　　법을 좋아하고 여러 스님들을 좋아하면
　　곧 여래의 온갖 법회 가운데 있어
　　위없는 깊은 법인을 이루나니라.

159　開悟衆生無有量하여　普使念佛法僧寶하며

---

119) 建成 麗宋元明本作逮成, 續金本作建成.

及示發心功德行일새   是故得成此光明이니라
중생을 열어 깨우침이 한량없어서
널리 불보·법보·승보를 생각케 하며
발심의 공덕행을 보일새
이런 연고로 이 광명을 얻어 이루나니라.

[疏] 四, 愛樂三寶하야 窮盡法門이니 因中에 四弘之終일새 故總結云, 及示發心功德行이니라

■ ㉔ (세 게송인 한 광명은) 삼보를 좋아하고 즐거워하여 법문을 모두 궁구함이다. 원인을 밝힘 중에 사홍서원의 끝이므로 총합하여 결론하되, '더욱 발심한 공덕의 행을 보인다'라고 말하였다.

③ 두 광명은 복과 지혜를 총합하여 원만하다[次有二光總圓福智] 2.
㉮ 한 광명은 복을 원만하다[福] (第三 5上1)

160   又放光明名福聚니   此光能覺一切衆하야
     令行種種無量施하야   以此願求無上道니라
     또 광명을 놓으니 이름이 복덩어리라
     이 빛이 널리 일체 중생을 깨우쳐서
     가지가지 한량없는 보시를 행하게 하여
     이것으로써 위없는 도를 원하여 구하게 하나니라.

161   設大施會無遮限하고   有來求者皆滿足하야
     不令其心有所乏일새   是故得成此光明이니라

막고 제한함이 없는 큰 보시 모임을 베풀어
와서 구하는 자 모두 만족케 하며
그 마음에 모자라는 바가 있지 않게 할새
이런 연고로 이 광명을 얻어 이루나니라.

㈎ 한 광명은 지혜를 원만하다[智] (第三 5上1)

162 又放光明名具智니 此光能覺一切衆하여
    令於一法一念中에 悉解無量諸法門이니라
    또 광명을 놓으니 이름이 구족한 지혜라
    이 빛이 능히 일체 중생을 깨우쳐서
    하여금 한 법 한 생각 가운데
    한량없는 모든 법문을 다 알게 하나니라.

163 爲諸衆生分別法하며 及以決了眞實義하여
    善說法義無虧減일새 是故得成此光明120)이니라
    모든 중생을 위하여 법을 분별하고
    진실한 뜻을 결정코 요지함으로써
    법의 뜻을 잘 설해 이지러지고 덜함이 없을새
    이런 연고로 이 광명을 얻어 이루나니라.

[疏] 第三, 有二光은 總圓福智라 智因中에 分別法相하고 決了眞理하야
無虧理事하고 不減佛法일새 故得一念에 悉解多門이니라

---

120) 決了 宮本作便了. 虧 이지러질 휴.

■ ③ 두 가지 광명은 복과 지혜를 총합하여 원만함이다. ㉮ (두 게송은) 지혜의 원인 중에 법의 양상을 분별하고 진리를 결정코 알아서 현상과 이치를 빠뜨리지 않고 불법을 감소하게 하지 않으므로 '한 생각에 모두 여러 문을 앎을 얻는다'는 뜻이다.

④ 두 광명은 이치에 들어가 법을 수지하다[次有二光入理持法] 2.
㉮ 한 광명은 뜻으로 지니다[義持] (第四 5下1)

164　又放光明名慧燈이니　此光能覺一切衆하여
　　　令知衆生性空寂하여　一切諸法無所有니라
　　　또 광명을 놓으니 이름이 혜등이라
　　　이 빛이 능히 일체 중생을 깨우쳐서
　　　하여금 중생의 성품이 공적하여
　　　일체 모든 법이 있는 바가 없음을 알게 하나니라.

165　演說諸法空無主하여　如幻如焰水中月하며
　　　乃至猶如夢影像일새　是故得成此光明이니라
　　　모든 법이 공해 주인이 없고
　　　환과 같고 불꽃이나 물 가운데 달과 같으며
　　　마치 꿈이나 그림자의 형상과 같음을 연설할새
　　　이런 연고로 이 광명을 얻어 이루나니라.

㉯ 한 광명은 네 가지 총지를 구비하다[具四總持]

166　又放光名法自在니　　此光能覺一切衆하여
　　令得無盡陀羅尼하여　　悉持一切諸佛法이니라
　　또 광명을 놓으니 이름이 법자재라
　　이 빛이 능히 일체 중생을 깨우쳐서
　　하여금 다함없는 다라니를 얻어서
　　다 일체 모든 부처님 법을 지니게 하나니라.

167　恭敬供養持法者하고　　給侍守護諸賢聖하여
　　以種種法施衆生일새　　是故得成此光明이니라
　　법을 지닌 자를 공경하고 공양하며
　　모든 현인들을 시중하고 수호하여
　　가지가지 법으로써 중생에게 보시할새
　　이런 연고로 이 광명을 얻어 이루나니라.

[疏] 第四, 二光은 入理持法이라 初一은 慧入二空이니 卽義持也오 後一은 具四總持니 於法自在라
■ ④ 두 광명은 이치에 들어가 법을 수지함이다. ㉮ 한 광명은 지혜로 두 가지 공(空)에 들어감이니 곧 뜻으로 지님이요, ㉯ 한 광명은 네 가지 총지를 구비함이니 법에 자재함을 뜻한다.

[鈔] 後一具四總持者는 一, 法持오 二, 義持오 三, 呪持오 四, 無生忍持니 如七地中121)에 廣說이라 四持並具어니 何不自在리오
● ㉯ '한 광명은 네 가지 총지를 구비함'이란 (1) 법의 총지요, (2) 뜻의

---

121) 上四字는 南續金本作七地.

총지요, (3) 주문의 총지요, (4) 무생법인의 총지인데, 제7 원행지(遠行地) 중에 자세히 설명한 내용과 같다. 네 가지 총지를 함께 구비하였으니 어찌 자재하지 않겠는가!

⑤ 여섯 광명은 육바라밀로 원만함을 얻다[次有六光六度得圓] 6.
㉮ 능사(能捨) 광명은 보시바라밀 (第五 7上3)

168 又放光明名能捨니 此光覺悟慳衆生하여
令知財寶悉非常하여 恒樂惠施心無着이니라
또 광명을 놓으니 이름이 능사라
이 빛이 간탐하는 중생을 깨우쳐서
하여금 재물이 다 항상하지 않음을 알아서
항상 보시를 즐겨 마음에 집착이 없게 하나니라.

169 慳心難調而能調하고 解財如夢如浮雲하여
增長惠施淸淨心일새 是故得成此光明이니라
간탐하는 마음을 조복키 어려우나 능히 조복하고
재물이란 꿈과 같고 뜬구름과 같음을 알아서
보시하는 청정한 마음을 증장할새
이런 연고로 이 광명을 얻어 이루나니라.

㉯ 제열(除熱) 광명은 지계바라밀

170 又放光明名除熱이니 此光能覺毀禁者하여

普使受持淸淨戒하여　發心願證無師道니라
또 광명을 놓으니 이름이 제열이라
이 빛이 능히 파계한 자를 깨우쳐서
널리 하여금 청정한 계를 받아 지녀서
발심하여 스승 없는 도를 원하여 증득케 하나니라.

171　勸引衆生受持戒하여　十善業道悉淸淨하며
　　　又令發向菩提心일새　是故得成此光明이니라
중생을 권하여 이끌어 계를 받아 지녀서
열 가지 선업도를 다 청정케 하며
또 하여금 발심하여 보리도를 향하게 할새
이런 연고로 이 광명을 얻어 이루나니라.

㉤ 인엄(忍嚴) 광명은 인욕바라밀

172　又放光明名忍嚴이니　此光覺悟瞋恚者하여
　　　令彼除瞋離我慢하여　常樂忍辱柔和法이니라
또 광명을 놓으니 이름이 인엄이라
이 빛이 성내는 자를 깨우쳐서
저로 하여금 아만을 여의고 성냄을 제하여
항상 참고 부드럽고 온화한 법을 즐기게 하나니라.

173　衆生暴惡難可忍이어늘　爲菩提故心不動하여
　　　常樂稱揚忍功德일새　是故得成此光明이니라

중생의 포악함이 참기 어렵거늘
　　보리를 위한 연고로 마음이 움직이지 아니하여
　　　항상 참는 공덕 칭찬하기를 즐길새
　　　이런 연고로 이 광명을 얻어 이루나니라.

㈑ 용맹(勇猛) 광명은 정진바라밀

174　又放光明名勇猛이니　　此光覺悟懶惰者하여
　　　令彼常於三寶中에　　恭敬供養無疲厭이니라
　　　또 광명을 놓으니 이름이 용맹이라
　　　이 빛이 게으른 자를 깨우쳐서
　　　저로 하여금 항상 삼보 가운데
　　　공경하고 공양하되 피로하고 싫음이 없게 하나니라.

175　若彼常於三寶中에　　恭敬供養無疲厭이면
　　　則能超出四魔境하여　　速成無上佛菩提니라
　　　만약 저가 항상 삼보 가운데
　　　공경하고 공양하되 피로하고 싫음이 없으면
　　　곧 능히 네 가지 마의 경계에서 벗어나서
　　　빨리 위없는 불보리를 이루나니라.

176　勸化衆生令進策하여　　常勤供養於三寶하여
　　　法欲滅時專守護일새　　是故得成此光明이니라
　　　중생을 권하여 교화해 하여금 정진케 하여

항상 부지런히 삼보에게 공양하여
법이 멸하고자 할 때 오로지 수호할새
이런 연고로 이 광명을 얻어 이루나니라.

㉤ 적정(寂靜) 광명은 선정바라밀

177　又放光明名寂靜이니　此光能覺亂意者하여
　　　令其遠離貪恚癡하여　心不動搖而正定이니라
또 광명을 놓으니 이름이 적정이라
이 빛이 능히 뜻이 산란한 자를 깨우쳐서
그로 하여금 탐·진·치를 멀리 여의어서
마음이 움직이지 않고 바르고 안정하게 하나니라.

178　捨離一切惡知識의　無義談說雜染行하고
　　　讚歎禪定阿蘭若일새　是故得成此光明이니라
온갖 나쁜 지식의
뜻 없는 말과 잡되고 물든 행을 멀리 여의고
선정과 아란야를 찬탄할새
이런 연고로 이 광명을 얻어 이루나니라.

㉥ 혜엄(慧嚴) 광명은 반야바라밀

179　又放光明名慧嚴이니　此光覺悟愚迷者하여
　　　令其證諦解緣起하여　諸根智慧悉通達이니라

또 광명을 놓으니 이름이 혜엄이라
　　이 빛이 어리석고 미혹한 자를 깨우쳐서
　　그로 하여금 진실한 법을 증득하고 연기법을 알아서
　　모든 근과 지혜를 다 통달케 하나니라.

180　若能證諦解緣起하여　　諸根智慧悉通達이면
　　則得日燈三昧法하여　　智慧光明成佛果니라
　　만약 능히 진실한 법을 증득하고 연기를 알아서
　　모든 근과 지혜를 다 통달하면
　　곧 일등 삼매법을 얻어서
　　지혜광명으로 불과를 이루나니라.

181　國財及己皆能捨하고　　爲菩提故求正法하여
　　聞已專勤爲衆說일새　　是故得成此光明이니라
　　국토와 재물, 자기 몸까지 모두 능히 버리고
　　보리를 위하여 바른 법을 구하며
　　듣고 나서는 오로지 중생을 위해 부지런히 설할새
　　이런 연고로 이 광명을 얻어 이루나니라.

[疏] 第五, 六度光中에 戒因이라 中云發大心者는 謂若發二乘心하면 則 破淨戒라 大心으로 導善에 不在人天하고 勤策萬行이라 慧爲上首일 새 各加一偈라 餘可思之니라

■ ⑤ (여섯 광명은) 육바라밀로 원만함을 얻음 중에 지계하는 원인이 있다. 그중에 '큰 마음을 발했다'고 말한 것은 이른바 만일 이승의 마음

을 발하면 청정한 계를 타파함이다. 대승의 마음으로 선법을 인도할 적에 인간과 천상에 있지 않고 만행할 것을 부지런히 채찍질함이다. 지혜가 상수가 되므로 각기 한 게송을 더하였다. 나머지는 생각할 수 있으리라.

⑥ 일곱 광명은 사무량심으로 구제하고 섭수하다[次有七光四等救攝] 5.
㉠ 한 광명은 자비광명이 부처님 지혜와 함께하다[慈光與佛慧]

(第六 7上10)

182 又放光明名佛慧니 　　此光覺悟諸含識하여
　　　令見無量無邊佛이 　　各各坐寶蓮華上이니라
　　　또 광명을 놓으니 이름이 불혜라
　　　이 빛이 모든 중생을 깨우쳐서
　　　하여금 한량없고 끝없는 부처님께서
　　　각각 보배 연꽃 위에 앉아 계심을 보게 하나니라.

183 讚佛威德及解脫하고 　說佛自在無有量하여
　　　顯示佛力及神通일새 　是故得成此光明이니라
　　　부처님의 위덕과 해탈을 찬탄하고
　　　부처님의 자재하심이 한량없음을 말하며
　　　부처님의 힘과 신통을 나타내 보일새
　　　이런 연고로 이 광명을 얻어 이루나니라.

[疏] 第六, 有七光은 四等救攝中에 初一은 慈光與佛慧眞樂이라 見無量

佛에 此有二義하니 一, 見事佛이니 眞樂因故오 二, 見心佛이니 一一 心華에 有覺性故니라

- ⑥ 일곱 가지 광명은 사무량심으로 구제하고 섭수함 중에 ㉮ (한 광명은) 자비광명이 부처님 지혜의 진실한 즐거움을 주는 것이다. 한량없는 부처님을 볼 적에 여기에 두 가지 뜻이 있으니 ① 현상의 부처님을 봄이니, 진실한 즐거움의 원인이기 때문이요, ② 마음의 부처님을 봄이니, 낱낱의 마음 꽃에 깨달음의 체성이 있기 때문이다.

㉯ 세 광명은 대비 광명으로 고통을 뽑아내다[次三悲光拔苦] 2.
㉠ (세 게송은) 한 광명은 액난의 고통이요[初一厄難苦]

184　又放光明名無畏니　　此光照觸恐怖者하여
　　　非人所持諸毒害를　　一切皆令疾除滅이니라
　　　또 광명을 놓으니 이름이 무외라
　　　이 빛이 두려워하는 자에게 비쳐
　　　사람이 아닌 것이 가지고 있는 모든 독해를
　　　일체 모두 빨리 제하여 멸하게 하나니라.

185　能於衆生施無畏하여　　遇有惱害皆勸止하여
　　　拯濟厄難孤窮者일새　　以是得成此光明이니라
　　　능히 중생에게 두려움 없음을 보시하여
　　　번뇌롭고 해로운 것이 있으면 모두 권하여 그치게 하며
　　　액난 있고 고독하고 궁한 자를 구제할새
　　　이것으로써 이 광명을 얻어 이루나니라.

186　又放光明名安隱이니　此光能照疾病者하여
　　　令除一切諸苦痛하여　悉得正定三昧樂이니라
　　　또 광명을 놓으니 이름이 안온이라
　　　이 빛이 능히 질병 든 자를 비추어
　　　하여금 일체 모든 고통을 제하여
　　　다 바르고 안정한 삼매의 즐거움을 얻게 하나니라.

㉡ 한 광명은 질병의 고통을 뽑아내다[次一疾病苦]

187　施以良藥救衆患하며　妙寶延命香塗體하여
　　　酥油乳蜜充飮食일새　以是得成此光明이니라
　　　좋은 약을 보시하여 중생의 병을 구제하고
　　　묘한 보배로 명을 연장하고 몸에 향을 발라
　　　죽과 기름과 우유와 꿀로 음식을 보충할새
　　　이것으로써 이 광명을 얻어 이루나니라.

[疏] 次三은 悲光拔苦라 初一은 厄難苦오 次一은 疾病苦오
■　㊃ 세 광명은 대비 광명으로 고통을 뽑아냄이다. ㉠ 한 광명은 액난의 고통이요, ㉡ 한 광명은 질병의 고통이요,

㉢ 한 광명은 죽음의 고통을 뽑아내다[後一死苦]

188　又放光明名見佛이니　此光覺悟將歿者하여
　　　令隨憶念見如來하여　命終得生其淨國이니라

또 광명을 놓으니 이름이 견불이라
이 빛이 장차 죽을 자를 깨우쳐서
하여금 기억하고 생각함을 따라서 여래를 보게 해서
죽으면 그 깨끗한 국토에 태어남을 얻나니라.

189 見有臨終勸念佛하고　又示尊像令瞻敬하여
俾於佛所深歸仰일새　是故得成此光明이니라
임종을 보면 염불을 권하고
또 불상을 보여 우러러 공경케 하며
하여금 부처님 계신 곳에 깊이 돌아가 우러르게 할새
이런 연고로 이 광명을 얻어 이루나니라.

[疏] 後一은 死苦라 令見佛者로 一, 捨命不恐이오 二, 惡道不畏라 又要臨終勸者는 智論二十八에 云, 臨終少時에 能勝終身行力이니 以猛利故로 如火如毒이라 依西域法인대 有欲捨命者는 令面向西하야 於前에 安一立像하고 亦面向西하며 以幡頭로 挂像手指하야 令病人으로 手捉幡脚하고 口稱佛名하나니 作隨佛往生淨土之意라 兼與燒香鳴磬하야 助稱佛名하나니 若能行此면 非直亡者가 得生佛前이라 抑亦終成見佛光也니라 若神游大方하야 去留無礙者인대 置之言外어니와 不爾면 勉旃斯行이니라

■ ㉰ 한 광명은 죽음의 고통을 뽑아냄이다. 부처님을 보게 한 자로 하여금 (1) 목숨을 버려도 공포하지 않음이요, (2) 악도를 두려워하지 않음이다. 또한 임종을 보면 (염불을) 권하라 요구한 것은 『대지도론』 제28권[122])에 이르되, "죽으려 할 무렵 잠깐 사이의 마음은 종신토록

행한 힘보다 뛰어난 것이니, (이 마음은 비록 잠시 동안이기는 하나 그 마음의 힘이) 맹렬하고 날카로움은 마치 불과도 같고 독과도 같다"라고 하였다. 서역(西域)의 법에 의지한다면 어떤 이가 목숨을 버리려 하는 이는 얼굴을 서쪽으로 향하게 하여 앞에서 하나의 입상(立像)을 안치하고 또한 얼굴로 서쪽을 향하게 하며 깃대의 머리로 족자를 손으로 가리켜 병든 사람이 손으로 깃대의 모서리를 잡고 입으로 부처님 명호를 부르게 하였으니 부처님을 따라 정토에 왕생하려는 생각을 하였다. 겸하여 향을 사르고 경쇠를 쳐서 도와서 부처님 명호를 불렀다. 만일 이런 일을 능히 행하면 곧바로 죽은 이가 부처님 앞에 태어남을 얻지 못하겠는가? 아니면 또한 마침내 부처님 광명 보게 됨을 이루게 된다. 만일 신령스럽게 큰 방소에 노닐어서 걸림 없음에 가서 머무른다면 말씀 밖으로 두거니와 그렇지 않으면 이런 행을 힘써 내세워야 하리라.

㉣ 두 광명은 법의 기쁨을 생기게 하다[次二光令生法喜] 2.
㉠ 처음 광명은 법을 듣고 설하기를 기뻐하다[初則欣法聽說]

(第二 9上3)

190　又放光明名樂法이니　此光能覺一切衆하여
　　　令於正法常欣樂하여　聽聞演說及書寫니라
　　　또 광명을 놓으니 이름이 요법이라
　　　이 빛이 능히 일체 중생을 깨우쳐서
　　　하여금 바른 법을 항상 기뻐하고 즐겨서

---

122) 『대지도론』을 보면 제24권 初品十力釋論에 보인다. 歿 죽을 몰. 瞻 볼 첨.

듣고 연설하고 베껴 쓰게 하나니라.

191　法欲盡時能演說하여　令求法者意充滿하여
　　　於法愛樂勤修行일새　是故得成此光明이니라
　　　법이 다하고자 할 때에 능히 연설하여
　　　법 구하는 자로 하여금 뜻에 만족하여
　　　법을 사랑하고 즐기며 부지런히 수행케 할새
　　　이런고로 이 광명을 얻어 이루나니라.

ⓒ 뒤의 광명은 만나는 경계마다 불법 아님이 없다[終則觸境無非佛法]

192　又放光明名妙音이니　此光開悟諸菩薩하여
　　　能令三界所有聲으로　聞者皆是如來音이니라
　　　또 광명을 놓으니 이름이 묘음이라
　　　이 빛이 모든 보살을 열어 깨우쳐서
　　　능히 삼계에 있는 소리로 하여금
　　　듣는 자가 다 이 여래의 음성이 되게 하나니라.

193　以大音聲稱讚佛하며　及施鈴鐸諸音樂하여
　　　普使世間聞佛音일새　是故得成此光明이니라
　　　큰 음성으로 부처님을 칭찬하며
　　　요령 목탁의 모든 음악을 보시하여
　　　널리 세간으로 하여금 부처님 음성을 듣게 할새
　　　이런고로 이 광명을 얻어 이루나니라.

[疏] 次, 二光은 令生法喜니 初則欣法聽說이니 法喜已充이오 終則觸境
無非佛法이니 成喜之極이라

- ㉳ (네 게송은) 두 광명은 법의 기쁨을 생기게 함이니 ㉠ 처음 광명은
  법을 듣거나 설하기를 기뻐함이니 법의 기쁨이 이미 충만함이요, ㉡
  뒤의 광명은 만나는 경계마다 불법 아닌 것이 없나니, 기쁨의 극치를
  성취한 것이다.

㉤ 한 광명은 큰 버림을 이루게 하다[後一令成大捨] (後一 9上9)

194 又放光明施甘露니　　此光開悟一切衆하여
　　令捨一切放逸行하고　具足修習諸功德이니라
　　또 광명을 놓으니 이름이 감로라
　　이 빛이 일체 중생을 열어 깨우쳐서
　　하여금 모든 방일한 행을 버리고
　　모든 공덕을 구족히 닦아 익히게 하나니라.

195 說有爲法非安隱이라　無量苦惱悉充徧하고
　　恒樂稱揚寂滅樂일새　是故得成此光明이니라
　　유위법은 안온이 아니라
　　한량없는 고뇌가 모두 충만하다 말하고
　　항상 즐겨 적멸락을 일컬어 드날릴새
　　이런 연고로 이 광명을 얻어 이루나니라.

[疏] 後一은 令成大捨니 捨除放逸과 衆惑之根이라

■ ㉒ 한 광명은 큰 버림을 이루게 함이니, 방일함과 여러 번뇌의 뿌리를 버려서 제거하게 한다는 뜻이다.

⑦ 한 광명은 삼학(三學)을 총합하여 밝히다[次有一光總彰三學]

(第七 9下 4)

196　又放光明名最勝이니　此光開悟一切衆하여
　　　令於佛所普聽聞　　戒定智慧增上法이니라
　　　또 광명을 놓으니 이름이 최승이라
　　　이 빛이 일체 중생을 열어 깨우쳐서
　　　하여금 부처님 계신 곳에서
　　　계·정·지혜의 높은 법을 널리 듣게 하나니라.

197　常樂稱揚一切佛　　勝戒勝定殊勝慧하여
　　　如是爲求無上道일새　是故得成此光明이니라
　　　항상 즐겨 모든 부처님과
　　　수승한 계와 수승한 정과 수승한 혜를 일컬어 드날려서
　　　이와 같이 위없는 도를 구할새
　　　이런 연고로 이 광명을 얻어 이루나니라.

[疏] 第七, 一光이 總彰萬行하야 三學攝盡일새 故曰普聞이니라
■ ⑦ 한 광명은 만행을 총합하여 드러내어 삼학을 모두 섭수하므로 '널리 듣는다'고 하였다.

⑧ 여덟 광명은 만행을 드러내기 어렵다[次有八光難彰萬行] 2.
㉮ 다섯 광명은 공경할 복전에 공양하다[前五供敬田] (第八 10下1)

198 又放光明名寶嚴이니 此光能覺一切衆하여
令得寶藏無窮盡하여 以此供養諸如來니라
또 광명을 놓으니 이름이 보엄이라
이 빛이 능히 일체 중생을 깨우쳐서
하여금 보배 창고를 얻되 다함이 없어서
이것으로써 모든 여래께 공양케 하나니라.

199 以諸種種上妙寶로 奉施於佛及佛塔하며
亦以惠施諸貧乏일새 是故得成此光明123)이니라
모든 가지가지 최상의 묘한 보배로써
부처님과 불탑에 받들어 보시하며
또한 모든 가난하고 궁핍한 자에게 보시할새
이런 연고로 이 광명을 얻어 이루나니라.

200 又放光明名香嚴이니 此光能覺一切衆하여
令其聞者悅可意하여 決定當成佛功德이니라
또 광명을 놓으니 이름이 향엄이라
이 빛이 능히 일체 중생을 깨우쳐서
그 듣는 자로 하여금 뜻에 기뻐
결정코 마땅히 부처님 공덕을 이루게 하나니라.

---

123) 亦以는 南北宋藏俱作亦令, 麗本作亦以.

201　人天妙香以塗地하여　供養一切最勝王하고
　　亦以造塔及佛像일새　是故得成此光明124)이니라
　　사람과 하늘의 묘한 향으로써 땅에 발라
　　모든 가장 수승한 왕께 공양하고
　　또한 탑과 불상을 조성할새
　　이런 연고로 이 광명을 얻어 이루나니라.

202　又放光名雜莊嚴이니　寶幢幡蓋無央數며
　　焚香散華奏衆樂하여　城邑內外皆充滿이니라
　　또 광명을 놓으니 이름이 잡장엄이라
　　보배 깃대와 깃대 덮개가 한량없으며
　　향을 사르고 꽃을 뿌리고 온갖 음악을 연주하여
　　도성과 고을의 안과 밖에 모두 가득하나니라.

203　本以微妙妓樂音과　衆香妙華幢蓋等으로
　　種種莊嚴供養佛일새　是故得成此光明이니라
　　본래 미묘한 기악음과
　　온갖 향과 묘한 꽃과 깃대 덮개 등으로
　　가지가지 장엄으로 부처님께 공양할새
　　이런 연고로 이 광명을 얻어 이루나니라.

204　又放光明名嚴潔이니　令地平坦猶如掌하여
　　莊嚴佛塔及其處일새　是故得成此光明이니라

---

124) 勝王 麗本作勝主 宋元明淸本作勝王, 藏本勝王 流通本作勝主. 灑 뿌릴 쇄.

제12. 賢首品 ②　345

또 광명을 놓으니 이름이 엄결이라
하여금 땅이 평탄하여 마치 손바닥과 같아서
불탑과 그곳을 장엄할새
이런 연고로 이 광명을 얻어 이루나니라.

205 又放光明名大雲이니　能起香雲雨香水하여
以水灑塔及庭院일새　是故得成此光雲125)이니라
또 광명을 놓으니 이름이 대운이라
능히 향기 구름을 일으켜서 향수를 비 내려
탑과 정원에 물 뿌릴새
이런 연고로 이 광명을 얻어 이루나니라.

[疏] 第八, 八光은 雜明諸行호대 供養爲先이라 前五는 供敬田이오
■ ⑧ 여덟 광명은 모든 행법을 섞어서 밝혔는데 공양함이 우선이다. ㉮ 앞의 다섯 광명은 공경스런 복전에 공양함이다.

㉯ 세 광명은 대비의 복전에 보시하다[後三施悲田] (後三 10下8)

206 又放光明名嚴具니　令躶形者得上服이라
嚴身妙物而爲施일새　是故得成此光明이니라
또 광명을 놓으니 이름이 엄구라
헐벗은 자로 하여금 좋은 옷을 얻게 하며
몸을 장엄하는 묘한 물건을 보시할새

---

125) 光雲 麗本作光明, 金本作光雲. 饌 반찬 찬.

이런 연고로 이 광명을 얻어 이루나니라.

207　又放光明名上味니　　能令饑者獲美食이라
　　　種種珍饌而爲施일새　是故得成此光明이니라
　　　또 광명을 놓으니 이름이 상미라
　　　능히 배고픈 자로 하여금 아름다운 음식을 얻게 하며
　　　가지가지의 진수성찬을 보시할새
　　　이런 연고로 이 광명을 얻어 이루나니라.

208　又放光明名大財니　　令貧乏者獲寶藏이라
　　　以無盡物施三寶일새　是故得成此光明이니라
　　　또 광명을 놓으니 이름이 대재라
　　　가난하고 궁핍한 자로 하여금 보배 창고를 얻게 하며
　　　다함없는 물건으로써 삼보께 보시할새
　　　이런 연고로 이 광명을 얻어 이루나니라.

[疏] 後三은 施悲田이라
■　⑭ 뒤의 세 광명은 대비의 복전에 보시함이다.

⑨ 여섯 광명은 육근(六根)의 안으로 깨끗하게 함을 노래하다
　[次有六光令六根內淨] (第九 11下1)

209　又放光名眼淸淨이니　能令盲者見衆色이라
　　　以燈施佛及佛塔일새　是故得成此光明126)이니라

또 광명을 놓으니 이름이 안청정이라
능히 눈먼 자로 하여금 온갖 빛깔을 보게 하며
부처님과 불탑에 등을 보시할새
이런 연고로 이 광명을 얻어 이루나니라.

210 又放光名耳淸淨이니　能令聾者悉善聽이라
鼓樂娛佛及佛塔일새　是故得成此光明이니라
또 광명을 놓으니 이름이 이청정이라
능히 귀머거리로 하여금 다 잘 듣게 하며
부처님과 불탑에 악기를 연주하여 즐겁게 할새
이런 연고로 이 광명을 얻어 이루나니라.

211 又放光名鼻淸淨이니　昔未聞香皆得聞이라
以香施佛及佛塔일새　是故得成此光明이니라
또 광명을 놓으니 이름이 비청정이라
옛적에 맡지 못하던 향기를 모두 맡게 하며
향기로써 부처님과 불탑에 보시할새
이런 연고로 이 광명을 얻어 이루나니라.

212 又放光名舌淸淨이니　能以美音稱讚佛이라
永除麤惡不善語일새　是故得成此光明이니라
또 광명을 놓으니 이름이 설청정이라
능히 아름다운 음성으로 부처님을 칭찬하며

---

126) 光名은 續金作光明 麗本等北藏作光名; 以下同.

추악하여 좋지 못한 말을 길이 제거할새
이런 연고로 이 광명을 얻어 이루나니라.

213 又放光名身淸淨이니　諸根缺者令具足이라
　　　以身禮佛及佛塔일새　是故得成此光明이니라
　　　또 광명을 놓으니 이름이 신청정이라
　　　모든 근이 결핍된 자로 하여금 구족케 하며
　　　몸으로써 부처님과 불탑에 예배케 할새
　　　이런 연고로 이 광명을 얻어 이루나니라.

214 又放光名意淸淨이니　令失心者得正念이라
　　　修行三昧悉自在일새　是故得成此光明이니라
　　　또 광명을 놓으니 이름이 의청정이라
　　　마음을 잃은 자로 하여금 바른 생각을 얻게 하며
　　　삼매를 닦음이 모두 자재할새
　　　이런 연고로 이 광명을 얻어 이루나니라.

[疏] 第九, 六光內淨六根이라
■ ⑨ 여섯 광명은 육근의 안으로 깨끗하게 함이다.

⑩ 여섯 광명은 육진(六塵)의 밖으로 깨끗함을 노래하다
　[後有六光明六塵外淨] (第十 12上8)

215 又放光名色淸淨이니　令見難思諸佛色이라

以衆妙色莊嚴塔일새 是故得成此光明이니라
또 광명을 놓으니 이름이 색청정이라
하여금 부사의한 모든 부처님의 빛깔을 보게 하며
온갖 묘한 빛깔로써 탑을 장엄할새
이런 연고로 이 광명을 얻어 이루나니라.

216 又放光名聲淸淨이니 令知聲性本空寂이라
觀聲緣起如谷響일새 是故得成此光明이니라
또 광명을 놓으니 이름이 성청정이라
하여금 소리의 성품이 본래 공적함을 알게 하며
소리의 연기가 메아리와 같음을 보게 할새
이런 연고로 이 광명을 얻어 이루나니라.

217 又放光名香淸淨이니 令諸臭穢悉香潔이라
香水洗塔菩提樹일새 是故得成此光明이니라
또 광명을 놓으니 이름이 향청정이라
모든 구린 냄새로 하여금 다 향기처럼 맑게 하며
향수로써 탑과 보리수를 씻을새
이런 연고로 이 광명을 얻어 이루나니라.

218 又放光名味淸淨이니 能除一切味中毒이라
恒供佛僧及父母일새 是故得成此光明이니라
또 광명을 놓으니 이름이 미청정이라
능히 모든 맛 가운데 독을 제거하여

항상 부처님과 스님들과 부모를 공양할새
이런 연고로 이 광명을 얻어 이루나니라.

219 又放光名觸淸淨이니　能令惡觸皆柔軟이라
戈鋋劍戟從空雨라도　皆令變作妙華鬘이니라
또 광명을 놓으니 이름이 촉청정이라
능히 나쁜 촉감으로 하여금 다 부드럽고 연하게 하며
창과 칼이 허공에서 비 내리듯 하여도
다 하여금 변화시켜 아름다운 꽃다발이 되게 하나니라.

220 以昔曾於道路中에　塗香散華布衣服하여
迎送如來令蹈上일새　是故今獲光如是니라
옛적에 일찍이 길 가운데
향을 바르고 꽃을 뿌리고 의복을 펴서
여래를 맞이하고 보낼 때 하여금 위를 밟게 할새
이런 연고로 이제 빛이 이와 같음을 얻었나니라.

221 又放光名法淸淨이니　能令一切諸毛孔으로
悉演妙法不思議하여　衆生聽者咸欣悟니라
또 광명을 놓으니 이름이 법청정이라
능히 일체 모든 털구멍으로 하여금
다 묘법의 부사의를 연설하여
듣는 중생이 다 기쁘게 깨닫게 하나니라.

222　因緣所生無有生이며　　諸佛法身非是身이며
　　法性常住如虛空이니　　以說其義光如是니라
　　인연으로 나는 것은 남이 아니며
　　모든 부처님의 법신은 이 몸이 아니며
　　법의 성품이 항상 머묾이 허공과 같아서
　　그 뜻을 말할새 빛이 이와 같으니라.

[疏] 第十, 六光이 外淸六境[127)]이라 文並可知로다 戈者는 平頭戟也요 鋋者는 小矛也라

■ ⑩ 여섯 광명은 육진 경계가 밖으로 깨끗함을 노래함이다. 경문과 함께하면 알 수 있으리라. 과(戈)는 머리 높이와 똑같은 창(槍)이요, 연(鋋)이란 '작은 자루 창(矛)'을 뜻한다.

㈡ 간략함을 결론하고 자세한 것을 밝히다[頌結略顯廣] (第二 12下2)

223　如是等比光明門이　　如恒河沙無限數라
　　悉從大仙毛孔出하여　　一一作業各差別이니라
　　이러한 등의 광명문이
　　항하의 모래와 같아 그 수가 한량없어서
　　다 큰 선인의 털구멍을 좇아 나와서
　　낱낱이 업을 지으니 각각 차별하도다.

[疏] 第二, 如是等比下는 結略顯廣이라 一毛之用에 光有塵沙니라

---

127) 此下에 甲綱續本有觸境皆道 案上疏略辨光用中云 十有六光 明六塵外淨 觸境皆道. 鋋 작은 창연. 槍 창창. 戟 창극.

■ ㈢ 如是等比 아래 (한 게송은) 간략함을 결론하고 자세하게 밝힘이다. 한 털구멍의 작용에 광명이 티끌 같은 숫자가 있다는 뜻이다.

c) 온갖 털구멍 광명의 업과 작용을 유례하여 밝히다
   [一偈類顯一切毛光業用] (第三 12下6)

224 如一毛孔所放光이   無量無數如恒沙어든
     一切毛孔悉亦然하니   此是大仙三昧力이니라
     한 털구멍에서 놓은 광명이
     한량없고 셀 수 없어 항하의 모래 수와 같거늘
     모든 털구멍이 다 또한 그러하니
     이것이 이 큰 선인의 삼매의 힘이니라.

[疏] 第三, 如一毛下는 類顯一切毛光業用과 及結用所依니 謂三昧力이라
■ c) 如一毛 아래는 털구멍 광명의 업과 작용 및 작용의 의지처를 유례하여 밝힘이니, '삼매의 힘'이라 말한다.

d) 일곱 게송은 그 영역을 해석하다[次七偈釋成分齊] 2.
(a) 첫 게송은 총합 설명하다[初偈總明] (第四 12下10)

225 如其本行所得光이   隨彼宿緣同行者하여
     今放光明故如是하니   此是大仙智自在니라
     그 본래 행한 대로 얻은 광명이

저 숙세의 인연과 함께 행한 자를 따라서
이제 광명을 놓은고로 이와 같으니
이것이 큰 선인의 지혜가 자재함이니라.

[疏] 第四, 如其下는 釋成分齊라 如是等光을 今何不見고 謂有緣者見은 如目覩光이오 無緣不覺은 盲瞽常闇이라 於中에 分二니 初偈는 總明이라 如其本行은 牒前往因이오 所得光者는 牒前果用이라 若有宿緣과 及曾同行者는 則隨其所見하야 如是差別이라

■ d) 如其 아래는 그 영역을 해석함이다. 이런 따위 광명을 지금은 어찌하여 보지 못하는가? 이른바 '인연 있는 이는 본다'는 것은 마치 눈으로 빛을 봄과 같고, '인연 없으면 느끼지 못함'은 맹인이 항상 어두운 것과 같다. 그중에 둘로 나누니 (a) 첫 게송은 총합하여 설명함이다. '그 본래 행한 대로'는 앞의 과거 원인을 따옴이요, '얻은 광명'이란 앞의 결과의 작용을 따옴이다. 만일 숙세 인연이나 일찍이 함께 행한 것은 그 보는 바를 따라 이렇게 차별한 것이다.

(b) 여섯 게송은 개별로 밝히다[後六偈別顯] 2.
㊀ 두 게송은 법설을 노래하다[初二法說] (後六 13上9)

226 　往昔同修於福業하며　 及有愛樂能隨喜하며
　　見其所作亦復然일새　 彼於此光咸得見이니라
　　지난 옛적에 복업을 함께 닦으며
　　사랑하고 즐거워하고 능히 따라 기뻐하며
　　그 지은 바를 봄도 또한 다시 그러할새

저가 이 빛에서 다 얻어 보나니라.

227　若有自修衆福業하며　供養諸佛無央數하며
　　於佛功德常願求하면　是此光明所開覺이니라
　　만약 온갖 복업을 스스로 닦으며
　　모든 한량없는 부처님께 공양하며
　　부처님의 공덕에 항상 원하고 구함이 있으면
　　이것이 이 광명의 열어 깨우치는 바니라.

[疏] 後六偈는 別顯이라 於中에 初二는 法說이오 後四는 喩說이라 前中에 初偈는 宿緣이라 宿有四緣하니 一, 昔同業이오 二, 愛其行이오 三, 能隨喜오 四, 但見所作이라 後偈는 現因은 不必有緣이오 但功行內着하면 光明爰燭이라 有三種因하니 一, 修廣福이오 二, 供多佛이오 三, 求佛果니 卽福智二嚴也라 上之七類는 皆蒙光照니라

■　(b) 여섯 게송은 개별로 밝힘이다. 그중에 ㉠ 두 게송은 법설을 노래함이요, ㉡ 뒤의 네 게송은 비유로 설함을 노래함이다. ㉠ 중에 ① 첫 게송[제226 게송, 往昔同修-]은 숙세 인연이다. 숙세 인연에 넷이 있으니 (1) 숙세에 같은 업을 지음이요, (2) 그 행법을 좋아함이요, (3) 능히 수희함이요, (4) 단지 지을 대상을 보는 것이다. ② 뒤 게송은 현재의 원인이니, 인연 있음을 필요로 하지 않음이요, 단지 공행(功行)만으로 안으로 힘쓰면 광명이 비로소 밝아짐이다. 세 가지 원인이 있으니 (1) 널리 닦은 복이요, (2) 여러 부처님을 공양함이요, (3) 부처님의 과덕을 구함이다. 곧 복덕과 지혜 두 가지로 장엄함을 말한다. 위의 일곱 가지는 모두 광명으로 비춤을 입은 까닭이다.

㈢ 네 게송은 비유로 설하다[後四喩說] 2.
① 두 게송은 일광의 비유[初二偈日光喩] (二喩 13下8)

228 譬如生盲不見日이나　非爲無日出世間이니
　　　諸有目者悉明見하여　各隨所務修其業이니라
　　　비유컨대 소경이 해를 보지 못함이
　　　세상에 해가 없음이 아니니
　　　모든 눈 있는 자가 다 밝게 보아서
　　　각기 힘쓰는 바를 따라 그 업을 닦는 것과 같으니라.

229 大士光明亦如是하여　有智慧者皆悉見이요
　　　凡夫邪信劣解人은　於此光明莫能覩니라
　　　대사의 광명도 또한 이와 같아서
　　　지혜가 있는 자는 모두 다 보고
　　　범부와 외도와 소견 좁은 이들은
　　　이 광명에서 능히 보지 못하나니라.

[疏] 二, 喩說中에 雙明見與不見이라 二喩가 皆有法合하니 初, 日出[128)
喩니 喩光爲益因이라 合中에 謂法日이 常明하니 有智慧者는 心不住
法이 如人有目에 則能得見이라 有三類人이 則不能見하니 一者, 凡
愚요 二, 邪信外道요 三, 劣解二乘이라 皆無因緣이 如人無目이니라
■ ㈢ 비유로 설함 중에 보고 보지 못함을 동시에 설명함이다. 두 가지
비유가 모두 법과 합이 있다. ① (두 게송은) 일광의 비유이니 광명이

---

128) 日出은 甲續本無, 南金本作日.

이익을 준 원인에 비유하였다. 합함 중에 이른바 법의 태양이 항상 밝으니 지혜가 있는 이는 마음을 법에 머물러 집착하는 것이 마치 사람에게 눈이 있으면 능히 볼 수 있음과 같다. 세 종류의 사람이 보지 못하나니 첫째는 어리석은 범부요, 둘째는 삿되게 믿는 외도요, 셋째는 열등하게 아는 이승이다. 모두 인연 없는 것이 마치 눈 없는 사람과 같다는 뜻이다.

② 두 게송은 보배로 장엄하는 비유[後二偈寶嚴喩] (後寶 14上7)

230　摩尼宮殿及輦乘을　　妙寶靈香以塗瑩이라
　　　有福德者自然備요　　非無德者所能處[129])니라
　　　마니궁전과 연을
　　　묘한 보배와 신령스러운 향기로써 장식하니
　　　복덕이 있는 자는 자연히 갖출 것이요
　　　복 없는 자는 능히 처할 곳이 아니니라.

231　大士光明亦如是하여　　有深智者咸照觸이어니와
　　　邪信劣解凡愚人은　　無有能見此光明이니라
　　　대사의 광명도 또한 이와 같아서
　　　깊은 지혜가 있는 자는 다 비추거니와
　　　외도나 소견이 좁은 범부나 어리석은 이는
　　　능히 이 광명을 보지 못할지니라.

---

[129]) 塗瑩 明淸本作塗鎣, 準大正作塗瑩. 塗 진흙 도, 瑩 밝을 영. 輦 손수레 연

[疏] 後, 寶嚴喩니 喩光正益하야 明法寶常存이라 由福無福하야 有處不處니라

- ② (두 게송은) 보배로 장엄하는 비유이니, 광명으로 올바른 이익을 비유하여 법보가 항상 존재함을 설명하였다. 복과 복 없는 것으로 말미암아 처하기도 하고 처하지 못하기도 한다.

e) 한 게송은 듣고 믿는 광명의 이익[後一偈聞信光益] (第五 14下1)

232 若有聞此光差別하고　能生淸淨深信解하면
　　　永斷一切諸疑網하여　速成無上功德幢이니라
　　　만약 어떤 이가 이 광명의 차별을 듣고
　　　능히 청정하고 깊은 믿음과 이해를 내면
　　　길이 일체 모든 의심의 그물을 끊어서
　　　빨리 위없는 공덕의 깃대를 이루리라.

[疏] 第五, 若有下一頌은 明聞信光益이니 謂信仰解了하고 不生疑惑에 則成佛果라 不以不見으로 疑菩薩之無光하고 不以極苦莫救로 謂光明之無益하고 亦不高推果用하야 謂菩薩不能일새 故云永斷諸疑니라

- e) 若有 아래 한 게송은 듣고 믿는 광명의 이익을 설명함이다. 말하자면 믿고 우러러 알고 깨달아서 의심과 미혹을 내지 않을 적에 부처 과덕을 이루는 것이다. 보지 못한다고 보살은 광명 없다고 의심하지 말고, 극심한 고통에도 구제하지 못함으로 광명에 이익이 없다고 말한다든지, 또한 과덕의 작용을 높게 추천하지 않아서 보살이 능하지 않다고 말하는 까닭에 '영원히 모든 의심을 끊는다'고 말하였다.

[鈔] 不以不見等者는 此下는 別釋絶疑之義라 絶於三疑니 一, 以不見으로 疑無光[130]明이오 二, 不救劇苦로 謂光無益이라 經文에 以如盲不見日等으로 雙釋二疑라 三, 亦不高推果用下는 又遣一疑니 謂此作用은 是佛果用이오 非十信故니라 八, 毛光照益三昧門은 竟하다

- '보지 못함으로 보살이 광명 없음을 의심하지 않는' 등에서 이 아래는 의심을 끊은 뜻을 별도로 해석함이다. 세 가지 의심을 끊었으니 (1) 보지 못함으로 광명이 없는 것으로 의심함이요, (2) 극심한 고통에서 구제하지 않음으로 광명에 이익이 없음을 말하였다. 경문에서 마치 맹인이 태양을 보지 못한다는 등으로 두 가지 의심을 동시에 해석하였다. (3) 亦不高推果用 아래는 또한 한 가지 의심을 보냄이니, 이른바 여기의 작용은 부처님 과덕의 작용이요, 십신(十信) 지위가 아닌 까닭이다 ㅇ) 털구멍 광명으로 비추어 이익 주는 삼매문은 마친다.

ㅈ) 여섯 게송은 주인과 반려가 아름답게 장엄한 삼매문
[次六頌主伴嚴麗三昧門] 3.

(ㄱ) 한 게송은 삼매문을 표방하고 의미를 밝히다[初一偈標門顯意]
(第九 15上1)

233　有勝三昧能出現하니　眷屬莊嚴皆自在라
　　　一切十方諸國土에　佛子衆會無倫匹이니라
　　　수승한 삼매가 있어 이름이 능히 출현함이니
　　　권속과 장엄이 모두 자재하여
　　　일체 시방 모든 국토에

---
130) 光下에 南續金本有明字. 匹 짝 필.

불자들의 온갖 모임에 짝할 이가 없나니라.

[疏] 第九, 有勝三昧下의 六頌은 主伴嚴麗三昧門이오 亦是出現三昧라 文分三別이니 初一은 標門顯意오
- ㅈ) 有勝三昧 아래 여섯 게송은 주인과 반려가 아름답게 장엄한 삼매문이요, 또한 출현하는 삼매이다. 경문을 셋으로 나누어 구분하였으니 (ㄱ) 한 게송은 삼매문으로 표방하고 의미를 밝힘이요,

(ㄴ) 네 게송은 한 방소의 업과 작용을 설명하다[次四偈明一方業用]
(次四 15下1)

234 有妙蓮華光莊嚴하되　量等三千大千界어든
　　 其身端坐悉充滿하니　是此三昧神通力이니라
　　 묘한 연꽃이 있어 빛으로 장엄하되
　　 양이 삼천대천세계와 같거늘
　　 그 몸이 단정히 앉아 다 충만하니
　　 이것이 이 삼매 신통의 힘이로다.

235 復有十刹微塵數인　　妙好蓮華所圍遶어든
　　 諸佛子衆於中坐하니　住此三昧威神力이니라
　　 다시 열 세계 미진수의
　　 묘하고 좋은 연꽃의 둘러싸인 바가 있거늘
　　 모든 불자 대중들이 그 가운데 앉으니
　　 이 삼매에 머무른 위신력이로다.

236 宿世成就善因緣하고   具足修行佛功德한
　　 此等衆生遶菩薩하여   悉共合掌觀無厭이니라
　　 지난 세상에 좋은 인연 성취하고
　　 구족히 부처님 공덕을 닦아 행하여
　　 이러한 중생들이 보살을 둘러싸고 있어
　　 다 함께 합장하여 즐겨 보나니라.

237 譬如明月在星中하여   菩薩處衆亦復然이라
　　 大士所行法如是하니   入此三昧威神力이니라
　　 비유컨대 밝은 달이 별 가운데 있는 것과 같이
　　 보살이 가운데 있는 것도 또한 다시 그러함이라
　　 대사의 행하는 바 법도 이와 같으니
　　 이 삼매에 들어간 위신력이로다.

[疏] 次四는 明一方業用이라 於中에 前三은 法說이오 後一은 喩合이라 旣言量等三千하니 則不壞次第며 劣於十地及等覺也로다

■ (ㄴ) 다음 네 게송은 한 방소의 업과 작용을 설명함이다. 그중에 a. 세 게송은 법설을 노래함이요, b. 뒤의 한 게송은 비유와 합함을 노래함이다. 이미 '분량이 삼천대천세계와 같다'고 말하였으니 순서를 무너뜨린 것이 아니며, 십지(十地)나 등각(等覺)의 지위보다 하열함을 뜻한 것이다.

[鈔] 旣言量等者는 此亦遮其不信十信八相成道하니 謂十地方能일새 故云不壞次第라 謂十地菩薩受職에 有大蓮華가 量等百萬三千大千

世界라 十定品에 辨等覺菩薩에 有一蓮華호대 量周法界라하니 周法界唯大는 百萬億中이라 但言三千일새 故劣後二니라
- '이미 분량이 삼천대천세계와 같다'고 말한 것은 이것 또한 그 십신위에서 여덟 모양으로 성도하는 것을 믿지 않음을 차단한 내용이다. 말하자면 십지에 가서야 비로소 가능한 연고로 '순서를 무너뜨리지 않는다'라고 말한 것이다. 이른바 십지보살이 (제10 법운지의) 직위를 받을 적에 '큰 연꽃의 분량이 백만 배의 삼천대천세계와 같다'고 한 내용이다. 십정품(十定品)에는 '등각(等覺) 지위의 보살에게 한 연꽃이 피어나되 분량이 법계에 두루 하다'고 밝혔으니, 법계에 두루 한 크기는 백만억 배인데 단지 '삼천'이라고만 하였으니 그래서 뒤의 둘보다 하열한 것이다.

(ㄷ) 한 게송은 유례하여 시방을 밝히다[後一偈類顯十方] (三一 15下10)

238 　如於一方所示現에　　諸佛子衆共圍遶하여
　　一切方中悉如如하니　住此三昧威神力이니라
　　한 방위에 나타내 보인 바와 같이
　　모든 불자 대중들이 한가지로 둘러싸서
　　모든 방위 가운데도 다 이와 같으니
　　이 삼매에 머무른 위신력이로다.

[疏] 三, 一頌은 類顯十方이니라 九, 主伴嚴麗三昧門은 竟하다
- (ㄷ) 한 게송은 유례하여 시방을 밝힘이다. ㅈ) 주인과 반려가 아름답게 장엄한 삼매문은 마친다.

ㅊ) 34개 반의 게송은 고요한 작용이 끝없는 삼매문

[後三十四頌半寂用無涯三昧門] 3.

(ㄱ) 한 게송은 이름을 표방하고 총합 설명하다[初一標名總辨]

(第十 16上3)

239 有勝三昧名方網이니 菩薩住此廣開示하여
一切方中普現身하되 或現入定或從出이니라
수승한 삼매가 있으니 이름이 방망이라
보살이 여기에 머물러 넓게 열어 보여서
모든 방위 가운데 널리 몸을 나투되
혹은 정에 들어가고 좇아 나옴을 나타내니라.

[疏] 第十, 有勝三昧下의 三十四頌半은 明寂用無涯三昧門이라 約處에 名爲方網이오 約相에 是謂寂用이니 亦總顯上來動寂無二故라 文分爲三하니 初一은 標名總辨이라 十方交絡하야 出入縱橫일새 故名爲網이니라

■ ㅊ) 有勝三昧 아래 34개 반의 게송은 '고요한 작용이 끝없는 삼매문'을 설명함이다. 처소를 잡으면 이름을 '사방이 그물[方網]'이라 하고, 모양을 잡으면 '고요한 작용[寂用]'이라 하나니, 또한 여기까지는 '동요와 고요함이 둘이 없음[動寂無二]'을 밝히려는 까닭이다. 경문을 셋으로 나누리니 a) 한 게송은 이름을 표방하고 총합하여 밝힘이다. 시방에서 서로 번갈아 가로와 세로로 출입하는 연고로 이름하여 '그물'이라 하였다.

(ㄴ) 32개 반의 게송은 업과 작용을 바로 밝히다
　　[次三十二頌半正顯業用] 3.
a. 두 게송은 기세간에 자재함을 노래하다[初二頌明於器世間自在]
　　　　　　　　　　　　　　　　　　(經/或於 16上7)

240　或於東方入正定하여　而於西方從定出하고
　　　或於西方入正定하여　而於東方從定出하며
　　　혹은 동방에서 바른 정에 들어가
　　　서방에서 정을 좇아 나오고
　　　혹은 서방에서 바른 정에 들어가
　　　동방에서 정을 좇아 나오며

241　或於餘方入正定하여　而於餘方從定出하니
　　　如是入出徧十方이　是名菩薩三昧力이니라
　　　혹은 나머지 방소에서 바른 정에 들어가
　　　나머지 방소에서 정을 좇아 나오니
　　　이러한 들어가고 나옴이 시방에 두루 하니
　　　이 이름이 보살의 삼매력이로다.

b. 다섯 게송은 지정각세간에 자재함[次五頌明智正覺世間自在]
　　　　　　　　　　　　　　　　　(經/盡於 16下1)

242　盡於東方諸國土의　所有如來無數量이어든
　　　悉現其前普親近하여　住於三昧寂不動하고

동방으로 끝까지 모든 극토에
　　　계시는 여래의 수가 한량없거늘
　　　다 그 앞에 나타나서 널리 친근하지만
　　　삼매에 머물러서 고요해 움직이지 않고

243　而於西方諸世界의　　一切諸佛如來所에
　　　皆現從於三昧力하여　廣修無量諸供養[131]하며
　　　서방에 있는 모든 세계의
　　　일체 모든 부처님 여래의 계신 곳에
　　　다 삼매로 좇아 일어나서
　　　널리 한량없는 모든 공양 닦음을 나타내도다.

244　盡於西方諸國土의　　所有如來無量數이어든
　　　悉現其前普親近하여　住於三昧寂不動[132]하고
　　　서방으로 끝까지 모든 극토에
　　　계시는 여래의 수가 한량없거늘
　　　다 그 앞에 나타나서 널리 친근하지만
　　　삼매에 머물러서 고요해 움직이지 않고

245　而於東方諸世界의　　一切諸佛如來所에
　　　皆現從於三昧起하여　廣修無量諸供養하니
　　　동방에 있는 모든 세계의
　　　일체 모든 부처님 여래의 계신 곳에

---

131) 力 麗宋元明本作起.
132) 無量數 麗本作無數量.

다 삼매로 좇아 일어나서
널리 한량없는 모든 공양 닦음을 나타내도다.

246 如是十方諸世界에 菩薩悉入無有餘하여
或現三昧寂不動하고 或現恭敬供養佛이니라

이와 같이 시방의 모든 세계에
보살이 다 들어가 남음이 없어
혹은 삼매의 고요해 움직이지 않음을 나타내고
혹은 공경히 부처님을 공양함을 나타내도다.

[疏] 二, 或於下의 三十二頌半은 正顯業用이라 三, 是名下의 一頌은 總結難思라 就業用中하야 分三이니 初, 二頌은 於十方處에 交絡出入하야 明於器世間自在오 二, 有五頌은 十方佛所入出無礙로 明於智正覺世間自在요 三, 於眼根下의 二十五頌半은 通顯於三世間自在라 菩薩이 於三世間自在가 略有二義하니 一, 以自身으로 作三世間일새 故得自在요 二, 菩薩이 於三世間處에 示現自在라 今此三段에 初二, 約後義요 後一, 通二義라 文或綺互나 理實皆具니라 初二世間에 略有四重無礙하니 一, 約處니 謂東處가 卽是西處일새 是故로 菩薩이 常在東恒在西也라 二, 約佛이니 謂東佛이 卽西佛이니 是故로 在東佛이 恒在西佛이라 三, 約菩薩身不分이니 謂在東之身이 卽是西身이라 四, 約定이니 謂入定이 卽是出定이라 所以爾者는 略顯二因이니 一, 以所觀之法인 事隨理融하야 相卽¹³³⁾在故오 二, 能觀之心이 亦寂用無礙故라 然此文中에 爲顯菩薩의 秘密隱顯自在德故로 但

---

133) 卽下에 續本有自字.

說後二니 若辨前二하면 則似菩薩無力이니라

■ (ㄴ) 或於 아래 32개 반의 게송은 업과 작용을 바로 밝힘이다. (ㄷ) 是名 아래 한 게송은 삼매가 불가사의함으로 총결함이다. (ㄴ) 업과 작용(을 밝힘) 중에 나아가 셋으로 나누리니 a. 두 게송은 시방의 처소에서 서로 번갈아 (선정에) 들고 나와서 기세간에 자재함을 밝힘이요, b. 다섯 게송은 시방의 부처님 처소에 들고 남이 무애함으로 지정각세간에 자재함을 밝힘이요, c. 於眼根 아래 25개 반의 게송은 삼세간에 자재함을 통틀어 밝힘이다. 보살이 삼세간에 자재함에 간략히 두 가지 뜻이 있으니 (1) 자신으로 삼세간을 지으므로 자재함을 얻는 것이요, (2) 보살이 삼세간의 처소에 나타남이 자재함이다. 지금 이런 세 문단에서 처음의 둘[(a) 기세간자재, (b) 지정각세간자재]은 뒤의 뜻을 잡았고, 뒤의 하나[c) 삼세간자재]는 두 가지 뜻에 통한다. 경문이 혹은 서로 아름답긴 하지만 이치로는 실법을 모두 갖추었다. 처음의 두 가지 세간에 네 번의 거듭 무애함이 있으니 (1) 처소를 잡으니, 이른바 동쪽의 장소가 바로 서쪽 장소이므로 보살이 항상 동쪽에 있으면서 항상 서쪽에 있는 것이다. (2) 부처를 잡으니, 이른바 동쪽에 계신 부처님이 곧 서쪽에 계신 부처님이다. 이런 연고로 동쪽에 계신 부처님이 항상 서쪽에도 계시는 것이다. (3) 보살의 몸이 구분되지 않음을 잡으니, 이른바 동쪽에 있는 (보살의) 몸이 곧 서쪽에 있는 몸인 것이다. (4) 선정을 잡으니, 이른바 선정에 들어감이 곧 선정에서 나옴이다. 이렇게 되는 이유는 대략 두 가지 원인을 밝혔으니 ① 관찰할 대상의 법인 현상이 이치의 융합함을 따라 서로 합치함이 자유롭기 때문이요, ② 관찰하는 주체인 마음이 또한 고요하게 작용하여 걸림이 없기 때문이다. 그러나 이런 경문 속에 보살의 '비밀하게 숨

고 나타남이 자재한 공덕[秘密隱顯自在德]'을 밝히려는 연고로 단지 뒤의 둘만 말하였다. 만일 앞의 둘도 밝힌다면 보살이 능력 없음처럼 보일 것이다.

c. 25개 반의 게송은 삼세간에 자재한 공덕을 밝히다
[次二十五頌半通顯三世間自在] 2.
a) 과목 나누기[分科] (三於 18下10)

[疏] 三, 於眼下는 通顯於三世間自在라 文分爲四하니 一, 明根境相對하야 以辨自在오 二, 童子下는 明於他身自在요 三, 鬼神下는 明微細自在오 四, 一切塵下는 器界事中에 以辨自在라

- c. 於眼 아래 25개 반의 게송은 삼세간에 자재한 공덕을 통틀어 밝힘이다. 경문을 넷으로 나누리니, (a) 육근(六根)과 육경(六境)을 상대하여 자재함을 설명함이요, (b) 童子 아래는 다른 몸에서 자재를 얻음을 설명함이요, (c) 鬼神 아래는 미세하게 자재함을 설명함이요, (d) 一切塵 아래는 기세간(器世間)의 현상 중에서 자재함을 밝힘이다.

b) 과목에 따라 해석하다[隨釋] 4.
(a) 12게송은 육근, 육경을 상대하여 자재함[初十二頌明根境相對以辨自在] 2.
㊀ 총합하여 표방하다[總標] (今初 19上3)

247 於眼根中入正定하고 於色塵中從定出하여
     示現色性不思議하니 一切天人莫能知니라
     안근 가운데서 바른 정에 들어가

색진 가운데서 정을 좇아 나오며
색의 성품이 부사의함을 나타내 보이니
모든 사람과 하늘이 능히 알지 못하나니라.

248 　於色塵中入正定하고　　於眼起定心不亂하여
　　說眼無生無有起라　　性空寂滅無所作이니라
색진 가운데서 바른 정에 들어가
눈에서 정을 일으켜도 마음이 산란하지 않으며
눈은 남도 없고 일어남도 없어
성품이 공하고 적멸하여 짓는 바가 없음을 말하나니라.

249 　於耳根中入正定하고　　於聲塵中從定出하여
　　分別一切語言音하니　　諸天世人莫能知니라
이근 가운데서 바른 정에 들어가
성진 가운데서 정을 좇아 나와서
온갖 말과 음성을 분별하니
모든 하늘과 세상 사람들이 능히 알지 못하도다.

250 　於聲塵中入正定하고　　於耳起定心不亂하여
　　說耳無生無有起라　　性空寂滅無所作이니라
성진 가운데서 바른 정에 들어가
귀에서 정을 일으켜도 마음이 산란하지 않으며
귀는 남도 없고 일어남도 없어
성품이 공하고 적멸하여 짓는 바가 없음을 말하나니라.

251 於鼻根中入正定하고 於香塵中從定出하여
普得一切上妙香하니 諸天世人莫能知니라
비근 가운데서 바른 정에 들어가
향진 가운데서 정을 좇아 나오며
널리 온갖 가장 묘한 향을 얻으니
모든 하늘과 세상 사람들이 능히 알지 못하도다.

252 於香塵中入正定하고 於鼻起定心不亂하여
說鼻無生無有起라 性空寂滅無所作이니라
향진 가운데서 바른 정에 들어가
코에서 정을 일으켜도 마음이 산란하지 않으며
코는 남도 없고 일어남도 없어
성품이 공하고 적멸하여 짓는 바가 없음을 말하나니라.

253 於舌根中入正定하고 於味塵中從定出하여
普得一切諸上味하니 諸天世人莫能知니라
설근 가운데서 바른 정에 들어가
미진 가운데서 정을 좇아 나오며
널리 온갖 모든 좋은 맛을 얻으니
모든 하늘과 세상 사람들이 능히 알지 못하도다.

254 於味塵中入正定하고 於舌起定心不亂하여
說舌無生無有起라 性空寂滅無所作이니라
미진 가운데서 바른 정에 들어가

혀에서 정을 일으켜도 마음이 산란하지 않으며
혀는 남도 없고 일어남도 없어
성품이 공하고 적멸하여 짓는 바가 없음을 말하나니라.

255 　於身根中入正定하고　於觸塵中從定出하여
　　　善能分別一切觸하니　諸天世人莫能知니라
　　　신근 가운데서 바른 정에 들어가
　　　촉진 가운데서 정을 좇아 나오며
　　　잘 능히 온갖 촉감을 분별하니
　　　모든 하늘과 세상 사람들이 능히 알지 못하도다.

256 　於觸塵中入正定하고　於身起定心不亂하여
　　　說身無生無有起라　性空寂滅無所作이니라
　　　촉진 가운데서 바른 정에 들어가
　　　몸에서 정을 일으켜도 마음이 산란하지 않으며
　　　몸은 남도 없고 일어남도 없어
　　　성품이 공하고 적멸하여 짓는 바가 없음을 말하나니라.

257 　於意根中入正定하고　於法塵中從定出하여
　　　分別一切諸法相하니　諸天世人莫能知니라
　　　의근 가운데서 바른 정에 들어가
　　　법진 가운데서 정을 좇아 나오며
　　　온갖 모든 법의 모양을 분별하니
　　　모든 하늘과 세상 사람들이 능히 알지 못하도다.

258　於法塵中入正定하고　從意起定心不亂하여
　　　說意無生無有起라　性空寂滅無所作이니라
　　　법진 가운데서 바른 정에 들어가
　　　뜻을 좇아 정을 일으켜도 마음이 산란하지 않으며
　　　뜻은 남도 없고 일어남도 없어
　　　성품이 공하고 적멸하여 짓는 바 없음을 말하니라.

[疏] 今初에 十二頌六對니 一一對中에 有十義五對無礙之相하니라
- 지금은 (a) 12게송이 여섯 대구이니, 낱낱 대구 중에 열 가지 뜻과 다섯 대구의 무애한 작용이 있다.

[鈔] 十二頌六對者는 疏文分六이니 初, 總標요 二, 欲辨無礙下는 總辨定慧요 三, 言五對下는 正明無礙요 四, 上來無礙下는 總示入門이오 五, 又向云色性下는 彰其含攝이오 六, 此是菩薩下는 總結勸修라 初文은 可知로다
- (a) '12게송이 여섯 대구'라는 것은 소의 문장을 여섯으로 나누니, ㊀ 총합하여 표방함이요, ㊁ 欲辨無礙 아래는 선정과 지혜를 총합하여 밝힘이요, ㊂ 言五對 아래는 걸림 없음을 바로 밝힘이요, ㊃ 上來無礙 아래는 총합하여 삼매문에 들어감을 보임이요, ㊄ 又向云色性 아래는 그 포함하고 섭수함을 밝힘이요, ㊅ 此是菩薩 아래는 총합하여 결론하고 수행을 권함이다. ㊀ 총합하여 표방함의 문장은 알 수 있으리라.

㊁ 개별로 해석하다[別釋] 6.

① 선정과 지혜를 통틀어 보이다[通示定慧] 3.
㉮ 경문을 따와서 종지를 표방하다[牒經標旨] (欲辨 19上3)

[疏] 欲辨無礙인대 先須明識定慧니 此中에 云三昧起者는 觀也오 入正受者는 定也라

■ 장애 없음을 밝히려 한다면 먼저 모름지기 선정과 지혜를 분명하게 알아야 하나니, 이 가운데 '삼매로부터 일어났다'는 것은 관법이요, '바른 삼매에 들어간다'는 것은 선정이다.

㉯ 행법의 양상을 바로 밝히다[正明行相] (定慧 19上5)

[疏] 定慧雖多나 不出二種하니 一, 事요 二, 理라 制之一處하야 無事不辨은 事定門也오 能觀心性하야 契理不動은 理定門也라 明達法相은 事觀也오 善了無生은 理觀也니라

■ 선정과 지혜가 비록 많지만 두 종류에서 벗어나지 못하니 (1) 현상이요 (2) 이치이다. '한 처소에서 제어하여 힘써서 이루지 못하는 일이 없는 것'은 '현상의 삼매문'이요, '능히 마음의 성품을 관찰하여 이치가 동요하지 않음에 계합한 것'은 '이치의 삼매문'이다. 법의 양상을 분명하게 통달함은 '현상의 관법[事觀]'이요, 생사 없음을 잘 깨달음은 '이치의 관법[理觀]'이다.

㉰ 경론을 인용하여 간략히 설명하다[引經論略說] (諸經 19上8)

[疏] 諸經論中에 或單說事定하고 或但明理定하며 二觀도 亦然이라 或敵

體事理止觀으로 相對하고 或以事觀으로 對於理定하니 如起信論에 止一切相과 乃至心不可得으로 爲止하고 而觀因緣生滅으로 爲觀이라 或以理觀으로 對於事定이니 下經에 云,[134] 一心不動入諸禪하야 了境無生名般若가 是也라 或俱通二니 如下에 云, 禪定持心常一緣이오 智慧了境同三昧가 是也라 或二俱泯이니 非定非散이라 或卽觀之定을 但名爲定이니 如觀心性名上定이 是也라 或卽定之觀을 但名爲觀이니 如以無分別智觀을 名般若가 是也라 或說雙運이니 謂卽寂之照가 是也니라

■ 모든 경전과 논서 중에 (1) 혹은 단순히 현상의 삼매만 말하기도 하고, (2) 혹은 단지 이치의 삼매만 설명하기도 하며, 두 관법도 마찬가지이다. (3) 혹은 현상과 이치의 사마타와 위빠사나를 대적(對敵)하여 체험함으로 상대하기도 하고, (4) 혹은 현상의 관법으로 이치의 삼매를 상대하였으니, 마치 『대승기신론』에서 온갖 모양과 나아가 마음으로 얻을 수 없음으로 '사마타'를 삼고 인연으로 생멸함을 관찰하는 것으로 위빠사나를 삼은 것과 같다. (5) 혹은 이치의 관법으로 현상의 삼매를 상대하였으니, 아래 경문(입법계품 제39)에 이르되, "한결같은 마음이 흔들리지 않고 모든 선정에 들어가서, 경계가 생사가 없음을 깨달으면 반야라 이름한다"고 말한 것이 이것이다. (6) 혹은 두 가지를 함께 통하였으니, 마치 아래(십회향품 제25 총결 게송)에 이

---

[134] 이는 入法界品 제39의 10 제33 普德淨光主夜神條에 明文이 보인다. 經云, "一心不動하야 修習初禪하고 息一切意業하며 攝一切衆生하며 智力勇猛하며 喜心悅豫하야 修第二禪하고 思惟一切衆生自性하며 厭離生死하야 修第三禪하고 悉能息滅一切衆生의 衆苦熱惱하야 修第四禪하고 增長圓滿一切智願하며 出生一切諸三昧海하며 入諸菩薩解脫海門하며 遊戲一切神通하며 成就一切變化하야 以淸淨智로 普入法界호라."[한결같은 마음이 흔들리지 않고 초선을 닦았으며, 뜻으로 짓는 모든 업을 쉬고 모든 중생을 거두어 주며 지혜의 힘이 용맹하고 기쁜 마음이 매우 즐거워 제2선을 닦았으며, 모든 중생의 성품을 생각하며 생사를 여의어 제3선을 닦았으며, 모든 중생의 온갖 고통과 번뇌를 모두 멸하여 제4선을 닦았노라. 그래서 모든 지혜와 서원을 증장하고 원만하며, 모든 삼매 바다를 내고, 보살들의 해탈 바다의 문에 들어가며 모든 신통에 유희하고 모든 변화를 성취하여, 청정한 지혜로 법계에 두루 들어갔느니라.](교재 권4 p. 242-)

르되, "선정을 닦는 마음 한 곳에 있고 지혜로 아는 경계 삼매와 같아"라고 말한 것이 이것이다. (7) 혹은 둘 다 없으니 삼매도 산란함도 아니다. (8) 혹은 관법과 합치한 선정을 단지 선정이라 이름하나니, 마치 능히 심성을 보는 것을 이름하여 '상품 선정'이라 이름한 것이 이것이다. (9) 혹은 선정과 합치한 관법을 단지 관법이라 이름하나니, 마치 분별 없는 지혜로 관찰함을 반야라 이름한 것이 이것이다. (10) 혹은 '(선정과 관법을) 함께 움직인다'고 말하나니, 이른바 고요함과 합치한 비춤이 이것이다.

② 앞을 결론하고 뒤를 시작하다[結前起後] (所以 19下6)

[疏] 所以局見之者는 隨矚一文하야 互相非撥이라 偏修之者도 隨入一門하야 皆有剋證이나 然非圓暢이라 今此經文은 巧顯無礙니라
■ 국한하여 보는 이유는 하나의 경문에 소속됨을 따라서 서로서로 빼는 것이 아니기 때문이다. 치우쳐 닦는 이도 하나의 문에 들어감을 따라 모두 특출하게 증득하지만 그러나 원만하게 밝힌 것은 아니다. 지금 여기의 경문은 무애에 대해 잘 밝힌 내용이다.

[鈔] 第二, 總辨定慧之中하야 三이니 初, 總指當文定慧之相이오 二, 定慧雖多下는 彰其類別이오 後, 所以局見之者下는 總示得失이라 二中에 又二니 先, 總辨爲二오 二者, 用二不同이라 今初에 制之一處者는 卽遺敎經文이라 然亦可通理나 以其先後類例가 多約事故라 卽是彼經八大人覺中에 第二, 明精進初에 云, 汝等比丘가 已能住戒하야 當制五根하야 勿令放逸이라하시고 乃至云, 此五根者는 心

爲其主니 是故로 汝等은 當好制心이니라 心之可畏가 甚於毒蛇와 惡獸怨賊이니 大火越逸로도 未足喩也라 喩如有人이 手執蜜器[135]하고 動轉輕躁하야 但觀於蜜하고 不見深坑이라 譬如狂象이 無鉤며 猿猴得樹하야 騰躍跳[136]擲에 難可禁制니 當急挫之하야 無令放逸이라 縱此心者는 喪人善事오 制之一處하면 無事不辨이라 是故로 比丘는 當勤精進하고 折伏汝心이라하나니라

● ① 선정과 지혜를 총합하여 밝힘 중에 셋이니 ㉮ 총합하여 해당 경문의 선정과 지혜의 양상을 가리킴이요, ㉯ 定慧雖多 아래는 그 종류로 나누어 밝힘이요, ㉰ 所以局見之者 아래는 얻고 잃음을 총합하여 보임이다. ② (그 종류로 나누어 밝힘) 중에 또 둘이니 ㉮ 총합하여 둘로 밝힘이요, ㉯ 둘로 작용함이 같지 않음이다. 지금은 ㉮에서 '한 처소에서 제어한다'는 것은 곧 『유교경(遺敎經)』의 문장이다. 그러나 또한 이치로 통할 수 있지만 앞과 뒤로 유례함이 대부분 현상을 잡은 까닭이다. 곧 저 『유교경』의 '여덟 가지 대인의 깨달음[八大人覺]'[137] 중에 둘째, 정진에 대해 설명한 첫 부분에 말하되, "너희들 비구는 이미 능히 계(戒)에 머물거든 마땅히 오근(五根)을 제어하여야 한다. 마음을 방일시켜 오욕(五欲)에 들어가지 않게 하라"라고 하였고, 나아가 말하되, "이 오근은 마음이 그 주인이다. 그러므로 너희들은 마땅히 마음을 잘 제지해야 된다. 마음은 독사(毒蛇)나 악한 짐승[惡獸], 원수나 도적[怨賊], 큰 불이 넘쳐 번지는 것과도 비교할 수 없을 정도로 심히 두려운 존재이다. 비유하자면 어떤 사람이 꿀 그릇을 손에 들고

---

135) 上八字는 南續金本無. 與經麗宋元本合 原本有 與經明本合.
136) 跳는 甲南續金本作踔 與經宮宋元明本合; 原本作跳 與經麗本合. 原本作趒 與經麗本合. 跳 뛸 도, 擲 던질 척. 鉤 갈고랑이 구. 躁 성급할 조.
137) 八大人覺: 수행자가 지켜야 할 여덟 가지 덕목을 말한 것이니, 1. 小欲 2. 精進 3. 寂靜 4. 守正念 5. 修禪定 6. 修智慧 7. 不戱論 8. 知足.

이리저리 가볍게 움직이고 시끄럽게 떠들면서 단지 꿀만 보고 발 아래의 깊은 구덩이를 보지 못하는 것과 같으며, 마치 미친 코끼리에게 잡아 매어 둘 수 있는 쇠로 만든 튼튼한 고삐가 없는 것과 같고, 이리저리 날뛰는 원숭이를 제지하기 어려운 것과 같다. 마땅히 급히 욕심을 꺾어서 방일하지 못하게 해야 한다. 이 마음을 풀어 놓아 버리는 자는 사람의 착한 일을 잃어버리지만, 마음을 한 곳에 제어하면 갖추지 못할 일이 없다. 이런 까닭으로 비구는 마땅히 부지런히 정진하여 그 자신의 마음을 항복받아야 한다"라고 하였다.

能觀心性等者는 上句는 卽涅槃經意니 彼第二十七師子吼品이니 以彼立三品定故라 經에 云, 善男子야 一切衆生이 具三種定하니 謂上中下라 上者는 謂佛性也니 以是故로 言一切衆生이 悉有佛性이니라 中者는 一切衆生이 具足初禪等이니라 下者는 十大地中心數定也라 하니 今但義引耳니라 從契理不動은 卽義說也라 觀其心性이 卽是觀門이로대 而云定者는 心性은 是理오 觀卽契理니 與理相應하야 湛然不動일새 故名爲定이니라 明達法相事觀者는 如起信等이니라 善了無生者는 卽七地經에 云, 了法無生名般若가 是也니라
諸經論中或單說事定等者는 卽第二用二不同也니라 如起信者는 論에 云, 云何修行止觀門고 所言止者는 謂止一切境界之相이니 隨順奢摩他觀義故138)오 所言觀者는 謂分別因緣生滅相이니 隨順毘鉢舍那觀義也라 云何隨順고 以此二義로 漸漸修習에 不相捨離하야 雙現前故니라 次論에 云, 若行若住하며 若臥若起에 皆應止觀을 俱行이니 所謂雖念諸法自性이 不生이나 而復卽念因緣和合하야 善惡

---

138) 故는 南續金本作也 論原本作故.

之業으로 苦樂等報가 不失不壞하며 雖念因緣善惡業報나 而亦卽念性을 不可得이라하니라 釋曰, 此中에 先止가 不礙觀이오 後觀이 不礙止라 皆止約入理하고 觀約觀事라 第一經中에 已廣引文하고 兼辨大意하니 以疏對論하면 文相可知니라

● '능히 마음의 성품을 관찰함' 등은 위 구절은 곧『열반경』의 주장이니, 제27권 사자후보살품의 내용이다. 저기서 세 품류의 선정을 세웠다. 경에 이르되, "선남자야, 모든 중생은 세 가지의 선정을 구족하였으니 상(上)·중(中)·하(下)를 말하느니라. 상품선정이란 부처님 성품을 말하나니, 그 때문에 모든 중생에게는 모두 부처님 성품이 있다고 말하느니라. 중품선정이란 모든 중생이 초선(初禪)을 구족한 것이니 인연이 있으면 곧 능히 수습하고, 만약 인연이 없으면 곧 수습하지 못하느니라. 하품선정이란 열 가지 대지[十大地] 중의 심수정(心數定)이다"라고 하였으니, 지금은 다만 뜻으로만 인용하였다. '이치가 동요하지 않음에 계합한 것'은 곧 뜻으로 설명한 내용이다. 그 마음의 성품을 관찰함이 바로 관법의 문이지만 그러나 선정이라 말한 것은 마음의 성품은 이치요, 관하면 곧 이치와 계합하나니, 이치와 서로 응하여 고요하고 움직이지 않는 연고로 선정이라 말하였다.

'법의 양상을 분명하게 통달함은 현상의 관법'이란『기신론』등과 같은 내용이다. '생사 없음을 잘 깨닫는다'는 것은 곧 제7 원행지(遠行地) 경문에 이르되, "법이 생사 없음을 잘 깨달음을 반야라 이름한다"라고 말한 것이 이것이다.

'모든 경전과 논서 중에 (1) 혹은 단순히 현상의 삼매만 말하기도 한다'는 등은 ㉠ 둘로 작용함이 같지 않음이다. '기신론과 같은 내용'이란 논에 이르되, "어떻게 지관문을 수행하는가? 이른바 지(止)라 함은

일체 경계상을 그쳐 쉬게 하는 것이니 사마타관의 뜻을 따르는 까닭이요, 이른바 관(觀)이라 함은 인연으로 생멸하는 모양을 분별하는 것이니, 위빠사나관의 뜻을 따르는 까닭이니라. 어떻게 따르는가? 이 두 가지 뜻을 점점 닦아 익혀 서로 떨어지지 않게 하면 둘 다 함께 나타나기 때문이니라." 다음 논에 이르되, "가거나 머물거나 눕거나 일어남에 모두 지(止)와 관(觀)을 함께 행하여야 한다. 이른바 제법의 자성이 생기는 것이 아니라고 생각하지만 다시 인연이 화합하는 선악의 업과 고락(苦樂) 등의 과보가 상실되거나 무너지지 않는 것으로 생각하며, 비록 인연으로 화합하는 선악(善惡)의 업보(業報)를 생각하지만 다시 그 자성은 얻을 수 없다는 것을 생각해야 하느니라"라고 하였다. 해석하자면 이 가운데 앞은 사마타가 위빠사나를 장애하지 않는 것이요, 뒤는 위빠사나가 사마타를 장애하지 않는 것이다. 모두 사마타는 이치에 들어감을 잡았고, 위빠사나는 현상을 관찰함을 잡은 해석이다. 본경 제1권 중에 이미 널리 경문을 인용하였고, 겸하여 대의(大意)를 밝혔으니 소문으로 논문과 대조하면 경문의 양상은 알 수 있으리라.

或以理觀者는 卽七地偈文이라 然今經에 云, [139] 於道不動이 卽修禪이오 忍受無生이 名般若라하니 蓋其義引이오 小有不同이니라 禪定持心者는 卽第三十三經이니 彼具明十度云[140]호대 如其廻向行布施하야 亦復堅持於禁戒하며 精進長[141]時無退怯하며 忍辱柔和心不動이

---

139) 이는 十地品 제26의 제7 遠行地의 게송이다. 經云, "發心廻向是布施요 滅惑爲戒不害忍이요 求善無厭斯進策이요 於道不動卽修禪이요 忍受無生名般若요 廻向方便希求願이요 無能摧力善了智라 如是一切皆成滿이로다."(교재 권2 p.470-)
140) 교재 권2 p.372- 참조.
141) 長은 甲南續金本作常.

라하니라 禪定은 下同이라 今此는 但取定慧文耳니라

- (5) '혹은 이치의 관법으로 현상의 삼매를 상대한다'는 것은 곧 제7 원행지 게송의 문장이다. 그런데 본경(십회향품)에 이르되, "보리도에 부동(不動)하니 선정이 되며, 무생법인 아는 것 반야라 하고"라 한 것이 대개 그 뜻으로 인용한 것이요, 조금 다른 점은 있다. '선정을 닦는 마음'은 곧 본경 제33권이니 저기에 십바라밀을 갖추어 설명하여 말하되, "회향하는 일처럼 보시 행하고 금지하는 계행도 굳게 지니며 오랫동안 정진해도 겁낼 것 없고 욕을 참고 화평하여 마음이 부동(不動)하다"라고 하였다. 선정은 아래와 같은 내용이다. 지금 여기는 단지 선정과 지혜의 경문만 취했을 뿐이다.

③ 무애(無礙)에 대해 설명하다[正明無礙] 2.
㉮ 바로 밝히다[正顯] 2.

㉠ 개별로 해석하다[別釋] 5.
ⓐ 제1 대구는 육근과 육경이 무애하다[第一對根境無礙] (言五 21下1)

[疏] 言五對者는 第一, 根境無礙니 謂觀根入定에 應從根出이로대 而從境出者는 爲顯根境이 唯是一心이오 緣起無二니 理性融通이라 是故로 根入境出耳라 境入根出도 亦然이니라

- 다섯 대구라 말한 것은 제1 대구는 육근과 육경이 무애함이다. 말하자면 감관으로 삼매에 들어감을 관찰할 적에 경계가 오직 한 마음뿐임을 밝힌 것이요, 연기가 둘이 없나니 이치의 성품이 융섭하고 통함이다. 이런 연고로 육근으로 (삼매에) 들어가고 육경으로 나올 뿐이

다. 경계로 들어가고 감관으로 나옴도 마찬가지이다.

[鈔] 言五對者下는 第三, 正明無礙라 於中에 先, 別明이오 後, 總結이라 前中에 五對가 卽爲五別이라 然其五對가 皆約經文이나 取文不同이니 第一對는 取根境이니 如初偈가 將上於眼根中¹⁴²⁾하고 對下於色塵中作義라 於中有三하니 初, 明根入境出이오 二, 爲顯下는 出所以라 所以無礙者가 略有三義하니 一, 唯心現故오 二, 緣起相由故오 三, 法性融通故라 廣如玄中이니라 以是最初故로 具出所以하고 下多總略이니라 三, 境入根出도 亦然이니 卽例釋後偈니라

● ③ 言五對者 아래는 걸림 없음에 대해 바로 설명함이다. 그중에 다섯 대구가 곧 다섯 가지 별상이다. 그런데 그 다섯 대구가 모두 경문을 의지하지만 취한 경문은 같지 않나니, 제1 대구는 육근과 육경을 취하였으니, 마치 첫 게송[제239 게송, 有勝三昧-]이 위의 안근 가운데[제247 게송, 於眼根中-]에서 가져와서 아래 색진 가운데[제248 게송, 於色塵中-]를 상대하여 뜻을 만든 것이다. 그중에 셋이 있으니 (1) 육근에서 들어가고 육경에서 나옴을 설명함이요, (2) 爲顯 아래는 나온 이유이다. 이런 까닭으로 장애 없는 것이 대략 세 가지 뜻이 있으니, ① 오직 마음이 나타난 까닭이요, ② 연기로 서로 말미암은 까닭이요, ③ 법의 성품이 융통한 까닭이다. 자세한 것은 현담의 내용과 같다. 이것이 최초인 연고로 나온 이유를 갖추었고, 아래는 대부분 총합적으로 생략하였다. (3) 경계로 들어가서 감관으로 나옴도 마찬가지이니 곧 유례하여 뒤의 게송을 해석하였다.

---

142) 上四字는 南續金本作眼中.

ⓑ 제2 대구는 이치와 현상의 두 선정이 무애하다

[第二對理事二定無碍] (第二 21下10)

[疏] 第二對는 理事二定無礙니 謂分別事相에 應入事定이로대 而入理定하며 欲觀性空에 應入理定이로대 而入事定이라 以契卽事之理로 而不動故로 入理가 卽是入事오 制心卽理之事가 而一緣故로 入事가 卽是入理니라 而經文에 但云入正定하고 不言理事라가 及乎出觀하야는 境中에 卽云分別色相이라하니 斯事觀也오 根中에 卽云性空寂者는 卽理觀也라 亦合將根事對於境理하야 以辨無礙니라

■ 제2 대구는 이치와 현상의 두 가지 선정이 장애 없음이다. 말하자면 현상의 모양을 분별할 적에 응당히 현상의 삼매에 들어가야 하겠지만 이치의 삼매에 들어가며, 성품이 공함을 관찰하려 할 적에는 응당히 이치의 삼매에 들어가야 하겠지만 현상의 삼매에 들어가기도 한다. 현상과 합치한 이치에 계합하여 동요하지 않는 연고로 이치에 들어감이 곧 현상에 들어감이요, 마음을 제어하면 이치와 합치한 현상이 하나의 인연인 연고로 현상에 들어감이 곧 이치에 들어감이 된다. 그러나 경문에는 단지 '바른 선정에 들어간다'고만 하고 이치나 현상을 말하지 않다가 나와서 관찰함은 경계 중에서 곧 말하되, '형색과 모양을 분별한다'고 하였으니 이것은 현상의 관법이다. 육근 중에 곧 말하되, '성품이 공적하다'고 말한 것은 곧 이치의 관법이다. 또한 육근의 현상을 가지고 육경의 이치와 상대함을 합하여 장애 없음을 밝힌 내용이다.

[鈔] 第二對者는 卽於入正定中에 作義라 於中에 文四니 一, 正明이라 分

別事相等者는 緣從色塵中出하니 明知眼根中入이 是其理定이라 欲觀性空者는 緣於眼起等이 是理起니 明知於色塵中入이 是事入이라 二, 以契卽事之理下는 出所以[143]니 唯約事理無礙하야 明所以라 於中에 又二니 先, 成上分別事相에 應入事定이로대 而入理定이오 後, 制心卽理之事下는 成上欲觀性空에 應入理定이로대 而入事定이오 三, 而經文但云下는 出二定得名所以니 顯上入正定所對之文이 由對觀故라 四, 亦合將根事者는 結例니 謂合有二偈云호대 於眼根中에 入正定하야 於色起定心不亂하고 了色無生無有起요 性空寂滅無所作이며 於色塵中에 入正定하야 於眼根中에 三昧起하고 分別眼性不思議라 諸天世人이 莫能知니라하니라

● ⓑ 제2 대구는 곧 바른 선정에 들어가서 짓는다는 뜻이다. 그중에 소문이 넷이니 ㉮ 바로 설명함이다. '현상의 모양을 분별한다'는 등은 색진(色塵)에서 나옴을 반연하였으니 안근 중으로 들어감이 곧 '이치의 삼매[理定]'인 줄 분명하게 안다. '성품이 공함을 관찰한다'는 것은 안근에서 일어나서 반연하는 등이 이치의 선정을 일으킴이니, 색진 중으로 들어감이 곧 '현상의 삼매[事定]'에 들어감인 줄 분명하게 안다. ㉯ 以契卽事之理 아래는 (선정에서) 나온 이유이니, 오직 현상과 이치만이 장애 없음을 잡아서 이유를 설명하였다. 그중에 또 둘이니, ㉠ 위의 현상의 모양을 분별할 적에는 응당히 현상의 삼매에 들어가야 하지만 이치의 삼매에 들어간 것이요, ㉡ 制心卽理之事 아래는 위의 성품이 공함을 관찰하려 할 적에는 응당히 이치의 삼매에 들어가야 하지만 현상의 삼매에 들어간 것을 말한다. ㉰ 而經文但云 아래는 두 선정에서 나와 이름 얻은 이유이니, 위의 바른 선정에 들어가 상대

---

143) 出은 甲南續金本作明.

할 대상의 경문이 관법을 상대함으로 말미암은 까닭이다. ㉣ '또한 육근의 현상을 가지고 육경의 이치와 상대함'이란 결론적으로 유례함이다. 말하자면 두 게송을 합하여 말하면, "안근(眼根) 가운데서 바른 정에 들어가(제247 게송) 색진 중에서 정을 일으켜도 마음이 산란하지 않으며, (제248 게송) 색진은 남도 없고 일어남도 없어 성품이 공하고 적멸하여 짓는 바가 없음을 말하나니라. 색진 중에 바른 정에 들어가(제248 게송) 안근 중에 삼매에서 일어나고 눈의 성품이 부사의함을 분별하나니 모든 하늘과 세상 사람들이 능히 알지 못하나니라(제249 게송)"라 함이 될 것이다.

ⓒ 제3 대구는 현상과 이치 두 관법이 무애하다
[第三對事理二觀無碍] (第三 22下8)

[疏] 第三對는 事理二觀無礙니 謂欲分別事相에 應從事觀起로대 而反從理觀起者는 以所觀之境이 旣眞俗雙融에 法界不二故오 分別事智가 即是無生之智며 二觀이 唯是一心故라 亦應將境事理對根事理하야 以辨無礙니라

■ 제3 대구는 현상과 이치의 두 관법이 무애함이다. 말하자면 현상의 모양을 분별하려 할 적에는 응당히 현상의 관법에서 일어나야 하지만 반대로 이치의 관법에서 일어난 이유는 관찰할 대상 경계가 이미 진제와 속제에 함께 융섭하고 법계가 둘이 아닌 까닭이요, '현상을 분별하는 지혜[分別事智]'가 곧 '남이 없는 지혜[無生智]'인 것이며, 두 가지 관법이 오직 한 마음뿐이기 때문이다. 또한 응당히 경계의 현상과 이치를 가져와서 감관의 현상과 이치와 상대하여 장애 없음을 밝힌 내용이다.

[鈔] 第三對者는 卽約經文從定起하야 對於後半以作義라 疏文有三하니 初, 正明이오 次, 以所觀下는 出所以오 三, 亦應下는 反例라 初中에 疏文이 但作初偈하고 不作後偈라 若具인대 應云, 欲了眞理인대 應從理觀起로대 而反從事觀起니 謂前偈에 示現色性이 是事인대 則色塵中에 三昧起는 義當理觀也오 後偈에 說眼無生無有起가 是理性인대 則前眼根起定心不亂은 義當事觀也니라 二, 出所以는 可知로다 亦應將境者는 三, 反例라 此意稍隱하니 先應問言호대 上辨二定하니 但云亦合將根事對於境理어늘 今何雙言將境事理對根理事아할새 故應答言호대 以上二定이 不能自別하고 要因起觀하야사 方知事理라 如眼入定에 未知何定이니 以見塵上了色差別이 是其事觀이라 欲令無礙일새 故說根中入定이 是其理定이오 境入根起가 旣了根性空일새 故說境中에 入於事定이라 則經文中에 已辨根理對於境事일새 故但合例以將根事定하야 對於境理라 今此二觀은 不因¹⁴⁴⁾定別根上境上하고 各有二觀이니 謂根入定은 卽於境上에 從理觀起하야 而分別事오 於色入定은 卽於根上에 從事觀起하야 分別於理라 經文에 已有此二어니와 未於境上에 從事觀起하야 分別於理와 及與根上에 從理觀起하야 分別於事하니 若作偈者인대 應云, 於眼根中入正定하고 於色塵中事觀起하야 說色無生無有起오 性空寂滅無所作이며 及於色塵中入正定하고 於眼根中에 理觀起하야 分別一切上妙眼이라 諸天世人이 莫能知니라 斯則境上事起觀理로 以對根上理起觀事니 故云亦應以境事理對根理事하야 以辨無礙也니라

- ⓒ 제3 대구는 곧 경문의 '정에서 일어남'을 잡아서 뒤의 반의 게송을 지은 뜻을 상대하였다. 소문에 셋이 있으니 ㉮ 바로 설명함이요, ㉯

---

144) 因은 甲南續金本作應.

以所觀 아래는 나온 이유요, ㉑ 亦應 아래는 반대로 유례함이다. ㉒ (바로 설명함) 중에 소문이 단지 첫 게송만 만들고 뒤의 게송은 짓지 않았다. 만일 구비하면 응당히 말하되, "만일 참된 이치를 알려고 하면 응당히 이치의 관법에서 일어나되 반대로 현상의 관법에서 일어나야 할 것이다." 말하자면 앞의 게송(제247 게송)에, '색진의 성품을 나타내 보인 것'이 현상이라면 색진 중에 삼매에서 일어남은 뜻이 마땅히 이치의 관법일 것이요, 뒤 게송(제248 게송)에서 '눈은 남도 없고 일어남도 없음'이 이치의 성품일 텐데 앞의 '눈에서 정을 일으켜도 마음이 산란하지 않음'은 뜻에 마땅히 현상의 관법일 것이다. ㉓ (선정에서) 나온 이유는 알 수 있으리라.

'또한 응당히 경계의 현상과 이치를 가져온다'는 것은 ㉑ 반대로 유례함이다. 이런 의미는 더욱 은밀하니 먼저 응당히 묻기를, "위에서 두 가지 선정[理定, 事定]을 밝혔으니 단지 말하되, '또한 육근의 현상을 가져와서 경계의 이치와 상대한 것을 합한다'고 해야 할 텐데 지금은 어찌하여 동시에 '경계의 현상과 이치를 가져와서 감관의 이치와 현상을 상대한다'고 말하였는가?"라고 할 것이므로 응하여 답하되, "위의 두 가지 선정이 능히 스스로 분별하지 못하고 관법을 일으킴을 말미암고 나서 비로소 현상과 이치를 안 것이다. 마치 눈에서 선정에 들어갈 적에 어떤 선정인지 알지 못함과 같나니, 경계 위의 형색을 알아 차별함을 보는 것이 현상의 관법인 까닭이다. 하여금 장애가 없게 하려는 연고로 육근 중에서 선정에 드는 것이 이치의 선정임을 말한 것이요, 경계에서 들어가고 감관에서 일어남이 이미 육근의 성품이 공함을 안 것이므로 경계 중에 현상의 삼매에 들어갔다"고 말한 것이다. 경문 중에는 이미 감관의 이치를 밝혀서 경계의 현상과 상대한 연고로 단지 유례하여 감관의 현상의 삼매를 가져와서 경계의 이치에 상대함을 합한 것이다. 지금 여기의 두 가지 관법은 선정이 감관이나 경계상으로 다른 것을 말미암지 않고 각기 두 관법이 있는 것이다. 말하자면 감관으로 선정에 들어감은 곧 경계 위에 이치의 관법에서 일어나서 현상을 분별하는 것이요, 색진으로 선정에 들어감은 곧 감관 위에 현상의 관법에서 일어나서 이치를 분별하는 것이다. 경문에 이미 이런 두 관법이 있거니와 아직 경계 위에 현상의 관법에서 일어나서 이치를 분별하지는 못함과 및 감관 위에 이치의 관법에서 일어나서 현상을 분별하나니, 만일 게송을 지은 자라면 응당히 말하되, "안근 가운데서 바른 정에 들어가 색진 가운데서 현상의 관법을 일으켜서 색진이 남도 없고 일어남도 없어 성품이 공하고 적멸하여 짓는 바가 없음을 말하나니라." 그리고 "색진 가운데서 바른 정에 들어가 안근 가운데서 이치의 관법을 일으켜서 일체를 분별하는 뛰어나고 묘한 눈 분별한다. 모든 하늘과 세상 사람들이 능히 알지 못한다." 이것은 경계 위의 현상과 관법을 일으킨 이치로서 감관 위의 이치와 관법을 일으킨 현상이 상대함이다. 그러므로 "또한 응당히 경계의 현상과 이치로 감관의 이치와 현상을 상대하여 장애 없음을 밝힌다"라고 말한 것이다.

ⓓ 제4 대구는 나오고 들어감이 무애함이다[第四對出入無礙]

(第四 24上4)

[疏] 第四對는 出入無礙니 以起定이 卽是入定일새 故起定而心不亂이라 若以事理로 相望인대 應成四句니 謂事入事起며 事入理起等이라 若以根境相望인대 又成四句니 謂根事入하야 境事起等이라 一一思之

면 皆有所由니라
- 제4 대구는 나오고 들어감이 무애함이다. (이른바) 선정에서 일어남이 곧 선정에 들어감이므로 정에서 일어나도 마음이 산란하지 않은 것이다. 만일 현상과 이치로 서로 바라보면 응당히 네 구절을 이룰 것이다. 말하자면 현상으로 들어가고 현상에서 일어나며, 현상으로 들어가고 이치로 일어나는 따위이다. 만일 감관과 경계가 서로 바라보면 또한 네 구절을 이룰 것이다. 말하자면 감관의 현상으로 들어가서 경계의 현상에서 일어나는 따위이다. 낱낱이 생각해 보면 모두 이유가 있다는 뜻이다.

[鈔] 第四對者는 卽於經入正定은 對從定起言과 及起定不亂作義라 於中에 二니 先, 正明이오 後, 若以事理相望下는 句數料揀이라 事理四句는 但出其二하고 等取餘二니 謂三은 理入事起오 四는 理入理起라 上且單說有其四句이어니와 若單複相望인대 應成九句하니 於前四上에 更加五句니 謂事入事理起와 理入事理起와 事理入事起와 事理入理起와 事理入事理起니 故爲九句니라

又成四句者는 卽根境出入이 成四니 但擧其一이라 若具인대 應云, 二, 境事入根事起오 三, 根理入境理起오 四, 境理入根理起라 若更交絡인대 乃成十句하니 謂五, 根事入境理起오 六, 境事入根理起오 七, 根理入境事起오 八, 境理入根事起오 九, 根事理入境事理起오 十, 境事理入根事理起라 以其事理相望에 屬前事理四句일새 故但云四耳니라

- ⓓ 제4 대구는 곧 경문에서 '바른 정에 들어감'은 '정에서 일어난다'는 말과 정에서 일어나도 산란하지 않음을 상대하여 지었다는 뜻이다.

그중에 둘이니 ㉮ 바로 설명함이요, ㉯ 若以事理相望 아래는 구절의 숫자로 구분함이다. 현상과 이치의 네 구절은 단지 그 둘에서 나오고, 나머지 두 구절은 똑같이 취하였다. 이를테면 (3) 이치로 들어가고 현상에서 일어남이요, (4) 이치로 들어가고 이치에서 일어남이다. 위에는 우선 그 네 구절만 단순히 말하였지만 만일 단순하고 복잡하게 서로 비교한다면 응당히 아홉 구절을 이루게 되나니, 앞의 네 구절 위에 다시 다섯 구절을 더한 것이다. 이른바 (5) 현상으로 들어가고 현상과 이치에서 일어남과 (6) 이치로 들어가고 현상과 이치에서 일어남과 (7) 현상과 이치로 들어가고 현상에서 일어남과 (8) 현상과 이치로 들어가고 이치에서 일어남과 (9) 현상과 이치로 들어가고 현상과 이치에서 일어남이니 그러므로 아홉 구절이 된 것이다.

'또한 네 구절을 이룬다'는 것은 곧 육근과 육경, 들어가고 나옴이 넷이 되나니, 다만 그 하나만 거론한 것이다. 만일 갖추어 응당히 말하되, "(2) 경계의 현상으로 들어가고 감관의 현상에서 일어남이요, (3) 감관의 이치로 들어가고 경계의 이치에서 일어남이요, (4) 경계의 이치로 들어가고 감관의 이치에서 일어남이다"라고 하였다. 만일 다시 교차하여 연결하면 비로소 열 구절이 되나니, 이른바 (5) 감관의 현상으로 들어가고 경계의 이치에서 일어남이요, (6) 경계의 현상으로 들어가고 감관의 이치에서 일어남이요, (7) 감관의 이치로 들어가고 경계의 현상에서 일어남이요, (8) 경계의 이치로 들어가고 감관의 현상에서 일어남이요, (9) 감관의 현상과 이치로 들어가고 경계의 현상과 이치에서 일어남이요, (10) 경계의 현상과 이치로 들어가고 감관의 현상과 이치에서 일어남이다. 그 현상과 이치가 서로 바라보면 앞의 현상과 이치의 네 구절에 속하게 되므로 다만 네 구절만 말했을 뿐이다.

ⓔ 제5 대구는 두 가지 이로움과 체성과 작용이 무애하다
 [第五對二利體用無礙] (第五 24下10)

[疏] 第五對는 二利體用無礙니 謂於眼根起定心不亂은 是體也며 自利也오 而不礙現於廣境은 是用也오 人天不能知는 利他也니 良以體用無二일새 故로 自利가 卽是利他니라

■ 제5 대구는 두 가지 이로움과 체성과 작용이 무애함이다. 말하자면 안근(眼根)에서 정을 일으켜도 마음이 산란하지 않음은 체성이요, 스스로 이롭게 함이다. 그러나 광대한 경계를 나타냄에 장애하지 않음은 작용이요, 세상과 천상이 능히 알지 못함은 남을 이롭게 함이니, 진실로 체성과 작용이 둘이 없는 연고로 스스로 이롭게 함이 바로 남을 이롭게 함이 되는 것이다.

[鈔] 第五對者는 此有兩重無礙하니 一, 體用無礙요 二, 二利無礙라 下는 雙牒釋이라 言心不亂是體者는 全用根起三句하야 以對境起中의 後二句作義니 則根起三句로 爲體며 亦爲自利니 謂於眼起定心不亂으로 說眼無生無有起오 性空寂滅無所作이라 而言不礙現於廣境者는 卽取前示現色性不思議오 諸天世人莫能知하야 爲廣境이니 亦全用此二句하야 爲利他니라 良以下는 以體用無二145)로 釋二利無礙라 然上疏에 但約眼色根境하야 以爲體例라 後五根境은 可知로다

● 제5 대구는 여기에 두 겹의 장애 없음이 있으니 (1) 체성과 작용이 무

---

145) 二는 甲南續金本作礙.

애함이요, (2) 두 가지 이로움이 무애함이다. 아래는 ㉮ 동시에 따와서 해석함이다. '마음이 산란하지 않음은 체성'이라 말한 것은 감관에서 일어남인 세 구절을 전체로 사용하여 경계에서 일어남 중의 뒤의 두 구절을 지은 뜻과 상대하였으니, 감관에서 일어남인 세 구절로 체성을 삼았으며 또한 스스로 이롭게 함을 삼았다. 이른바 눈에서 정을 일으켜도 마음이 산란하지 않음으로 눈은 남도 없고 일어남도 없어 성품이 공하고 적멸하여 짓는 바가 없음을 말하나니라. [제250 게송의 뒤의 세 구절] '그러나 광대한 경계를 나타냄에 장애하지 않음'은 곧 '앞의 색의 성품이 부사의함을 나타내 보이니 모든 천상과 세상이 능히 알지 못하나니라'를 취하여 광대한 경계를 삼았으니, 또한 이 두 구절을 전체로 사용하여 남을 이롭게 함을 삼은 것이다. ㉯ 良以 아래는 체성과 작용이 둘이 없음으로 두 가지 이로움이 장애 없음을 해석하였다. 그러나 위의 소문에는 단지 눈과 형색과 감관과 경계를 잡아서 체성과 유례함이다. 뒤의 다섯 감관과 경계는 알 수 있으리라.

㉡ 열 가지 대구를 총합하여 결론하다[總結十對] (此上 25下1)

[疏] 此上十義가 同爲一聚法界緣起하야 相卽自在니 菩薩이 善達作用無礙라 思之思之니라
- 이 위의 열 가지 뜻이 함께 한 덩어리의 법계연기가 되어서 서로 합치함이 자재함이니, 보살이 작용이 무애함을 잘 깨달은 것이니 생각하고 생각해 보라.

㉯ 유례하여 밝히다[例顯] (又經 25下2)

[疏] 又經에 且約根境相對어니와 亦應境境相對니 謂色塵入正受하야 聲香三昧起等이라 此如下童子身中에 入正定等中에 明이라 復應根根이 相對니 謂眼根이 入正受하야 耳根三昧起等이며 一塵에 入正受하야 多根三昧起等이라 並略故不說이니라

- 또한 경문에서는 우선 육근과 육경이 상대함을 잡았지만 또한 응당히 경계와 경계도 상대한다. 이른바 색진으로 삼매[正受]에 들어가서 음성과 향기의 삼매에서 일어나는 등이다. 이것은 아래 (제259 게송, 童子身中-)의 '동자의 몸 가운데서 바른 정에 들어간다'는 중에서 설명한 내용과 같다. 다음은 응당히 감관과 감관이 상대함이니, 말하자면 안근(眼根)이 삼매에 들어가서 이근(耳根)의 삼매에서 일어나는 등이며, 한 경계에서 삼매에 들어가서 대부분 감관의 삼매에서 일어나는 등이다. (나머지는) 아울러 생략한 연고로 말하지 않았다.

[鈔] 此上十義下는 二, 總結十對也라 於中에 又二니 先, 正結이오 後, 又經且約根境下는 例顯이라 若境境相對인대 即下於自他身自在中攝일새 故此不明이오 根根相對等은 但略無耳니 例亦合有라 若具說者인대 應云, 於眼根中에 入正定하야 於耳根中從定起하며 示現耳性不思議라 諸天世人莫能知니다 於耳根中에 入正定하고 從眼起定心不亂하며 說眼無生無有起오 性空寂滅無所作等이니 成六根互用이니라 一塵入正受等者는 亦略無耳라 若具인대 應云, 於色塵中에 入正定하야 於六根中에 從定起하며 示現六根不思議일새 諸天世人莫能知니다 於六根中에 入正定하고 於色起定心不亂하며 說色無生無有起오 性空寂滅無所作等이니라 復應有一根入多塵起일새 故云等也니라 等字는 等於兩重이니 一, 等多根入一塵起오 二, 等一根入多塵起라 若具

인대 應云, 於眼根中에 入正定하고 於六塵中三昧起하야 分別六境不思議니 諸天世人莫能知라 於六境中에 入正定하고 眼根起定[146]心不亂하며 說眼無生無有起오 性空寂滅無所作이니라 餘根對塵도 亦然일새 故云並略不說이니라

- ⓛ 此上十義 아래는 열 가지 대구를 총합하여 결론함이다. 그중에 또 둘이니 ⓐ 바로 결론함이요, ⓑ 又經且約根境 아래는 유례하여 밝힘이다. 만일 경계와 경계가 상대하면 곧 아래에 ② 자신과 다른 이의 몸에서 자재를 얻음 중[제259 게송, 童子身中~ 제265 게송, 夜叉身中-]에 섭수되는 연고로 여기서는 설명하지 않았으며, 감관과 감관이 상대함 등은 단지 생략하여 없을 뿐이니 유례하면 또한 합함이 있다. 만일 갖추어 설한다면 응당히 말하되, "안근 중에서 바른 선정에 들어가서 이근(耳根) 중에 정에서 일어나며, 귀의 성품이 부사의함을 나타내 보이니 모든 하늘과 세상 사람들이 능히 알지 못하도다. 이근 중에서 바른 정에 들어가고 눈에서 정에서 일어나도 마음이 산란하지 않으며, 눈은 남도 없고 일어남도 없는지라 성품이 공하고 적멸하여 짓는 바가 없음을 말하나니라"라 하는 등이니 육근이 서로 사용함을 이루게 된다.

'한 경계에서 삼매에 들어감' 등이란 또한 생략하여 없을 뿐이다. 만일 갖추면 응당히 말하되, "색진 중에 바른 정에 들어가서 육근 중에 삼매에서 일어나며, 육근이 부사의함을 나타내 보이니 모든 하늘과 세상 사람들이 능히 알지 못하도다. 육근 중에 바른 정에 들어가 색진에서 정에서 일어나도 마음이 산란하지 않으며 색진은 남도 없고 일어남도 없어서 성품이 공하고 적멸하여 짓는 바가 없음을 말한다"

---

146) 上四字는 南續金本鵲語眼根起.

는 따위이다. 다음에 '응당히 한 감관으로 들어가고 여러 경계에서 일어남이 있는 연고로' 등이라 말한 것이다. 등이란 글자는 두 겹과 같나니, (1) 여러 감관과 함께 들어가고 여러 경계에서 일어남이요, (2) 한 감관과 함께 들어가고 여러 경계에서 일어남이다. 만일 갖춘다면 응당히 말하되, "안근 중에 바른 정에 들어가고 육경 중에 삼매에서 일어나서 육경이 부사의함을 분별하여 아나니 모든 하늘과 세상 사람들이 능히 알지 못하도다. 여섯 경계 중에 바른 정에 들어가고 안근에서 선정으로부터 일어나도 마음이 산란하지 않으며 눈은 남도 없고 일어남도 없으며 성품이 공하고 적멸하여 짓는 바가 없음을 말하나니라"라고 해야 한다. 나머지 감관도 경계를 상대함이 마찬가지이므로 '아울러 생략하여 말하지 않는다'라고 말하였다.

④ 삼매문에 들어감을 총합하여 보이다[總示入門] (上來 26下2)

[疏] 上來無礙는 深妙難思니 始學之流가 如何趣入이리오 今當總結하노니 但能知事理無礙며 根境一如하야 念慮不生하면 自當趣入이니라
- 여기까지 장애 없음은 깊고 미묘해서 생각하기 어렵나니, 처음 배우는 무리가 어떻게 나아가 들어가리오. 지금 마땅히 총합하여 결론하나니, 다만 현상과 이치가 무애하며 육근과 육경이 한결같은 줄 능히 알아서 염려가 생기지 않으면 자연히 마땅히 나아가 들어가게 되리라.

[鈔] 上來無礙下는 第四, 總示入門이라 先, 問이오 後, 今當下는 正示라 知事理無礙根境一如는 總觀也오 念慮不生이 總止也니 卽禪門大

意니라

● ④ 上來無礙 아래는 삼매문에 들어감을 총합하여 보임이다. ㉮ 질문함이요, ㉯ 今當 아래는 바로 보임이다. '현상과 이치가 무애하며 육근과 육경이 한결같음을 아는 것'은 총합하여 관찰함이요, '염려가 생기지 않음'은 총합하여 그침이니 곧 선문(禪門)의 큰 의미이다.

⑤ 그 포함하고 섭수함을 밝히다[彰其含攝] 2.
㉮ 총지 따위를 거두어 불명경과 회통하다[收總持等會佛名經]
                                    (又向 26下6)
㉯ 삼관을 잡아서 대지도론과 회통하다[約三觀會通智論] (又以)

[疏] 又向云色性難思等은 即色等總持니 是色陀羅尼自在佛等이라 亦應云分別眼性難思니 有眼陀羅尼自在佛等이라 又眼中에 云性空寂滅은 即眼之度門이오 眼等本淨은 亦應云色等度門色等本淨이니 不唯取相爲染이라 無心爲淨而已也니라 又以[147)]智論三觀으로 束之인대 分別色相等은 是假名觀也오 性空寂滅은 是空觀也오 此二不二하야 色性難思는 中道觀也니라 三無前後하야 皆是一心이라 對此三觀하야 應辨三止니 謂方便隨緣止와 體眞止와 離二邊分別止니라 既止觀雙運하니 亦名一心三止也니라 即一而三이오 即三而一이며 雙照三一이오 雙遮三一이 是無礙也라 一一釋文에 準思可見이니라

■ 또 앞에서 '색의 성품이 생각하기 어렵다'는 등은 곧 색진 등을 총합하여 가진 것이니 바로 '색의 다라니에 자재한 부처님' 등이다. 또한 응당히 눈의 성품이 생각하기 어려움을 분별하여 아나니 '눈의 다라

---

147) 以는 甲南續金本作有.

니에 자재한 부처님' 등이라 말한다. 또한 눈 속에 '성품이 공하고 적
멸하다'고 말함은 곧 눈의 바라밀문이요, 눈 따위가 본래로 청정함은
또한 응당히 '색진 등의 바라밀문과 색진 등이 본래 청정하다'고 말한
것이니, 오직 모양을 취하여 물들 뿐만 아니라 무심(無心)을 청정함으
로 삼았을 뿐이다. 또한 『대지도론』의 삼관(三觀)으로 묶는다면 색진
의 모양을 분별하는 등은 거짓 이름으로 관찰함이요, 성품이 공하고
적멸함은 공관이요, 이런 둘이 둘이 아니어서 색의 성품을 생각하기
어려움은 중도관이다. 삼관이 앞과 뒤가 없어서 모두 한 마음이다.
이런 삼관을 상대하여 응당히 삼지(三止)를 밝히리라. 이른바 (1) 방
편으로 인연을 따라 그침과 (2) 체성이 진실한 그침과 (3) 두 가지 변
두리 분별을 여읜 그침이다. 이미 그침과 관찰을 함께 움직였으니 또
한 '한 마음의 세 가지 그침[一心三止]'이라 이름하기도 한다. 하나와
합치하는 셋이요, 셋과 합치하는 하나이며, 셋과 하나를 함께 비춤
이요, 셋과 하나를 함께 차단함이 장애가 없는 것이다. 하나하나 경
문 해석에 준하여 생각하면 볼 수 있으리라.

[鈔] 又向云下는 第五, 彰其含攝이라 於中에 又二니 先, 收總持等하야 會
佛名經이오 後, 約三觀하야 會通智論이라 前中에 然十二入은 約其
含攝하야 並稱總持오 約其性空究竟하야 並稱波羅密이오 約其性本
淸淨하야 皆解脫門이오 約其覺性圓明하야 並得稱佛이라 故로 佛名
經에 云, 眼陀羅尼自在佛이며 乃至意陀羅尼自在佛이며 色陀羅尼
自在佛이며 乃至法陀羅尼自在佛等이라하니라

不唯取相爲染等者는 結彈北宗禪門의 但得一分之義니 謂彼云호대
眼見色에 意同知오 染法界에 意不同知며 淨法界에 意不同知니라 卽

眼陀羅尼自在佛이라 眼等總持度門等者는 今謂亦是一義니 但得不起心之¹⁴⁸⁾義耳오 不同上來十重五對의 無礙自在等이니라

● ⑤ 又向云 아래는 그 포함하고 섭수함을 밝힘이다. 그중에 또한 둘이니 ㉠ 총지 따위를 거두어서『불명경(佛名經)』과 회통함이요, ㉡ 3관을 잡아서『대지도론』과 회통함이다. ㉠ 중에서 그런데 12가지 들어감은 그 포함과 섭수함을 잡으면 아울러 총지라 칭함이요, 그 성품이 끝까지 공함을 잡으면 아울러 바라밀이라 칭함이요, 그 성품이 본래 청정함을 잡으면 모두 해탈문이요, 그 깨닫는 성품이 두렷이 밝음을 잡으면 아울러 부처님이라 칭함을 얻는다. 그러므로『불명경』에 이르되, "눈의 다라니가 자재한 부처님이며, 나아가 생각의 다라니에 자재한 부처님이며, 색의 다라니에 자재한 부처님이며, 나아가 법의 다라니에 자재한 부처님 등이다"라고 말하였다.

'오직 모양을 취하여 물들 뿐만 아니라'는 등은 북종(北宗) 선문에서 다만 한 부분을 얻는다는 뜻을 결론하여 비판함이다. 말하자면 저(북종선문)에 이르되, "눈이 색을 볼 적에 생각이 함께 알며, 물든 법계에서 생각은 함께 알지 못하며, 청정한 법계에서 생각은 함께 알지 못한다. 곧 눈의 다라니에 자재한 부처님인 것이다. '눈 따위의 다라니와 바라밀의 문' 등이란 지금 또한 한 가지 뜻이라 말하나니, 다만 일어나지 않는다는 뜻을 얻을 뿐이요, 여기까지 열 겹의 다섯 대구의 무애함과 자재함 등과는 같지 않다.

又以智論下는 第二, 以三觀으로 會智論이라 於中에 有三하니 初, 明三觀이오 次, 辨三止오 後, 雙結上二라 初中에 先明次第三觀하고 後

---

¹⁴⁸⁾ 之下에 南續金本有一字.

三, 無前後는 卽一心三觀이라 言此二不二色性難思는 中道觀也는 此有二種中道하니 一, 但合上二하야 以爲中道니 此之中道는 大乘初門이오 二, 色性難思가 卽佛性中道니 斯爲圓妙라 欲辨包含일새 故雙出耳니라

對此三觀下는 辨三止니 一, 方便隨緣止는 卽假觀家止니 謂方便涉有하야 隨一一緣하야 住一境故라 二, 體眞止는 卽空觀家止니 體達眞理하야 與理冥故라 三, 離二邊分別止는 卽中道家止니 不取有無等二相也라 以上으로 對經文之次일새 故以假觀으로 爲初오 今對上觀에 亦以方便으로 居首어니와 若準智論中의 先, 空이오 次, 假오 後, 中하면 義如前辨이니라

● ⑭ 又以智論 아래는 삼관(三觀)을 잡아서 대지도론과 회통함이다. 그중에 셋이 있으니 ㉠ 삼관(三觀)에 대해 밝힘이요, ㉡ 삼지(三止)에 대해 밝힘이요, ㉢ 위의 둘을 함께 결론함이다. ㉠ 중에 ⓐ 순서로 삼관을 밝히고, ⓑ '셋이 앞뒤가 없음'은 곧 한 마음인 세 가지 관법이다. '이런 둘이 둘이 아니어서 색의 성품을 생각하기 어려움'이라 말함은 중도관이다. 여기에 두 가지 중도가 있으니 (1) 다만 위의 둘을 합하여 중도로 삼았으니 이런 중도는 대승의 첫째 문이요, (2) 색의 성품을 생각하기 어려움이 곧 '불성의 중도'이니 이것은 원교의 묘함인데, 포함에 대해 밝히려 하므로 함께 보인 것일 뿐이다.

㉡ 對此三觀 아래는 삼지(三止)에 대해 밝힘이니 ① 방편으로 인연을 따르는 그침[方便隨緣止]은 곧 가관가(假觀家)의 그침이니, 이른바 방편으로 유를 건너서 낱낱의 인연을 따라 한 가지 경계에 머무르는 까닭이다. ② 체성이 진실한 그침[體眞止]은 곧 공관가(空觀家)의 그침이니 진리를 체험으로 통달하여 이치와 그윽히 합하기 때문이다. ③ 두 변

두리 분별을 여읜 그침[離二邊分別止]은 곧 중도가(中道家)의 그침이니, 유와 무 등 두 가지 모양을 취하지 않기 때문이다. 여기까지는 경문의 순서와 상대하므로 가관으로 처음을 삼았고, 지금은 위의 관법을 상대할 적에 또한 방편으로 우두머리에 두었거니와, 만일『대지도론』에 준하면 ①은 공관이요, ②는 가관이요, ③은 중도관이니 뜻은 앞에서 밝힌 내용과 같다.

旣止觀雙運下는 三, 雙結上二라 於中에 又二니 先, 結止觀이라 諸處에 多明一心三觀이라 旣有雙運이면 則亦合言一心三止니라 若具인대 亦可言一心三止觀也니라 卽一而三下는 二, 結三一通於止觀이니 卽一而三하야 體隨相用故오 卽三而一하야 相用卽體故라 雙照三一에 體用顯然이오 雙遮三一에 互奪雙泯이니 謂卽體同用故로 非一이오 卽用同體故로 非三也니라 一一釋者는 今將三觀하야 以對經文이니 三止遮照等도 亦然이라 謂色相難思는 是假觀이오 眼定은 卽是隨緣止오 性空寂滅은 是空觀이오 色定은 卽是體眞止오 色性難思는 是中觀이오 眼根은 卽是離二邊分別止며 以色性에 有二義하니 若以變礙로 爲性인대 卽假觀攝이오 若以眞實難思로 爲性인대 卽中道攝이라 故二觀을 皆用雙運에 卽是根境對辨이오 二俱宛然에 卽是雙照오 二俱無礙하야 互奪雙亡이 卽是雙遮니라

ⓒ 旣止觀雙運 아래는 위의 둘을 함께 결론함이다. 그중에 또 둘이니 ⓐ 지관에 대해 결론함이다. 모든 곳에서 대부분 일심삼관(一心三觀)에 대해 밝혔다. 이미 함께 움직임이 있다면 또한 합하여 일심삼지(一心三止)라 말하기도 한다. 만일 갖춘다면 또한 한 마음에 세 가지 지관[一心三止觀]이라 할 수도 있으리라. ⓑ 卽一而三 아래는 셋과 하

나를 결론하여 지관과 회통함이다. 하나와 합치하는 셋이어서 체성이 모양과 작용을 따르는 까닭이요, 셋과 합치하는 하나여서 모양과 작용이 체성과 합치하는 까닭이다. 셋과 하나를 함께 비출 적에 체성과 작용이 뚜렷함이요, 셋과 하나를 함께 차단할 적에 서로 뺏고 함께 없앰이다. 말하자면 체성과 합치하여 함께 작용하는 연고로 하나가 아니요, 작용과 합치하여 체성과 같은 연고로 셋도 아니다. 하나하나 해석한 것은 지금은 삼관을 가져서 경문과 상대함이니 삼지(三止)를 차단하고 비춤 등도 마찬가지이다. 말하자면 '색진의 모양을 생각하기 어려움'은 가관이요, '눈의 선정'은 곧 인연을 따르는 그침이요, '성품이 공하고 적멸함'은 공관이요, '색의 선정'은 곧 체성이 진실한 그침이요, '색의 성품을 생각하기 어려움'은 중도관이요, '눈의 감관'은 곧 두 변두리 분별을 여읜 그침이다. 색의 성품에 두 가지 뜻이 있으니, 만일 변하고 장애함으로 성품을 삼는다면 곧 가관에 섭수되고, 만일 진실로 생각하기 어려움으로 성품을 삼는다면 곧 중도관에 섭수된다. 그러므로 두 가지 관법을 모두 사용하여 함께 움직일 적에 곧 감관과 경계를 상대하여 밝힌 것이요, 둘이 모두 완연함은 곧 '함께 비춤[雙照]'이 되고, 둘이 모두 장애가 없어서 서로 뺏고 함께 없앰이 곧 '함께 차단함[雙遮]'이 된다.

⑥ 결론하여 찬탄하고 수행을 권하다[結讚勸修] (此是 29上1)

[疏] 此是菩薩圓融功德으로 而自莊嚴하야 觸目對境에 常所行用이니 希心玄趣면 幸願留神이어다
■ 이것은 바로 보살의 원융문 공덕으로 스스로 장엄하여 눈을 마주치

고 경계를 대할 적에 항상 행할 대상의 작용이니, 희망하는 마음으로
그윽하게 나아가면 다행히 정신이 머물기를 발원할지니라.

(b) 여섯 개 반의 게송은 다른 몸에서 자재를 얻음을 노래하다
　　[次六頌半於他身得自在] (二童 29下6)

259　童子身中入正定하여　　壯年身中從定出하고
　　　壯年身中入正定하여　　老年身中從定出하며
　　　동자의 몸 가운데서 바른 정에 들어가
　　　장년의 몸 가운데서 정을 좇아 나오고
　　　장년의 몸 가운데서 바른 정에 들어가
　　　노년의 몸 가운데서 정을 좇아 나오며

260　老年身中入正定하여　　善女身中從定出하고
　　　善女身中入正定하여　　善男身中從定出하며
　　　노년의 몸 가운데서 바른 정에 들어가
　　　선녀의 몸 가운데서 정을 좇아 나오고
　　　선녀의 몸 가운데서 바른 정에 들어가
　　　선남의 몸 가운데서 정을 좇아 나오며

261　善男身中入正定하여　　比丘尼身從定出하고
　　　比丘尼身入正定하여　　比丘身中從定出하며
　　　선남의 몸 가운데서 바른 정에 들어가
　　　비구니의 몸에서 정을 좇아 나오고

비구니의 몸에서 바른 정에 들어가
비구의 몸 가운데서 정을 좇아 나오며

262 比丘身中入正定하여　　學無學身從定出하고
學無學身入正定하여　　辟支佛身從定出하며
비구의 몸 가운데서 바른 정에 들어가
학·무학의 몸에서 정을 좇아 나오고
학·무학의 몸에서 바른 정에 들어가
벽지불의 몸에서 정을 좇아 나오며

263 辟支佛身入正定하여　　現如來身從定出하고
於如來身入正定하여　　諸天身中從定出하며
벽지불의 몸에서 바른 정에 들어가
여래가 나튼 몸에서 정을 좇아 나오고
여래의 몸에서 바른 정에 들어가
모든 하늘의 몸 가운데서 정을 좇아 나오며

264 諸天身中入正定하여　　大龍身中從定出하고
大龍身中入正定하여　　夜叉身中從定出하며
모든 하늘의 몸 가운데서 바른 정에 들어가
큰 용의 몸 가운데서 정을 좇아 나오고
큰 용의 몸 가운데서 바른 정에 들어가
야차의 몸 가운데서 정을 좇아 나오며

265　夜叉身中入正定하여　鬼神身中從定出이니라
　　야차의 몸 가운데서 바른 정에 들어가
　　귀신의 몸 가운데서 정을 좇아 나오고

[疏] 二, 童子下의 六頌半은 於他身得自在라 此有三義하니 一, 如前眼根入等은 但約見境爲出入耳오 二, 菩薩化現彼身하야 作此轉變速疾也오 三, 菩薩이 以衆生身으로 作自身이니 如下十身相作等이라 是故로 於彼身入하야 此身出호대 而彼不覺知오 唯應度者라야 知得度也니라

■ (b) 童子 아래 여섯 개 반의 게송은 다른 몸에서 자재를 얻음을 노래함이다. 여기에 세 가지 뜻이 있으니, (1) 마치 앞의 안근에서 들어감 따위는 단지 보는 경계로 나오고 들어감을 잡았을 뿐임과 같고, (2) 보살이 저 몸을 화현하여 이렇게 전변함이 빠름을 지음이요, (3) 보살이 중생의 몸으로 자신을 짓는 것이니, 아래의 '십신으로 서로 지음[十身相作]' 등과 같다. 이런 연고로 저 몸으로 들어가고 이 몸에서 나오되, 저가 느껴 알지 못하고 오직 응하여 제도할 자라야 (비로소) 제도 받음을 아는 것이다.

(c) 두 개 반의 게송은 미세하게 자재함을 노래하다[次二頌半微細自在]
　　　　　　　　　　　　　　　　　(三思 30上6)

266　鬼神身中入正定하여　一毛孔中從定出하고
　　一毛孔中入正定하여　一切毛孔從定出하며
　　귀신의 몸 가운데서 바른 정에 들어가

　　　　한 털구멍 가운데서 정을 좇아 나오며
　　　　한 털구멍 가운데서 바른 정에 들어가
　　　　모든 털구멍에서 정을 좇아 나오고

267　一切毛孔入正定하여　　一毛端頭從定出하고
　　　一毛端頭入正定하여　　一微塵中從定出하며
　　　모든 털구멍에서 바른 정에 들어가
　　　한 털 끄트머리에서 정을 좇아 나오며
　　　한 털 끄트머리에서 바른 정에 들어가
　　　한 티끌 가운데서 정을 좇아 나오고

268　一微塵中入正定하여　　一切塵中從定出이니라
　　　한 티끌 가운데서 바른 정에 들어가
　　　모든 티끌 가운데서 정을 좇아 나오며

[疏] 三, 鬼神下의 二頌半은 微細自在니 謂毛孔은 約正報니 卽佛及衆生이오 毛頭는 約空處니 微塵은 是色相이니 多約器界라 並身在中入定出定은 爲顯三昧純熟隱顯自在故며 亦通觀彼入出[149]定等이니 卽於境에 無礙也라 若唯約身在彼니 下十定中에 亦云, 無生法中入起라하니 安有處耶아

■　(c) 鬼神 아래 두 개 반의 게송은 미세하게 자재함을 노래함이니, 이른바 '털구멍'은 정보를 잡았으니 곧 부처와 중생이요, '털 끄트머리'는 허공을 잡았으니 티끌은 형색의 모양이니 대부분 기세간을 잡은

---

149) 入出은 續金本作出入.

해석이다. 아울러 '몸이 그 속에 있으면서 선정에 들어가고 나옴'은 삼매가 순수하게 성숙되어 '숨고 나타남이 자재함[隱顯自在]'을 밝히려는 것이며, 또한 입정(入定)과 출정(出定) 등을 통틀어 관찰함이니, 곧 경계에 장애가 없다는 뜻이다. 만일 오직 몸이 저곳에 있음만 잡았으니, 아래 십정품(十定品) 중에 또한 이르되, "남이 없는 법 중에 들어가고 일어난다"라고 하였으니 어찌 처소가 정해져 있겠는가?

(d) 네 개 반의 게송은 기세간의 현상 중에 두루 출입함을 노래하다
[後四頌半器界事中周徧出入] (四一 30下10)

269　一切塵中入正定하여　金剛地中從定出하고
　　　金剛地中入正定하여　摩尼樹上從定出하며
　　　모든 티끌 가운데서 바른 정에 들어가
　　　금강 땅 가운데서 정을 좇아 나오고
　　　금강 땅 가운데서 바른 정에 들어가
　　　마니 나무 위에서 정을 좇아 나오며

270　摩尼樹上入正定하여　佛光明中從定出하고
　　　佛光明中入正定하여　於河海中從定出하며
　　　마니 나무 위에서 바른 정에 들어가
　　　부처님 광명 가운데서 정을 좇아 나오고
　　　부처님 광명 가운데서 바른 정에 들어가
　　　바닷물 가운데서 정을 좇아 나오며

271 　於河海中入正定하여　　於火大中從定出하고
　　　於火大中入正定하여　　於風起定心不亂하며
　　　바닷물 가운데서 바른 정에 들어가
　　　화대 가운데서 정을 좇아 나오고
　　　화대 가운데서 바른 정에 들어가
　　　바람에서 정을 일으켜도 마음이 산란하지 않으며

272 　於風大中入正定하여　　於地大中從定出하고
　　　於地大中入正定하여　　於天宮殿從定出하며
　　　풍대 가운데서 바른 정에 들어가
　　　지대 가운데서 정을 좇아 나오고
　　　지대 가운데서 바른 정에 들어가
　　　하늘 궁전에서 정을 좇아 나오며

273 　於天宮殿入正定하여　　於空起定心不亂이니라
　　　하늘 궁전에서 바른 정에 들어가
　　　허공에서 정을 일으켜도 마음이 산란하지 않아,

[疏] 四, 一切塵下의 四頌半은 器界事中周徧入出이라 然菩薩身普徧이 略有四位하니 一, 普徧一切十方刹海오 二, 徧彼刹內樹等物中이오 三, 徧一切塵毛等中이니 皆圓徧이오 非分徧이라 是故로 皆全身顯現이니라 四, 以是法界身故로 不異不分이오 恒在此常在彼하야 無有前後니라

■ (d) 一切塵 아래 네 개 반의 게송은 기세간의 현상 중에 두루 출입함을 노래함이다. 그러나 보살의 몸이 널리 두루 함이 대략 네 가지 지

위가 있다. (1) 온갖 시방의 국토에 널리 두루 함이요, (2) 저 국토 안의 숲 등 사물에 두루 함이요, (3) 온갖 티끌과 터럭 등에 두루 함이니, 모두 원융하게 두루 함이요 부분적인 두루 함이 아니다. 이런 연고로 모두 전신으로 밝게 나타난다. (4) 이런 법계의 몸이므로 다르지도 않고 부분도 아니요, 항상 여기에 있으면서 항상 저기에 있어서 앞과 뒤가 없는 것이다.

(ㄷ) 한 게송은 삼매가 불가사의함으로 총결하다[後一頌總結難思]

(第三 31上7)

274　是名無量功德者의　　三昧自在難思議니
　　　十方一切諸如來가　　於無量劫說不盡이니라
　　　이 이름이 한량없는 공덕자의
　　　삼매가 자재하여 사의하기 어려움이니라.
　　　시방의 일체 모든 여래가
　　　한량없는 겁에 설하여도 다함이 없나니라.

[疏] 第三, 是名下의 一頌은 總結이라 初句는 以德命人이오 次句는 依人顯德이오 後半은 明說不盡이니 近結第十定用無盡이오 遠結前十定大用無盡이니 以是無盡之法門故니라 十, 寂用無涯三昧門은 竟하다.

■ (ㄷ) 是名 아래 한 게송은 삼매가 불가사의함으로 총결함이다. a. 첫 구절은 공덕으로 사람에게 명함이요, b. 다음 구절은 사람에 의지해 공덕을 밝힘이요, c. 뒤의 반의 게송은 설법이 다함없음을 밝힘이니, 가깝게는 제10. 삼매의 작용이 다함없음을 결론함이요, 멀게는

앞의 열 가지 삼매의 큰 작용이 다함없음을 결론함이니, 바로 다함없는 법문이기 때문이다. 츠) 고요하게 작용함이 끝없는 삼매문은 마친다.

(마) 79개의 게송은 비유로 현묘한 종지를 비교하다[後七十九頌喻況玄旨] 2.

ㄱ. 총합하여 대의를 밝히다[總彰大意] (第五 31下4)

[疏] 第五, 一切下는 喻況玄旨分이오 亦名擧劣顯勝分이니 以上所說普賢行德이 窮於佛境이니 蓋是信滿之位라 旣越常規하고 乖於視聽이어니 滯情封敎하면 取信無由일새 故擧斯近事하야 以鏡玄趣하야 令開悟也라

- (마) 一切 아래는 비유로 현묘한 종지를 비교하는 부분이요, 또한 열등함을 거론하여 뛰어남을 드러내는 부분이라 이름하기도 한다. 위에서 말한 보현행의 공덕이 부처님 경지에 닿았으니 대개 믿음이 만족한 지위이다. 이미 일상적인 법을 초월하였고 보고 들음과 어긋났는데 생각을 머뭇거리고 가르침을 막으면 믿음을 가질 이유가 없는 연고로 이런 가까운 일을 거론하여 현묘한 가르침을 거울 삼아[鏡] 하여금 열어 깨닫게 하려는 것이다.

ㄴ. 경문을 과목 나누고 해석하다[科釋經文] 3.
ㄱ) 두 게송은 비유한 의미를 표방하다[初二頌總標喻意] 2.
(ㄱ) 과목 나누기[分科] (七十 31下7)

[疏] 七十九頌을 分爲三段이니 初二, 總標喩意오 二, 七十六頌은 別顯喩相이오 三, 一頌은 結說顯德이라 今初라 先一偈半은 明非喩能喩오 後半偈는 借喩通玄이라

■ (마) 79개의 게송을 세 문단으로 나누었으니 ㄱ) 두 게송은 비유한 의미를 표방함이요, ㄴ) 76개의 게송은 비유한 모양을 개별로 밝힘이요, ㄷ) 결론하여 말하고 공덕을 밝힘이다. 지금은 ㄱ) (비유한 의미를 총합하여 표방함이다.) a. 앞의 한 개 반의 게송은 비유로 비유하지 못함을 설명함이요, b. 비유를 빌려서 현묘함과 통함이다.

(ㄴ) 개별로 해석하다[別釋] 2.
a. 한 개 반의 게송은 사의하기 어려움을 설명하다
 [初一偈半明非喩能喩] 2.

a) 한 게송을 해석하다[釋初一偈] 2.
(a) 경문의 의미를 지정하다[指定經意] (今初 31下10)

275 一切如來咸共說하시되 衆生業報難思議며
     諸龍變化佛自在와   菩薩神力亦難思니
     모든 여래가 다 한 가지로 설하시되
     중생의 업보가 사의하기 어려우며
     모든 용의 변화와 부처님의 자재하심과
     보살의 신력 또한 사의하기 어려우니

[疏] 今初에 擧四難思는 意在菩薩神力이라

■ 지금은 a.에 네 가지 사의하기 어려움을 거론함은 의미가 보살의 신력에 있다.

(b) 논문을 인용하여 경문을 해석하다[引論釋經] 2.
㈠ 유가론을 인용하다[引瑜伽] (瑜伽 32下10)

[疏] 瑜伽決擇分에 有六種不可思議하니 謂一者는 我요 二는 有情이요 三은 世間이오 四는 有情業果오 五는 諸修靜慮者의 靜慮境界요 六은 諸佛世尊諸佛境界라

■ 『유가사지론』결택분(決擇分)에 여섯 종류의 불가사의가 있으니 이른바 (1) <나>요, (2) 유정이요, (3) 세간이요, (4) 유정의 업과 과보요, (5) 모든 정려를 수행하는 이의 정려경계요, (6) 부처님 세존과 부처님 경계이다.

㈡ 경문과 회통하여 해석하다[會釋經文] 2.
① 열고 합함이 같은 점과 다른 점을 설명하다[總明開合同異] (今衆 33上3)
② 경문을 개별로 해석하다[別釋經文] (然衆)

[疏] 今衆生은 含其前三이오 加龍變化에 所以有四라 菩薩神力은 卽靜慮者境界라 舊經梵本에 皆云禪定力用故라하니라 然衆生業報를 四因難思니 謂處所差別故며 事差別故며 因差別故며 異熟果差別故라 諸龍變化는 不起心念하고 六天四洲에 雲雨不同等일새 故難思也라 佛自在者는 有五難思하니 謂眞如甚深故며 自在轉故며 無漏界證得

故며 無障礙故며 成立有情所作事故라 菩薩神力은 由三種相이니 除佛後二라

■ 지금 중생은 그 앞의 셋을 포함하였고 용이 변화함에 이유가 넷이 있음을 추가하였다. 보살의 신력은 곧 정려를 닦는 자의 경계이다. 구본 경전[60권본]의 범본에 모두 '선정의 힘과 작용인 연고'라고 하였다. 그러나 중생의 업과 과보를 네 가지 원인으로 생각하기 어려우니 이른바 처소가 차별된 까닭이며, 일이 차별하고 원인이 차별하고 이숙과가 차별한 까닭이다. 모든 용의 변화는 마음과 생각을 일으키지 않고 여섯 하늘과 사주세계에 구름과 비가 같지 않은 등이므로 사의하기 어려운 것이다. 부처님의 자재는 다섯 가지 사의하기 어려움이 있으니 이른바 (1) 진여법이 매우 깊은 연고며 (2) 자재롭게 바뀌는 연고며 (3) 무루의 세계를 증득한 연고며 (4) 장애가 없는 연고며 (5) 유정들의 지어야 할 일을 성립하는 까닭이다. 보살의 신력은 세 종류의 모양으로 인함이니, 부처님은 뒤의 두 가지[無障礙故 成立有情所作事故]를 제외한다.

b) 뒤의 반의 게송을 해석하다[釋後半偈] (以今 33上10)

276 欲以譬喩而顯示인댄   終無有喩能喩此어니와
비유로써 나타내 보이려 해도
마침내 능히 이것에 비유할 비유가 없거니와,

[疏] 以今經文은 分同佛五니 以皆超言念일새 故無可同喩니라
■ 지금 본경은 부처님의 다섯 가지와 부분적으로 같나니 말과 생각을

모두 초월하였으므로 비유와 같을 수가 없다.

[鈔] 第五喩況玄旨中에 疏衆生含其前三者는 以業報二字는 是第四故 라 則初一에 含四니라 菩薩神力等者[150]는 以無障礙는 約二障盡故 며 成立有情이 未周徧故니라

● (마) 비유로 현묘한 종지와 견줌 중에 소가가 중생에게 그 앞의 셋을 포함한 이유는 업보(業報)라는 두 글자가 바로 넷째인 까닭이다. 처음 하나에는 넷을 포함하였고, '보살의 신력' 등이란 장애가 없음은 두 가지 장애가 다함을 잡은 까닭이다. '유정을 성립함'은 두루 하지 않기 때문이다.

b. 반의 게송은 비유를 빌려서 현묘함과 통하다[後半偈借喩通玄]

(後半 31下5)

276-1 然諸智慧聰達人은　　因於譬故解其義니라
그러나 모든 지혜 있고 총명하며 달통한 사람은
비유로 말미암아 그 뜻을 아나니라.

[疏] 後半中에 然取分喩는 以小喩大하야 令聞喩者로 忘象領意라 故褒 以智者니라

■ b. (비유를 빌려서 현묘함과 통함) 중에 그런데 부분적인 비유를 취한 것은 작은 것으로 큰 것을 비유하여 비유를 듣는 이로 하여금 영상을 잊어버리고 의미를 알게 하기 위함이다. 그러므로 지혜로운 이를 기리는

---

150) 上鈔는 南續金本作今衆生等. 褒 기릴 포.

[褒] 것이다.

[鈔] 然取分喩者는 由上云無可同喩어늘 今何喩耶아 故云分喩니라 無可喩者는 下經에 云,¹⁵¹⁾ 三界有無一切法으로 不能與佛爲譬喩라하니라 言分喩者는 喩有八種하니 一, 順이오 二, 逆이오 三, 現이오 四, 非오 五, 先이오 六, 後오 七者, 先後오 八者, 徧喩니 如涅槃說이라 前文에 已引하니라 則有徧喩하니 今對徧喩에 但取少分이라 如言佛面이 猶如滿月은 但取圓¹⁵²⁾無缺義故라 今喩도 亦然이니라 以小喩大者는 若易中射隼于高墉으로 以況天下等이니 其事甚多니라

● '그런데 부분적인 비유를 취함'은 위에 말하되 '비유와 같을 수는 없다'고 하였는데, 지금 어찌하여 비유하였는가? 그래서 부분적인 비유라고 말한 것이다. '비유로 할 수 없음'은 아래 경문에 이르되, "세 세계에 있고 없는 모든 법들을 부처님께 비유는 할 수 없나니"라고 하였다. '부분적인 비유'라고 말한 것은 비유에 여덟 종류가 있으니 (1) 순차로 하는 비유[順喩]이고, (2) 역으로 하는 비유[逆喩]이고, (3) 현재에 있는 비유[現喩]이고, (4) 현재에 없는 비유[非喩]이고, (5) 먼저 하는 비유[先喩]이고, (6) 뒤에 하는 비유[後喩]이고, (7) 앞과 뒤에서 하는 비유[前後喩]이고, (8) 두루 하는 비유[遍喩]이니 『열반경』(제29권 사자후보살품)에서 설명한 내용과 같다. 앞의 소문에 이미 인용한 적이 있다. 곧 (8) 두루 하는 비유가 있으니 지금 두루 하는 비유와 상대할 적에 다만 적은 부분만 취했다는 뜻이다. 마치 '부처님 얼굴이 보름달과 같다'고 말한 것은 다만 원만하고 모자람이 없는 뜻을 취한

---

151) 이는 入法界品 제39의 總結偈頌이다. 具云, "三界有無一切法이 不能與佛爲譬喩니 譬如山林鳥獸等이 無有依空而住者로다."(교재 권4 p.563-)
152) 圓下에 南續金本有滿字.

것과 같다. 지금의 비유도 마찬가지이다. '작은 것으로 큰 것을 비유한다'는 것은 마치 『역경(易經)』의 (제40 뇌수해雷水解)에 말한, '높은 담장 위의 송골매를 쏘아 맞히리라'라 한 것과 비슷한 것으로 천하와 비교한 등이니, 그런 일이 아주 많다.

令聞喩者는 忘象領意故라 襃以智者[153]는 周易略例에 云, 夫象者는 出意者也오 言者는 明象者也니 盡意는 莫若象이오 盡象은 莫若言이라 言生於象일새 故可尋言以觀象이오 象生於意일새 故可尋象以觀意니 意以象盡이오 象以言着이라 故言者는 所以明象이니 得象而忘[154]言이오 象者는 所以存意니 得意而忘象이라 猶罘者는 所以在兔니 得兔而忘罘요 筌者는 所以在魚니 得魚而忘筌也라 然則言者는 象之罘也오 象者는 意之筌也니 是故로 存言者는 非得象者也오 存象者는 非得意者也라 象生於意에 而存象焉이면 則所存者가 乃非其象也오 言生於象에 而存言焉이면 則所存者가 乃非其言也라 然則忘象者라야 乃得意者也오 忘言者라야 乃得象者也라
得意在忘象이오 得象은 在忘言이니 故立象以盡意에 而象可忘也오 重畫以盡情에 而畫可忘也라 是故로 觸類可爲其象이오 合義可爲其徵이라하니 今疏用此文일새 故令忘象領意니 謂如水現四兵은 是喩是象이라 但知菩薩無心頓現하면 則水印을 可忘矣니라 諸喩도 皆然하니 若能忘象得意하면 斯爲智者오 執象失意하면 乃成愚滯라 故로 法華에 云, 諸有智者는 以譬喩로 得解라하니라

● '비유를 듣는 이로 하여금 비유를 듣게 한 것은 하여금 모양[象]을 잊어버리고 의미를 알게 하기 위함이요, 지혜로운 이를 기리기 위함'이

---

153) 上九字는 南續金本作等者. 罘 고라니그물 모, 筌 통발 전.
154) 忘은 甲南續金本作亡, 下皆同.

란 『주역(周易)』(제40 雷水解)에서 간략히 예를 들어 말하되, "대저 모양이란 뜻을 나타내는 것이요, 말이란 모양을 밝히는 것이다. 뜻을 다하는 데는 모양만 한 것이 없고, 모양을 다하는 데는 말만 한 것이 없다. 말은 모양에서 생기나니, 그러므로 말을 분석하여 모양을 인식할 수 있다. 뜻은 모양으로써 다할 수 있고, 모양은 말로써 드러날 수 있다. 그러므로 말이란 모양을 밝히기 위한 도구이므로 모양을 얻으면 말을 잊어버려야 한다. 모양이란 뜻을 드러내기 위한 것이므로 뜻을 얻으면 모양은 잊어버려야 한다. 그것은 마치 올가미가 토끼를 산 채로 잡기 위한 것이므로 토끼를 얻은 후에는 올가미를 버리는 것과 같다. 삼태그물은 고기를 산 채로 잡기 위한 것이므로 고기를 얻은 후에는 삼태그물을 버리는 것과 같다. 그러하다면 말이란 모양의 올가미이며, 모양이란 뜻의 삼태그물이다. 그러므로 말에 집착함은 결코 모양을 얻는 것이 못 된다. 또 모양에 집착함은 결코 뜻을 얻는 것이 못 된다. 모양은 뜻에서 생겨나므로 모양에 집착함은 그 집착하여 드러내는 것이 결코 말다운 말[그 모양의 말]이 될 수 없다. 그렇다면 오히려 모양을 잊어버리는 자가 뜻을 얻을 것이요, 말을 잊어버리는 자가 모양을 얻을 것이다.

뜻을 얻음은 모양을 잊는 데 있고, 모양을 얻음은 말을 잊는 데 있다. 그러므로 모양을 세워 뜻을 다하여야 모양을 잊을 수 있고, 그림을 겹쳐 생각을 다하여야 그림을 잊을 수 있다. 이런 연고로 닿는 부류는 그 모양이 되게 할 수 있음이요, 뜻을 합하면 그 조짐이 될 수 있다"라고 하였다. 지금 소가는 이 문장을 사용한 연고로 모양을 잊은 이들로 하여금 뜻을 알게 함이니, 이른바 물에 네 가지 병사를 나타냄과 같음은 비유요 모양이다. 다만 보살이 무심(無心)으로 몰록 나타남을 알면 물에 도장을 찍으면 잊을 수 있음과 같다. 모든 비유도 모두 그러하니 만일 능히 모양을 잊고 뜻을 얻으면 지혜로운 이요, 모양을 고집하여 뜻을 잃으면 비로소 어리석고 지체한 사람이 될 것이다. 그러므로『법화경』비유품에 이르되, "모든 지혜 있는 사람들은 비유로써 이해할 수 있느니라"라고 하였다.

ㄴ) 76개의 게송은 비유한 모양을 개별로 밝히다[次七十六頌別顯喩相] 20.
㉠ 세 개 반의 게송은 성문이 신통을 나투는 비유
[初三頌半明聲聞現通喩] (二聲 34上7)

277 聲聞心住八解脫하여　　所有變現皆自在라
　　能以一身現多身하고　　復以多身爲一身하며
　　성문의 마음은 팔해탈에 머물러서
　　가지고 있는 바의 변화하여 나타냄이 모두 자재하여
　　능히 한 몸에서 많은 몸을 나타내고
　　다시 많은 몸으로써 한 몸이 되게 하며

278 於虛空中入火定하고　　行住坐臥悉在空하며
　　身上出水身下火와　　身上出火身下水를
　　허공 가운데서 화정에 들고
　　행·주·좌·와가 다 허공에 있으며
　　몸 위에선 물을 내고 몸 아래는 불이며
　　몸 위에선 불을 내고 몸 아래는 물이라

279　如是皆於一念中에　　種種自在無邊量하니
　　彼不具足大慈悲하여　　不爲衆生求佛道하되
　　이와 같이 모두 한 생각 가운데서
　　가지가지로 자재하여 한량없으나
　　저들은 큰 자비를 구족하지 못하여
　　중생을 위해 부처님 도를 구하지 못하도다.

280　尙能現此難思事어든　　況大饒益自在力가
　　오히려 능히 이 사의하기 어려운 일도 나타내거든
　　하물며 큰 이익 자재한 힘이겠는가.

[疏] 二, 聲聞下는 別辨中에 略顯二十種大喩하야 以況菩薩之德이라 初有三頌半은 明聲聞現通喩하야 況菩薩自在益生德이라 先은 明喩요 末偈는 擧劣顯勝이라 不爲衆生은 無大悲也오 不求菩提는 無大智也라 大饒益者는 具悲智也니라

■ ㄴ) 聲聞 아래는 개별로 밝힘 중에 20종류의 큰 비유를 간략히 밝혀서 보살의 공덕과 견주었다. ㊀ 세 개 반의 게송은 성문이 신통을 나투는 비유로 '보살이 자유자재로 중생에게 이익 주는 공덕'을 견준 것을 밝혔다. a) 비유를 설명함이요, b) 마지막 게송[제280 게송, 尙能現此─]은 열등함을 거론하여 뛰어남을 드러냄이다. '중생을 위하지 않음'은 대비가 없다는 뜻이요, '보리를 구하지 않음'은 큰 지혜가 없다는 뜻이다. '큰 이익'이란 자비와 지혜를 구족했다는 뜻이다.

㊂ 두 게송은 해와 달에 그림자가 나타나는 비유[次二頌日月現影喩]

(二有 34下5)

281　譬如日月遊虛空에　　影像普徧於十方이라
　　　泉池陂澤器中水와　　衆寶河海靡不現인달하여
　　　비유컨대 해와 달이 허공에 있음에
　　　그림자 형상이 널리 시방에 두루 하여
　　　샘과 못과 큰 못과 그릇 속의 물과
　　　온갖 보배 강과 바다에 나타나지 않음이 없으니

282　菩薩色像亦復然하여　　十方普現不思議라
　　　此皆三昧自在法이니　　唯有如來能證了니라
　　　보살의 빛깔과 형상이 또한 다시 그러하여
　　　시방에 널리 나타나 부사의하니
　　　이것은 모두 삼매의 자재한 법이라
　　　오직 여래만이 능히 증득해 요지하나니라.

[疏] 二, 有二偈는 日月現影喩로 況菩薩의 普應群機德이니라
■ ㊂ 두 게송은 해와 달에 그림자가 나타나는 비유로 '보살이 여러 근기에 널리 응하는 공덕'에 견주었다.

㊂ 두 게송은 물속에 네 가지 병사를 나투는 비유[次二頌水現四兵喩]

(三有 34下10)

283　如淨水中四兵像이　　各各別異無交雜이라
　　劍戟弧矢類甚多요　　鎧冑車輿非一種155)이어든
　　깨끗한 물 가운데 네 병정의 형상이
　　제각기 달라 서로 섞이지 않는지라
　　칼과 창과 활과 화살의 종류가 심히 많고
　　갑옷과 투구와 수레가 한 종류가 아니니

284　隨其所有相差別하여　　莫不皆於水中現하되
　　而水本自無分別인달하여　菩薩三昧亦如是니라
　　그 있는 바 모양의 차별을 따라서
　　다 물 가운데 나타내지 않음이 없되
　　물은 본래 스스로 분별함이 없으니
　　보살의 삼매도 또한 이와 같으니라.

[疏] 三, 有二頌은 水現四兵喩니 喩菩薩의 海印現像德이라
■ ㊂ 두 게송[제283 게송, 如淨水中-]은 물속에 네 가지 병사를 나투는 비유로 보살이 '바다에 인장으로 형상을 나투는 공덕'을 비유하였다.

㊃ 두 게송은 좋은 음성으로 말 잘하는 비유[次二頌善音巧辯喩]
(四有 35上5)

285　海中有神名善音이니　　其音普順海衆生이라
　　所有語言皆辨了하여　　令彼一切悉歡悅하나니

---

155) 淨은 聖本作海, 麗宋元明本作淨. 戟 창극. 鎧 갑옷개. 冑 투구주. 輿 수레여.

바다 가운데 신이 있어 이름이 선음이라
그 소리가 널리 바다 중생을 수순하며
가지고 있는 말들을 모두 잘 알아서
저 모두로 하여금 다 기쁘게 하나니

286 彼神具有貪恚癡하되　猶能善解一切音이어든
況復總持自在力이　而不能令衆歡喜아
저 신은 탐·진·치를 갖추었으되
오히려 능히 온갖 소리를 잘 아나니
하물며 다시 모두를 지녀 자제한 힘이
능히 중생들로 하여금 기쁘게 하지 못하겠는가.

[疏] 四, 有二頌은 善音巧辯喩로 喩菩薩의 總持巧說德이라

■ ㈣ 두 게송은 좋은 음성으로 말 잘하는 비유로 '보살의 다라니로 말 잘하는 공덕'을 비유하였다.

㈤ 두 게송은 부인이 변재를 받는 비유[次二頌女授辯才喩]

(五二 35上10)

287 有一婦人名辯才니　父母求天而得生이라
若有離惡樂眞實이면　入彼身中生妙辯하나니
한 부인이 있어 이름이 변재니
부모가 하늘에 구하여 낳은지라
만약 악을 여의고 진실을 좋아하면

저 몸 가운데 들어가 묘한 변재를 내나니

288　彼有貪欲瞋恚癡하되　猶能隨行與辯才어든
　　　何況菩薩具智慧하고　而不能與衆生益가
　　　저가 탐욕과 진에와 우치가 있되
　　　오히려 능히 행을 따라 변재를 주거든
　　　어찌 하물며 보살이 지혜를 갖추고
　　　능히 중생들에게 이익을 주지 못하겠는가.

[疏] 五, 二頌은 女授辯才喩로 喩授法益生德이라
■ ㉕ 두 게송은 부인이 변재를 받는 비유로 '법을 받고 중생을 이익하는 공덕'을 비유하였다.

㉖ 두 게송은 마술사가 요술 부리는 비유[次二頌幻師巧術喩]

(六譬 35下5)

289　譬如幻師知幻法하여　能現種種無量事라
　　　須臾示作日月歲와　城邑豐饒大安樂하나니
　　　비유컨대 환사가 요술을 알아서
　　　능히 가지가지 한량없는 일들을 나타내는지라
　　　잠깐 동안에 오랜 세월을 짓고
　　　도성과 고을이 풍요한 큰 안락을 지어 보임과 같나니

290　幻師具有貪恚癡하되　猶能幻力悅世間이어든

況復禪定解脫力이　　而不能令衆歡喜리오
환사가 탐·진·치를 갖추었지만
오히려 능히 환의 힘으로 세상을 기쁘게 하거든
하물며 다시 선정 해탈의 힘이
능히 중생들로 하여금 기쁘게 하지 못하겠는가.

[疏] 六, 譬如幻師下의 二頌은 幻師巧術喩로 喩不思議解脫德이라
■ ㊅ 譬如幻師 아래 두 게송은 마술사가 요술 부리는 비유로 '불가사의한 해탈의 공덕'을 비유하였다.

㊆ 두 게송은 아수라가 숨어 버리는 비유[次二頌修羅隱形喩]
(七二 36上1)

291　天阿修羅鬪戰時에　　修羅敗衂而退走하면
　　　兵仗車輿及徒旅를　　一時竄匿莫得見하나니
　　　하늘과 아수라가 전쟁할 때에
　　　아수라가 패하여 달아나면
　　　병장기와 수레와 군대들이
　　　일시에 숨어 버려 볼 수 없나니

292　彼有貪欲瞋恚癡하되　　尚能變化不思議어든
　　　況住神通無畏法하여　　云何不能現自在리오
　　　저가 탐욕 진에 우치가 있되
　　　오히려 능히 변화함이 부사의하거든

하물며 신통하고 두려움 없는 법에 머물러
어찌하여 능히 자재함을 나타내지 못하랴.

[疏] 七, 二頌은 修羅隱形喩로 喩勝通隱顯德이라
- ㉷ 두 게송은 아수라가 숨어 버리는 비유로 '뛰어난 신통으로 숨고 나타나는 공덕'을 비유하였다.

㉸ 다섯 게송은 코끼리가 따라 변하는 비유[次五頌象王隨變喩]
(八五 36下2)

293　釋提桓因有象王하니　彼知天主欲行時하여
　　　自化作頭三十三하되　一一六牙皆具足156)하며
　　　석제환인에게 코끼리 왕이 있으니
　　　저가 천주가 가고자 할 때를 알아서
　　　스스로 머리를 32로 변화하여 짓되
　　　낱낱이 여섯 상아를 모두 갖추며

294　一一牙上七池水가　　清淨香潔湛然滿하고
　　　一一清淨池水中에　　各七蓮華妙嚴飾이어든
　　　낱낱의 상아 위에 일곱 연못의 물이
　　　깨끗하고 향기롭고 맑게 가득하며
　　　낱낱의 청정한 연못 물 가운데
　　　각기 일곱 연꽃이 묘하게 장엄하니

---

156) 三十三은 磧嘉清合綱杭鼓纂續金本作三十二, 麗宋本作三十三; 杭注云 三十二頭六牙 晉經亦三十二頭六牙 惟十定品作三十三頭七牙.

295 彼諸嚴飾蓮華上에　　各各有七天玉女하되
　　悉善技藝奏衆樂하여　而與帝釋相娛樂하며
　　저 모든 장엄한 연꽃 위에
　　각각 일곱 하늘의 옥녀들이 있어
　　다 좋은 기예로 온갖 음악을 연주하여
　　제석으로 더불어 서로 즐기나니라.

296 彼象或復捨本形하고　自化其身同諸天에
　　威儀進止悉齊等이라　有此變現神通力하니
　　저 코끼리가 혹은 다시 본래의 모습을 버리고
　　스스로 그 몸을 모든 하늘과 한가지로 변화시키니
　　위의와 나아가고 그침이 다 같은지라
　　이러한 변화하여 나타내는 신통력을 가졌느니라.

297 彼有貪欲瞋恚癡하되　尚能現此諸神通이어든
　　何況具足方便智하고　而於諸定不自在아
　　저가 탐욕 진에 우치가 있되
　　오히려 능히 이러한 모든 신통을 나타내거든
　　어찌 하물며 방편 지혜를 구족하고
　　모든 정에서 자재하지 못하겠는가.

[疏] 八, 五頌은 象王隨變喩로 喩定用自在德이라
■ ⑧ 다섯 게송은 코끼리가 따라 변하는 비유로 '삼매의 작용이 자재한 공덕'을 비유하였다.

㈨ 두 게송은 아수라가 큰 몸으로 변하는 비유[次二頌修羅大身喩]

(九二 36下7)

298 如阿修羅變化身이　　蹈金剛際海中立에
海水至深僅其半이요　　首共須彌正齊等이니
저 아수라의 변화한 몸이
금강제를 밟고 바다 가운데 서니
바닷물이 깊되 겨우 그 반이고
머리는 수미산과 한가지로 가지런히 같으니

299 彼有貪欲瞋恚癡하되　　尙能現此大神通이어든
況伏魔怨照世燈이　　而無自在威神力가
저가 탐욕 진에 우치가 있되
오히려 능히 이러한 큰 신통을 나타내거든
하물며 마군과 원수를 항복받은 세상을 비추는 등불이
자재한 위신력이 없겠는가.

[疏] 九, 二頌은 修羅大身喩로 喩法界身雲德이니 同於上文主伴嚴麗니라

■ ㈨ 두 게송은 아수라가 큰 몸으로 변하는 비유로 '법계의 몸 구름의 공덕'을 비유하였으니, 위의 '주인과 반려가 아름답게 장엄하는 삼매문'과 같다.

㉑ 네 게송은 제석천왕이 원수를 물리치는 비유[次四頌帝釋破冤喩]

(十有 37上7)

300　天阿修羅共戰時에　　帝釋神力難思議라
　　　隨阿修羅軍衆數하여　現身等彼而與敵이어든
　　　하늘과 아수라가 한가지로 싸울 때에
　　　제석의 신력을 사의하기 어려워
　　　아수라의 군대 대중 수를 따라서
　　　몸을 그와 같게 나투어 더불어 대적하거든

301　諸阿修羅發是念하되　釋提桓因來向我하여
　　　必取我身五種縛이라하여 由是彼衆悉憂悴157)하며
　　　모든 아수라가 이 생각을 하되
　　　석제환인이 우리를 향하여 오면
　　　반드시 우리 몸을 다섯 가지로 결박한다 하여
　　　이로 말미암아 저 대중이 다 근심하나니라.

302　帝釋現身有千眼하여　手持金剛出火焰하고
　　　被甲持仗極威嚴하여　修羅望見咸退伏하나니
　　　제석이 몸을 나투니 천 개의 눈이 있어
　　　손으로 금강을 가져 불꽃을 내고
　　　갑옷 입고 창을 듦이 지극히 위엄 있어
　　　아수라가 바라보고 다 물러가 항복하니

---

157) 悴은 聖本作怖. 悴 파리할 췌.

303 彼以微小福德力으로도　猶能摧破大怨敵이어든
何況救度一切者가　　　具足功德不自在리오
저는 조그마한 복덕의 힘으로써
오히려 능히 큰 원수의 적을 꺾어 부수거늘
어찌 하물며 일체를 제도할 자가
공덕을 구족하여 자재하지 못하랴.

[疏] 十, 有四頌은 帝釋破怨喩로 喩降伏衆魔德이라
■ ⊕ 네 게송은 제석천왕이 원수를 물리치는 비유로 '여러 마군을 항복받는 공덕'을 비유하였다.

⊖ 여섯 게송은 하늘북이 설법하는 비유[次六頌天鼓說法喩]

(十一 37下10)

304 忉利天中有天鼓하니　從天業報而生得이라
知諸天衆放逸時하여　空中自然出此音하되
도리천 가운데 하늘 북이 있어
하늘의 업보로 좇아 생긴 것이라
모든 하늘 대중이 방일할 때를 알아서
허공 가운데서 자연히 이 소리를 내되

305 一切五欲悉無常이라　如水聚沫性虛偽며
諸有如夢如陽焰이며　亦如浮雲水中月이니라
모든 다섯 가지 욕망이 다 무상하여

물거품과 같아 성품이 헛된 것이니
모든 있는 것이 꿈과 같고 아지랑이와 같으며
또한 뜬 구름이나 물 속의 달과 같으니라.

306 放逸爲怨爲苦惱라　　非甘露道生死徑이니
若有作諸放逸行이면　　入於死滅大魚口니라
방일함은 원수가 되고 고뇌가 되며
감로의 도가 아니라 생사의 길이며
만약 모든 방일한 행을 지음이 있으면
사멸이라는 큰 고기의 입에 들어가리라.

307 世間所有衆苦本을　　一切聖人皆厭患이라
五欲功德滅壞性이니　　汝應愛樂眞實法하라하면
세간에 있는 온갖 고뇌의 근본을
모든 성인이 다 싫어하며
다섯 가지 욕망은 공덕을 멸하여 파괴하는 성품이니
너희 등은 마땅히 진실한 법을 사랑하고 즐길지어다.

308 三十三天聞此音하고　　悉共來昇善法堂이어든
帝釋爲說微妙法하여　　咸令順寂除貪愛하나니
삼십삼천이 이 소리를 듣고
다 한가지로 선법당에 와서 오르거든
제석이 위하여 미묘한 법을 설하여
다 하여금 적멸을 수순하고 탐애를 제거케 하나니

309　彼音無形不可見이로대　猶能利益諸天衆이어든
　　況隨心樂現色身하고　而不濟度諸群生가
　　저 소리가 형상이 없어 볼 수 없으나
　　오히려 능히 모든 하늘 대중을 이익하게 하거늘
　　하물며 마음이 즐거워하는 바를 따라 색신을 나투어
　　모든 군생을 제도하지 못하겠는가.

[疏] 十一, 忉利天下의 六頌은 天鼓說法喩로 況菩薩이 以無功用으로 現身說法德이라
■ ㊉ 忉利天 아래 여섯 게송은 하늘북이 법을 설하는 비유로 '보살이 무공용으로 몸을 나투어 설법하는 공덕'에 비교하였다.

㊉ 세 게송은 하늘북이 위로하는 비유[次三頌天鼓安慰喩] (十二 38上8)

310　天阿修羅共鬪時에　諸天福德殊勝力으로
　　天鼓出音告其衆하되　汝等應宜勿憂怖158)하라하면
　　하늘과 아수라가 한가지로 싸울 때에
　　모든 하늘의 복덕이 수승한 힘으로
　　하늘 북이 소리를 내어 그 대중에게 고하되
　　너희 등은 마땅히 응당 근심하고 두려워 말라 하시네.

311　諸天聞此所告音하고　悉除憂畏增益力일새
　　時阿修羅心震懼하여　所將兵衆咸退走하나니

---

158) 應宜는 麗宋元明本作宜應, 續金作應宜.

모든 하늘이 이 고하는 소리를 듣고
　　　다 근심과 두려움을 제거하고 힘을 더할새
　　　그때에 아수라는 마음이 떨리고 두려워서
　　　거느린 장병들이 다 달아나나니

312　甘露妙定如天鼓하여　恒出降魔寂靜音이라
　　　大悲哀愍救一切하여　普使衆生滅煩惱니라
　　　감로의 묘한 정이 하늘 북과 같아서
　　　항상 마를 항복시키는 고요한 소리를 내어서
　　　큰 자비로 불쌍히 여겨 일체를 구하여
　　　널리 중생으로 하여금 번뇌를 멸하게 하나니라.

[疏] 十二, 有三頌은 天鼓安慰喩로 況菩薩의 慈音除惱喩라
■ ㉂ 세 게송은 하늘북이 위로하는 비유로 '보살이 자비한 음성으로 번뇌를 없애는 비유'와 비교하였다.

㉃ 세 게송은 제석천왕이 널리 응하는 비유[次三頌天王普應喩]

(十三 38下5)

313　帝釋普應諸天女의　九十有二那由他하여
　　　令彼各各心自謂하되　天王獨與我娛樂이라하며
　　　제석이 널리 모든 천녀를 상대함에
　　　92나유타가 있지만
　　　저로 하여금 각기 마음속으로 스스로 이르되

천왕이 홀로 나와만 더불어 즐긴다고 생각케 하나니라.

314 如天女中身普應하여　善法堂內亦如是하되
能於一念現神通하여　悉至其前爲說法하나니
천녀 가운데서 몸이 두루 응함과 같이
선법당 안에서도 또한 이와 같아서
능히 한 생각에 신통을 나타내며
다 그 앞에 이르러 위하여 법을 설하네.

315 帝釋具有貪恚癡하되　能令眷屬悉歡喜어든
況大方便神通力이　而不能令一切悅가
제석이 탐 · 진 · 치를 갖추어 있되
능히 권속으로 하여금 다 환희케 하거늘
하물며 큰 방편과 신통력이
능히 일체로 하여금 기쁘게 하지 못하겠는가.

[疏] 十三, 有三頌은 天王普應喩로 喩普應悅機德이라
- ㉝ 세 게송은 제석천왕이 널리 응하는 비유로 '널리 응하여 근기를 기쁘게 하는 공덕'을 비유하였다.

㉞ 두 게송은 범천왕이 범부를 속박하는 비유[次二頌魔繫愚夫喩]

(十四 38下10)

316 他化自在六天王이　於欲界中得自在일새

제12. 賢首品 ② 431

以業惑苦爲胃網하여　繫縛一切諸凡夫하나니
타화자재 여섯 천왕이
욕계 가운데서 자재함을 얻을새
업과 혹과 고로써 그물을 삼아
일체의 모든 범부들을 속박하나니

317　彼有貪欲瞋恚癡하되　猶於衆生得自在어든
　　　況具十種自在力하고　而不能令衆同行가
　　　저가 탐욕 진에 우치가 있되
　　　오히려 중생에게 자재하거늘
　　　하물며 10종의 자재력을 갖추고서야
　　　능히 대중으로 하여금 같이 행하게 하지 못하겠는가.

[疏] 十四, 有二頌은 魔繫愚夫喩로 喩攝生同行德이라
■ ㉔ 두 게송은 범천왕이 범부를 속박하는 비유로 '중생을 섭수하여 함께 행하는 공덕'을 비유하였다.

㉕ 두 게송은 범천왕이 몸을 나투는 비유[次二頌梵王殊現喩]

(十五 39上5)

318　三千世界大梵王이　一切梵天所住處에
　　　悉能現身於彼坐하여　演暢微妙梵音聲하나니
　　　삼천세계의 대범왕이
　　　모든 범천들이 머무는 곳에

다 능히 몸을 나투어 그 앞에 앉아
미묘한 범음성을 연설하나니

319   彼住世間梵道中하되   禪定神通尙如意어든
      況出世間無有上하고   於禪解脫不自在아
      저가 세간의 법도 가운데 머무르되
      선정과 신통이 오히려 뜻과 같거늘
      하물며 세간을 벗어나 위가 없으니
      선정과 해탈에 자재하지 않으랴!

[疏] 十五, 有二頌은 梵王殊現喩로 況菩薩의 解脫自在德이라

■ ㊧ 두 게송은 범천왕이 몸을 나투는 비유로 '보살이 해탈하여 자재한 공덕'과 비교하였다.

㊨ 두 게송은 마혜수라 천왕이 빗방울을 세는 비유[次二頌自在數滴喩]

(十六 39上10)

320   摩醯首羅智自在하여   大海龍王降雨時에
      悉能分別數其滴하여   於一念中皆辨了하나니
      마혜수라는 지혜가 자재하여
      큰 바다의 용왕이 비를 내릴 때에
      다 능히 그 빗방울의 수를 분별하여
      한 생각 가운데 모두를 분별하여 요지하나니

321　無量億劫勤修學하여　得是無上菩提智어니
　　　云何不於一念中에　普知一切衆生心가
　　　한량없는 억겁에 부지런히 닦고 배워
　　　이 위없는 보리 지혜를 얻으니
　　　어찌하여 한 생각 가운데
　　　널리 일체 중생의 마음을 알지 못하겠는가.

[疏] 十六, 摩醯下의 二頌은 自在數滴喩로 況菩薩의 一念普知德이라
■ ㉺ 摩醯 아래 두 게송은 마혜수라 천왕이 빗방울을 세는 비유로 '보살의 한 생각에 널리 아는 공덕'과 비교하였다.

㉻ 세 게송은 큰 바람으로 일을 성취하는 비유[次三頌大風成事喩]

(十七 39下8)

322　衆生業報不思議라　以大風力起世間의
　　　巨海諸山天宮殿과　衆寶光明萬物種하며
　　　중생의 업보가 부사의하여
　　　큰 바람의 힘으로 세간의
　　　큰 바다와 모든 산과 하늘 궁전과
　　　온갖 보배 광명과 만물들을 일으키며

323　亦能興雲降大雨하고　亦能散滅諸雲氣하며
　　　亦能成熟一切穀하고　亦能安樂諸群生하나니
　　　또한 능히 구름을 일으켜 큰 비를 내리게 하고

또한 능히 모든 구름의 기운을 흩어 멸하게도 하며
또한 능히 모든 곡식을 익게도 하며
또한 능히 모든 군생을 안락하게도 하나니라.

324 風不能學波羅蜜하고　亦不學佛諸功德하되
　　猶成不可思議事어든　何況具足諸願者아
바람이 능히 바라밀을 배우지 않고
또한 부처님의 모든 공덕을 배우지 않았으되
오히려 불가사의한 일을 이루거늘
어찌 하물며 모든 원을 구족한 사람이랴.

[疏] 十七, 三頌은 大風成事喩로 喩大願宿成德이라
■ ㊆ 세 게송은 큰 바람으로 일을 성취하는 비유로 '큰 원력으로 숙원을 이루는 공덕'에 비유하였다.

㊅ 두 게송은 갖가지 소리로 기쁘게 하는 비유[次二頌衆聲悅意喩]
(十八 40上3)

325 男子女人種種聲과　一切鳥獸諸音聲과
　　大海川流雷震聲도　皆能稱悅衆生意어든
남자와 여인의 가지가지 음성과
온갖 새 짐승의 모든 음성과
큰 바다와 내의 흐름과 우레 소리도
다 능히 중생의 뜻에 맞아 기쁘게 하거늘

326　況復知聲性如響하고　逮得無礙妙辯才하여
　　普應衆生而說法이어니　而不得令世間喜아
　　하물며 다시 소리의 성품이 메아리와 같은 줄을 알아서
　　걸림 없는 묘한 변재를 얻어
　　널리 중생에 응하여 법을 설하니
　　능히 세간으로 하여금 기쁘게 하지 못하랴.

[疏] 十八, 二頌은 衆聲悅意喩로 喩四辯悅機德이라
■ ㊨ 두 게송은 갖가지 소리로 기쁘게 하는 비유로 '네 가지 변재로 중생을 기쁘게 하는 공덕'에 비유하였다.

㊩ 두 게송은 큰 바다에 다 포함되는 비유[次二頌大海包含喩]

(十九 40上3)

327　海有希奇殊特法하여　能爲一切平等印이라
　　衆生寶物及川流를　普悉包含無所拒하나니
　　바다에는 희기하고 특수한 법이 있어
　　능히 온갖 것에 평등한 인이 되는지라
　　중생의 보물과 내의 흐름을
　　널리 다 포함하여 막지 않나니

328　無盡禪定解脫者의　爲平等印亦如是하여
　　福德智慧諸妙行을　一切普修無厭足이니라
　　다함없는 선정과 해탈한 사람이

평등한 인이 됨도 또한 이와 같아서
복덕과 지혜와 모든 묘한 행을
일체를 널리 닦아 싫어함이 없나니라.

[疏] 十九, 二頌은 大海包含喩로 喩禪慧普修德이라
- ㉚ 두 게송은 큰 바다에 다 포함되는 비유로 '선정과 지혜로 널리 닦는 공덕'을 비유하였다.

㉦ 24개 반의 게송은 용왕이 유희하는 비유[後二十四頌半龍王遊戲喩] 2.
a. 22개 반의 게송은 용왕의 큰 작용이 각기 다른 비유
[初二十二頌半龍王大用不同] 2.
a) 반의 게송은 총합 표방하다[初半偈總標] (二十 40上10)

329 　大海龍王遊戲時에　　普於諸處得自在하여
　　　큰 바다의 용왕이 놀 때에
　　　널리 모든 곳에서 자재를 얻어

[疏] 二十, 大海龍王下의 二十四頌半은 龍王遊戲喩로 喩菩薩遊戲神變德이라 文分爲二니 初, 二十二頌半은 明龍王大用不同이오 後, 二頌은 正明擧劣顯勝이라 前中에 初, 半偈는 總標라
- ㉦ 大海龍王 아래 24개 반의 게송은 용왕이 유희하는 비유로 보살이 신통변화로 유희하는 공덕을 비유하였다. 경문을 둘로 나누리니 a. 22개 반의 게송은 용왕의 큰 작용이 각기 다름을 설명함이요, b. 두 게송은 열등함을 들어 뛰어남을 드러냄이다. a. 중에 a) 반의 게송은

총합하여 표방함이다.

b) 22개 게송은 개별로 밝히다[後二十二頌別顯] 4.
(a) 네 개 반의 게송은 구름 색깔이 다른 비유[初四偈半雲色不同喩]

(餘頌 41上3)

329-1 興雲充徧四天下에   其雲種種莊嚴色이라
　　　 구름을 일으켜 사천하에 두루 충만하니
　　　 그 구름이 가지가지로 장엄한 빛깔이라

330   第六他化自在天엔   於彼雲色如眞金이며
　　　 化樂天上赤珠色이요   兜率陀天霜雪色이며
　　　 제6 타화자재천에는
　　　 저 구름의 빛깔이 진금과 같고
　　　 화락천 위에는 붉은 구슬의 빛깔이요
　　　 도솔타천에는 서리와 눈의 빛깔이며

331   夜摩天上琉璃色이요   三十三天瑪瑙色이며
　　　 四王天上玻瓈色이요   大海水中金剛色이며
　　　 야마천 위에는 유리 빛깔이요
　　　 삼십삼천에는 마노 빛깔이며
　　　 사왕천 위에는 파리 빛깔이요
　　　 큰 바닷물 위에는 금강 빛깔이며

332　緊那羅中妙香色이요　諸龍住處蓮華色이며
　　夜叉住處白鵝色이요　阿修羅中山石色이며
　　긴나라 가운데는 묘한 향기 빛깔이요
　　모든 용이 머무는 곳에는 연꽃 빛깔이며
　　야차가 머무는 곳에는 흰 거위의 빛깔이요
　　아수라 가운데는 산의 돌 빛깔이며

333　鬱單越處金焰色이요　閻浮提中靑寶色이며
　　餘二天下雜莊嚴이니　隨衆所樂而應之니라
　　울단월처는 금 불꽃 빛깔이요
　　염부제 가운데는 푸른 보배 빛깔이며
　　나머지 두 천하는 잡색의 장엄이니
　　중생의 좋아하는 바를 따라 그것에 응하였느니라.

[疏] 餘頌은 別顯이라 於中에 四니 初, 四偈半은 雲色不同으로 喩菩薩身雲各異라

■ b) 나머지 (22개의) 게송은 개별로 밝힘이다. 그중에 넷이니 (a) 네 개 반의 게송은 구름 색깔이 같지 않은 비유로 '보살의 몸 구름이 각기 다름'을 비유하였다.

(b) 네 게송은 번갯불이 차별한 비유[次四偈電光差別喩] (次有 41下 3)

334　又復他化自在天엔　雲中電曜如日光이며
　　化樂天上如月光이요　兜率天上閻浮金이며

또 다시 타화자재천에는
구름 속에 치는 번개 햇빛과 같고
화락천 위에는 달빛과 같고
도솔천 위에는 염부금 빛이며

335　夜摩天上珂雪色이요　三十三天金焰色이며
　　　四王天上衆寶色이요　大海之中赤珠色이며
　　　야마천 위에는 흰 눈 빛이요
　　　삼십삼천은 금 불꽃 빛이며
　　　사왕천 위에는 온갖 보배 빛이요
　　　큰 바다 가운데는 붉은 구슬 빛이며

336　緊那羅界琉璃色이요　龍王住處寶藏色이며
　　　夜叉所住玻瓈色이요　阿修羅中瑪瑙色이며
　　　긴나라 세계에는 유리 빛이요
　　　용왕이 머무는 곳에는 보배 창고 빛이며
　　　야차가 머무는 곳에는 파리 빛이요
　　　아수라 가운데는 만호 빛이며

337　鬱單越境火珠色이요　閻浮提中帝靑色이며
　　　餘二天下雜莊色이니　如雲色相電亦然이니라
　　　울단월 경계에는 불 구슬의 빛이요
　　　염부제 가운데는 제청의 빛이며
　　　나머지 두 천하는 잡색의 장엄이니

구름 빛의 모습같이 번개도 또한 그러하나니라.

[疏] 次, 有四頌은 電光差別로 喩菩薩光明等殊라 第三偈에 云寶藏色者는 梵云室利揭娑는 此云勝藏이니 勝藏은 卽寶名也라 閻浮提中의 帝青色者는 梵云天帝火焰摩尼色이니 亦珠寶名也니라

■ (b) 네 게송은 번갯불이 차별함으로 보살의 광명이 평등하고 다름을 비유하였다. 셋째 게송[제336 게송, 緊那羅界-]에서 '보배 창고 빛'이라 말한 것은 범어로 '실리게사(室利揭娑)'는 '뛰어난 창고'라고 번역하나니, 승장(勝藏)은 곧 보배 이름이다. (제337 게송, 鬱單越境-)의 염부제 중의 제청색(帝青色)은 범어로 '제석천왕의 불꽃 마니 색깔'이라 하나니, 또한 보배 구슬의 이름이기도 하다.

(c) 세 개 반의 게송은 번개 소리가 같지 않은 비유
[次三偈半雷聲不等喩] (三有 42上4)

338　他化雷震如梵音이요　化樂天中天鼓音이며
　　　兜率天上歌唱音이요　夜摩天上天女音[159)]이며
　　　타화의 우레 소리 범음과 같고
　　　화락천 가운데는 하늘 북 소리
　　　도솔천 위에는 노래 소리요
　　　야마천 위에는 천녀의 음성이며

339　於彼三十三天上엔　如緊那羅種種音이요

---

159) 天鼓는 麗宋元明本作大鼓, 宮續金本作天鼓 南北宋藏俱作大鼓.

護世四王諸天所엔　　如乾闥婆所出音이며
　　　저 삼십삼천 위에는
　　　긴나라의 가지가지 음성과 같고
　　　세상을 보호하는 사왕의 모든 하늘이 있는 곳엔
　　　건달바가 내는 소리와 같으며

340　　海中兩山相擊聲이요　　緊那羅中簫笛聲이며
　　　諸龍城中頻伽聲이요　　夜叉住處龍女聲이며
　　　바다 가운데 두 산이 서로 부딪치는 소리요
　　　긴나라 가운데는 퉁소 소리며
　　　모든 용의 성 가운데는 빈가 음성이요
　　　야차가 머무는 곳에는 용녀의 음성이며

341　　阿修羅中天鼓聲이요　　於人道中海潮聲이니라
　　　아수라 가운데는 하늘 북의 소리요
　　　사람의 도 가운데는 바다 조수의 소리이니라.

[疏] 三, 有三頌半은 雷聲不等으로 喩菩薩三昧多種이라
■ (c) 세 개 반의 게송은 번개 소리가 같지 않으므로 '보살의 삼매가 여러 종류'임을 비유하였다.

(d) 열 게송은 내리는 비가 하나가 아닌 비유[後十偈所雨不一喩]
　　　　　　　　　　　　　　　　　　(四有 43上5)

342　他化自在雨妙香과　　種種雜華爲莊嚴하고
　　　化樂天雨多羅華와　　曼陀羅華及澤香하며
　　　타화자재는 묘한 향을 비 내려서
　　　가지가지 온갖 꽃으로 장엄하였고
　　　화락천은 다라꽃과
　　　만다라꽃과 택향을 비 내리며

343　兜率天上雨摩尼와　　具足種種寶莊嚴과
　　　髻中寶珠如月光과　　上妙衣服眞金色하며
　　　도솔천 위에는 마니를 비 내려
　　　가지가지 보배 장엄을 구족하며
　　　상투 가운데 보배 구슬 달빛과 같고
　　　가장 묘한 의복 진금 빛이라

344　夜摩中雨幢幡蓋와　　華鬘塗香妙嚴具와
　　　赤眞珠色上妙衣와　　及以種種衆妓樂160)하며
　　　야마 가운데는 깃대와 깃대 덮개를 비 내리고
　　　꽃다발과 바르는 향과 묘한 장엄 거리와
　　　붉은 진주 빛깔의 가장 묘한 옷과
　　　가지가지로써 온갖 놀이를 즐기며

345　三十三天如意珠와　　堅黑沈水栴檀香과
　　　鬱金雞羅多摩等과　　妙華香水相雜雨하며

---

160) 赤은 麗本作亦, 上妙 麗本作上好. 雞 닭 계. 鬘머리 장식 만, 꽃다발 만.

삼십삼천에는 여의주와
견고하고 검은 침수 전단향과
울금과 계라다마 등과
묘한 꽃과 향수가 서로 섞여 비 내리며

346 護世城中雨美饍의   色香味具增長力하고
　　 亦雨難思衆妙寶하니　悉是龍王之所作이니라
세상을 보호하는 성 가운데는 좋은 반찬이 비 내려서
빛과 향기와 맛을 갖추어 힘을 증장하고
또한 사의하기 어려운 온갖 묘한 보배를 비 내리니
다 이 용왕의 지은 바이니라.

347 又復於彼大海中엔   霔雨不斷如車軸하며
　　 復雨無盡大寶藏하고　亦雨種種莊嚴寶하며
또 다시 저 큰 바다 가운데엔
때 맞춰 내리는 비가 끊이지 않아 수레바퀴와 같고
다시 다함없는 큰 보배 창고도 비 내리고
또한 가지가지 장엄 보배도 비 내리며

348 緊那羅界雨瓔珞과   衆色蓮華衣及寶와
　　 婆利師迦末利香과　種種樂音皆具足하며
긴나라 세계에는 영락이 비 내리고
온갖 빛깔 연꽃의 옷과 보배와
파리사가 말리향과

가지가지 음악 소리를 모두 갖추며

349 　諸龍城中雨赤珠하고　夜叉城内光摩尼하며
　　　阿修羅中雨兵仗하여　摧伏一切諸怨敵하며
　　　모든 용의 성 가운데는 붉은 구슬이 비 내리고
　　　야차 성 안에는 빛나는 마니며
　　　아수라 가운데는 병장을 비 내려서
　　　일체 모든 원수와 적을 꺾어 항복시키며

350 　鬱單越中妙瓔珞하고　亦雨無量上妙華하며
　　　弗婆瞿耶二天下엔　悉雨種種莊嚴具161)하며
　　　울단월 가운데는 영락을 비 내리고
　　　또한 한량없는 가장 묘한 꽃을 비 내리며
　　　불파 구야 두 천하에는
　　　다 가지가지 장엄거리가 비 내리며

351 　閻浮提雨淸淨水하되　微細悅澤常應時하여
　　　長養衆華及果藥하고　成熟一切諸苗稼니라
　　　염부제에는 깨끗한 물이 비 내리되
　　　미세한 기쁨의 비가 항상 때에 응하여
　　　온갖 꽃과 과일과 약초를 길러 내고
　　　일체 모든 벼의 싹을 익게 하나니라.

---

161) 中妙 麗本作中雨. 藥 꽃술 예, 뫁 끝 만.

[疏] 四, 有十頌은 所雨不一로 喩菩薩說法多門이라 言曼陀羅者는 此云悅意라 澤香은 卽塗香也라 鷄羅多摩者는 鷄羅는 此云華藥이요 多摩는 此云天上華니 謂此香이 是天華藥所作故也라 婆利師迦者는 此云雨時生華라 末利香은 卽華名이니 其色이 猶黃金이라

■ (d) 열 게송은 내리는 비가 하나가 아님으로 '보살의 설법이 여러 문'임을 비유하였다. '만다라(曼陀羅)'라 말한 것은 번역하면 '기쁜 생각'이다. '택향(澤香)'은 곧 바르는 향이다. 계라다마(鷄羅多摩)에서 '계라(鷄羅)'는 '꽃의 수술'이라 번역하고, '다마(多摩)'는 '천상의 꽃'이라 번역한다. 이른바 이런 향이 하늘 꽃의 수술로 만들었기 때문이다. '바리사가(婆利師迦)'는 '비 올 때 피는 꽃'이라 번역한다. '말리(末利)향'은 곧 꽃의 이름이니, 그 색깔이 황금색과 비슷하다.

b. 두 게송은 열등함을 들어 뛰어남을 드러내다[後二頌正明擧劣顯勝]

(第二 43下 4)

352　如是無量妙莊嚴과　　種種雲電及雷雨를
　　　龍王自在悉能作하되　而身不動無分別이니
　　　이와 같은 한량없는 묘한 장엄과
　　　가지가지 구름과 번개와 우레와 비를
　　　용왕이 자재하여 다 능히 짓되
　　　몸은 움직이지도 않고 분별도 없나니

353　彼於世界海中住로대　尚能現此難思力이어든
　　　况入法海具功德하고　而不能爲大神變가

저 세계 바다 가운데 머무르되
오히려 능히 이 사의하기 어려운 힘을 나타내거늘
하물며 법의 바다에 들어가 공덕을 갖추고서야
능히 신통변화를 짓지 못하랴.

[疏] 第二, 如是無量下의 二頌은 正擧劣顯勝이니 謂娑竭羅龍이 於六欲天等인 總十五處에 現斯作用호대 而身不動搖하고 心無分別이오 但由業報之力하야 現斯自在라 菩薩亦爾하야 住無功用하야 不動不思하고 於十方界에 應現多種이라 亦以菩薩功德之力으로 隨機見[162]殊니 此就喩意하야 顯勝可知로다

■ b. 如是無量 아래 두 게송은 열등함을 들어 뛰어남을 밝힘이다. 말하자면 사갈라용왕이 육욕천(六欲天) 등의 총합하여 15군데에 이런 작용을 나투되, 몸이 동요하지 않고 마음에 분별이 없으며, 단지 업보의 힘으로 말미암아 이런 자재함을 나타낸다. 보살도 또한 그러해서 무공용에 머물러서 움직이거나 생각하지 않고 시방세계에 응하여 나타남이 여러 종류이다. 또한 보살의 공덕의 힘으로 근기를 따라 다름을 보았으니, 이것은 비유한 뜻에 입각하여 뛰어남을 밝힘이니 알 수 있으리라.

ㄷ) 한 게송은 결론적으로 생각하기 어려운 공덕을 밝히다

[後一頌結說難思] (第三 44上1)

354　彼諸菩薩解脫門을　　一切譬喩無能顯일새

---

162) 見은 續金本作現. 甄 모전 전, 甍 및 기.

我今以此諸譬喩로　　略說於其自在力이로라
　　저 모든 보살의 해탈문은
　　모든 것으로 비유하여도 능히 나타낼 수가 없을새
　　내가 이제 이러한 모든 비유로
　　간략히 그 자재한 힘을 설하였노라.

[疏] 第三, 彼諸下의 一頌은 結說難思니 前半은 非喩能喩오 後半은 結上略說이라 引諸喩者는 略有二意하니 一, 顯菩薩自在不同이오 二, 貴令衆生起信이라 且江南之人은 不信千人氈帳하고 河北之者는 多疑萬斛之舟하나니 皆耳目不曁故耳라 所以로 或擧目擊하고 或據具縛之人하야 自在若斯라 菩薩之用은 固當無惑이어늘 今猶疑者는 豈不傷哉아

■　ㄷ) 彼諸 아래 한 게송은 결론적으로 생각하기 어려운 공덕을 말함이다. a. 앞의 반은 비유로 비유할 수 없음이요, b. 뒤의 반[我今以此-]은 위의 간략히 말함을 결론함이다. '여러 비유를 인용한 것'은 대략 두 가지 의미가 있으니 (1) 보살의 자재함이 같지 않음을 밝히려 함이요, (2) 중생으로 하여금 믿음을 일으키게 함이 귀한 것이다. 우선 강남의 사람은 천 명의 사람이 짠 모직 장막을 믿지 않았고, 하북의 사람은 대부분 곡식이 가득 찬 배를 의심하였으니, 모두 눈과 귀가 미치지 못한 것일 뿐이다. 그런 까닭에 혹은 눈으로 본 것을 거론하고, 혹은 구속된 사람에 의거하여 자재함이 이와 같다. 보살의 작용은 진실로 번뇌 없음에 해당할 텐데 지금 아직도 의심하는 것은 어찌 마음 상하지 않겠는가!

[鈔] 且江南之人不信千人之氈帳者는 卽顏之推[163]의 家訓歸心篇中之 語也니라
● '우선 강남의 사람은 천 사람이 짠 모직 장막을 믿지 않는다'는 것은 곧 안지추(顏之推, 531-?)의 가훈(家訓)인 귀심편(歸心篇)에 나오는 어록이다.

다. 아홉 게송은 공덕을 비교하여 수지하기를 권하는 부분[後九頌校量勸持分] 2.

가) 의미를 밝히고 과목 나누다[叙意總科] (大文 44上10)

[疏] 大文第三이니 第一智慧下의 九頌은 校量勸持分이라 此廣大用은 人皆有分이어늘 見而不習하니 誠爲自欺라 故로 中人은 可勸而進也니라 於中에 分二니
■ 다. 큰 문단으로 第一智慧 아래 아홉 게송은 공덕의 분량을 비교하여 수지하기를 권하는 부분이다. 이런 광대한 작용은 사람이 모두 분수가 있는데 보고도 익히지 못하나니 정성을 들임은 스스로 속이기 위함이다. 그러므로 중간 분수의 사람은 권하여 정진하게 할 수는 있다. 그중에 둘로 나누리니,

나) 경문을 따라 해석하다[隨文隨釋] 2.
(가) 한 게송은 앞의 말을 결론하다[初一成結前所說] (初一 49下2)

---

[163] 推下에 原續本有字介文三字, 南金本無.
* 顏之推(531-?) : 중국 최고의 가훈으로 평가되는 顏氏家訓의 작자. 顏之推는 당나라 때 漢書의 주석가로 유명한 顏師古의 조부이며, 서법가로 유명한 顏眞卿과 安史의 亂시기의 충신 안고경顏杲卿의 5대조이기도 하다. 이 가훈의 영향 때문인지 대대로 훌륭한 자손들을 많이 배출하였다. 안지추는 남조 梁나라 武帝 시기 귀족 가문에서 태어났지만(531) 난리와 국망의 과정 속에서 辛苦에 찬 생애를 보낸 사람이다. 그는 당시의 현실을 비판하였고, 그는 楚나라 屈原 이후 문인들의 병폐는 일관성 있는 방향, 즉 志操의 상실이라고 주장하였다. [박한제, 「강남의 낭만과 비극」, 사계절, 2003

355　第一智慧廣大慧와　　眞實智慧無邊慧와
　　　勝慧及以殊勝慧인　　如是法門今已說하니
　　　제일가는 지혜이며 넓고 큰 지혜와
　　　진실한 지혜이며 끝없는 지혜와
　　　수승한 지혜와 가장 수승한 지혜인
　　　이와 같은 법문을 이제 설하였으니

[疏] 初, 一頌은 結前所說이니 略就六慧結之라 第一者는 上無加故라 二, 廣大者는 語其分量이니 超二乘故라 三, 眞實者는 明其體性이 內證無虛故라 四, 無邊者는 有二義하니 一, 量智로 普知故오 二, 離種種二邊故니 卽中道慧也라 五, 勝者는 超地位故오 六, 殊勝者는 同普賢故니라

■　(가) 한 게송은 앞에서 한 말을 결론함이니, 대략 여섯 가지 지혜에 나아가 결론함이다. (1) '제일'이란 위에서 더하지 않은 까닭이다. (2) '광대함'이란 그 분량을 말한 것이니 이승을 초월한 까닭이다. (3) '진실함'이란 그 체성이 안으로 증득하여 헛되지 않은 까닭이다. (4) '끝없음'이란 두 가지 뜻이 있으니, ① 분량의 지혜로 널리 아는 까닭이요, ② 갖가지로 두 변두리 견해를 여읜 까닭이니, 곧 중도의 지혜인 것이다. (5) '뛰어남'이란 지위를 초월한 까닭이다. (6) '수승함'이란 보현보살과 같은 까닭이다.

(나) 여덟 게송은 믿고 수지하고 얻기도 어렵다[後八頌信受難得] 2.
ㄱ. 한 게송은 총합하여 밝히다[初一頌總顯] (二此 44下9)

356　此法希有甚奇特이라　若人聞已能忍可하여
　　　能信能受能讚說하면　如是所作甚爲難이니라
이 법은 희유하고 심히 기특하여
만약 사람이 듣고서 능히 인가하여
능히 믿고 능히 받고 능히 찬탄하여 설하면
이렇게 하는 일은 심히 어려움이 되나니라.

[疏] 二, 此法下八頌은 明信受難得이라 於中에 初一은 總顯이오 餘七은 別明이라 前中에 希有者는 佛出이 懸遠이라하니 已難可遇라 唯初成頓說일새 故希有也라 奇는 謂初能具後오 特은 謂逈出諸乘이니 此句는 讚也오 下文은 勸耳라 聞은 謂遇經이오 忍可는 謂信이니 因信則心淨이라 受는 謂領文領義오 讚은 乃通言通筆이라 說唯約言이니 上皆所作을 總說皆難이니라

■ (나) 此法 아래 여덟 게송은 믿고 수지하고 얻기도 어려움을 밝힘이다. 그중에 ㄱ. 처음의 한 게송[제356 게송, 此法希有-]은 총합하여 밝힘이요, ㄴ. 나머지 일곱 게송[제357 게송, 世間一切-]은 개별로 밝힘이다. ㄱ. 중에 '희유하다'는 것은 '부처님 출현이 너무 멀다'고 하였으니, 만나기가 이미 어려운지라 오직 처음 몰록 설함을 성취하였으므로 '희유하다'는 뜻이다. '기이함'은 처음에 능히 뒤를 갖출 것을 말하고, '특별함'은 모든 교법보다 확실히 뛰어난 것이니 이 구절은 찬탄함이요, 아래 경문은 권유함일 뿐이다. '들음'이란 경전을 만난 것을 뜻하고, '인가함'이란 믿음을 말하나니, 원인에서 믿으면 마음이 깨끗해진다. '받음'은 경문을 알고 뜻을 아는 것이요, '찬탄함'은 비로소 말과 글로 통한다는 뜻이다. 말씀은 오직 언사를 잡은 것이니, 위

는 모두 지은 것을 총합하여 '모두 어렵다'고 말하였다.

ㄴ. 일곱 게송은 개별로 밝히다[後七頌別明] 3.
ㄱ) 두 개 반의 게송은 믿기 어려움을 밝히다[初二偈半明難信] 2.
(ㄱ) 한 게송은 인천승의 근기[初一偈明人天之器] (後別 45上3)

357　世間一切諸凡夫가　　信是法者甚難得이어니와
　　　若有勤修淸淨福인댄　以昔因力乃能信이니라
　　　세간의 일체 모든 범부들이
　　　이 법을 믿는 자 심히 얻기 어렵거니와
　　　만약 어떤 이가 청정한 복을 부지런히 닦으면
　　　옛적 인연의 힘으로 능히 믿게 되리라.

[疏] 後, 別明中에 三이니 初, 二偈半은 明難信이오 次, 半偈는 況出餘行이오 後, 四偈는 擧事挍量이라 前中에 初一偈는 明人天之器가 信爲甚難이라 若爾인대 今或能信은 何耶오 由二力故니 一, 現修淨福하야 稱所求故오 二, 昔因聞熏으로 今發種故라 今不信者는 願少聽聞이라 爲毒塗鼓에 終成堅種이라

■ ㄴ. (일곱 게송은) 개별로 밝힘 중에 셋이니 ㄱ) 두 개 반의 게송은 믿기 어려움을 밝힘이요, ㄴ) 반의 게송은 나머지 행에서 나옴과 비교함이요, ㄷ) 네 게송은 현상을 들어 공덕의 분량을 비교함이다. ㄱ) 중에 (ㄱ) 한 게송은 인천승의 근기로는 믿기가 매우 어려움을 설명함이다. 만일 그러하다면 지금은 혹은 믿게 되는 이유는 무엇 때문인가? 두 가지 힘으로 말미암았으니 (1) 현재에 청정한 복을 닦아서 구하

는 대상과 칭합하는 까닭이요, (2) 예전의 인행 시에 듣고 훈습하였다가 금생에 종자를 내었기 때문이다. 지금에 믿지 못하는 것은 조금만 듣기를 원하는 까닭이다. 독을 북에 바르면 마침내 굳건한 종자가 된다는 뜻이다.

[鈔] 爲毒塗鼓者는 卽涅槃第九의 如來性品에 云, 復次善男子야 譬如有人이 以雜毒藥으로 用塗大鼓하고 於衆人中에 擊之發聲하면 雖無心欲聞이나 聞之皆死라 唯除一人은 不橫死者라 鼓合涅槃이오 死喩滅惑이오 不橫死者는 喩一闡提하나니라 終成堅種者는 卽下出現品이니 如上頻引이니라

● '독을 북에 바를 적에'란 곧 『열반경』 제9권 여래성품에 이르되, "또다시 선남자여, 비유하건대 어떤 사람이 여러 가지 독약을 큰 북에 발라서 대중 가운데서 쳐서 소리를 내면 비록 듣고자 하는 마음이 없이 듣더라도 듣고는 모두 죽지만 다만 한 사람만은 제외되나니, 횡사하지 않을 사람이다. 북은 열반과 합하고, 죽음은 번뇌를 없앰에 비유하고, 횡사하지 않는 사람은 익찬티카[一闡提]에 비유한다"라고 하였다. '마침내 굳건한 종자가 된다'는 것은 아래 제37 여래출현품의 내용이니, 위에서 자주 인용한 내용과 같다.

(ㄴ) 한 개 반의 게송은 삼승의 믿음[後一偈半擧三乘之信] (後一 45下10)

358 一切世間諸群生이 少有欲求聲聞乘하며
求獨覺者轉復少하고 趣大乘者甚難遇라
일체 세계의 모든 군생이

성문승을 구하고자 하는 이는 조금 있으며
독각을 구하는 자는 더욱 다시 적으며
대승에 나아가는 자는 심히 만나기 어렵도다.

359   趣大乘者猶爲易이어니와 能信此法倍更難이어든
       대승에 나아가는 자는 오히려 쉽거니와
       능히 이 법을 믿는 이는 배나 다시 어렵거늘

[疏] 後, 一偈半은 擧三乘之信을 展轉難得이온 況於一乘가 明文昭然하니 權實有據로다

■ (ㄴ) 한 개 반의 게송은 삼승의 믿음을 거론하여 전전히 얻기 어렵거든 하물며 1승법이겠는가! 명문(明文)이 확실하나니 권교와 실교에 근거가 있다.

ㄴ) 반의 게송은 나머지 행법보다 비교하여 뛰어나다[次半偈況出餘行]

(第二 36上3)

359-1   況復持誦爲人說하여   如法修行眞實解아
         하물며 다시 지니고 외우고 남을 위해 설하며
         여법히 수행하고 진실하게 아는 사람이랴.

[疏] 第二, 半偈는 況出餘行中에 信忍尙難이온 況具餘行이 難中之難也라 眞實解者는 亦有說行이라도 而不信圓融之旨면 非眞實解也라 願諸學者는 善擇知見이니라

■ ㄴ) 반의 게송은 나머지 행법보다 비교하여 뛰어남 중에 '믿고 참는 것'이 오히려 어려울 텐데 나머지 행법을 구비함과 비교함이 바로 어려움 중의 어려움이라는 뜻이다. '진실한 이해[眞實解]'는 또한 행법을 말하더라도 원융한 종지를 믿지 못하면 진실로 이해함이 아닌 것이다. 원하건대 모든 배우는 이는 알고 보기를 잘 선택할 것이니라.

ㄷ) 네 게송은 현상을 들어 공덕의 분량을 비교하다[後四偈擧事校量] 2.

(ㄱ) 세 게송은 믿기 어려움을 공덕으로 비교하다[初三頌校量難信] 2.
a. 두 게송은 두 가지 어려움을 들어서 믿기 어려움을 비교하다
  [初二擧二難況信難] (第三 46下2)

362 有以三千大千界로 頂戴一劫身不動이라도
     彼之所作未爲難이어니와 信是法者乃爲難이니라
     삼천대천세계를 머리에 이고
     한 겁 동안 몸을 움직이지 않더라도
     그것을 짓는 바는 어렵지 않거니와
     이 법을 믿는 것이 어려우니라.

361 有以手擎十佛刹하고 盡於一劫空中住라도
     彼之所作未爲難이어니와 能信此法乃爲難이니라
     손으로 열 불찰 세계를 받들어
     한 겁이 다하도록 허공 가운데 머물더라도
     그것을 짓는 바는 어렵지 않거니와

능히 이 법을 믿는 것은 어려우니라.

b. 한 게송은 복이 뛰어남을 들어 믿음이 뛰어남을 밝히다

[後一擧福勝彰信勝] (後一)

362 十刹塵數衆生所에　　悉施樂具經一劫이라도
彼之福德未爲勝이어니와 信此法者爲最勝이니라
열 세계 티끌 수의 중생이 있는 곳에
다 즐길 거리를 보시하며 한 겁을 지내더라도
그것의 복덕은 수승함이 되지 못하거니와
이 법을 믿는 것은 가장 수승함이 되나니라.

[疏] 第三, 四頌은 擧事挍量이라 初三은 挍量難信이오 初二는 擧二難하야 以況信難이오 後一은 擧福勝하야 以彰信勝이오

■　ㄷ) 네 게송은 현상을 들어 공덕의 분량을 비교함이다. (ㄱ) 처음 세 게송은 믿기 어려움을 공덕으로 비교함이요, (ㄱ)에서 a. 처음 두 게송은 두 가지 어려움을 들어서 믿기 어려움을 비교함이요, b. 한 게송은 복이 뛰어남을 들어 믿음이 뛰어남을 밝힘이다.

(ㄴ) 나머지 행과 공덕을 비교하다[後一頌校量餘行] (後一 46下6)

363 十刹塵數如來所에　　悉皆承事盡一劫이라도
若於此品能誦持하면 其福最勝過於彼니라
열 세계 티끌 수의 여래께서 계신 곳에

다 모두 받들어 섬기며 한 겁을 지내더라도
만약 이 품을 능히 외우고 지니면
그 복이 가장 수승하여 저보다 많으리라.

[疏] 後一은 挍量餘行之難하야 唯明誦持하고 餘略不說이라 亦顯修行 眞解를 非可挍量也라 此之四事는 後後가 過於前前이니 巧辨深勝이로다

■ (ㄴ) 한 게송은 나머지 행법의 어려움을 공덕의 분량으로 비교하여 오직 외우고 수지할 것을 밝히고, 나머지는 생략하고 말하지 않았다. 또한 수행하여 진실하게 이해한 공덕은 그 양을 비교할 수 없음을 밝혔다. 이런 네 가지 사례는 뒤로 갈수록 앞과 앞보다 나은 것이니, 깊고 뛰어남을 잘 밝히고 있다.

3. 시방세계에서 증명을 나타내다[十方現證] 4.

1) 세계가 (6종으로) 진동하다
2) 마군의 궁전이 숨다
3) 악도가 모두 쉬다
4) 부처님이 나타나 증명하다

時에 賢首菩薩이 說此偈已하신대 十方世界가 六反震動하여 魔宮隱蔽하고 惡道休息이라 十方諸佛이 普現其前하사 各以右手로 而摩其頂하고 同聲讚言하시되 善哉善哉라 快說此法이여 我等一切가 悉皆隨喜라하시니라

이때에 현수보살이 이 게송을 말씀하여 마치니 시방세계가 여섯 가지로 진동하여 마의 궁전은 숨어 버리고 악도는 모두 쉬었으며, 시방의 모든 부처님이 널리 그 앞에 나타나시어 각각 오른손으로 그 이마를 만지시며 같은 소리로 칭찬하셨도다. 좋고 좋도다. 통쾌하게 이 법을 설함이여, 우리들의 일체가 다 모두 따라서 기뻐하노라.

[疏] 大段第三, 時賢首下는 顯實證成分이라 於中에 有四하니 一, 動世界는 大機發故오 二, 蔽魔宮은 唯佛境故오 三, 息惡道는 利樂이 深故오 四, 佛現證은 契佛心故라 於中에 摩頂讚善隨喜는 卽三業皆證이라 勸物信行이라 第二會는 竟하다

■ 3. 큰 문단으로 時賢首 아래는 실법을 드러내어 증명하는 부분이다. 그중에 넷이 있으니 1) '세계가 (육종으로) 진동함'은 큰 근기가 발심하는 까닭이요, 2) '마군의 궁전이 숨은 것'은 오직 부처님 경계뿐이기 때문이요, 3) '악도가 모두 쉰 것'은 이롭고 즐거움이 깊은 까닭이요, 4) '부처님이 나타나 증명하심'은 부처님의 마음과 계합한 까닭이다. 그중에 '이마를 만지시며 잘했다고 칭찬하고 따라서 기뻐하심'은 삼업으로 모두 증명하신 것이다. 중생들이 믿고 수행하기를 권하신 것이다. 제2 보광명전법회는 마친다.

제12. 현수품(賢首品) 終

화엄경청량소 제7권

| 초판 1쇄 발행_ 2018년 11월 22일

| 저_ 청량징관
| 역주_ 석반산

| 펴낸이_ 오세룡
| 편집_ 손미숙 박성화 정선경 이연희
| 기획_ 최은영 권미리
| 디자인_ 김효선 고혜정 장혜정
| 홍보 마케팅_ 이주하
| 펴낸곳_ 담앤북스
　　　　서울특별시 종로구 새문안로3길 23 경희궁의 아침 4단지 805호
　　　　대표전화 02)765-1251 전송 02)764-1251 전자우편 damnbooks@hanmail.net
　　　　출판등록 제300-2011-115호
| ISBN 979-11-6201-110-2 04220

정가 30,000원